JMP를 활용한 데이터 분석

손쉽게 따라 하는 SAS 가이드

박성수 · 염봉진 · 오준수
박우용 · 김태형 공저

SAS 에반젤리스트 감수

자유아카데미

| 저자 소개 |

박성수
성균관대학교 경영학 석사(MBA)
오릭스 저축은행 정보전략실 재직
현) 한국 SAS 소프트웨어 Professional Service Division 차장

염봉진
POSTECH 산업공학 전공
삼성자동차, 현대전자 품질경영/보증팀
한국 SAS 소프트웨어 제조/Supply Chain Intelligence 컨설팅
현) SAS North Asia Manufacturing Industry BU 재직

오준수
고려대학교 응용통계학 석사
현) 한국 SAS 소프트웨어 제조/Supply Chain Intelligence 컨설팅

박우용
동국대학교 산업공학 및 통계학 전공
현) 한국 SAS 소프트웨어 제조/Supply Chain Intelligence 컨설팅

김태형
중앙대학교 통계학 석사
현) 한국 SAS 소프트웨어 제조/Supply Chain Intelligence 컨설팅

JMP를 활용한 데이터 분석
손쉽게 따라 하는 SAS 가이드

| 저　　자 | 박성수 · 염봉진 · 오준수 · 박우용 · 김태형
| 감　　수 | SAS 에반젤리스트
| 발 행 인 | 주 정 희
| 발 행 처 | 자유아카데미
| 주　　소 | 경기도 파주시 회동길 37-42 파주출판도시
| 전　　화 | 031-955-1321
| 팩　　스 | 031-955-1322
| 홈페이지 | www.freeaca.com
| 전자우편 | main@freeaca.com(대표) editor@freeaca.com(편집) crm@freeaca.com(영업)
| 등　　록 | 제406-2003-017호, 1980. 7. 12
| 제1판1쇄 | 2013년 4월 10일 발행
| 제1판3쇄 | 2016년 10월 30일 발행
| 정　　가 | 26,000원

저자와의 협의하에 인지생략

ISBN 978-89-7338-999-5 93310

추천사

최근 미디어를 통해서 가장 많이 회자되는 용어 중 하나가 '빅 데이터'입니다. 빅 데이터가 이처럼 관심을 끄는 이유는 미처 생각지 못했던 새로운 통찰력을 찾을 수 있기 때문입니다. 기업에서는 빅 데이터에 숨은 고객의 목소리를 잘 분석하여 경영에 활용하기 위한 고민을 시작하였으며, 2013년은 본격적인 빅 데이터 분석의 원년이 될 것입니다. 즉, 데이터에 기반한 진정한 의사결정의 시대가 온 것입니다.

그동안 기업들은 내부에서 생성되는 데이터를 기반으로 운영 효율을 높이면서 이윤을 극대화하는 방안을 많이 고민해왔으며, 이에 대한 해법으로 ERP, SCM, PLM 등 다양한 시스템을 구축했습니다. 그러나 이제는 더욱 커지고, 다양해지고, 빠른 속도로 쏟아져 나오는 고객의 목소리에 더 많이 귀 기울이고, 고객 관점에서 다시 한번 의사결정을 해야 하는 시대가 왔습니다. 정확히 말하면 '고객의 관점에서 더 많은 목소리에 더 유심히 귀를 기울여야 하는 시대'가 도래한 것입니다.

이러한 시대에 데이터 분석은 '데이터 아트(Data Art)'에 비유할 만큼 특별한 의미를 지니며, 분석가의 경험과 역량은 그 어느 때보다 중요해졌습니다. 분석 툴 또한, 석공이 돌을 깎고 다듬을 때 사용하는 망치와 정처럼 중요성이 커지고 있습니다. 특히 데이터 분석 과정에서 직관적으로 결과를 해석하고, 다른 분석 프로세스의 설계 및 적용이 쉬우면서도, 필요한 분석 기능을 대부분 지원하는 JMP와 같은 툴은 다시는 찾아보기 힘든 대단한 분석 툴입니다. 빅 데이터 시대에는 데이터를 시각화(Visualization)하고, 미래를 예측하고, 예측모형을 만들어서 적용하고 최적화하는 '어드밴스드 애널리틱스(Advanced Analytics)' 기능이 함께 활용되어야 합니다. 따라서 이러한 요구 사항을 만족하면서도 JMP 사용자가 쉽게 다가갈 수 있도록 사용자 관점의 활용을 제시한 <JMP를 활용한 데이터 분석>은 그 의미가 특별합니다.

<JMP를 활용한 데이터 분석>은 빅 데이터 분석 시대를 리드하는 '고급 분석'과 '시각화'에 대한 정보 갈증을 시원히 해갈하는 오아시스가 되어줄 것입니다. 또한 기업의 분석 역량을 키우고, 분석가 및 분석인프라 양성에 큰 기여를 할 것으로 기대됩니다. 다시 한번 발간을 축하드립니다.

SAS Korea 지사장 **조성식**

추천사

Junior Data Scientist 제위께

아는 것이 힘이다.

"Knowledge is Power." 1597년, Francis Bacon경이 한 이 말은 그때나 400년이 지난 오늘이나 진리임에 틀림없다. 요즘에 와서는 한 발 더 나아가 "Knowledge is Profit."이라고 하는 게 더 솔직하고 정확한 표현일 것이다. 고객의 행동을 보다 정확히 예측해서 필요한 상품을 꼭 필요한 시점에 추천해 줄 수 있다면 기업에게 더 큰 이익을 가져다줄 수 있는 것은 너무나 당연한 사실이다.

데이터 홍수에서 빅 데이터 시대로

1990년대 중반부터 World Wide Web이 일반인에게 상용 서비스된 지 불과 20년이 지나지 않아 온 세상은 데이터 홍수로 또 다른 홍역을 치르고 있다. 이른바 빅 데이터가 바로 그것이다. 사람들은 스스로 움직이며 흔적을 남기고, 무엇을 좋아하는지 어디서 놀고 있는지, 누구랑 친하게 지내는지 끊임없이 족적을 남기고 있다. 사람만이 아니다. 들고 다니는 휴대폰이나 타고 다니는 차량에서도 어디서 무엇을 어떻게 하는지를 시시각각 신호를 보내고 있다.

오늘날 우리는 Always-On 상태, 디지털 시대를 살고 있다. 은행거래는 당연하고, 온라인 상태에서 일하고 친구를 사귀고, 뉴스를 팔로우하고 좋아하는 쇼를 온라인으로 본다. 이름하여 빅 데이터 시대에 살고 있다.

바야흐로 Data Scientist 전성시대

이때 가장 인기 있는 직업을 꼽으라면 무엇일까? 당연히 쏟아지는 Digital footprints를 보고 그 의미를 해석할 수 있는 데이터 과학자일 것이다. 이 사람은 기술도 알아야하지만 비즈니스를 이해해서 그 의미를 통계적으로 해석하고 특정 패턴을 찾아내는 능력을 가지고 있어야 한다. 즉, IT, Business, Statistics 삼박자를 다 갖춘 능력자를 의미한다.

Junior 과학자를 위한 시각화 기술

JMP는 30여 년간 통계도, IT도 모르는 비즈니스 사용자들이 직관적인 의사결정을 할 수 있도록 도와주는 시각화(Visualization) 도구로서 지속적인 연구와 발전을 해오고 있다. 이미 국내에서 실험계획이나 6시그마 활동 등에 널리 활용되고 있고, 최근에는 생명과학 분야에서 JMP Clinical의 사용이 눈에 띄게 증가하고 있다. 하지만 한글로 된 변변한 활용서가 없어서 많은 사용자들의 불편함이 많았었는데 2년의 산고 끝에 드디어 세상에 나온 손따시리즈 'JMP를 활용한 데이터 분석'에 큰 기대와 감사를 드린다.

시작에서 탈고까지 옆에서 늘 지켜본 본부장으로서 그 과정이 얼마나 힘든 일인지 잘 알기에 더 큰 기대와 고마움이 느껴진다. 특히 모든 것을 기획하고 마무리까지 전체를 총괄한 박성수 차장의 헌신이 없었다면 이 책은 세상에 나오기 어려웠을 것이다. 또한 주말과 휴일을 반납하고 같이 공저해 준 박우용님, 오준수님, 김태형님, 감수에 애써준 최병정 박사, 김근태 부장 그리고 인턴 중에 많은 도움을 준 박성오, 국성희님 모두에게 축하를 드린다.

아무쪼록 본 책이 누구든지 손쉽고 간편하게 따라 하면서 통계를 접하는 최고의 시각화 툴로서, 빅 데이터 분석의 길라잡이 역할을 톡톡히 해낼 것을 기대해 보면서 다시 한 번 출간에 큰 박수를 보낸다.

이진권 상무
Chief Strategy Officer
SAS Korea

머리말

최근 이슈가 되고 있는 'Big Data Analytics'는 간단하게 말해서 '이전의 분석 방법으로는 분석에 한계가 있던 데이터를 새로운 방법과 기술로 분석해서 가치를 창출하자.'는 것이다. 이러한 Big Data Analytics를 추진하다 보면 필수적으로 직면하게 되는 것이 통계와 데이터마이닝일 것이다.

수년간 통계 및 데이터마이닝을 활용한 데이터 분석과 관련된 업무를 수행하면서 가장 많이 듣게 되는 것은 "어려워서 어떻게 사용해야 할지 모르겠어요."라는 말이다. 수식과 전문용어로 기술된 분석 방법들을 어렵다고 느끼면서 통계와 데이터마이닝을 데이터 분석방법으로 사용하지 않게 되는 것을 자주 보았다. 이러한 현실을 극복하고 '통계와 데이터마이닝을 데이터 분석의 도구로 더 친숙하게 사용할 수 있는 방법이 없을까?' 하는 고민에서 나온 것이 본 저서이다.

이 책은 통계를 처음 접하는 고등학교 이상의 학력을 가진 학생이나 직장인이 데이터 분석, 즉 통계와 데이터마이닝에 대한 개념을 익히고 활용할 수 있도록 하는 것을 목적으로 쓰였다. 가급적이면 일상 용어와 예를 들어 통계적인 개념을 설명하고, 실습을 통해 실무나 학업에 활용할 수 있도록 하였다. 이러한 목적에 따라 이 책은 총 5개의 장으로 이루어져 있으며, 1장부터 5장까지 점차 수준 높은 분석을 학습할 수 있도록 구성하여 분석을 처음 접하는 독자가 순서대로 읽으며 학습할 수 있게 하였다. 물론 통계분석에 대한 이해가 있는 독자는 필요한 부분만을 발췌하여 학습하도록 구성하였다.

또한, 실무나 일상에서 데이터 분석에 가장 많이 활용되는 도구는 엑셀과 같은 스프레드 시트(Spread Sheet)일 것이다. 하지만 스프레드 시트를 사용하여 분석을 하는 경우, 사칙연산 이상의 분석 방법을 적용하거나 몇 십만 건이 넘는 데이터를 분석할 때, 기능과 성능에 한계를 느끼게 된다. 이 책에서 다루고 있는 데이터 분석도구인 JMP는 전문적인 분석을 위해 개발된 분석도구이지만, 다른 분석도구에 비해 편리한 사용자 환경과 스프레드 시트의 제한점을 뛰어넘는 기능과 성능을 제공한다. 또한, JMP는 분석의 결과를 최대한 시각화된 형태(그래프 및 차트)로 표현하려는 의도가 곳곳에 나타나 있다. 이것은 통계와 데이터마이닝에 익숙하지 않은 사람도 쉽게 의미를 알 수 있도록 하여, '분석은 어렵다.'는 인식을 바꾸고 분석의 효율성과 결과 해석에 날개를 달아줄 수 있다고 생각한다.

이 책 한 권으로 넓고 깊은 통계와 데이터마이닝을 모두 다루었다고 감히 말하기는 어렵다. 다만 저자 일동은 독자들께서 본 서적과 JMP를 통하여 통계와 데이터마이닝의 이해도를 높이고, 다른 사람보다 Big Data Analytics에 한 발 더 다가가, 기업이나 학교에서 더욱 경쟁력 있는 인재가 되기를 바라는 마음이다.

끝으로 이 책이 나오기까지 여러 가지로 지원을 아끼지 않은 SAS 코리아의 조성식 사장님, 이진권 상무님과 원고에 사용할 자료를 찾고 내용을 다듬은 박성오, 국성희 인턴사원, 바쁜 와중에 감수를 담당해주신 SAS 에반젤리스트 동호회 분들, 서적의 편집과 출판을 담당해주신 자유아카데미의 김지영 이사님 이하 편집부 여러분께 심심한 감사의 마음을 전하는 바이다. 또한, 매일매일 살아가는 힘이 되고 새로운 길을 갈 때 용기를 불어 넣어주는 아내와 아이들에게 감사의 마음과 바쁘다는 핑계로 함께 시간 보내지 못한 미안한 마음을 전한다.

2013년 3월
따뜻한 봄을 기다리며..
저자 일동

차례

1장 JMP와 친해지기

2장 데이터와 친해지기

4장 통계분석과 친해지기

5장 더 많은 데이터와 친해지기

1장

JMP와 친해지기

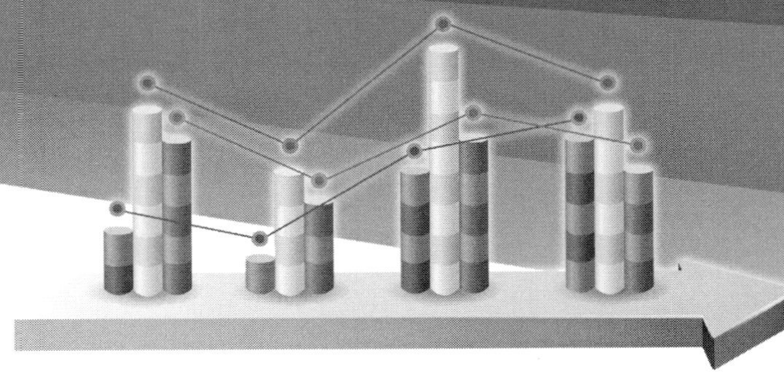

1강 JMP란 무엇인가?

21세기 이미 우리는 넘쳐나는 정보, 즉 데이터 홍수 시대에 살고 있다. JMP는 이러한 데이터에서 의미와 가치를 찾는 데 직접적인 도움을 줄 것이며 이미 학계, 기업, 연구소, 공공기관 등의 많은 사용자들을 통해서 검증된 바 있다. 1장에서는 JMP가 어떻게 탄생되었으며 그 특징이 무엇인지 먼저 알아보자.

1.1 JMP의 탄생과 현재

JMP는 아직까지 한국의 대학과 기업에서 그리 널리 알려진 분석도구가 아닌 것이 사실이다. 그런데 JMP는 만들어진 지 거의 30년이 다 되어 가는 도구로 미국과 일본, 유럽에서는 기업 및 학계에서 주요한 분석도구로 널리 활용되고 있다.

JMP는 SAS를 공동 창립한 3명 중 한 명인 John Sall이 1980년대에 그래픽 기반으로 작동하는 애플의 매킨토시 컴퓨터를 보고 아이디어를 얻어 1989년 처음 만들어진 그래픽 기반의 분석도구이다.

Macintosh

Executive Vice-President,
SAS Institute Inc

그 분석도구 개발 프로젝트인 'John's Macintosh Project'의 첫 글자를 따와서 JMP라는 이름을 붙였다는 이야기가 전해지고 있는데, JMP의 발음이 '뛰다'라는 영단어인 'Jump'와 발음이 비슷해서 아이디어가 점프한다는 의미로 불리기도 한다. JMP는 애플의 매킨토시 컴퓨터 기반에서 최초 개발된 후, 1994년 대부분의 PC에서 사용되는 윈도우에 이식되어 더 많은 사람들이 사용할 수 있게 되었다. 물론 현재도 애플의 맥PC용 JMP도 윈도우용과 동일한 기능으로 출시되고 있다. 현재 JMP의 가장 최신 버전은 JMP 10으로 2012년 3월에 출시되었으며, 약 1년 6개월을 주기로 새로운 버전의 JMP가 출시되어 지속적으로 분석기능이 추가되고, 더욱 사용하기 쉽게 발전하고 있다.

1.2 JMP의 특징

JMP를 한 문장으로 정리해서 말하면, '기업 내/외부에 존재하는 다양한 데이터를 통합하고, 탐색과 분석을 통하여 데이터에서 가치를 도출하도록 가장 빠른 방법을 제공하는 분석도구'라고 할 수 있다. 물론 시중에는 JMP 이외에도 여러 가지 데이터 분석 도구들이 출시되어 있고 저마다 가장 훌륭한 도구라고 선전하고 있지만, JMP는 다음과 같은 특징들로 인하여 분석가들에게 가치를 인정받고 있다.

첫째, 엑셀, SAS Dataset, DBMS, Text 등 다양한 데이터를 JMP에서 통합하거나 변환할 수 있는 기능을 제공한다. 이것을 통해 분석가는 데이터가 어떠한 형태(format)로 존재하든 JMP로 가져와서 바로 분석에 활용할 수 있는 장점이 있다.

둘째, UI(User Interface)를 통허 별도의 프로그래밍 없이 데이터 분석을 실행할 수 있도록 편리한 사용자 환경을 제공한다. JMP를 사용하기 위해 SAS나 R과 같은 스크립트 언어를 학습할 필요가 없으며, 대화식 메뉴를 통해 간단한 마우스의 조작만으로 복잡한 분석기능을 실행할 수 있도록 화면이 구성되어 있다.

셋째, Interactive한 다중그래프 연결 기능으로 시각적으로 데이터 간의 관계를 파악할 수 있는 기능을 제공한다. 다중그래프 연결이라는 것은 그래프 상의 일부를 선택 시 연결된 다른 그래프와 관련된 영역이 자동으로 같이 선택되는 기능으로, 다른 분석도구에서 제공하지 않는 JMP만의 가장 차별화된 기능이다.

넷째, JMP의 분석은 사용자에게 최대한 시각화된 결과를 제공하는 특징을 지닌다. JMP는 거의 모든 분석에서 왜 이러한 통계적 분석결과가 나오는지를 사람이 인식하기 쉬운 그래프로 제공하여, 사용자가 빠르게 분석의 결론을 도출할 수 있도록 돕고 있다.

마지막으로, JMP는 간단한 그래프 작성부터 통계와 데이터마이닝까지 제공하는 분석도구라는 것이다. 시중에 판매되고 있는 대부분의 분석도구는 통계분석과 데이터마이닝을 분리하여 별도의 분석도구로 시장에 출시하고 있지만, JMP는 통계분석과 자주 활용되는 데이터마이닝 기능이 포함되어 하나의 분석도구에서 다양한 분석 기법을 활용하여 데이터 분석을 할 수 있다.

이상으로 간략하게 JMP의 특징을 정리해 보았다. 그러나 몇 개의 문장만으로 방대한 내용이 담겨있는 JMP를 이해하기 어려울 것이므로, 뒤에 이어지는 예제와 실습을 통해 JMP에 쉽게 다가가길 바란다.

1.3 JMP의 체험판 설치

JMP사는 현재 SAS와 합병이 되었지만, JMP 홈페이지(www.jmp.com)를 별도로 운영하고 있어 이곳에서 소프트웨어 사용법을 익히고 유저 커뮤니티에 참여할 수 있다. 또한, 홈페이지에서 JMP를 한 달간 무료로 사용할 수 있는 체험판을 다운로드할 수 있다.

메인 홈페이지의 모습은 다음과 같다. JMP 체험판은 홈페이지의 맨 위의 메뉴 중 가장 왼쪽 첫 번째에 위치하고 있는 JMP Software 메뉴에서 내려받을 수 있다. 체험판의 다운로드 및 설치 순서는 다음과 같다.

1. JMP 홈페이지(www.jmp.com)를 연다.

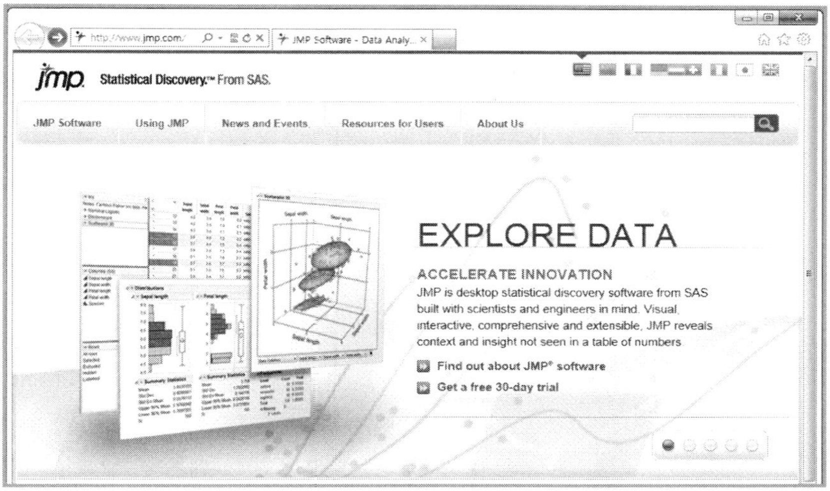

2. [JMP Software] 메뉴에 있는 [Free Trial]을 클릭한다.

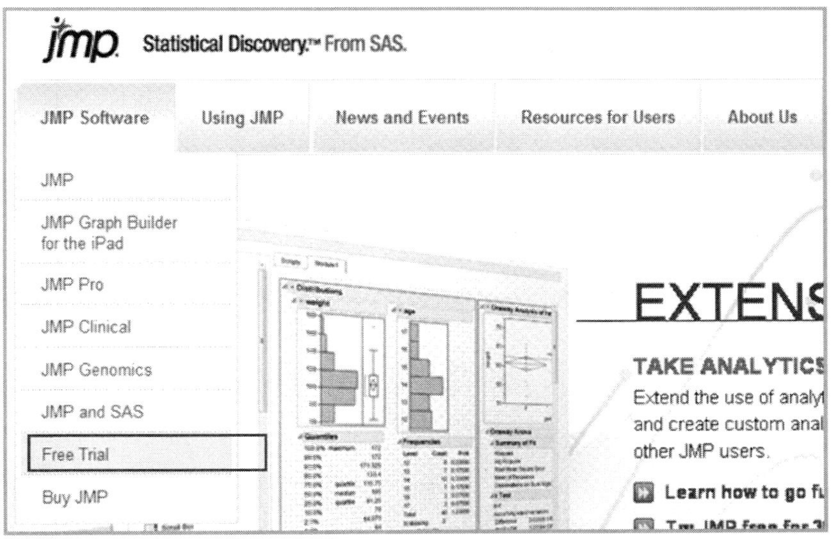

3. 하단의 갈색 박스 [REGISTER AND DOWNLOAD]를 클릭한다.

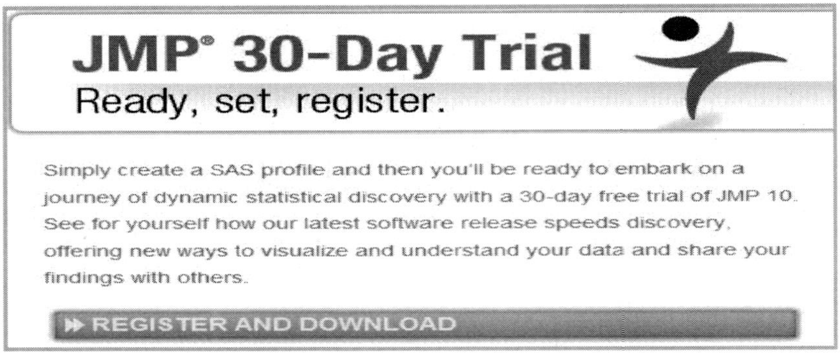

4. SAS 계정이 있는 사용자의 경우 ID와 Password를 입력하여 Log-in하고, 계정이 없는 사용자는 New User?에 Create를 클릭하여 새로운 계정을 만든다.

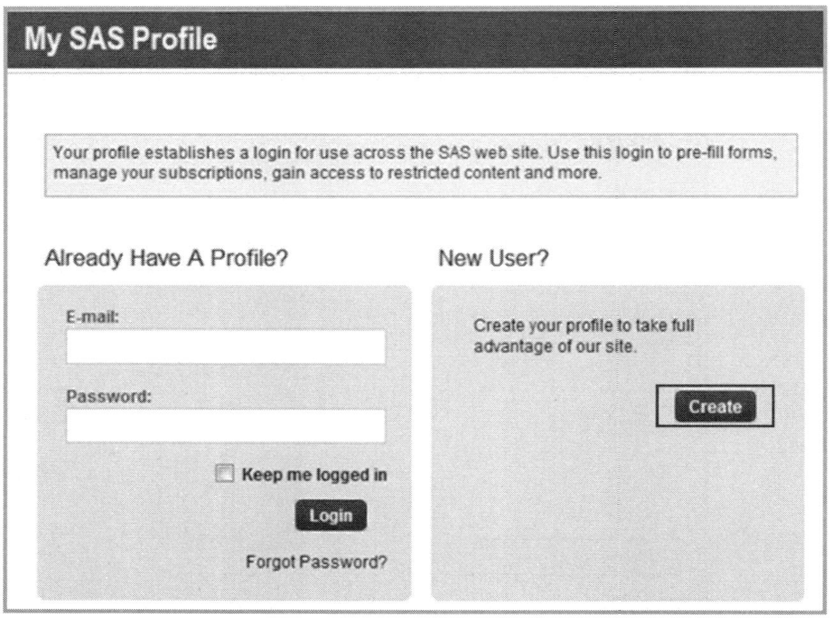

5. SAS 계정으로 Log-in되면, 체험판을 요청하기 위해 필요한 필수사항을 입력하는 화면이 나오고 다운로드 받을 수 있는 링크가 메일로 전송된다. 그 후, 다시 본인의 메일을 열어서 링크를 클릭하면 다음과 같은 화면이 나오고 I Accept를 클릭한다.

6. 다음의 화면이 나오면, 회색 박스로 되어 있는 Download 버튼을 클릭하여 JMP를 내려받는다.

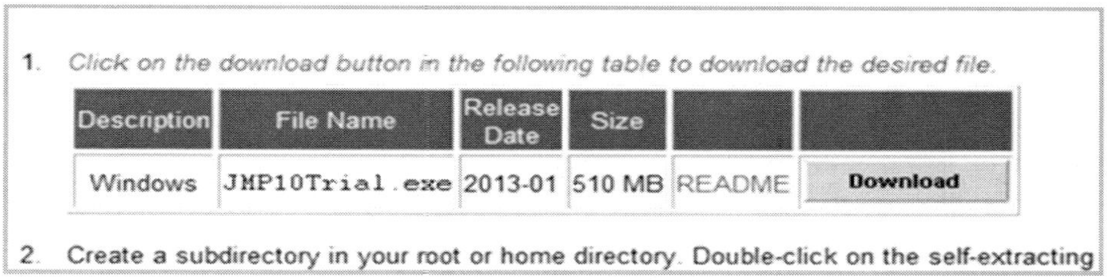

7. 파일을 받았으면 설치해 보도록 하자. 설치 아이콘을 더블 클릭하여, Setup을 선택하면 설치가 시작된다.

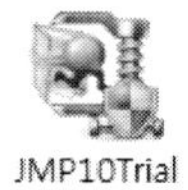

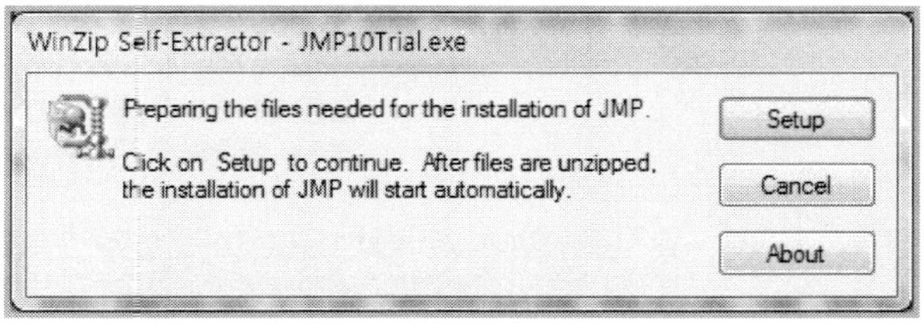

8. Setup이 실행되면, 다음과 같은 화면이 나타나며 Next를 눌러 다음으로 넘어간다.

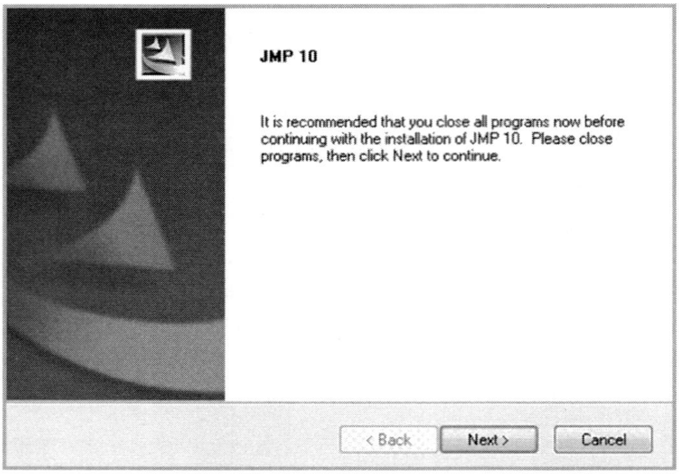

9. [I accept the terms of the license agreement]를 선택하여 사용조건에 동의한 후 Next를 누른다.

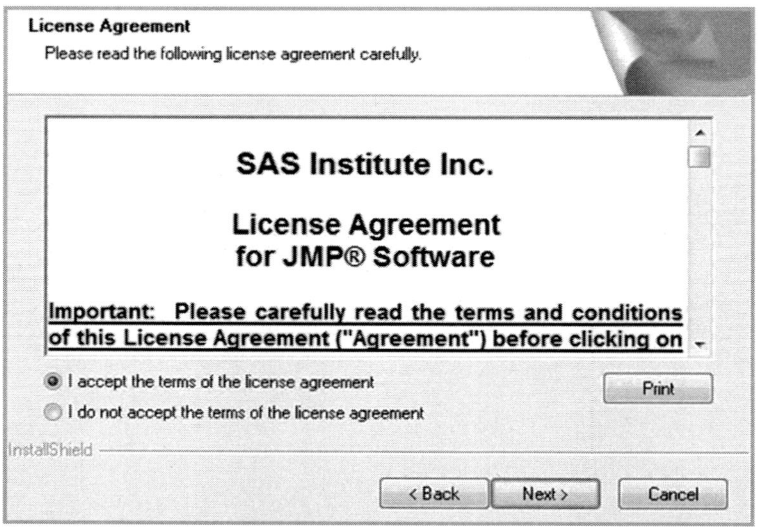

10. JMP를 영문 외에 다른 언어로 사용하고 싶다면, 원하는 언어를 선택한 후 Next를 클릭한다. 아쉽게도 현재 JMP는 한국어를 지원하지 않는다.

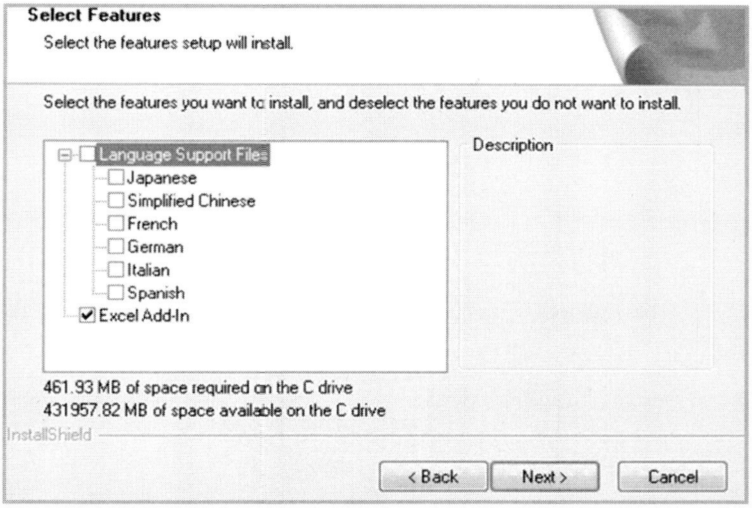

11. Install을 클릭하면 설치는 자동으로 진행되며, 경우에 따라 컴퓨터의 재부팅을 필요로 할 수도 있다.

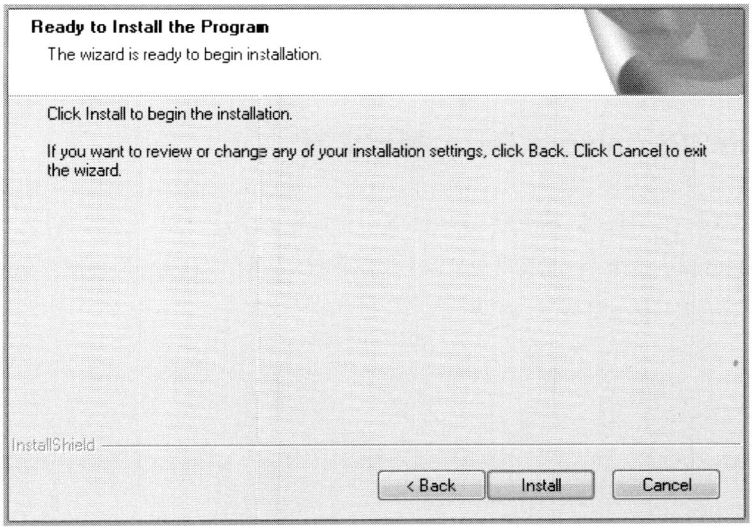

1.4 JMP의 메뉴 구성

앞에서 JMP는 사용자에게 편리한 분석환경을 제공한다고 기술하였다. 이것은 단순한 조작방법뿐만 아니라 다음 그림과 같이 메뉴 구성도 사용자가 알기 쉽도록 체계적으로 구성되어 있다.

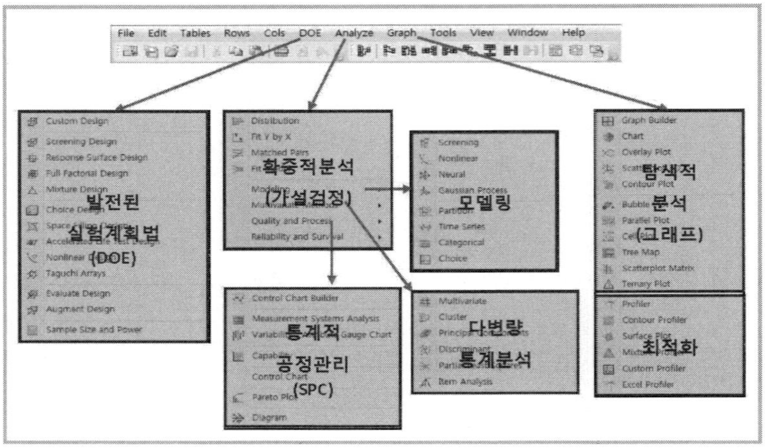

Tables, Rows, Cols 메뉴는 데이터를 통합 및 가공하기 위한 메뉴이고, 엔지니어를 위한 DOE(실험계획법)와 고급 분석, 그리고 데이터 시각화 기능을 제공하는 Analyze, Graph 메뉴가 있다.

1.5 JMP의 Sample Data 불러오기

JMP는 별도의 데이터 없이 여러 가지 그래프 및 통계분석을 실습할 수 있도록 Sample Data를 제공하고 있다. 본 서적은 JMP가 제공하는 Sample Data를 활용하여 실습을 진행하도록 한다.

1. JMP를 실행하고, 메뉴의 [Help]→[Sample Data] 순으로 클릭하여 [Sample Data] 화면을 연다.

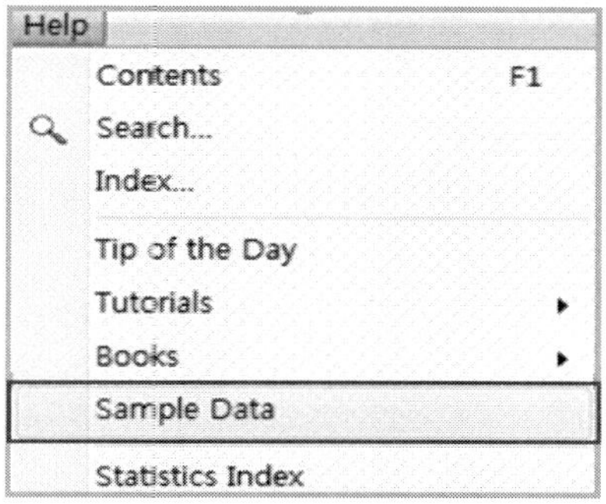

2. [Sample Data] 화면에서 화던에 보이는 삼각형(▷)을 클릭하면 데이터 리스트가 펼쳐지는데, 여기서 원하는 데이터를 선택하여 Sample Data를 열 수 있다.

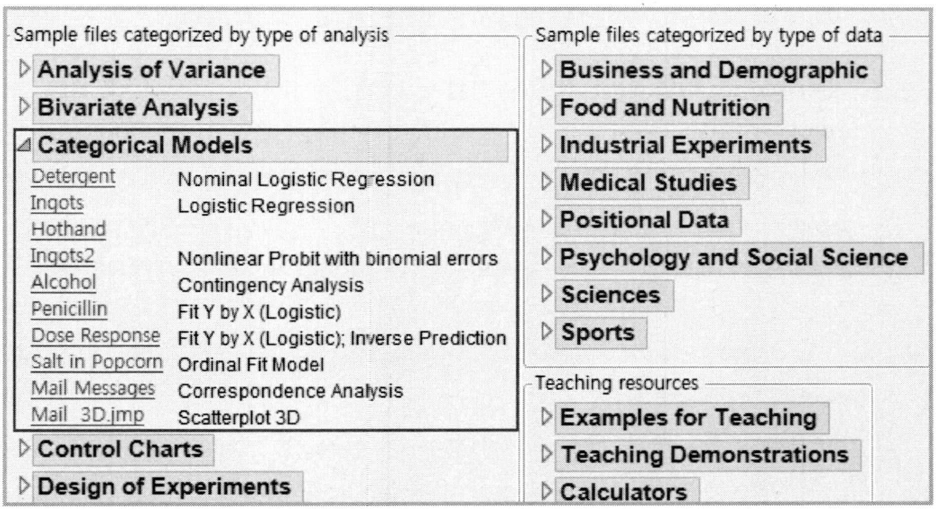

2강 JMP의 느낌

이제 본격적으로 JMP와 친해지기 위해 JMP를 속속들이 들여다보고자 한다.

JMP와 친해지려면 먼저 JMP가 어떻게 활용되는지를 먼저 맛보는 것이 좋을 것이다.

마치 우리가 해외 여행을 갈 때 그 지역에 대해서 미리 사진, 여행 후기 등을 대략적으로 먼저 조사하고 출발하듯이 JMP가 어떻게 활용되는지 사례를 통해서 들여다 보자.

2.1 달콤한 JMP 맛보기

분석이라고 하면 어떤 사람은 엑셀과 그래프를 떠올릴 것이고, 또 어떤 사람은 불빛이 깜박거리는 커다란 컴퓨터 모니터를 주시하는 몇몇 사람이 데이터를 가리키며 논쟁을 벌이는 장면을 생각할 것이다. 일반적으로 분석이란 현재 발생되는 현상의 원인을 파악하고, 이 원인이 지속되는 경우를 예측해보는 것을 의미한다. 또한 분석은 여기서 끝나는 것이 아니라, 분석의 결과는 대안을 제시하고 합리적인 의사결정을 하는 기준으로 활용된다.

2.1.1 JMP의 실행

분석하는 과정의 실습을 통해 JMP의 분석기능을 느껴 보도록 하자. 처음으로 JMP를 실행하기 위해 바탕화면이나 시작 버튼에서 JMP 아이콘을 클릭한다.

JMP 10

JMP의 메인 화면은 아래의 그림과 같으며, 최근에 열어본 파일은 화면 좌측의 Recent Files에 표시된다. 이전에 열었던 데이터 파일 리포트, JMP 프로그램을 빠르게 열어야 하는 경우 [Recent Files]에서 더블 클릭하면 바로 열리게 된다. 또한 현재 열려 있는 화면은 우측의 [Window List]에 표시되어 필요한 파일과 화면을 빠르게 찾아볼 수 있다.

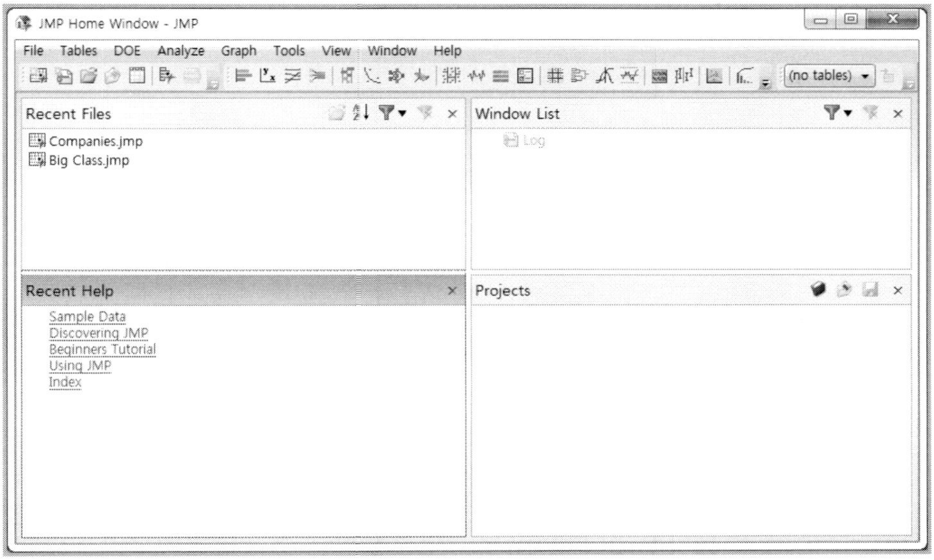

2.1.2 간단한 분석의 실행

실습 1-1 **간단한 분석 실행하기**

실습 1-1에서 사용된 데이터는 Big Class로 실습에서 자주 사용될 것이다. Big Class는 학생 40명의 이름(name), 연령(age), 성별(sex), 신장(height), 체중(weight)을 수집한 데이터로, 여러 가지 통계분석을 활용하여 학습할 수 있게 되어 있다.

1. [Sample Data] 화면→[Examples for Teaching]의 좌측 삼각형 클릭 →[Big Class]를 순서대로 선택한다.

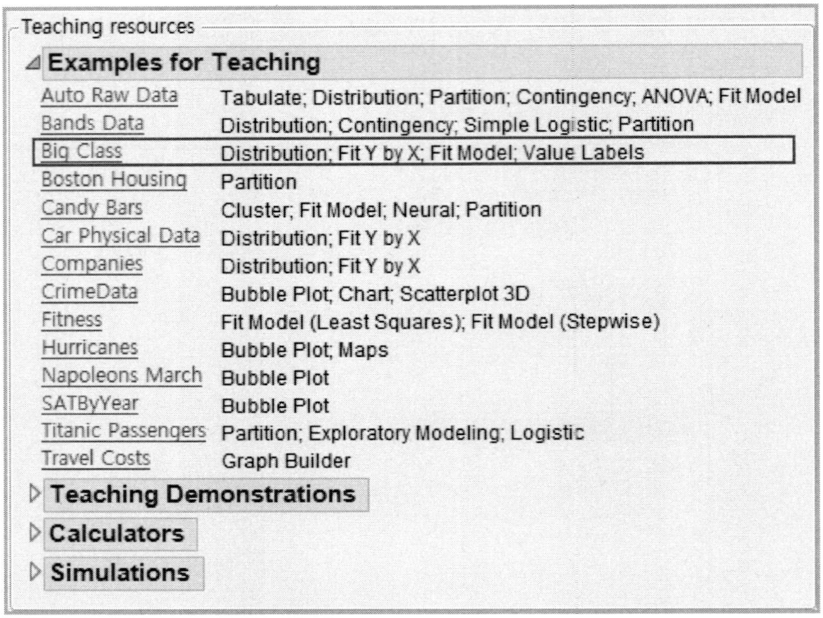

2. 메뉴의 [Analyze]→[Distribution]을 실행하면 대화상자가 열린다.

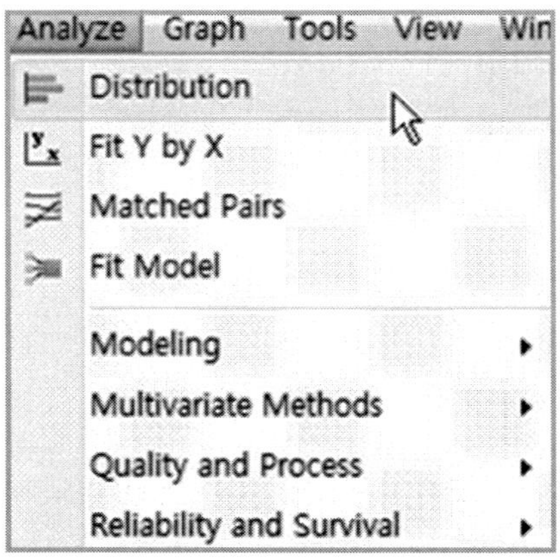

3. Distribution 대화상자의 각 항목에서 분석에 필요한 컬럼을 선택한다. 대화상자의 좌측의 컬럼 리스트에서 분석할 컬럼을 선택할 수 있게 되어 있다. 컬럼 리스트에서 성별(sex), 신장(height), 체중(weight)을 마우스로 선택하고 우측의 'Y, Columns' 버튼을 클릭하거나 컬럼을 마우스로 드래그해서 Y, Columns 옆의 선택 창에 끌어다 놓는다.

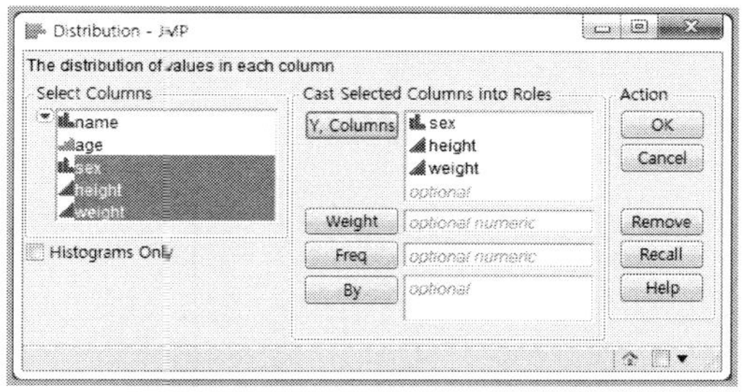

4. 선택을 모두 마치고 [OK] 버튼을 눌러 분석을 실행하면 다음과 같은 결과를 얻는다.

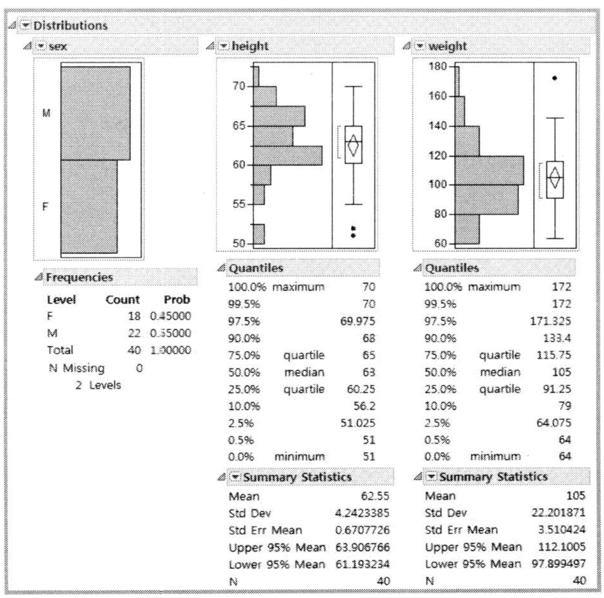

Distribution 실행 화면의 상단에 있는 막대 그래프와 히스토그램은 데이터의 빈도를 수준별로 나타내어 분포를 대략적으로 빠르게 파악할 수 있으며, 하단에는 앞에서 선택한 세 가지 변수에 대한 각 변수의 빈도, 비율, 최대, 최소 등의 통계량을 나타내고 있다. 첫 번째 성별(Sex) 히스토그램을 보면 남자가 여자보다 조금 더 많고, 신장(Height)과 체중(Weight) 히스토그램을 보면 대략적으로 신장은 60인치 이상이며 체중은 120파운드 이하인 학생들이 많은 것을 알 수 있다. 신장과 체중 히스토그램 우측의 네모난 그래프를 상자도표(Box Plot)라 하며, 4장의 '2.3.1 상자도표란?'에서 자세하게 다루게 될 것이다.

실습 1-2 산점도와 히스토그램의 연계 확인하기

1. [Distribution] 실행화면을 열어 놓은 상태에서 메뉴에 있는 [Analysis] →[Fit Y By X]를 실행한다.

2. [Fit Y By X] 대화상자 왼쪽의 컬럼 리스트에서 신장(Height)을 [X, Factor]에 끌어다 놓고, 체중(Weight)을 [Y, Response]에 끌어다 놓는다.

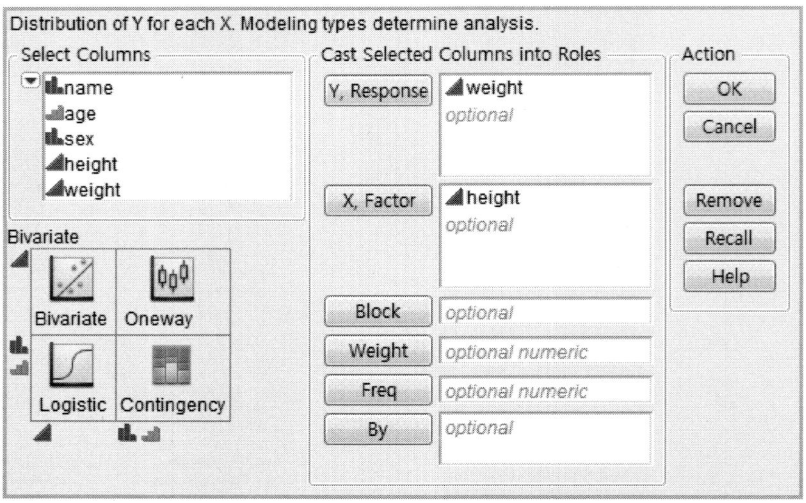

3. [OK] 버튼을 누른다.

4. 다음과 같이 신장과 체중 간의 관계를 표현해주는 산점도 화면이 열린다.

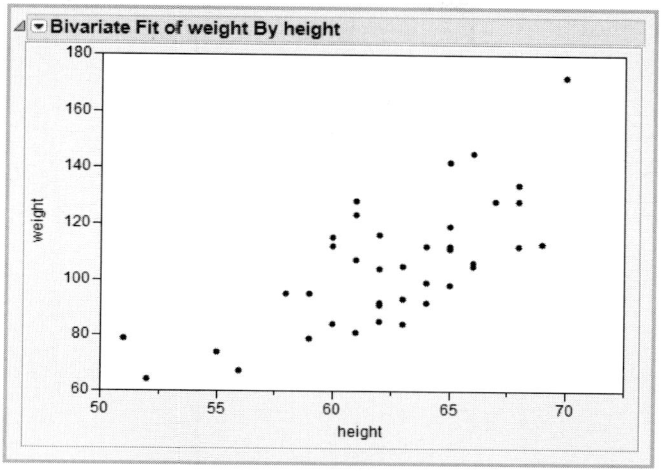

5. 성별(Sex) 히스토그램의 남자(M) 부분을 선택하고 산점도를 보게 되면 히스토그램에서 선택된 점들은 검은색이고 선택되지 않은 점들은 회색으로 표현되어 있다. 남학생들이 여학생들에 비해 신장이 더 큰 편에 속하는 것을 산점도에서 바로 파악할 수 있다. 이것은 JMP의 그래프들이 서로 연계되어 데이터들의 연관관계와 특징을 빠르게 파악할 수 있는 기능으로 많은 분석에서 효율적인 데이터 탐색이 가능하다는 것을 의미한다.

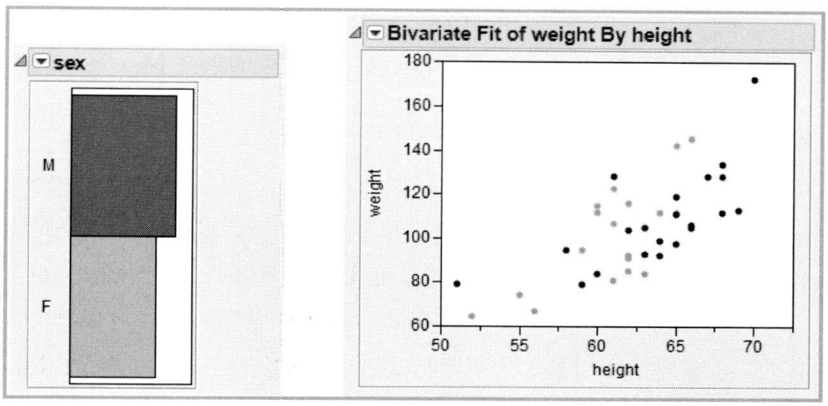

6. 산점도에서 체중이 120 이상인 점들을 마우스로 드래그하여 선택하고, 성별(Sex) 히스토그램을 확인한다. 앞에서와 마찬가지로 산점도에서 선택된 데이터가 성별(Sex) 히스토그램상에 차지하는 비중을 쉽게 알 수 있다.

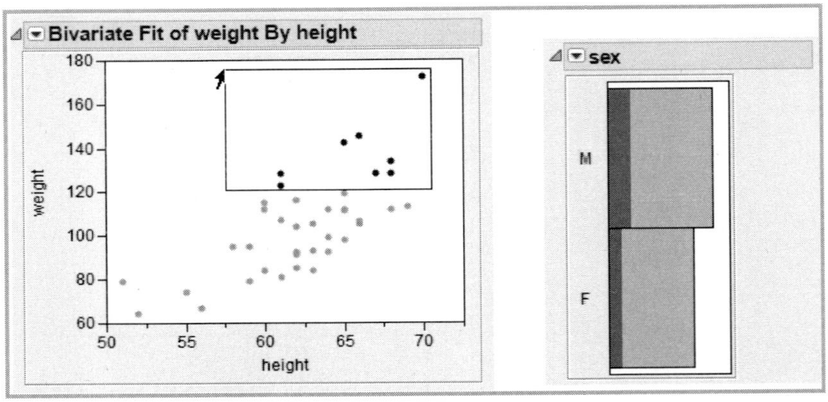

7. 그래프의 선택을 해제하기 위해서는 그래프의 빈 공간을 마우스로 클릭하면 그래프의 선택된 영역이 해제된다.

2.1.3 그래프의 변형

실습 1-3

그래프 변형하기

JMP는 필요에 따라 그래프를 확대하거나 축소할 수 있으며, 그래프의 스케일을 조절하여 그래프를 자유롭게 표현할 수 있다. 또한 그래프의 축을 원하는 위치로 이동시킬 수 있기 때문에 일부 범위만을 나타내고 싶을 경우, 유용하게 사용될 수 있다.

1. 실습 1-2에서 생성한 그래프에서 그래프의 가장자리에 마우스를 가져다 놓으면 커서가 드래그할 수 있는 형태로 변경된다.
2. 마우스를 드래그해서 필요한 만큼 그래프를 늘이거나 줄인다. 그래프 크기 변경은 모든 그래프에 동일하게 적용되어 '3장 그래프와 친해지기'에서 다루는 다양한 그래프도 간편하게 크기를 변경할 수 있다.

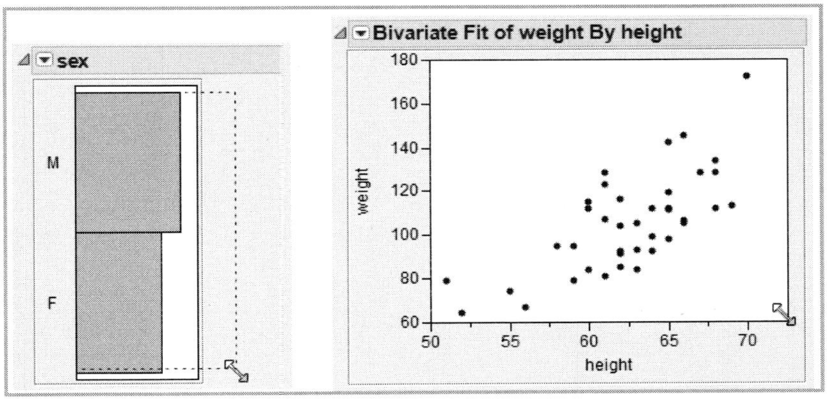

3. 마우스 커서를 그래프의 축의 가운데 부분에 가져다 놓으면 형태가 사람의 손바닥( ) 형태로 바뀌게 된다.
4. 마우스를 누르고 좌, 우로 끌면 그래프의 전체가 좌우로 이동된다.

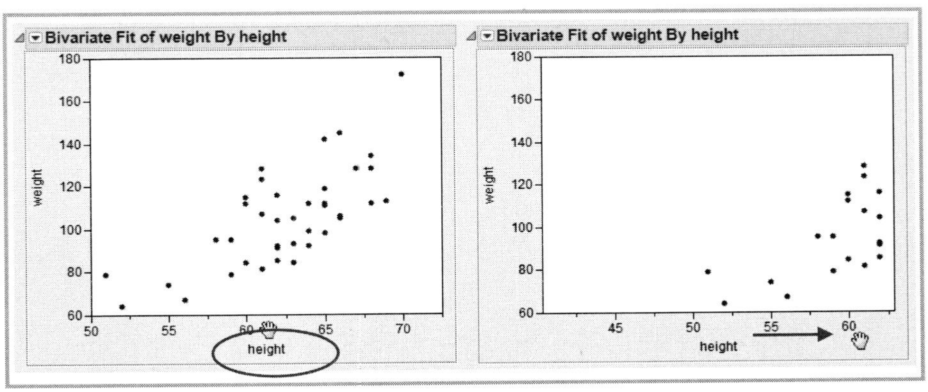

5. 그래프의 스케일 변경이 필요할 경우, 마우스를 축의 좌, 우 가장자리에 가져가면 손모양 커서가 옆으로 표시(,)된다.
6. 이 상태에서 마우스 버튼을 누르고 끌면 그래프의 축이 늘어나거나 줄어들게 된다.

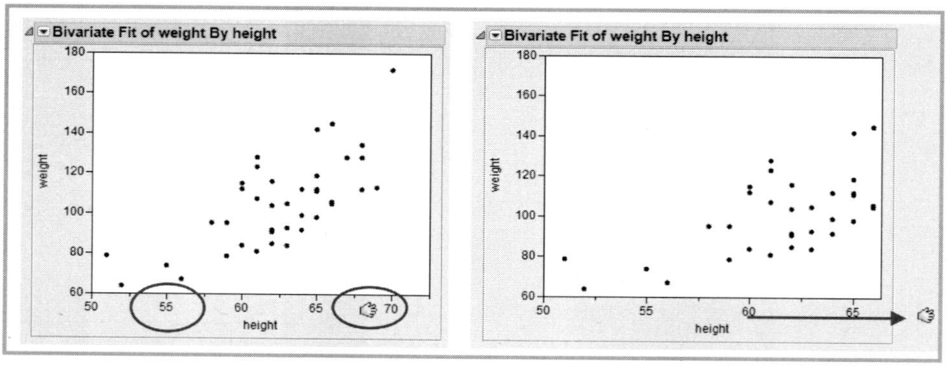

그래프의 X축만이 아닌 Y축도 동일하게 축을 이동하거나 스케일을 변경할 수 있으며 JMP의 모든 그래프는 동일하게 수정이 가능하다. 이러한 기능을 활용하여 그래프의 특정 부분만 확대하거나 강조해 보고서에 더욱 효과 있는 그래프를 넣을 수 있을 것이다.

2.1.4 통계분석의 실행

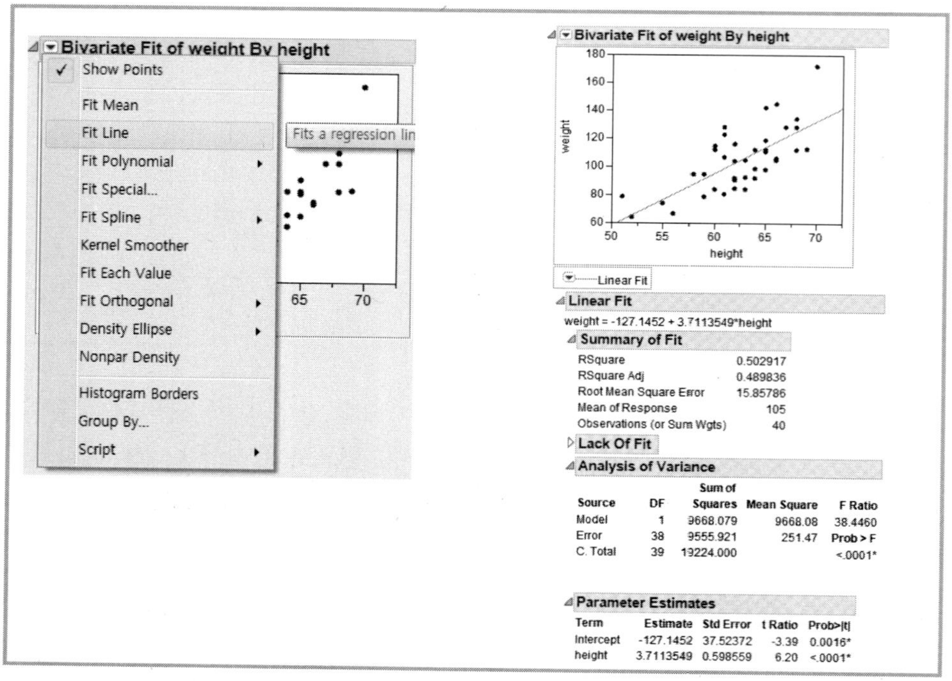

Bivariate Fit of weight By height 옆의 빨간색 역삼각형 부분을 클릭하면 여러 가지 메뉴들이 나오는데, 이 중 Fit Line을 선택하면 단순 회귀분석을 실시할 수 있다. 이렇게 한 화면에 그래프와 통계분석 결과를 동시에 보여주는 것이 다른 통계 패키지와 JMP가 차별화되는 것 중 하나로, 그래프와 통계분석 결과를 따로 보는 번거로움을 덜어준다. 통계와 관련된 부분은 4장에서 자세하게 다루도록 한다.

2.2 그래프에 날개달기

JMP는 그래프를 더욱 화려하게 하고, 스프레드시트로 그래프 생성 시 수작업으로 반복하는 일을 줄여주는 여러 가지 기능을 제공한다.

2.2.1 산점도를 색과 기호로 화려하게

실습 1-4 **산점도 꾸미기**

JMP는 그래프의 색을 바꾸거나 기호를 사용하여, 더 의미 있고 다양한 정보를 표현하는 그래프로 나타낼 수 있다. 다음의 실습을 통하여 확인해 보자.

1. 실습 1-2에서 사용한 산점도를 실행한다.
2. 메뉴의 [Row]→[Color or Mark by Column...]을 실행한다.
3. [연령(Age)] 선택→[Markers]→[Standard]을 선택한다.
4. 중앙 상단에 보이는 [Colors]에 그래프에 입힐 색상 중 JMP Default를 선택한다.

   Mark by Column 화면의 오른쪽 [Row States]를 확인해 보면 연령마다 그래프에 표현되는 점들의 색상과 기호가 보여지는 것을 확인할 수 있다.

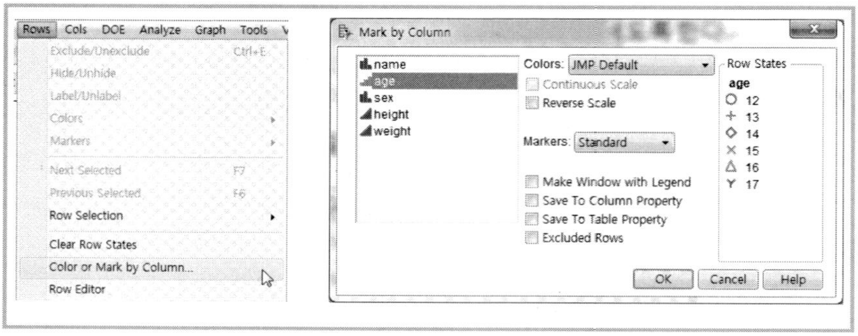

5. [OK] 버튼을 누르고 결과를 확인한다.
검은 점으로만 찍혀 있던 산점도가 연령별로 색상과 형태가 다른 기호로 변경되어 있다. 12세를 의미하는 빨간 동그라미는 가장 작은 신장부터 가장 큰 신장까지 골고루 분포하는 것을 알 수 있고, 14세를 의미하는 하늘색 마름모는 60 이상에 분포하는 것을 알 수 있다. 즉, X축과 Y축을 사용하여 신장과 체중의 두 가지 정보만 표현되던 산점도에 색상과 기호를 사용하여 연령까지 포함한 세 가지 정보를 표현한 것이다.

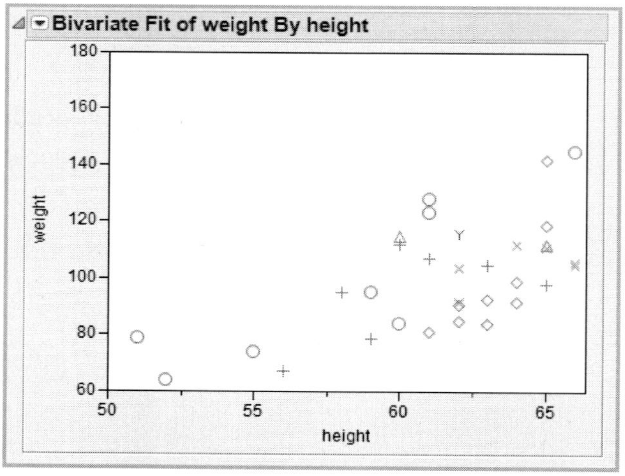

2.2.2 조건에 따른 그래프 재생성

실습 1-5 **조건에 따른 그래프 재생성하기**

다양한 분석을 하기 위해서는 때때로 특정 조건의 데이터로만 작성해야 하는 경우가 있다. 엑셀과 같은 스프레드시트에서 조건의 데이터를 제거하고 그래프를 다시 작성해야 하는데 JMP는 데이터 필터(Data Filter)라는 기능을 제공하여 선택된 데이터에서 빠르게 그래프를 생성한다.

1. 메뉴의 [Rows]→[Data Filter]를 실행한다. 또는 [Toolbar]의 데이터 필터 아이콘( )을 누른다.
2. [Add Filter Columns]→연령(Age), 성별(Sex), 신장(Height)을 선택→[Add] 버튼을 누르면 컬럼 리스트를 보여주던 데이터 필터가 선택한 컬럼의 값을 보여주는 화면으로 바뀌어진다.

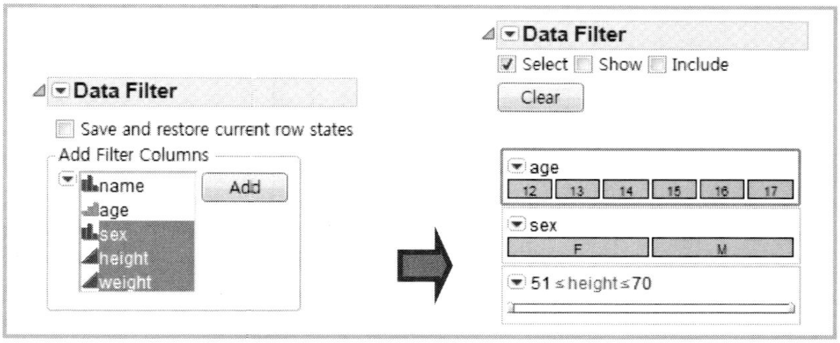

데이터 필터에서 선택된 조건에 맞는 데이터가 그래프 상에 강조되어 표현된다. 연령, 성별 같이 범주를 나타내는 값은 마우스로 클릭하여 선택하고, 신장과 같이 연속된 숫자는 필터 끝에 있는 [**슬라이드 바**( )]를 마우스로 클릭 & 드래그하면 선택 값이 조정된다. 여러 가지 조건을 중복하여 선택할 경우는 키보드의 [Ctrl]을 누르고 데이터 필터를 선택하면 된다.

3. 키보드의 [Ctrl]을 누른 채로 [age]에서 [12] 선택→[sex]에서 [F] 선택→[Ctrl] 버튼을 떼고 [height]에서 55 이상 70 이하로 드래그한다.

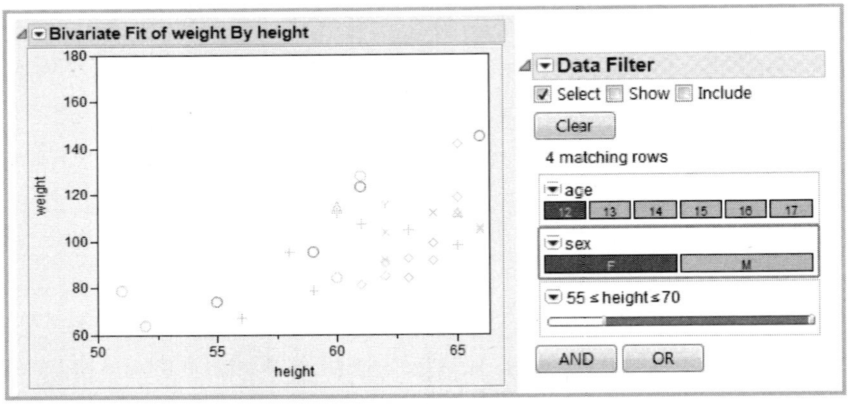

데이터 필터에서 선택된 데이터는 더 진하게 표시되어 그래프 상에서 어느 곳에 위치하는지 빠르게 알 수 있다.

TIP

Show 옵션

데이터 필터의 상단에 있는 Show 옵션을 체크하면 필터에서 선택된 값으로만 그래프가 그려지게 되어, 필요한 조건의 데이터로 작성된 그래프를 빠르게 작성할 수 있다.

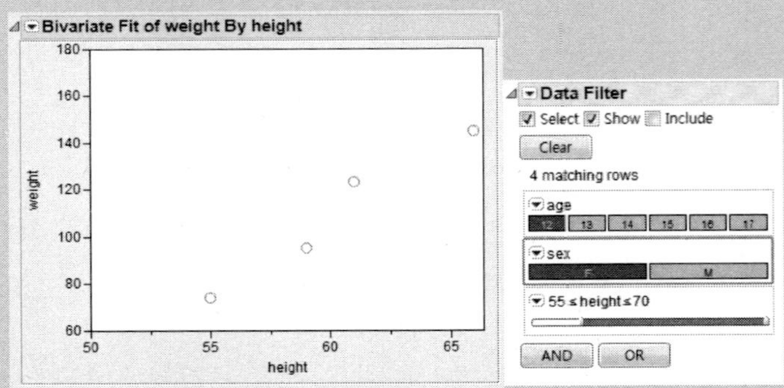

2.2.3 JMP의 분석결과의 저장과 종료

JMP의 분석결과의 저장은 그래프의 가장 상단에 마우스를 두면 나타나는 메뉴의 File에서 Save As...를 선택하면 된다. 파일 저장 형식은 JMP Report(*.jrp)이며 Save를 누르면 'Embed Data in Report?' 메시지가 나타난다. 이 메시지는 현재 테이블과 함께 저장을 할 것인지 선택하는 것으로 Embed를 선택하면 현재 상태의 테이블 그대로 분석결과와 함께 저장이 되며, Reference를 선택하면 테이블과 결과를 따로 저장해야 한다. 이때 따로 저장한 테이블을 변경시키면 분석결과 또한 변경된 테이블에 맞추어서 변경된다. 이는 사용자가 원하는 것으로 선택하면 된다.

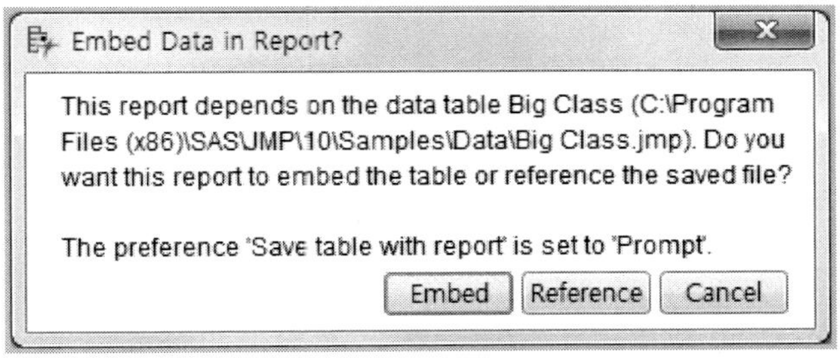

저장 JMP의 종료는 메인 화면 우측 상단에 있는 닫기 버튼(x)을 클릭하거나, File 메뉴에서 Exit JMP를 선택하면 된다. JMP를 닫을 경우 나타나는 'Save Session?' 메시지는 다음번 JMP를 실행할 때 현재 열려있는 화면을 다시 열면서 실행할지를 선택하는 것으로 JMP를 다시 실행하여 이전의 분석을 연속적으로 하게 될 때 선택하면 편리하게 활용할 수 있다.

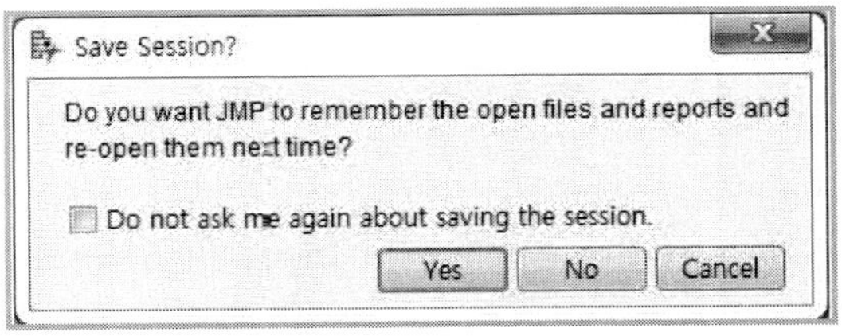

이상으로 JMP에 대한 간략한 소개를 마치도록 하고 다음 장부터 본격적으로 JMP의 다양한 분석기능을 다루도록 하겠다.

2장

데이터와 친해지기

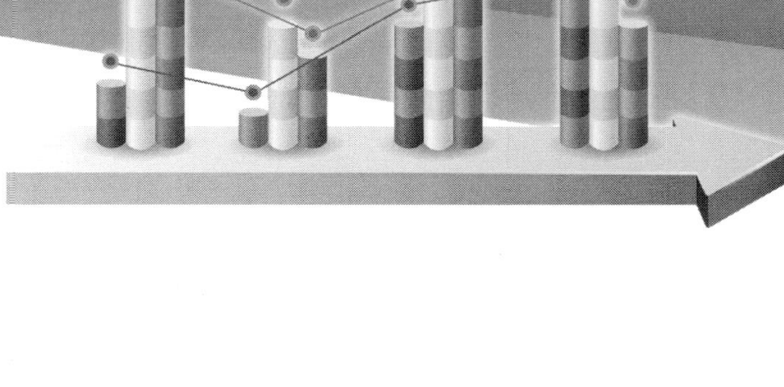

1강 Table 단위로 데이터 가지고 놀기

분석은 그 목적을 달성하기 위해 일반적으로 데이터 준비 과정에서부터 출발한다. 데이터는 숫자, 테이블, 코드 등의 다양한 형태로 이루어져 있다. 분석은 이러한 데이터를 더 구조적인 조합으로 볼 수 있게 해 주는 테이블 작성으로부터 시작된다.

이제 JMP를 이용해 어떻게 분석을 위한 테이블을 만들어 가는지 확인해 보자.

1.1 JMP 데이터 테이블의 기본 기능

JMP는 분석할 데이터가 모여있는 단위를 테이블(Table), 데이터 테이블(Data Table) 또는 데이터 셋(Data Set)이라 한다. 테이블은 행과 열로 구성된 표와 같은 형태로 데이터가 저장되어 있으며, 각 행은 유일한 속성값을 저장한 단위를 의미한다. 예를 들어 사원 번호별로 이름, 성별, 직급, 직책, 입사일자 등을 수집해놓은 표를 생각하면 데이터 테이블을 이해하기 쉽다.

1.1.1 데이터 테이블의 명칭

앞에서 설명했던 Big Class 데이터 셋을 다시 한 번 열어보자.

데이터 테이블의 상단에는 데이터를 변환하고 분석하기 위한 메뉴와 툴바가 위치한다. 또한, 데이터 테이블의 곳곳에 보여지는 빨간 삼각형(▼)은 팝업메뉴라고 하며, 여러 가지 옵션을 선택할 수 있는 기능을 제공한다.

데이터 테이블의 왼쪽 부분은 데이터 테이블 패널로, 데이터 테이블과 관련된 정보를 담고 있다. 오른쪽 부분은 데이터 그리드로 분석할 대상이 되는 데이터를 담고 있다.

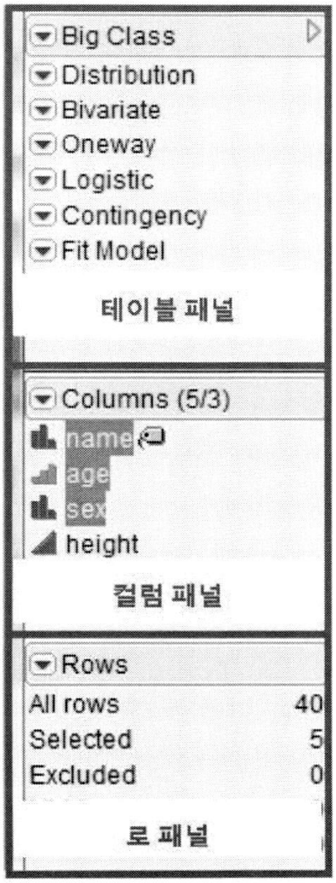

먼저 데이터 그리드는 데이터를 세로로 구분하여 열(Column)이나 변수(Variable)라 하고 데이터를 가로로 구분하여 행(Row)이나 관측치(Observation)라 한다. 데이터 그리드의 왼쪽 상단에 두 개의 삼각형이 서로 마주보는 곳(▷◁)이 있는데, 데이터 그리드 영역의 삼각형(◁)을 마우스로 클릭하면 좌측의 데이터 테이블 패널이 숨겨지고, 데이터 테이블 패널의 삼각형(▷)을 클릭하면 데이터 그리드가 숨겨지게 된다.

앞서 설명한 대로 데이터 테이블의 좌측에 보이는 것이 데이터의 정보를 보여주는 데이터 테이블 패널이며, 여기서 테이블이 담고 있는 데이터의 양과 속성들을 빠르게 파악하고 여러 가지 옵션을 실행할 수 있다.

첫 번째로 가장 상단에 있는 테이블 패널(Table Panel)은 테이블 명(현재 Big Class)을 표시하고 있고, 아래에 있는 'Distribution', 'Bivariate'와 같은 팝업메뉴(▾)들은 이 테이블을 사용한 분석과정을 저장하고 있어 필요 시 팝업메뉴의 'Run Script'를 누르면 실행할 수 있다.

두 번째로 중간에 있는 컬럼 패널(Column Panel)은 테이블 내의 컬럼의 수(5)와 선택된 컬럼 수(3)을 표시하고 있으며, 아래에 컬럼들의 리스트가 보여지고 있다. 컬럼명 앞에 아이콘들은 컬럼의 모델링 타입으로, 각각 범주형(, 그룹이 되는 단위로 순서는 없음), 서열형(, 그룹이 되는 단위로 순서가 있음), 연속형(, 연속된 숫자)임을 표시한다.

세 번째로 맨 아래에 있는 로 패널(Row Panel)은 테이블 내의 전체 행수(All rows)가 40개임을 알려주며, 선택된(Selected) 행의 5는 현재 5개의 행이 선택된 것임을 표시하고 있다.

이렇게 데이터 테이블 패널에 표시되는 정보를 이용하여 분석가는 전체 데이터를 직접 확인하지 않고도 데이터 테이블이 가지고 있는 컬럼, 행의 개수, 그리고 데이터 속성을 빠르게 파악할 수 있다.

1.1.2 데이터의 선택 및 추출

JMP는 데이터 테이블에서 선택된 데이터를 그래프에 강조해서 표시하거나 분석에 사용할 수 있다. 이러한 기능의 가장 기본이 되는 데이터 테이블에서 특정 컬럼과 행을 선택해 보기로 한다. Big Class 데이터 테이블의 컬럼명을 이름(Name)에서 성별(Sex)까지 마우스로 드래그하고, 왼쪽의 행 번호 1에서 5까지를 마찬가지로 드래그하여 회색으로 반전시킨다.

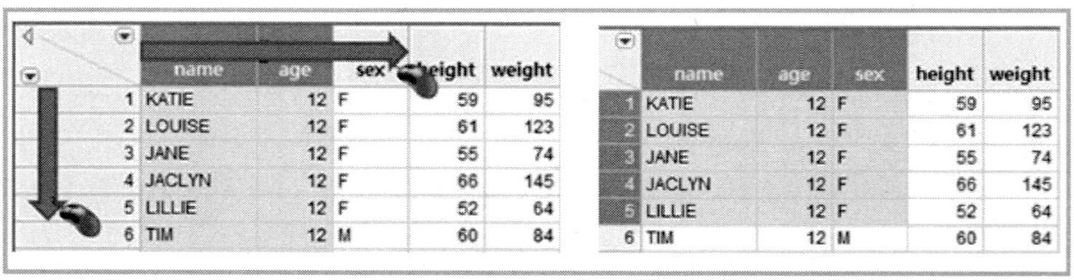

테이블의 회색으로 표시된 부분이 마우스를 사용하여 선택된 데이터로써, 이 부분을 그래프 상에서 강조하여 표현하거나 분석할 수 있다.

그럼 선택된 컬럼과 행만이 포함된 새로운 데이터 테이블을 만들고 새 테이블에 이름을 붙여보자.

실습 2-1 선택된 컬럼과 행만을 포함한 데이터 테이블 만들기

1. 원하는 컬럼과 행 선택 → [Row Panel] → [Selected]를 우측 마우스 버튼으로 클릭한다 → [Data View]를 선택한다.

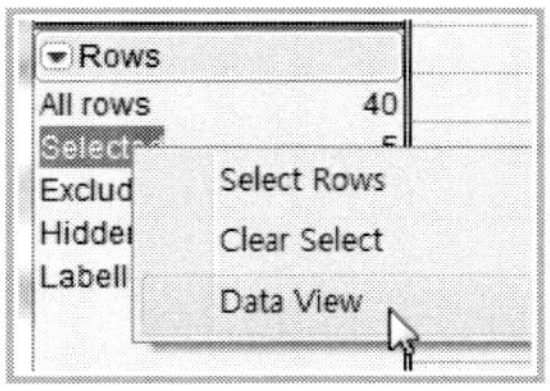

2. 선택된 컬럼과 행만을 포함하고 있는 새로운 데이터 테이블이 생성된다.
3. [Untitled 6]으로 되어 있는 테이블명을 클릭(패널 부분으로 선택되어 있지 않은 경우 한 번 더 클릭)하면 입력 받을 수 있게 된다.

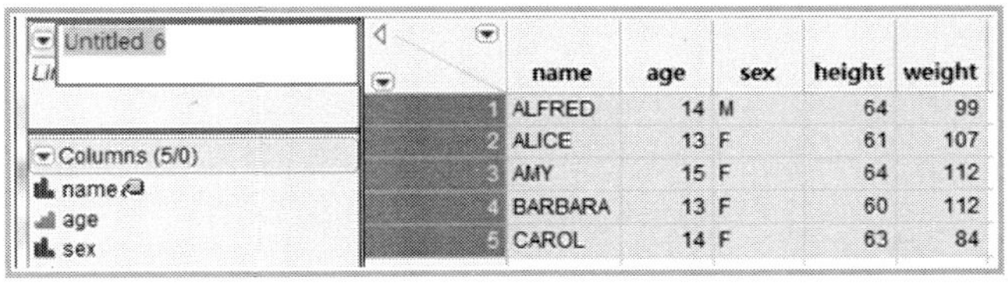

4. 'Big Class Selecte:l'를 입력하고 Enter키를 누른다.

테이블명의 변경은 새로 만든 테이블만 가능한 것이 아니라 어떤 테이블이라도 동일한 방식으로 변경이 가능하다.
선택된 컬럼과 행을 선택해제하기 위해서는, 선택된 영역을 [Ctrl] + [마우스 좌] 버튼 클릭하거나 데이터 좌측 상단에 보이는 [선택 해제 영역]을 마우스로 클릭하면 선택된 행과 열이 선택해제 된다.

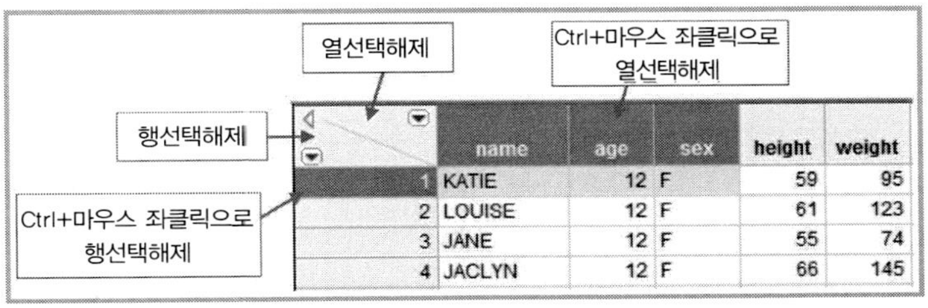

1.1.3 데이터 테이블의 값 수정

JMP의 데이터를 수정하는 것은 엑셀과 동일하다. 값을 변경하고자 하는 셀을 마우스로 클릭하면 해당 셀을 수정할 수 있는 상태가 되고, 이곳에 값을 입력하면 된다.

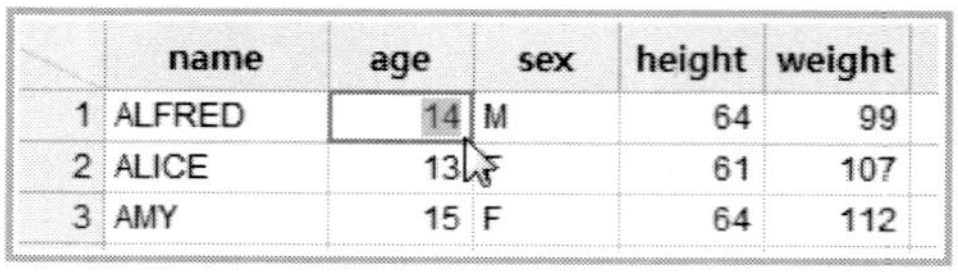

연속적으로 값을 변경해야 할 때에는 값 입력 후 Enter 키를 누르면 바로 아래의 셀로 커서가 이동되어 계속적으로 값의 입력이 가능하다.

실습 2-2 엑셀 데이터 복사해서 붙여 넣기

엑셀의 데이터를 복사해서 JMP데이터 테이블에 붙여 넣어 보자.

1. 엑셀 상의 복사할 셀들을 선택하고 복사(Ctrl+C)한다. → JMP 데이터 테이블의 붙여 넣을 위치의 셀을 마우스로 한번 클릭한다.
2. 붙여 넣기(Ctrl+V)를 한다. (단, 실습 2-1에서 사용한 Data View가 열려 있는 상태에서는 붙여 넣기를 하면 에러가 발생한다.)
   입력한 값을 이전의 값으로 되돌리려면, 데이터 테이블에 이전의 값을 입력하거나 Edit 메뉴의 Undo(Ctrl+z)를 실행한다.

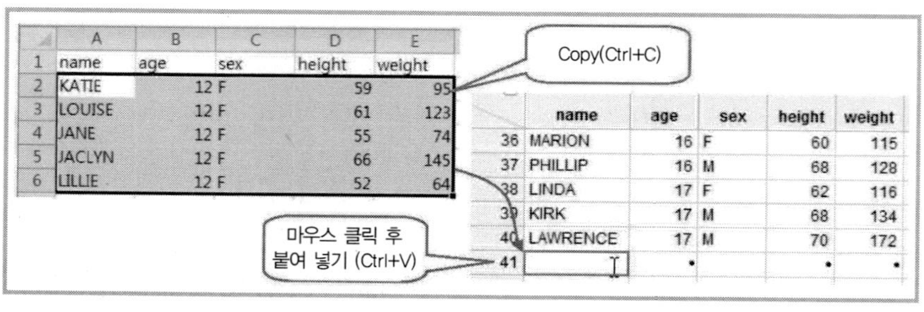

TIP

데이터 수정 시 주의사항

데이터를 수정하면서 주의할 것은, JMP 데이터 테이블은 각 컬럼에 들어갈 데이터가 문자형인지 숫자형인지 이미 지정이 되어 있다는 것이다. 다른 형태의 데이터가 입력되면 오류가 발생한다. 연령(age) 컬럼의 14가 입력되어 있는 곳에 'fourteen'을 입력해보자. 숫자형 컬럼에 문자값이 입력되었으므로 연령 컬럼을 문자형으로 바꾸겠냐는 메시지가 표시된다. 다른 값으로 입력하려면 'Try Again'을 선택하고, 문자형으로 컬럼을 변경하려면 Change를 선택한다. 'Revert'는 입력을 취소하고 끝낸다.

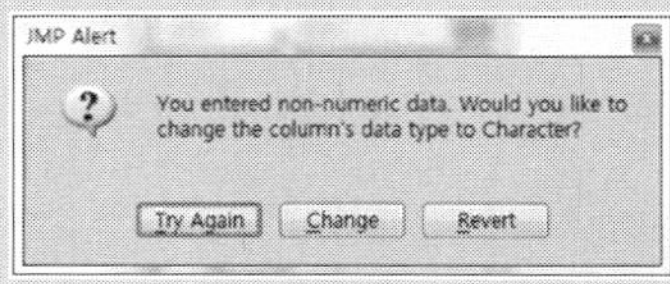

1.1.4 데이터 값의 정렬

데이터 테이블을 알파벳 순이나 숫자 순으로 정렬을 할 필요가 있을 경우는 정렬하고자 하는 컬럼명에서 우측 마우스 버튼을 클릭하고 팝업 메뉴에서 Sort를 선택하면 테이블 상에서 바로 정렬이 가능하다. 처음 실행하면 오름차순으로 정렬되며 두 번 실행하면 내림차순(Descending Sort)으로 정렬된다. 단, 이 기능은 한번에 한 개의 컬럼만 정렬이 가능하며, 여러 개의 컬럼을 포함하여 정렬하고자 할 때는 Table 메뉴의 Sort를 사용하면 된다.

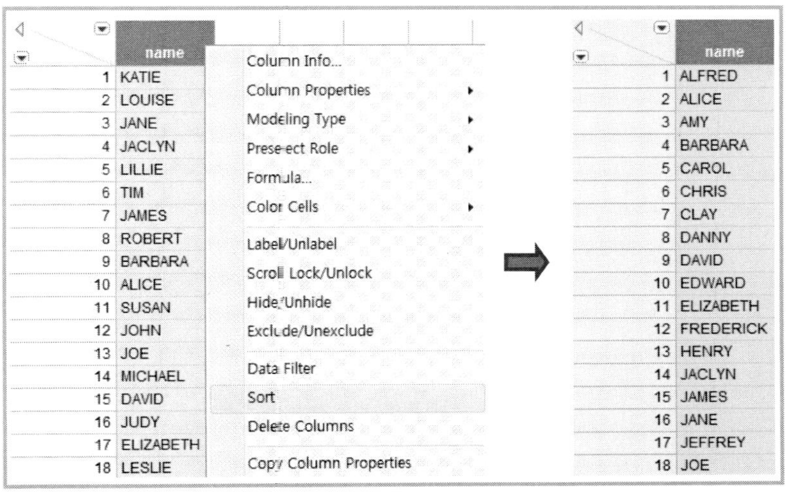

1.2 Tables 메뉴의 주요 기능

테이블 단위에서 데이터를 가공하는 기능들의 집합의 Tables 메뉴이다. 요약 정보를 생성하거나, 두 개의 데이터를 합치거나 정렬하는 기능 등을 제공한다.

1.2.1 데이터의 요약(Summary)

데이터의 특징을 파악하는 많은 방법이 있지만 가장 많이 사용하는 것은 평균, 표준편차, 최대, 최소일 것이다. Summary는 이러한 숫자 컬럼값의 평균, 최대, 최소 등의 요약 정보를 생성하는 기능이다.

실습 2-3 데이터 요약하기

Big Class의 데이터 테이블의 40명 학생들의 성별별 평균 키를 구해 보도록 한다.

1. Big Class 테이블을 열고 [Tables]→[Summary]를 선택한다.

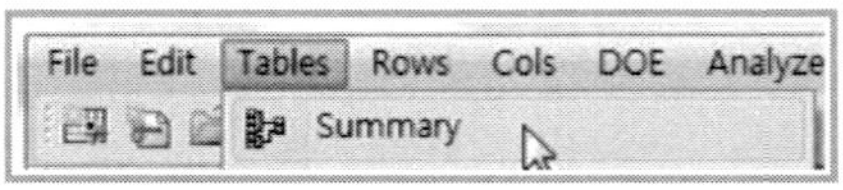

2. [Select Columns]→신장(Height) 선택→[Statistics]→[평균(Mean)]을 선택한다.

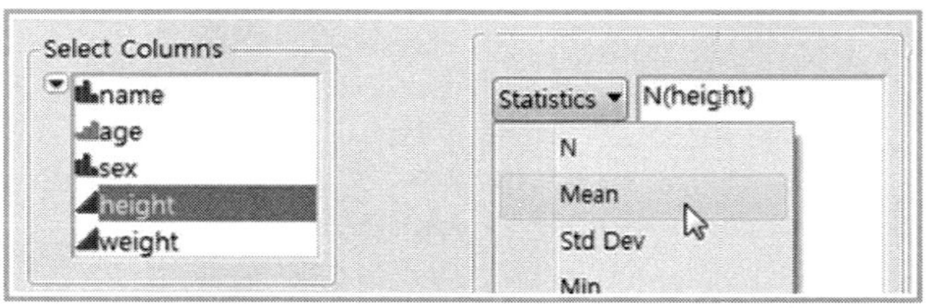

3. 성별(Sex) 선택→[Group] 클릭([Group] 옆의 박스로 드래그해도 된다.) →[Include marginal statistics] 선택→[Output table name]에 'Big Class Sum' 입력→[Link to Original data Table]을 선택한다.

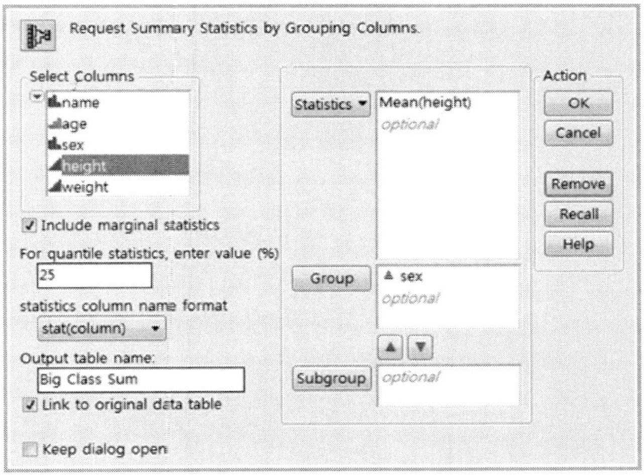

NOTE

Summary 항목 및 옵션

- Statistics: 필요한 통계값 선택
- Group: 기준 그룹 설정
- Subgroup: 세부 그룹 설정
- Statistics column name format:
    - Stat(column)은 통계량(컬럼)으로 표현(예: Mean(Weight))
    - Column은 컬럼으로만 표현(예: Weight)
    - Stat of column은 통계량 of 컬럼으로 표현(예: Mean of Weight)
    - Column stat은 컬럼 통계량으로 표현(예: Weight Mean)

For quantile statistics, enter values(%): Statistics에서 설정한 Quantiles의 사분위수 값 설정
Link to Original Table: 데이터 테이블과 Summary 테이블을 연결
Keep dialog open: 대화상자를 유지시킨 상태로 테이블을 생성
Remove: 설정된 컬럼을 취소
Recall: 가장 최근에 한 설정을 불러옴

4. [OK]를 선택한 후 결과를 확인한다.

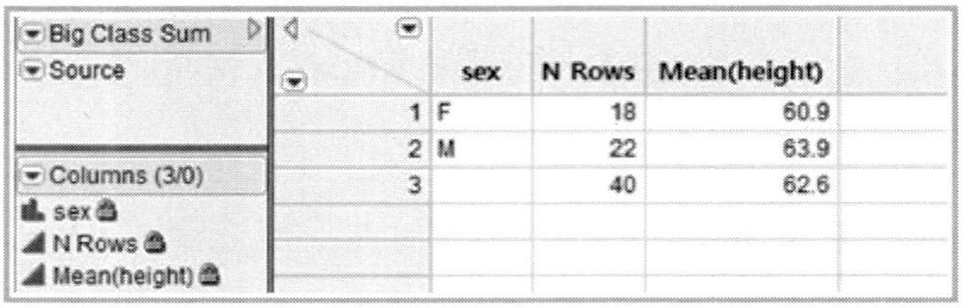

	sex	N Rows	Mean(height)
1	F	18	60.9
2	M	22	63.9
3		40	62.6

Summary 대화상자가 사라지고 나타나는 'Big Class Sum' 데이터 테이블을 보면, 첫 번째 행에는 여학생(Female)들의 행수(N Rows)와 평균 신장(Mean(height))이 나왔으며, 두 번째 행에는 남학생(Male)들의 통계량이 나왔다. [Include marginal statistics] 옵션을 선택한 결과로 마지막 행에 전체 데이터에 대한 행수와 평균 신장이 나타나 있다. 컬럼 패널을 보면 컬럼명 뒤에 자물쇠 아이콘(🔒)이 표시되는데, 이것은 컬럼이 잠겨 있다는 것으로 데이터를 인위적으로 수정할 수 없는 것을 의미한다.

TIP

Link to Original Table의 기능

Summary 대화상자에서 [Link to Original Table]을 선택하면 원본 테이블과 요약 테이블을 연결해준다.
'Big Class Sum' 테이블에서 첫 번째 행을 선택한다.
(데이터 그리드에서 가장 왼쪽의 행 번호 1을 마우스로 클릭하면 된다.)

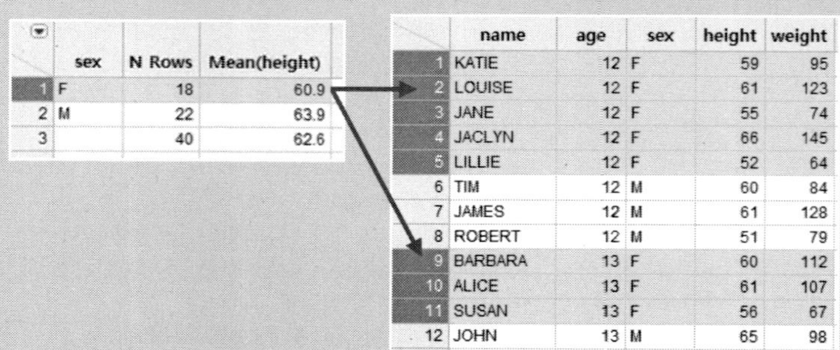

	sex	N Rows	Mean(height)
1	F	18	60.9
2	M	22	63.9
3		40	62.6

	name	age	sex	height	weight
1	KATIE	12	F	59	95
2	LOUISE	12	F	61	123
3	JANE	12	F	55	74
4	JACLYN	12	F	66	145
5	LILLIE	12	F	52	64
6	TIM	12	M	60	84
7	JAMES	12	M	61	128
8	ROBERT	12	M	51	79
9	BARBARA	13	F	60	112
10	ALICE	13	F	61	107
11	SUSAN	13	F	56	67
12	JOHN	13	M	65	98

'Big Class Sum' 테이블의 원본 데이터인 'Big Class'를 확인하면 성별이 여자(Female)인 행만 선택이 되어 있는 것을 알 수 있다. 이것은 Summary 대화상자에서

[Link to Original Table]을 선택한 결과로 요약 데이터에서 상세 데이터로 바로 탐색이 가능하도록 하는 기능으로 요약 데이터에서 상세 데이터를 찾아갈 때 유용하게 사용할 수 있다.

실습 2-4 데이터의 최대, 최소 구하기

실습 2-3에 이어서 신장의 최대, 최소를 구하고 Summary의 다른 옵션을 알아보도록 한다.

1. [Sample data]→[Example for Teaching]→[Big Class]를 불러온다.(Big Class Sum 테이블이 아님)

2. [Tables]→[Summary]를 실행한다.

3. 대화상자의 우측에 있는 리콜 버튼(Recall)을 누른다. 그럼 이전에 실행했던 내용이 다시 Summary 대화상자에 입력되는 것을 알 수 있다.

4. 신장(Height)을 선택한 후 [Statistics]의 최소(Min)와 최대(Max)를 추가한 뒤 [Keep Dialog open]을 체크한다. [Include marginal statistics]는 선택해제한다.

5. [Create] 버튼을 누른다.

이번에는 Summary 대화상자가 열린 상태에서 Big Class Sum 테이블이 다시 생성되었다. 이것은 지금까지 분석한 통계량 외에 다른 통계량을 얻고자 할 때 유용한 [Keep Dialog Open] 기능으로, 열려 있는 Summary 대화상자에 필요한 통계량을 추가하고 실행하면, 테이블에 통계량이 계속하여 생성된다. 다음 학습을 위하여 Big Class 테이블을 제외한 'Big Class Sum' 테이블을 닫도록 한다.

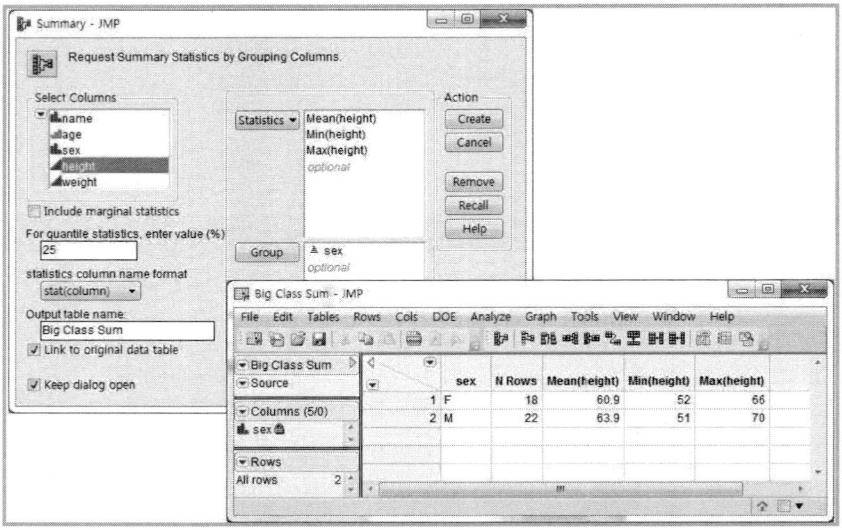

1.2.2 선택된 데이터 추출(Subset)

데이터 분석의 과정 중 탐색은 전체 데이터의 모양(특징)을 파악하고 문제가 있는 부분을 선택하여 더 자세하게 파악한다. 수집된 전체 데이터 중 일부를 추려내는 기능이 Subset이다.

실습 2-5 **선택된 데이터 추출하기**

Big Class 데이터에서 성별별로 새로운 테이블로 생성한다.

1. [Big Class] 테이블을 불러온다. (이미 열려 있다면 다음 단계를 진행한다.)
2. [Tables]→[Subset]를 선택한다.

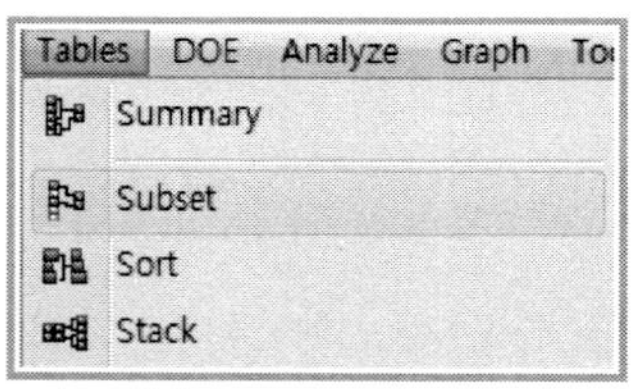

3. [Subset by]를 체크 → 성별(Sex)을 선택 → [Rows] → [All rows]을 선택한다.

이것은 선택한 컬럼이 가지고 있는 데이터 값 별로 각각 테이블을 생성하라는 것이다.

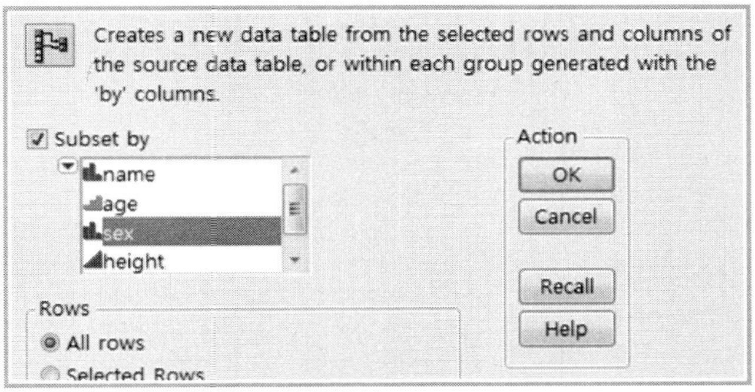

4. [OK]를 선택하면 다음과 같은 결과를 얻게 된다.

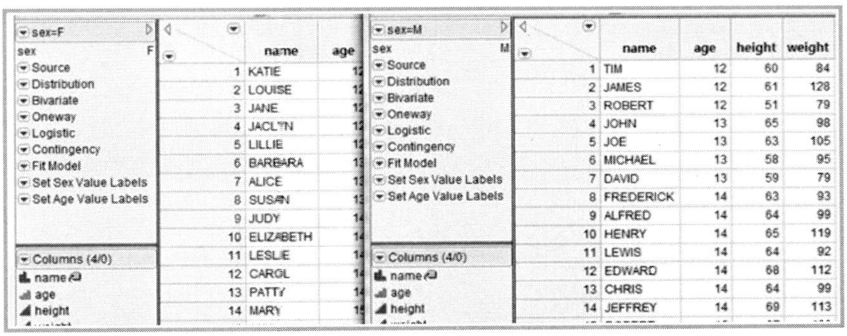

성별(Sex) 컬럼은 남(M), 여(F) 두 가지 값뿐이므로, 성별이 남자(Male)인 테이블과 여자(Female)인 테이블이 생성된다.

여기서 확인할 것은 성별(Sex) 컬럼은 두 개의 테이블을 구분하는 데 활용되어 새로 생성된 테이블에는 존재하지 않지만 테이블명의 아래에 테이블값으로 저장이 되어 있다.

NOTE

Subset 항목 및 옵션

- Subset by: 선택된 컬럼을 데이터 값으로 구분하여 테이블을 생성
- All Rows: 현재 테이블의 모든 데이터를 포함된 테이블을 생성
- Selected Rows: 현재 테이블에서 선택된 데이터만을 포함한 테이블을 생성
- Random –sampling rate: 입력한 비율로 무작위 데이터를 선택하여 테이블을 생성
- Random –sampling size: 입력한 개수만큼 무작위로 데이터를 선택하여 테이블을 생성
- All columns: 모든 컬럼을 포함하여 테이블을 생성
- Selected columns: 선택된 컬럼만 포함하여 테이블을 생성
- Output table name: 새로 생성되는 테이블명을 입력
- Link to original data table: 원본 테이블과 새 테이블 간에 논리적으로 연결되어 원본 테이블의 변경이 새 테이블에도 반영됨
- Copy formula: 원본 테이블의 컬럼 생성 공식을 새 테이블에 넣는다. 공식이 참조하는 컬럼이 새 테이블에 포함되어야 한다. 옵션을 미 선택할 시 컬럼의 값만 새 테이블에 넣음
- Suppress formula evaluation: 옵션 선택 시 공식을 재계산하지 않는다. 미 선택 시 공식을 재계산
- Keep dialog open: 대화상자를 계속해서 열어 놓음

이번에 생성한 데이터 테이블은 다음의 실습에서 다시 활용하게 되니 닫지 말고 다음으로 넘어가도록 하자.

1.2.3 두 데이터 셋의 세로결합(Concatenate)

만약 영업 관리자가 1분기의 영업현황을 분석하는 경우 1월부터 3월까지 매장별 매출 데이터가 동일한 형태(컬럼은 동일함)로 각각의 엑셀파일로 담겨있다면, 분석을 위해 새로운 엑셀파일을 생성하여 1월 데이터를 붙여 넣고, 다시 2, 3월 데이터를 1월 데이터 아래에 차례로 붙여 넣을 것이다. 이러한 기능을 하는 것이 [Concatenate (세로결합)]이다.

실습 2-6

두 데이터 셋의 세로결합 실행하기

이번 실습은 실습 2-5에서 생성한 Sex=M, Sex=F 테이블을 세로로 결합하는 방법을 실습해 보자.

1. Sex=M 테이블을 열고 [Tables]→[Concatenate]를 실행한다.

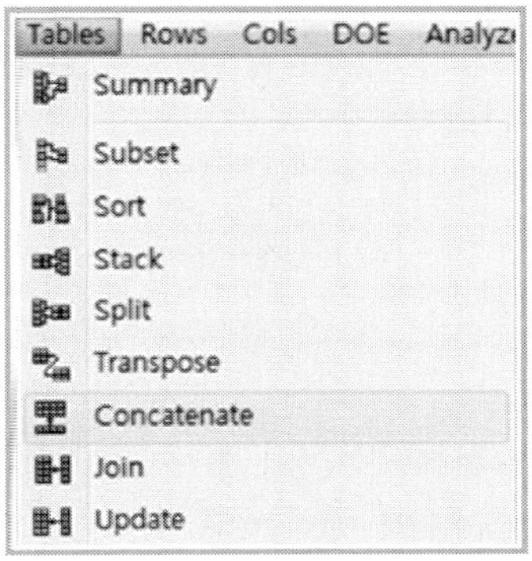

2. [Opened Data Table]→Sex=F를 선택→[Add] 선택→[Create source column]을 체크→[Output table name]에 'Big Class Concat' 입력한다.

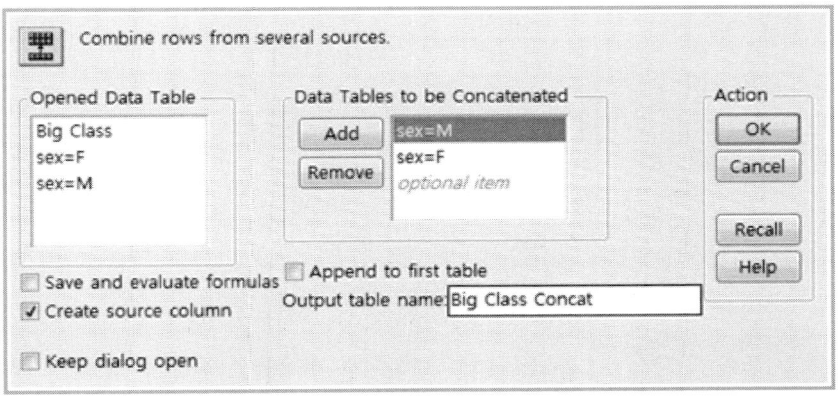

NOTE

Concatenate 항목 및 옵션

- Add: 결합시키고 싶은 데이터 테이블을 추가
- Save and evaluate formulas: 새로운 데이터 테이블에 원본 테이블의 공식을 포함. 만약 같은 이름으로 다른 공식이 있다면, 첫 번째 테이블에 저장된 공식으로 설정
- Create source column: Source Table 컬럼을 생성하여 어느 테이블 자료인지 확인
- Append to first table: 새로운 데이터 테이블을 생성하지 않고, 처음 테이블에 추가
- Opened Data Table: 현재 열려 있는 테이블 리스트를 나타냄
- Keep dialog open: 대화상자를 계속해서 열어 놓음
- Output table name: 새로 생성되는 테이블명을 입력

3. [OK]를 선택하면 다음과 같은 결과를 얻는다.
두 개의 테이블이 세로로 결합된 새로운 'Big Class Concat' 테이블이 생성되었다.

	Source Table	name	age	height	weight	sex
17	sex=M	CLAY	15	66	105	M
18	sex=M	MARK	15	62	104	M
19	sex=M	DANNY	15	66	106	M
20	sex=M	PHILLIP	16	68	128	M
21	sex=M	KIRK	17	68	134	M
22	sex=M	LAWRENCE	17	70	172	M
23	sex=F	KATIE	12	59	95	F
24	sex=F	LOUISE	12	61	123	F
25	sex=F	JANE	12	55	74	F

만약 새로운 테이블을 생성하지 않고, 남자테이블(sex=M)에 여자테이블(sex=F)의 데이터를 추가하고 싶다면 Subset 대화상자에서 [Append to first table] 옵션을 체크하면 된다.

1.2.4 데이터 정렬(Sort)

앞에서 하나의 컬럼을 기준으로 데이터를 정렬하는 방법은 이미 앞에서 다루었다. 그런데 데이터 분석 시 한 개의 컬럼이 아닌 여러 컬럼을 기준으로 데이터를 정렬해야 하는 경우 사용하는 메뉴가 [Sort]이다.

실습 2-7 **데이터 정렬하기**

Big Class 테이블을 신장과 체중을 기준으로 정렬한다.

1. Big Class 테이블의 [Tables]→[Sort]를 실행한다.

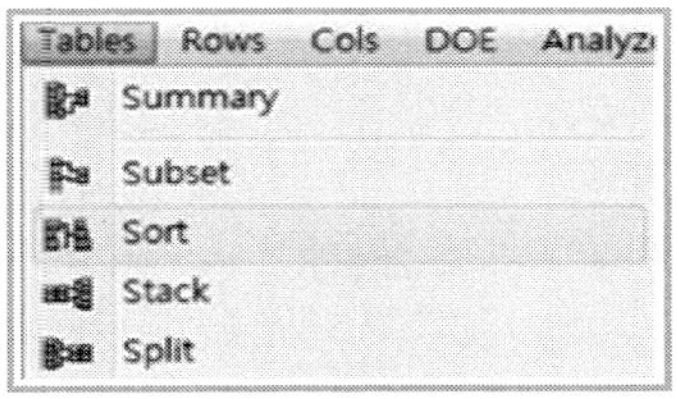

2. 신장(height)과 체중(weight)을 선택→[By]를 클릭한다. (또는 오른쪽 선택 박스로 끌어다 놓는다.)
3. 체중(weight) 컬럼을 선택→내림차순(▼) 버튼을 클릭한다.
   그러면 체중 앞의 정렬방향이 내림차순(▼)으로 변경된 것을 확인할 수 있다.
4. [Replace Table]을 선택한다. 이는 새로운 데이터 테이블을 생성하지 않고 Big Class 데이터를 정렬하기 위함이다.

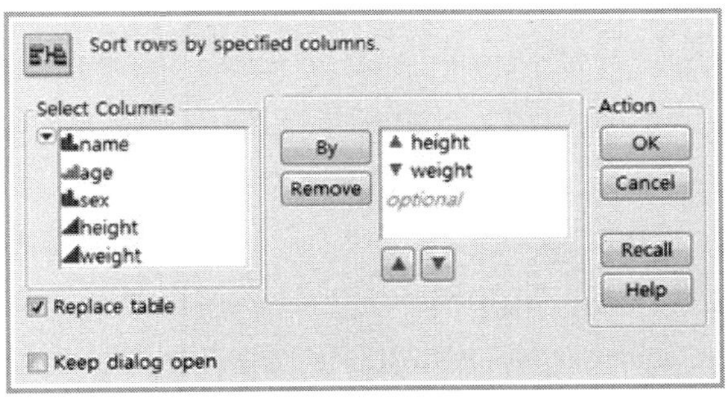

NOTE

Sort 항목 및 옵션

- Replace Table: 원본 테이블에 정렬 결과를 반영한다. 미 선택 시 새로운 테이블로 생성한다. 만약 원본 테이블로 그래프를 생성하였다면, Replace는 적용되지 않음
- Output table name: 새로 생성되는 테이블명을 입력
- Keep dialog open: 대화상자를 계속해서 열어 놓음
- By: 정렬기준이 되는 컬럼을 선택
- Remove: 정렬기준이 되는 컬럼을 제거
- ▲▼: 선택한 컬럼의 오름/내림차순을 선택

5. [OK]를 선택하면 다음과 같은 결과가 나온다.

정렬 전

	name	age	sex	height	weight
1	KATIE	12	F	59	95
2	LOUISE	12	F	61	123
3	JANE	12	F	55	74
4	JACLYN	[illegible]	[illegible]	66	145
5	LILLIE	[illegible]	[illegible]	52	64
6	TIM	12	M	60	84
7	JAMES	12	M	61	128
8	ROBERT	12	M	51	79

정렬 후

	name	age	sex	height	weight
1	ROBERT	12	M	51	79
2	LILLIE	12	F	52	64
3	JANE	12	F	55	74
4	SUSAN	[illegible]	[illegible]	56	67
5	MICHAEL	[illegible]	[illegible]	58	95
6	KATIE	12	F	59	95
7	DAVID	13	M	59	79
8	MARION	16	F	60	115

정렬하기 이전의 데이터는 연령(age)과 성별(sex)로 정렬된 형태였지만, 정렬 이후의 데이터는 학생의 신장(Height) 순으로 오름차순되었고, 동일한 신장일 경우 체중(Weight)을 기준으로 내림차순으로 정렬되었다.

1.2.5 행과 열의 전환(Transpose)

데이터 분석을 하기 위해 행으로 수집된 데이터를 컬럼으로 바꾸거나, 컬럼으로 수집된 데이터를 행으로 변경해야 할 경우에 사용하는 기능이 [Transpose(전치)]이다. 이번 실습은 Big Class가 아닌 [Failuressize]를 가지고 실습해 보자.

Failuressize 데이터 테이블은 공정에서 발생한 불량데이터를 수집한 데이터 테이블로, 진행공정(Process), 일자(Day), 불량원인(Causes), 불량 개수(Count)가 저장되어 있다. Failuressize 데이터를 사용하여 공정 A(Process A)와 공정 B(Process B)의 오염(Contamination)으로 발생된 불량의 차이를 분석하기 위해서는 각 공정에서 오

염 불량이 발생한 데이터만 추출해서 분석을 해야 하는데, 100가지의 원인이 다른 불량에 대해 차이를 분석한다면, 데이터 추출을 100번 다시 해야 할 것이다. (실제로 공정에서는 훨씬 많은 불량 종류를 분석하게 된다.)

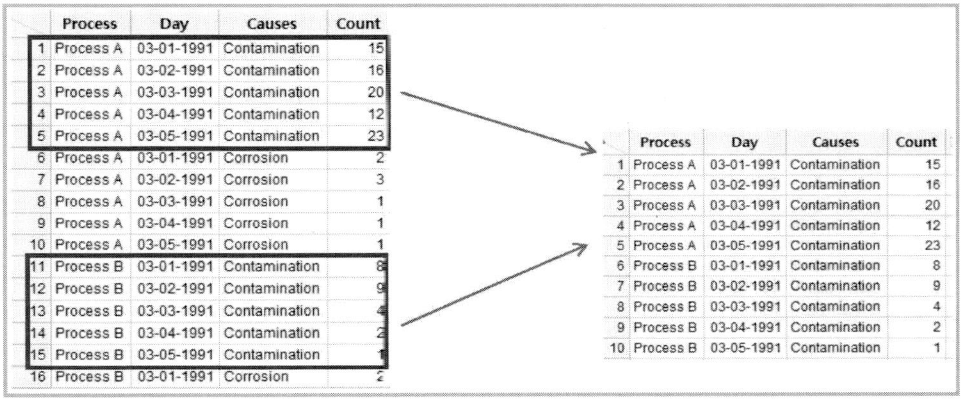

	Process	Day	Causes	Count
1	Process A	03-01-1991	Contamination	15
2	Process A	03-02-1991	Contamination	16
3	Process A	03-03-1991	Contamination	20
4	Process A	03-04-1991	Contamination	12
5	Process A	03-05-1991	Contamination	23
6	Process A	03-01-1991	Corrosion	2
7	Process A	03-02-1991	Corrosion	3
8	Process A	03-03-1991	Corrosion	1
9	Process A	03-04-1991	Corrosion	1
10	Process A	03-05-1991	Corrosion	1
11	Process B	03-01-1991	Contamination	8
12	Process B	03-02-1991	Contamination	9
13	Process B	03-03-1991	Contamination	4
14	Process B	03-04-1991	Contamination	2
15	Process B	03-05-1991	Contamination	1
16	Process B	03-01-1991	Corrosion	2

	Process	Day	Causes	Count
1	Process A	03-01-1991	Contamination	15
2	Process A	03-02-1991	Contamination	16
3	Process A	03-03-1991	Contamination	20
4	Process A	03-04-1991	Contamination	12
5	Process A	03-05-1991	Contamination	23
6	Process B	03-01-1991	Contamination	8
7	Process B	03-02-1991	Contamination	9
8	Process B	03-03-1991	Contamination	4
9	Process B	03-04-1991	Contamination	2
10	Process B	03-05-1991	Contamination	1

이러한 형태의 데이터는 컴퓨터가 빠르게 데이터를 저장하기는 용이한 구조이지만, 데이터 분석을 하는 경우에는 적합하지 않으므로 하나의 행이 여러 불량을 포함하는 구조로 변경을 해보자.

실습 2-8 Transpose를 사용하여 데이터 행과 열 전환시키기

1. [Sample Data] → [Control Charts]의 좌측 삼각형 → [Failuressize]를 선택한다.
2. [Tables] → [Transpose]를 실행 → [불량개수(Count)] 선택 → [Transpose Columns]를 선택한다.
3. [불량 원인(Causes)] → [Label] → [진행공정(Process)], [일자(Day)] → [By]를 선택한다.

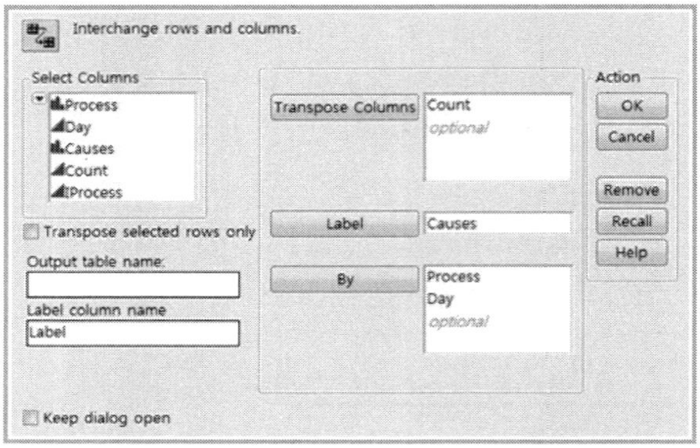

NOTE

Transpose 항목 및 옵션

- Transpose Columns: 전치가 필요한 변수를 할당
- Label: 변수의 그룹별 수치를 각각의 열로 표현해 줌
- By: 전치를 할 때, 설정한 변수를 그룹으로 하여 만들어 줌
- Transpose selected rows only: 선택된 행으로만 행/열 전환(전치)을 실행
- Output table name: 새로 생성되는 테이블 명을 입력
- Label column name: 컬럼명으로 사용할 컬럼에 대한 새 컬럼명을 지정
- Keep dialog open: 대화상자를 계속해서 열어 놓음
- Label: 행/열 전환(전치)되는 컬럼명을 담고 있는 컬럼을 지정
- By: 행/열 전환 시 그룹이 되는 컬럼을 지정

4. [OK]를 선택하면 다음과 같은 결과가 나온다.

	Process	Day	Label	Contami nation	Corrosion	Doping	Metallization	Miscella neous	Oxide Defect	Silicon Defect	size
1	Process A	03-01-1991	Count	15	2	1	2	3	8	1	20
2	Process A	03-02-1991	Count	16	3	1	3	1	9	2	12
3	Process A	03-03-1991	Count	20	1	1	0	3	7	2	23
4	Process A	03-04-1991	Count	12	1	1	0	0	10	1	30
5	Process A	03-05-1991	Count	23	1	1	0	1	8	2	16
6	Process B	03-01-1991	Count	8	2	1	4	2	10	3	25
7	Process B	03-02-1991	Count	9	0	1	2	4	9	2	35
8	Process B	03-03-1991	Count	4	1	1	0	0	10	1	28
9	Process B	03-04-1991	Count	2	2	1	0	3	7	1	27
10	Process B	03-05-1991	Count	1	3	1	0	1	8	2	30

새로 생성된 데이터 테이블을 살펴보면 하나의 행에 진행공정, 일자와 각

컬럼 명의 불량원인에 해당하는 불량수가 나타나는 형태로 만들어졌다. 이 데이터를 활용하여 공정 A(Process A)와 공정 B(Process B)의 불량 차이를 분석하는 경우 간단하게 분석대상이 되는 불량원인 컬럼만 변경하면서 빠르게 분석을 해 나갈 수 있다.

1.2.6 두 데이터 셋의 가로결합(Join)

평소에 수많은 여자 친구들과 데이트를 하는 친구가 있다고 가정해보자. 이 바람둥이 친구는 많은 여자친구와 데이트를 하다 보니 누구와 어떤 일이 있었는지 기억을 못해 종종 문제가 발생하여 여자친구들과 관련된 정보들을 엑셀로 정리하여 두었다. 하나의 파일에는 여자친구들의 이름과 전화번호, 이메일 등 신상정보를 입력하고, 다른 파일에는 여자친구와 데이트한 이력을 입력하여 두었다고 생각해 보자.

표 2-1 여자친구의 신상정보가 저장된 테이블

이름	전화번호	이메일	사는 곳
김태희	010-2356-xxxx	beauty@beauty.com	서울목동
한혜진	010-9787-xxxx	beauty2@beauty2.com	부산남포
한지민	010-5384-xxxx	beauty3@beauty3.com	경기파주
이민정	010-7845-xxxx	beauty4@beauty4.com	서울잠실

표 2-2 여자친구와 데이트한 이력이 저장된 테이블

이름	날짜	시간	만난 곳
김태희	2012-06-08	오후 2:00	강남역
김태희	2012-06-10	오후 5:10	롯데월드
김태희	2012-06-15	오후 7:30	신사동
한혜진	2012-07-23	오전 11:00	부산대 앞
한지민	2012-08-15	오전 12:00	분당 정자동
이민정	2012-06-15	오후 1:00	강남역
이민정	2012-06-18	오후 4:30	청담동

어느 날, 이 바람둥이 친구는 문득 여자친구의 사는 지역과 데이트했던 지역에 연관성이 있는지 파악하고 싶은 생각이 들어 두 개의 테이블을 하나로 합치고자 하였다.

표 2-3 여자친구의 신상정보와 데이트 이력 테이블을 연결해 생성한 데이터 테이블

이름	전화번호	이메일	사는곳	날짜	시간	만난 곳
김태희	010-2356-xxxx	beauty@beauty.com	서울목동	06-08-2012	오후 2:00	강남역
김태희	010-2356-xxxx	beauty@beauty.com	서울목동	06-10-2012	오후 5:10	롯데월드
김태희	010-2356-xxxx	beauty@beauty.com	서울목동	06-15-2012	오후 7:30	신사동
한혜진	010-9787-xxxx	beauty2@beauty2.com	부산남포	07-23-2012	오전 11:00	부산대 앞
한지민	010-5384-xxxx	beauty3@beauty3.com	경기파주	08-15-2012	오전 12:00	분당 정자동
이민정	010-7845-xxxx	beauty4@beauty4.com	서울잠실	06-15-2012	오후 1:00	강남역
이민정	010-7845-xxxx	beauty4@beauty4.com	서울잠실	06-18-2012	오후 4:30	청담동

이렇게 두 개의 테이블로 저장된 데이터를 하나의 테이블로 합쳐서, 여자친구의 신상정보와 데이트 이력을 한번에 파악하려 할 때 사용하는 기능을 Join(가로결합)이라 한다. JMP는 두 개의 테이블을 합치는 데 매우 편리한 기능을 제공한다.

실습 2-9 두 데이터를 가로결합시키기

Join을 위해 새로운 [Sample Data]인 Trial1과 Trial2 데이터를 사용한다. 이 데이터는 팝콘을 가지고 두 번의 실험을 한 데이터로, 두 개의 테이블은 팝콘 종류(popcorn), 기름 함량(oil amt), 생산 단위(batch) 컬럼의 값이 같으나 수율(yield)의 값이 다르다. 이번 실습은 첫 번째 실험데이터(Trial1)의 수율(yield) 컬럼 뒤에 두 번째 실험 데이터의 수율(yield) 컬럼이 추가된 테이블을 생성하는 것이다. 즉, 같은 팝콘종류(popcorn), 기름함량(oil amt), 생산단위(batch) 컬럼을 두 개의 테이블을 연결하는 키(Key) 정보로 활용하여 Trial1과 Trial2의 수율(yield) 컬럼을 연결하게 된다.

1. [Sample Data] 화면에서 [Open the Sample Data Directory]→[Trial1]과 [Trial2]를 각각 불러온다. 아래 그림의 왼쪽이 Trial1이며, 오른쪽이 Trial2이다.

	popcorn	oil amt	batch	yield
1	plain	little	large	8.2
2	gourmet	little	large	8.6
3	plain	lots	large	10.4
4	gourmet	lots	large	9.2
5	plain	little	small	9.9
6	gourmet	little	small	12.1
7	plain	lots	small	10.6
8	gourmet	lots	small	18.0

	popcorn	oil amt	batch	yield
1	plain	little	large	8.8
2	gourmet	little	large	8.2
3	plain	lots	large	8.8
4	gourmet	lots	large	9.8
5	plain	little	small	10.1
6	gourmet	little	small	15.9
7	plain	lots	small	7.4
8	gourmet	lots	small	16.0

2. Trial1 테이블의 [Tables]→[Join]을 선택한다.
3. [Trial2]를 마우스로 선택한다.
4. [Source Columns]에 [Trial1], [Trial2]→팝콘종류(Popcorn), 기름함량(Oil amt), 생산단위(Batch)를 각각 선택한다.
5. [Matching Specification]에 [By Matching Columns] 클릭→[Match] 버튼을 누른다.
6. [Select columns for joined table]을 체크→[Source Columns]에 [Trial1]의 모든 컬럼을 선택→[Trial2]에서는 수율(yield) 컬럼을 선택→[Select] 버튼을 누른다.
7. [Output table name]에는 'Trial Join'을 입력한다.

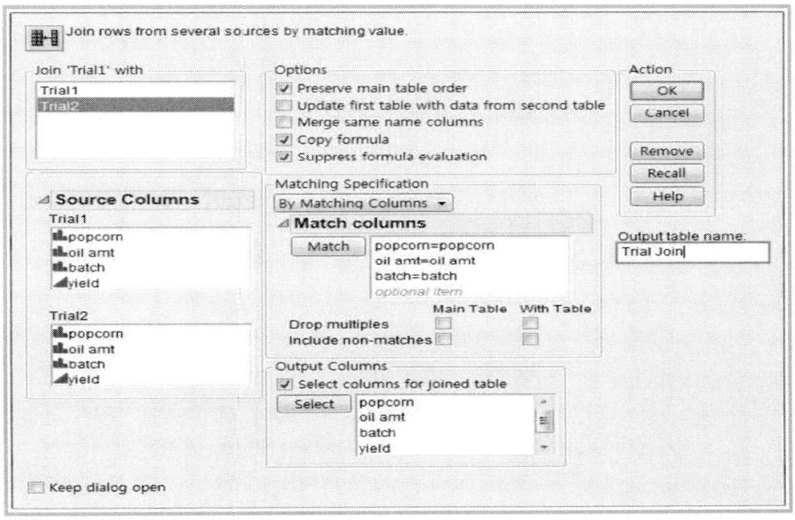

NOTE

Join 항목 및 옵션

- Join 첫 번째 테이블명 with: 첫 번째 테이블과 세로결합할 테이블을 선택
- Copy formula: 결과 테이블에 원본 테이블 공식 저장 여부
- Suppress formula evaluation: 옵션 선택 시 공식을 재계산하지 않음. 이 선택 시 공식을 재 계산
- By Row Number: 동일한 행 번호로 가로결합 실형
- Cartesian Join: 조합 가능한 모든 경우의 수대로 가로결합 실행
- Select Columns for joined table: 가로결합과 테이블에 포함될 컬럼 선택
- Output table name: 새로 생성되는 테이블명을 입력함
- Keep dialog open: 대화상자를 계속해서 열어 놓음

8. [OK]를 선택하면 다음과 같은 결과가 나온다.

	popcorn	oil amt	batch	yield of Trial1	yield of Trial2
1	plain	little	large	8.2	8.8
2	gourmet	little	large	8.6	8.2
3	plain	lots	large	10.4	8.8
4	gourmet	lots	large	9.2	9.8
5	plain	little	small	9.9	10.1
6	gourmet	little	small	12.1	15.9
7	plain	lots	small	10.6	7.4
8	gourmet	lots	small	18.0	16.0

Join을 실행한 결과 Trial2의 수율(yield) 컬럼이 Trial1의 수율(yield) 컬럼 뒤에 추가되어 새로운 테이블이 생성되었다. 정리해보면 Join은 두 개의 테이블에 나누어져 있는 컬럼을 모아서 하나의 테이블로 생성(가로결합)하는 것을 말하며, Join을 실행하기 위해서는 두 개의 테이블을 연결하는 기준 컬럼(Match Column)이 필요하다.

TIP

행 번호 기준의 Join

두 테이블을 연결하는 기준이 행 번호인 경우 Join 대화상자에서 Matching Specification의 By Row Number를 선택한다.

1.2.7 요약 테이블 만들기(Tabulate)

Tabulate는 JMP의 Tables 메뉴 중 가장 많이 활용되는 기능 중 하나이다. Tabulate은 그룹 컬럼, 분석 컬럼, 그리고 통계량들로 구성되는데, Tabulate의 가장 큰 강점은 사용자가 자유롭게 요약 통계량을 정의하고 수정할 수 있다는 점이다. 즉, 사용자는 Tabulate 기능을 이용하여 빠르고 유연하게 요약 테이블을 만들 수 있는 장점이 있다. Tabulate는 [Tables] 메뉴의 [Tabulate]를 실행하거나 툴바에서 Tabulate 아이콘을 클릭하여 실행한다.

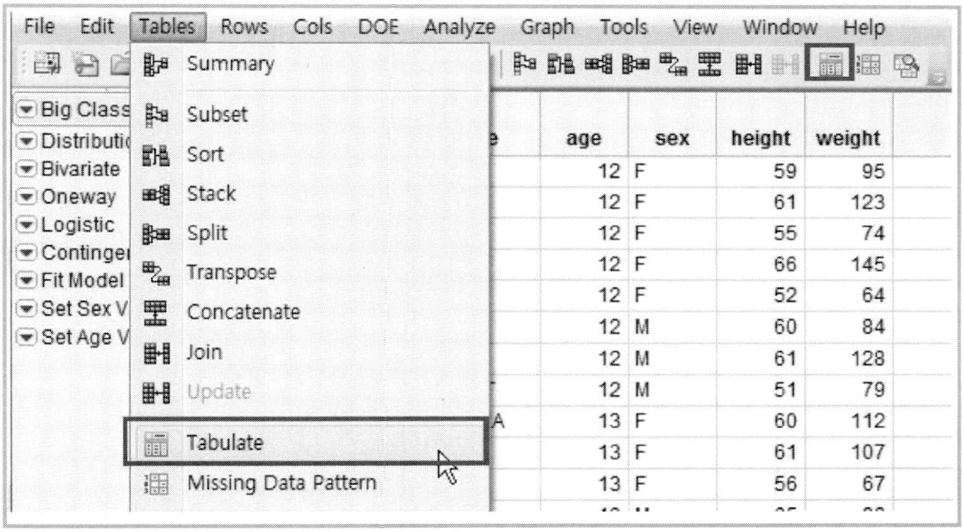

Tabulate를 실행하면 Tabulate 대화상자가 열리게 된다. Tabulate 대화상자는 Tabulate 유형, 컨트롤 패널, 드롭 존 3가지로 구성된다.

Tabulate 유형은 [Interactive table]과 [Dialog] 두 가지 유형이 있는데, 여기서는 Tabulate 기능을 가장 잘 표현할 수 있는 Interactive table 중심으로 설명을 하였다.

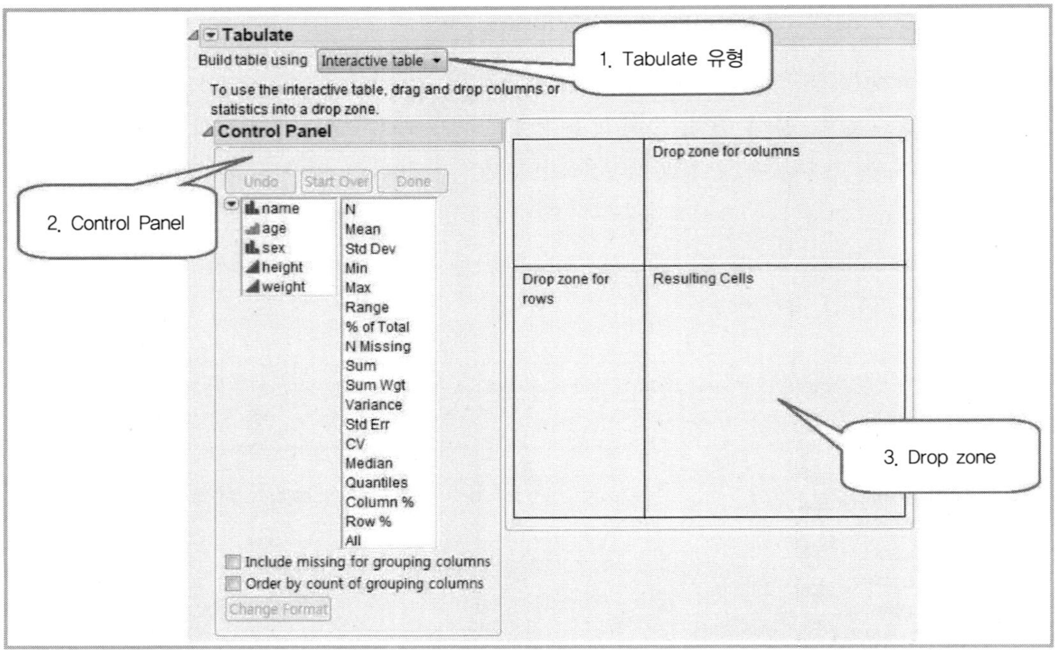

컨트롤 패널은 현재 활성화된 데이터의 컬럼들과 통계량들이 목록으로 구성되며, 사용자는 컬럼과 통계량을 드롭존으로 끌어놓아 원하는 요약 테이블을 만들 수 있다. Tabulate에서 제공되는 주요 통계량은 아래와 같다.

- N: 컬럼에서 결측값이 아닌 관측값들의 수(기본값).
- Sum: 컬러의 모든 관측값들의 합(기본값).
- Quantiles: 입력 값보다 같거나 작은 분위수의 값.
- % of Total: 전체 모집단에서 그룹화된 컬럼들의 백분율을 나타냄.
- Column %: 행과 열에 대하여 그룹화가 되어 있을 때 열에 대한 백분율을 나타냄.
- Row %: 행과 열에 대하여 그룹화가 되어 있을 때 행에 대한 백분율을 나타냄.
- All: 그룹화된 열에 대한 통합된 요약정보의 값을 나타냄.

TIP

요약 테이블 해석 시 주의사항

% of Total, Column %, Row %는 분석 컬럼 사용 유무에 따라서 값이 변하므로 사용자는 요약 테이블을 해석할 때 주의해야 한다. 만약 분석 컬럼이 사용되지 않았으면 관측치의 빈도를 사용하여 백분율을 나타내고 반대로 분석 컬럼이 사용되었다면 분석 컬럼의 합을 사용하여 백분율을 나타낸다.

실습 2-10 Tabulate 사용하기

처음 사용했던 Sample Data인 Big Class 데이터로 Tabulate 기능을 사용하고 요약된 테이블을 간들어 보자.

1. [Sample Data] → [Examples for Teaching] → [Big Class]를 불러온다.
2. [Tabulate] 클릭(Tables 메뉴에서 Tabulate을 실행)한다.
3. 성별(Sex)을 [Drop zone for Rows]에 끌어다 놓는다.
4. 연령(Age)을 선택해서 성별(Sex) 왼쪽 옆으로 끌어가서 파란색 막대가 나오는 위치에 놓는다.

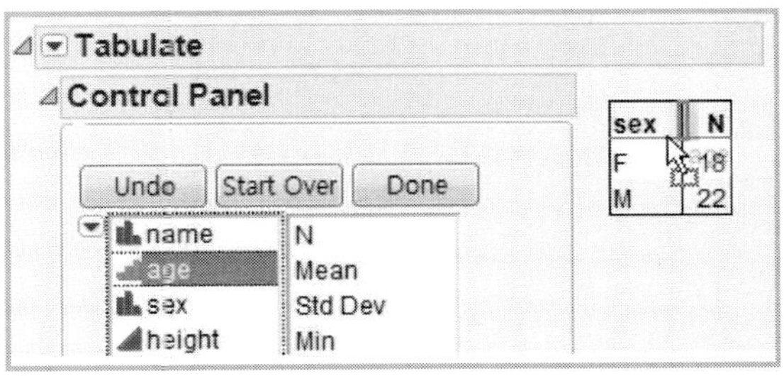

5. 성별(Sex) 컬럼이 요약 통계량에서 어떤 역할을 할지 선택하는 팝업 메뉴가 생기면 [Add Grouping Columns]를 선택한다.

그룹 컬럼은 데이터를 선택한 컬럼의 데이터 값 단위로 그룹을 생성하라는 것이고, 분석 컬럼은 선택한 컬럼의 값을 그룹 컬럼 단위로 통계량을 계산하는 것이다.

6. [Control Panel]의 컬럼 리스트에서 신장(Height) 컬럼을 요약 테이블의 데이터 개수(N) 위에 끌어다 놓고, 나타나는 팝업메뉴에서 [Add Analysis Columns]를 선택한다.

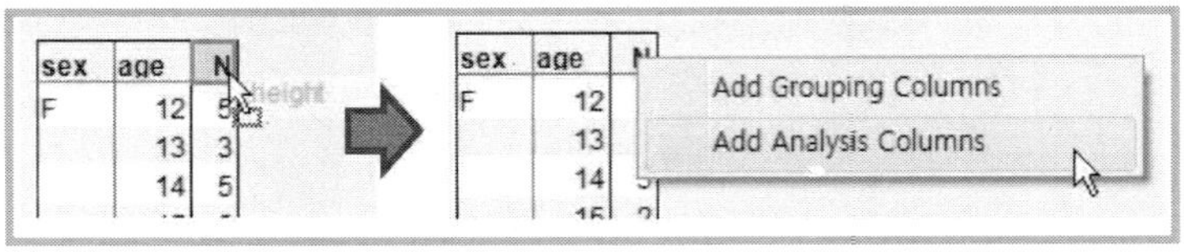

7. 실습 결과는 다음과 같다.

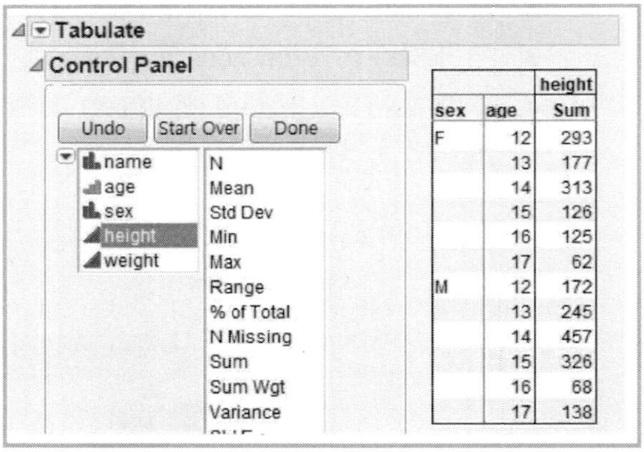

sex	age	height Sum
F	12	293
	13	177
	14	313
	15	126
	16	125
	17	62
M	12	172
	13	245
	14	457
	15	326
	16	68
	17	138

Big Class를 성별(Sex)과 연령(Age)으로 계층적 그룹을 만들고, 각 그룹별로 신장(Height)의 소계(Sum)를 나타내는 요약 테이블이 생성되었다.

신장에 대한 소계가 생성된 것은 통계량을 선택하지 않으면 자동으로 Sum을 계산하도록 설정되어 있다.

8. Control Panel에서 평균(Mean)을 선택하여 요약 테이블의 통계량 위치에 끌어다 놓는다.

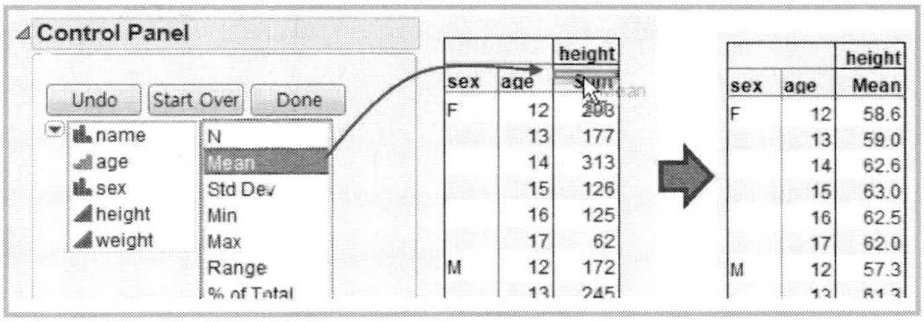

평균(Mean)을 소계(Sum) 위에 놓게 되면 요약 테이블의 통계량 값이 변경된다. 다른 통계량을 지속적으로 추가할 때에는 통계량을 선택해서 분석 컬럼(Analysis Column) 위에 끌어다 놓으면 추가가 된다.

9. 최소(Min)와 최대(Max)의 통계량 두 개를 요약 테이블에 추가하여 보자.

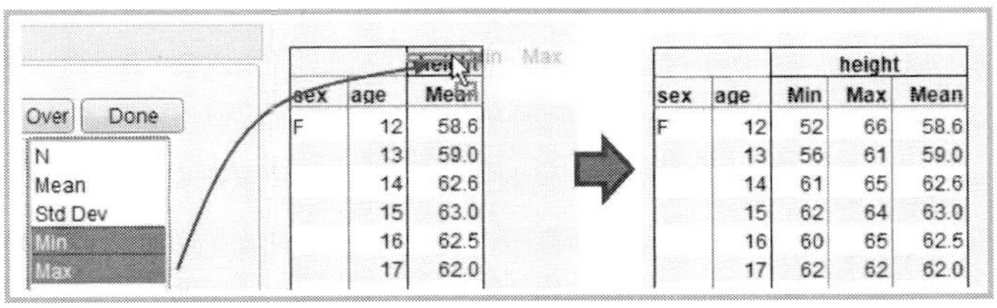

10. 요약 테이블에는 계속하여 컬럼의 추가가 가능한데, 통계량을 나타내기 위한 방법으로는 두 가지가 존재한다. 첫 번째 방법은 모든 컬럼에 대한 동일한 통계량을 요약 테이블에 나타내는 것이다.

체중(Weight) 컬럼을 요약 테이블의 값 위에 끌어다 놓고 결과를 확인한다.

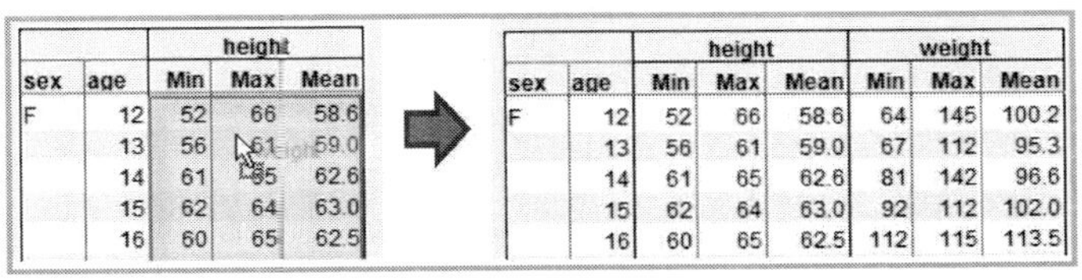

요약 테이블에 신장(Height)과 동일하게 체중(Weight)에 대한 최소, 최대, 평균이 표시되었다. 통계량을 요약 테이블에서 추가/삭제하면 신장과 체중에 동일하게 추가/삭제된다.

11. 두 번째 방법은 컬럼별로 각각 다른 통계량을 나타내는 방법이다. 체중(Weight) 컬럼을 요약 테이블의 옆에 끌어다 놓는다.

		height		
sex	age	Min	Max	Mean
F	12	52	66	58.6
	13	56	61	59.0
	14	61	65	62.6
	15	62	64	63.0
	16	60	65	62.5

12. 11번 과정을 실행하면, 추가한 컬럼을 새로운 그룹 컬럼과 분석 컬럼 중 선택하는 팝업메뉴가 나타나는데, [New Column Table with Analysis Columns]을 선택하여 분석 컬럼을 실시한다.

		height		
sex	age	Min	Max	Mean
F	12	52	66	58.6
	13	56	61	59.0
	14	61	65	62.6
	15	62	64	63.0
	16	60	65	62.5

New Column Table with Grouping Columns
New Column Table with Analysis Columns

실습에서는 체중(Weight) 컬럼을 새로 추가하였고 통계량이 소계(Sum)만 생성되었으며, 신장(Height)과는 다르게 통계량이 추가되었다.

		height			weight
sex	age	Min	Max	Mean	Sum
F	12	52	66	58.6	501
	13	56	61	59.0	286
	14	61	65	62.6	483
	15	62	64	63.0	204
	16	60	65	62.5	227

아래 그림은 체중(Weight)에 대한 소계를 평균(Mean)으로 변경하고 중앙값(Median)이 추가된 요약 테이블이다.

		height			weight	
sex	age	Min	Max	Mean	Mean	Median
F	12	52	66	58.6	100.2	95.0
	13	56	61	59.0	95.3	107.0
	14	61	65	62.6	96.6	85.0
	15	62	64	63.0	102.0	102.0
	16	60	65	62.5	113.5	113.5

13. 요약 테이블의 컬럼이나 통계량을 삭제하기 위해서는 요약 테이블의 컬럼명이나 통계량에서 [오른쪽 마우스 버튼]을 클릭한 후 [Delete]를 선택하면 된다.

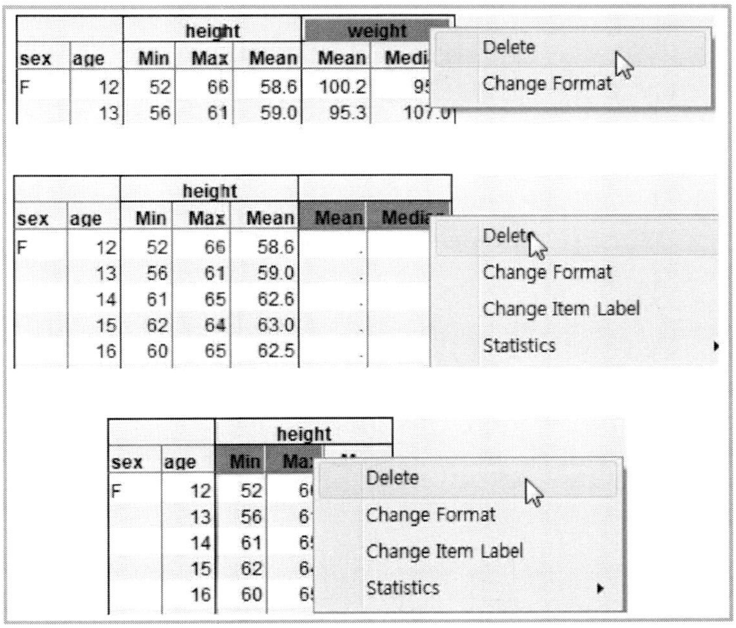

14. [Tabulate]의 요약 테이블에서 왼쪽의 행 그룹 컬럼을 열 그룹 컬럼으로 변경할 경우 컬럼명을 드래그해서 열 위치로 옮기면, 행으로 나타나던 그룹값들이 열로 표시된다.

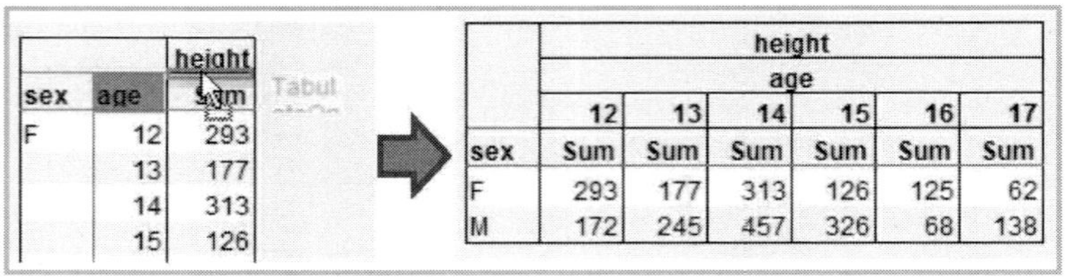

15. 때때로 요약 테이블에 전체에 대한 통계량을 계산해야 하는 경우가 있는데 통계량 리스트에서 [All]을 컬럼명에 끌어다 놓으면 컬럼에 대한 총 통계량이 구해진다.

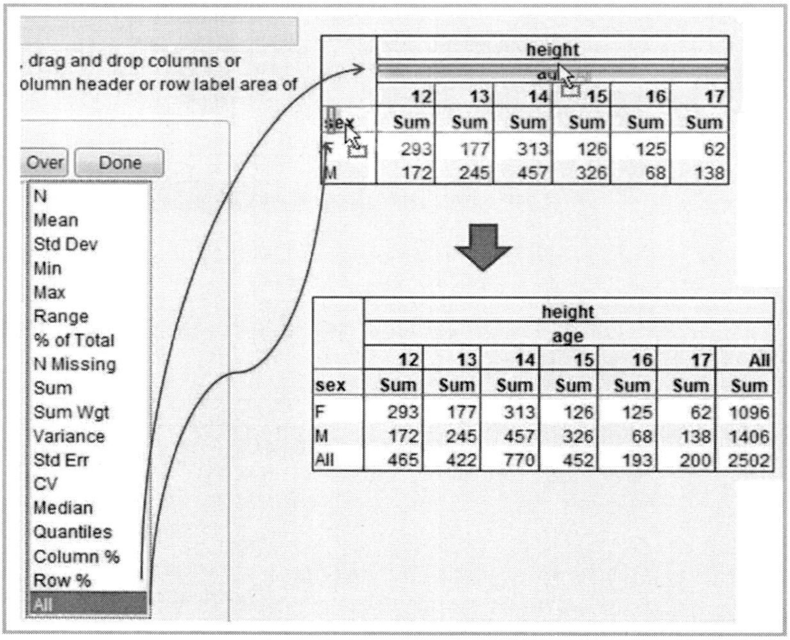

16. [Tabulate]에서 분석을 실행하다가 마우스 조작을 취소하고 싶으면 [Control Panel]의 [Undo] 버튼이나 키보드의 [Ctrl] + [Z]를 누르면 가장 마지막 마우스 조작부터 차례로 취소된다. 만약 요약 테이블을 완전히 처음부터 작성하고 싶다면 [Start Over] 버튼을 클릭해서 초기 Tabulate 실행 화면으로 돌아가게 한다. 요약 테이블의 작성이 완료된 경우 [Done] 버튼을 누르면 [Control Panel]이 닫히고 요약 테이블만 보여진다.

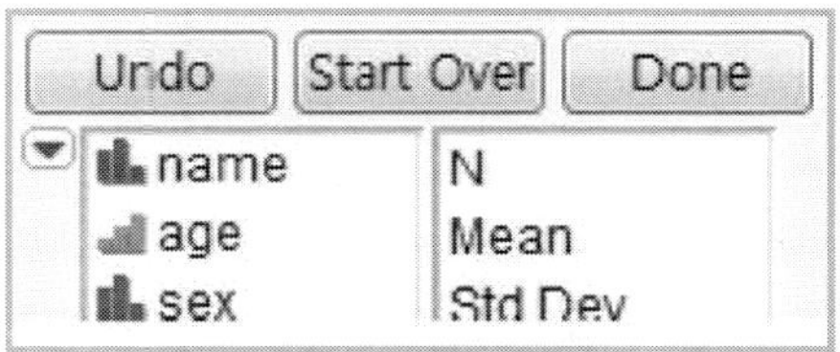

NOTE

Tabulate 항목 및 옵션

Tabulate에는 위에서 설명한 기본 기능 이외에도 분석에 필요한 여러 가지 기능이 팝업메뉴와 Control Panel에 포함되어 있고 많이 사용되는 옵션을 정리해보면 아래와 같다.

팝업 메뉴의 옵션

- Show table: 화면에 요약 테이블이 나타나는 것을 선택하는 것으로 아래의 첫 번째 그림이다.
- Show Chart: 통계량 값을 막대 그래프로 표시하는 것을 선택하는 것으로 아래의 두 번째 그림이다.

	age					
	12	13	14	15	16	17
	height	height	height	height	height	height
sex	Sum	Sum	Sum	Sum	Sum	Sum
F	293	177	313	126	125	62
M	172	245	457	326	68	138

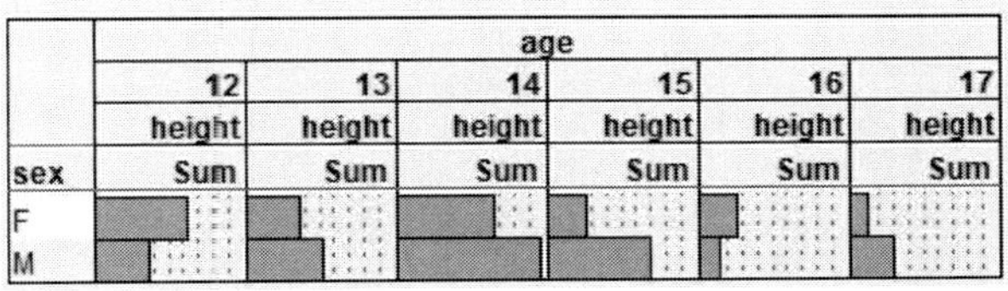

- Show Control Panel: Control Panel을 표시하거나 없애는 것을 선택함
- Show Shading: 요약 테이블에 행별로 음영을 주는 것을 선택함
- Make into Data Table: 만들어진 요약 테이블을 JMP 데이터 테이블로 변환함. 요약 테이블의 데이터를 가지고 JMP의 다른 그래프를 그리거나 분석을 실행할 때, 또는 엑셀로 저장할 때 사용함

Control Panel의 옵션
- Include missing for grouping columns: 기본적으로 그룹 컬럼의 결측값(Missing)이 포함된 행은 제외하고 요약 테이블을 생성하는데 이 옵션을 체크하면 결측값을 하나의 그룹으로 요약 테이블을 생성함
- Order by count of grouping columns: 요약 테이블이 그룹 컬럼을 기준으로 그룹별 데이터 건수를 기준으로 정렬되어 표시됨

2강 열(Column) 단위로 데이터 가지고 놀기

Table을 분석 관점의 구조로 보면 열(Column)과 행(Row)이 존재한다. Row는 분석 대상이자 Data의 구성요소이고 Column은 분석의 관점이자 속성이다.

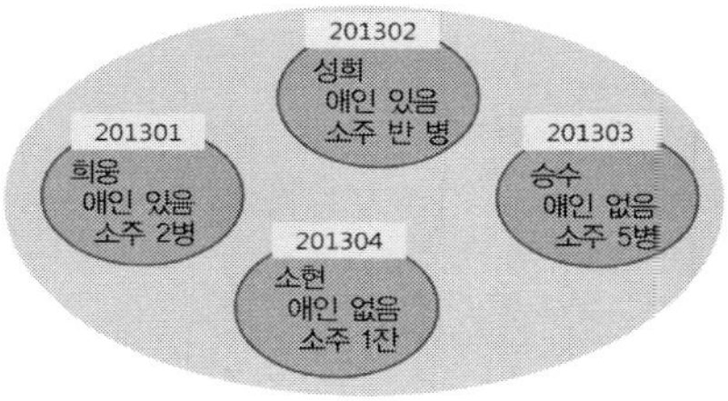

학번	이름	애인 여부	주량
201301	희웅	있음	소주 2병
201302	성희	있음	소주 0.5병
201303	승수	없음	소주 5병
201304	소현	없음	소주 1잔

위의 왼쪽 그림은 학번별 학생들의 이름, 애인 여부, 주량을 표현한 것이다. 이 그림을 표로 정리해 보면 오른쪽의 표와 같다. 이 표는 그림에 표시된 학번별로 이름, 애인 여부, 주량의 정보가 입력되었다. 이제 JMP가 어떻게 Column을 가공하고 변환하는지 이해해 보자.

2.1 JMP 컬럼 메뉴의 일반 기능

Cols 메뉴는 Tables 메뉴의 오른쪽 옆에 있으며 데이터 그리드 행 번호 상단과 컬럼 패널에 있는 팝업메뉴(▼)에서도 실행할 수 있다. 또한, 데이터 테이블의 행 번호에서 우측 마우스 버튼을 눌러도 Cols 메뉴의 실행이 가능하다.

Clos 메뉴의 실행위치와 Clos 메뉴화면

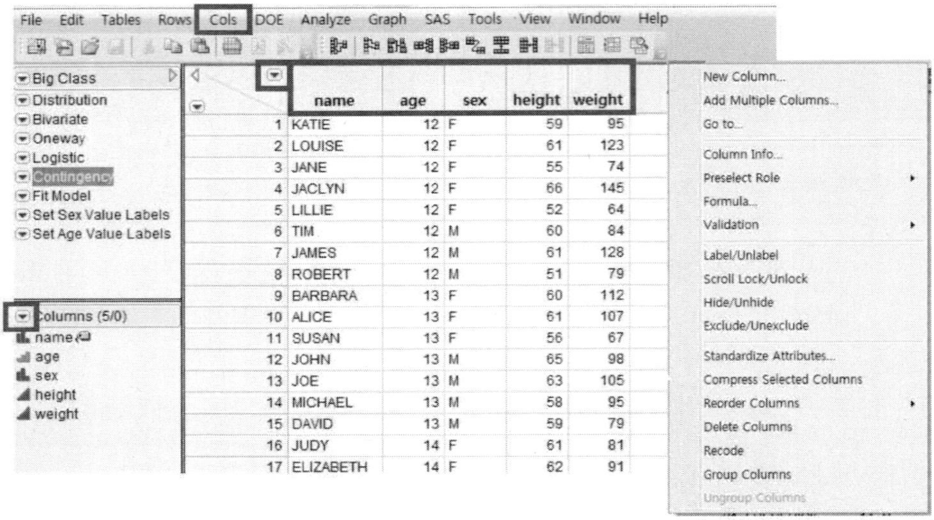

특징적인 것은 Cols 메뉴의 몇몇 기능은 데이터 그리드에서 컬럼이 선택되었을 경우에만 활성화되는 것으로, 메뉴가 실행할 수 없도록 비활성화되어 있을 때에는 컬럼을 선택하고 Cols 메뉴를 실행하기 바란다.

2.1.1 데이터 셋의 컬럼명 변경

데이터 셋에서 컬럼명을 변경하는 방법은 두 가지 방법이 있는데 어떤 방법을 사용해도 무방하다.

첫 번째 방법은 데이터 테이블의 컬럼명을 더블 클릭하고, 이곳에 새로운 컬럼명을 입력하면 변경된다.

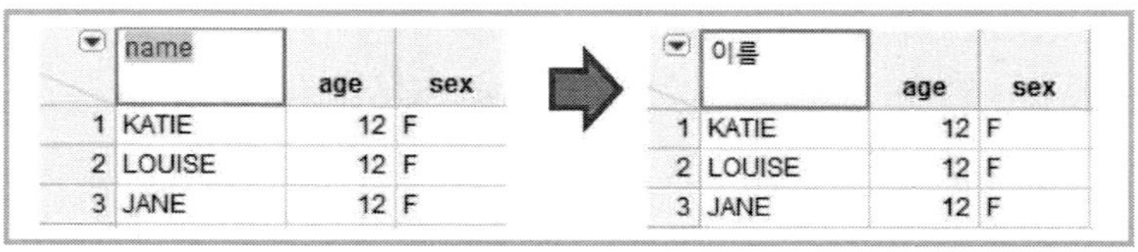

두 번째 방법은 이름을 변경할 컬럼을 선택하고 Cols 메뉴의 [Column Info] 창을 열어서 컬럼명 칸에 새로운 컬럼명을 입력하는 것이다.

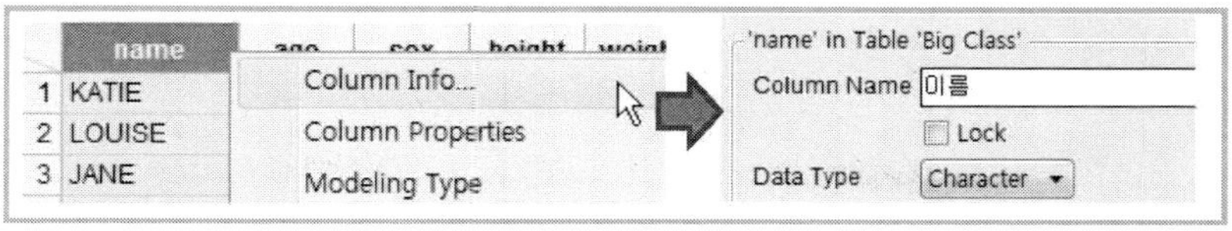

2.1.2 컬럼 순서 변경

수십 개가 넘어가는 컬럼이 포함된 데이터 테이블을 가지고 분석을 하다 보면 특정 컬럼을 찾을 때 시간이 소요되는 경우가 있다. 하지만 JMP는 Cols 메뉴에서 컬럼을 재정렬하여 빠르게 찾을 수 있도록 하는 기능을 제공한다. 그 기능은 Cols 메뉴의 [Reorder Columns]에 나오는 메뉴에 위치해 있다.

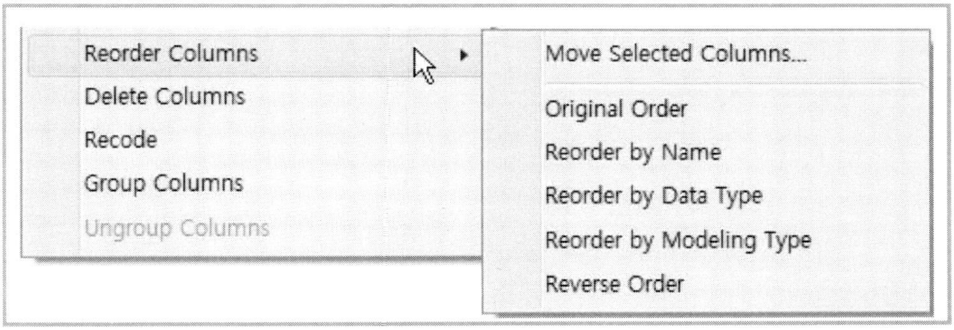

NOTE

Reorder Columns의 항목 및 옵션

- Original Order: 변경된 컬럼 순서를 최초의 컬럼 순서로 원위치 함
- Reorder by Name: 컬럼을 컬럼명 순서로 정렬
- Reorder by Data Type: 컬럼을 데이터 형(Character, Numeric)에 따라 정렬
- Reorder by Modeling Type: 컬럼을 모델링 타입(Continuous, Ordinal, Nominal)에 따라 정렬
- Reverse Order: 현재의 컬럼 순서를 반대로 재정렬

2.2 Cols 메뉴 주요 기능

2.2.1 새로운 컬럼의 추가와 삭제(New/Delete Column)

데이터 테이블은 새로운 컬럼을 추가 및 삭제하는 것이 가능하다. 컬럼을 추가한다는 것은 외부의 새로운 데이터를 테이블에 입력하거나 데이터 테이블에 존재하는 다른 컬럼의 값을 사용하여 계산 또는 변환된 값을 입력하는 경우에 사용한다.

실습 2-11 **새로운 컬럼의 추가와 삭제해보기**

이번 실습은 Big Class 테이블에 인치(Inch) 단위로 기록된 신장(Height) 컬럼을, 한국에서 표준으로 사용하는 센티미터(Cm) 단위로 변환된 컬럼을 새로 만들어 본다.

1. [Sample Data]→[Example of Teaching]→[Big Class]를 불러온다.
2. [Cols]→[New Column]을 실행한다.

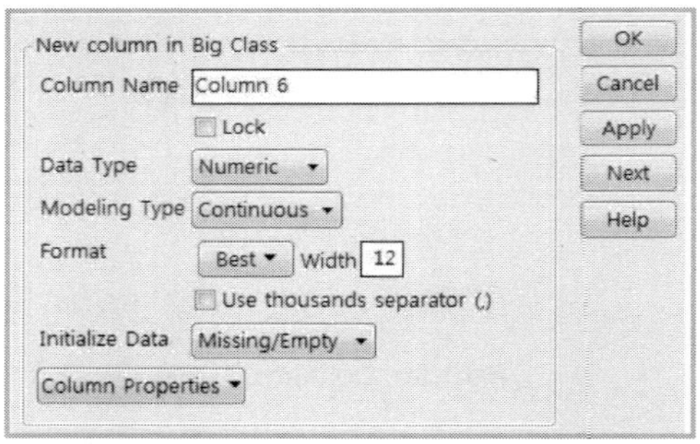

NOTE

New Column 항목 및 옵션

- Column Name: 컬럼명을 입력하는 곳
- Lock: 컬럼의 값을 데이터 그리드에서 변경이 불가능하도록 하며, 컬럼 패널의 컬럼명 뒤에 자물쇠 아이콘(🔒)이 표시됨
- Data Type: 컬럼 값의 유형을 정하는 것으로 문자형(Character)과 숫자형(Numeric)이 있음
- Modeling Type: 컬럼을 분석에 사용할 때 속성을 지점
- Initialize Data: 새로 생성되는 컬럼에 입력될 기본값을 지점

- Format: 데이터를 화면에 표시하는 형태를 정하는 곳으로 소수점의 자릿수, 통화/날짜 표기 방식 등을 지정
- Use thousand separator: 천 단위 ,(콤마) 표시여부를 선택

3. Column Name에 'Height 변환'을 입력한다.

4. Data Type은 'Numeric'을 선택한다.

5. Height는 신장에 대한 자료이기 때문에 Modeling Type에 'Continuous'를 선택한다.

6. Initialize Data에는 Missing/Empty를 선택한다.

NOTE

Initialize Data 항목 및 옵션

① Missing/Empty: 빈 공백으로 컬럼을 채움
② Constant: 사용자가 입력한 값으로 컬럼에 입력됨
③ Today: New Column 화면의 [OK] 버튼을 누르는 시점의 현재 날짜와 시간이 입력되며, 데이터를 보여주는 Format이 날짜형으로 변경됨
④ Sequence: 연속적으로 증가하는 숫자값을 입력하며, 연속되는 값에 대한 시작값, 종료값, 증가단위, 반복횟수를 지정해야 함
⑤ Random: 임의의 값을 생성하여 입력하는데, 정수, 범위, 분포, 비율에 따라서 값을 입력함

7. Format: 데이터를 화면에 표시하는 형태를 정하는 곳으로 소수점의 자릿수, 통화/날짜 표기방식 등을 정의한다. 'Fixed Dec'를 선택하고 Width에 12, Dec에 2를 입력한다.

NOTE

Format 항목 및 옵션

- Best: JMP는 보기에 가장 좋고 정확하게 표현하고 싶을 경우 Best를 선택, 기본 자리수는 10이다.
- Fixed Dec: Fixed Dec은 Width 값만큼 공간을 내어주고, Dec의 숫자만큼 0을 채워 넣는다. 예를 들어 값이 95인데 Width: 5, Dec: 1이면 95.0이고, 값이 1.23인데 Dec: 5를 입력하면 1.23000이 된다.

- Percent: % 표시를 해 준다. 100이 넘어가면 다양한 값으로 나오게 된다. (예: 1e+4%)
- PValue: 확률값으로 표현
- Scientific: 유효숫자로 표현
- Currency: 현재 그 나라에서 사용하는 돈의 단위로 표기. Width의 기본값은 15
- Date: Date format으로 보여준다. 예를 들어 yyyymmdd를 선택하였는데 값이 20041231이라면 나오는 숫자는 10040101이고, y/m/d를 선택하면, 2004/01/04로 표현됨
- Time: 'Time format'으로 보여준다. 예를 들어 Local Date Time h:m:s를 선택할 때 형태는 1904-01-01 오후 12:00가 됨

8. [Column Properties]는 컬럼에 추가적인 속성을 정의하는 곳으로, [Column Properties]를 클릭하고 [Formula]를 선택한다.

9. [Table Columns] 밑의 신장(height)을 선택하고, 가운데의 키패드에서 곱하기(×)를 누른 뒤 키보드에서 2.54를 입력한다.

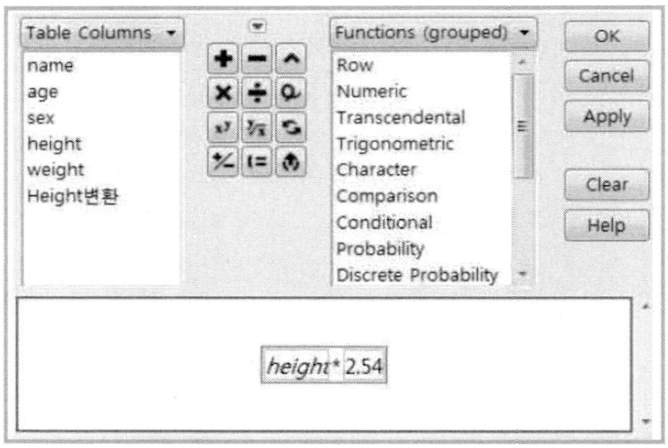

10. [New Column] 창에서 [Formula]가 잘 입력되었는지 확인한다.

11. [OK]를 선택하면 다음과 같은 결과가 나온다.

	name	age	sex	height	weight	Height변환
1	KATIE	12	F	59	95	149.86
2	LOUISE	12	F	61	123	154.94
3	JANE	12	F	55	74	139.7
4	JACLYN	12	F	66	145	167.64
5	LILLIE	12	F	52	64	132.08
6	TIM	12	M	60	84	152.4
7	JAMES	12	M	61	128	154.94
8	ROBERT	12	M	51	79	129.54
9	BARBARA	13	F	60	112	152.4
10	ALICE	13	F	61	107	154.94
11	SUSAN	13	F	56	67	142.24
12	JOHN	13	M	65	98	165.1

컬럼 패널에도 'Height 변환' 컬럼이 나타나며 컬럼명 뒤에 더하기 기호(✚)가 표시되어 Formula가 적용된 컬럼인 것을 알 수 있다.

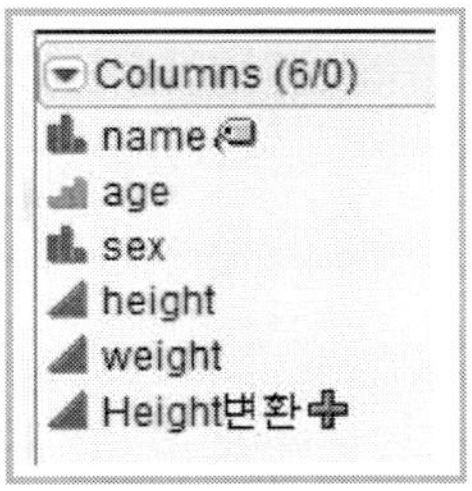

다양한 값을 계산하기 위한 함수와 관련된 내용은 이 책의 Appendix A에서 자세하게 다루게 되니, 필요한 함수를 익혀두도록 하자.

TIP

컬럼 삭제하기

데이터 테이블에서 컬럼을 삭제하기 위해서는 삭제할 컬럼을 선택하고 Cols 메뉴의 Delete Column을 실행하면 된다. 단, 삭제한 컬럼은 복구가 불가능하니 컬럼 삭제 시에는 신중을 기해야 한다.

2.2.2 컬럼 속성 변경(Column Info)

분석을 위해 데이터를 준비하다 보면, 숫자를 문자로 바꾸거나, 소수점의 자리 수 변경 등의 속성을 바꿔야 할 때가 있다. 이런 경우 Cols 메뉴의 Column Info에서 속성 변경이 가능하다. Column Info 대화상자의 기능은 New Column 대화상자와 동일하므로 자세한 설명은 '2.2.1 새로운 컬럼의 추가와 삭제'의 New Column 대화상자를 참고하기 바란다.

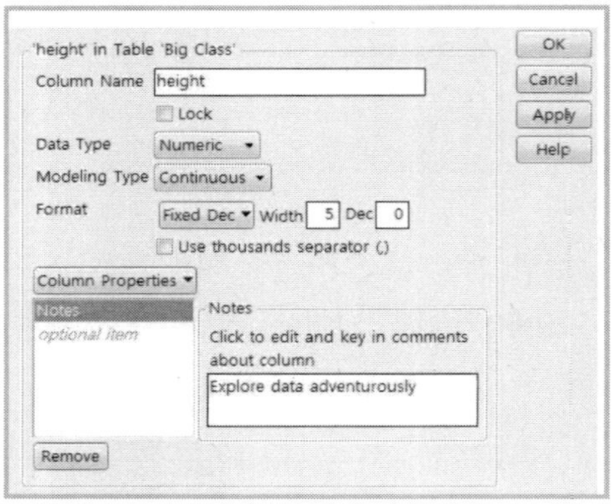

2.2.3 입력 값의 검증(Validation)

분석을 위해 데이터를 수집해 보면, 수집되지 않아야 할 데이터가 수집되는 경우가 있다. [Cols] 메뉴의 [Validation]을 사용하면 데이터가 올바르게 수집되었는지를 확인할 수 있다. JMP는 선택한 컬럼이 문자형(Character)일 경우 입력값을 지정하는 [List Check]만 실행할 수 있고, 숫자형(Numeric)일 경우 입력값의 범위를 지정하는 [Range Check]와 [List Check]를 모두 실행할 수 있도록 변경된다.

실습 2-12 입력값을 검증해보기

이럴 때 사용하는 기능이 Validation으로, 입력값의 범위를 설정하고, 결측값(Missing)으로 처리하도록 한다. Big Class 데이터를 통하여 Validation 실습을 해보자.

1. [Big Class] 테이블의 연령(age) 컬럼을 선택한다.
2. [Cols] → [Validation] → [Range Check]를 실행한다. (Validation은 컬럼명의 오른쪽 마우스 버튼 클릭으로 나오는 Cols 메뉴에는 없으니 주의하도록 하자.)
3. [Range Check] → (a <= x <= b) 에 a=13, b=16을 입력한다.

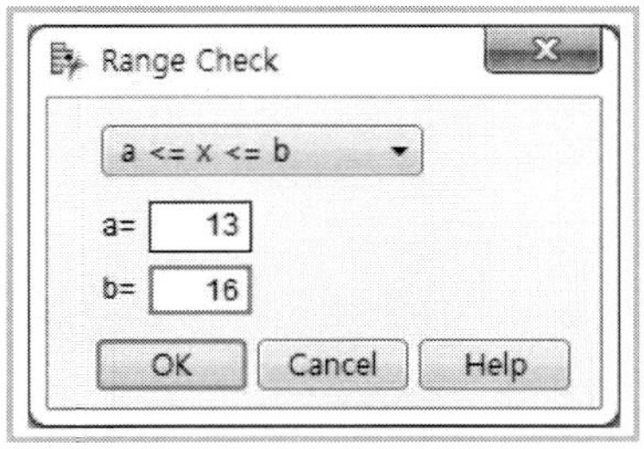

4. [OK]를 선택하면 연령(age) 컬럼의 범위 밖에 있는 데이터는 결측값으로 바꿀 것인지를 물어보는 메시지가 나온다.

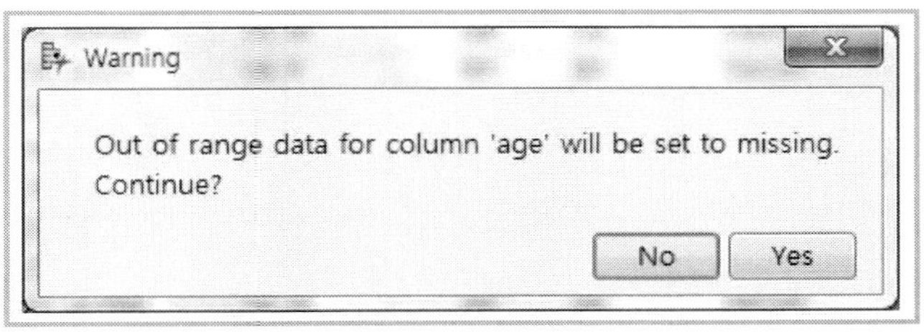

5. 확인을 위해 'Yes'를 선택하고, 연령(age) 컬럼의 12와 17이 '•' (마침표)로 변경되었는지 확인한다. JMP는 숫자 결측값을 '•'으로 표시한다. 왼쪽의 컬럼 패널을 보면 연령(Age) 컬럼명 뒤에 ✔ 아이콘이 생겨 Validation이 컬럼에 추가되었음을 나타낸다.

	name	age	sex	height	weight
1	KATIE	•	F	59	95
2	LOUISE	•	F	61	123
3	JANE	•	F	55	74
4	JACLYN	•	F	66	145
5	LILLIE	•	F	52	64
6	TIM	•	M	60	84
7	JAMES	•	M	61	128
8	ROBER	•	M	51	79
9	BARBA	13	F	60	112
10	ALICE	13	F	61	107
11	SUSAN	13	F	56	67
12	JOHN	13	M	65	98
13	JOE	13	M	63	105
14	MICHAE	13	M	58	95

6. 성별(Sex) 컬럼을 선택하고 [Cols]→[Validation]→[List Check]를 실행한다.

현재 성별(Sex) 컬럼에는 F(여자), M(남자)의 값이 들어 있어 List Check 화면에는 두 개의 값을 입력 받을 수 있는 것으로 나온다.

7. U(중성)을 입력으로 받기 위하여 아래의 입력 창에 U를 입력→[Add]를 클릭한다.

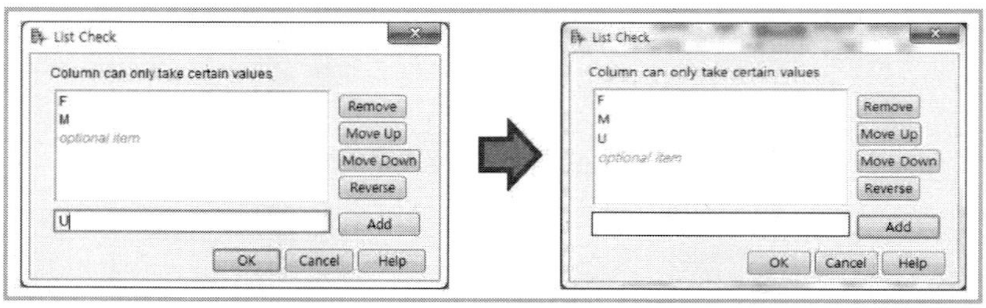

8. 데이터 그리드에서 성별(Sex) 컬럼의 값 하나를 U로 입력하여 변경해 보고 다른 값은 F, M, U가 아닌 값을 입력하여 비교해 보자.

	name	age	sex	height	weight
1	KATIE	•	U	59	95
2	LOUISE	•	F	61	123
3	JANE	•	F	55	74
4	JACLYN	•	F	66	145

9. F, M, U가 아닌 값을 입력하면 입력이 안 되는 것을 확인한다.

10. Validation을 제거하기 위해서 [Validation]이 적용된 컬럼을 선택→[Cols]→[Validation]→[No Check]를 선택한다.

11. 컬럼 패널에서 ✔ 아이콘이 제거된 것을 확인한다.

2.2.4 새로운 값으로 일괄 변환(Recode)

설문 데이터를 코딩하거나 범주형 변수의 값을 일괄적으로 변경 시 Recode를 사용하면 편리하고 오류 또한 줄일 수 있다. 이번 실습에도 Big Class 데이터를 이용하여 실습해 보자.

실습 2-13 **새로운 값으로 일괄 변환시키기**

Big Class의 성별 컬럼의 값을 'F→Female, M→Male'로 변경한 새로운 컬럼을 생성한다.

1. [Big Class] 테이블의 성별(Sex) 컬럼을 선택→[Cols]→[Recode]를 실행한다.

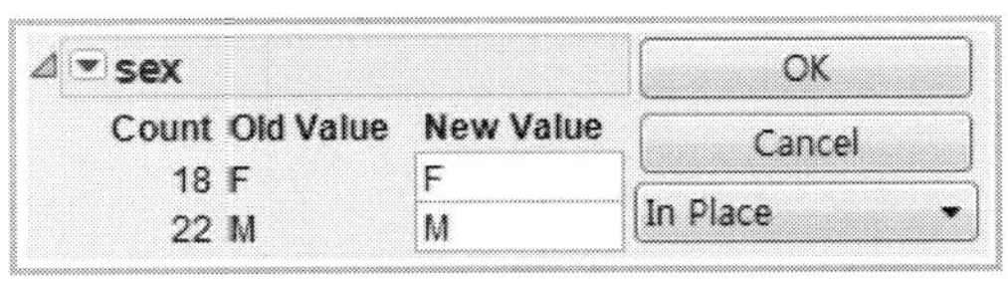

2. [New Value]→Female, Male을 입력한다.

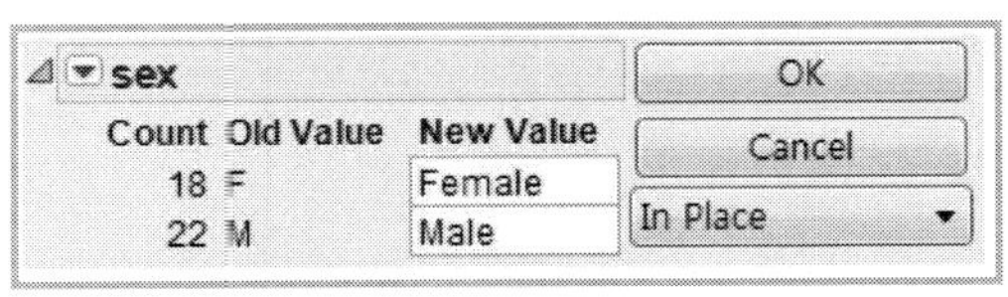

3. [In Place]→[New Column]으로 변경한다.

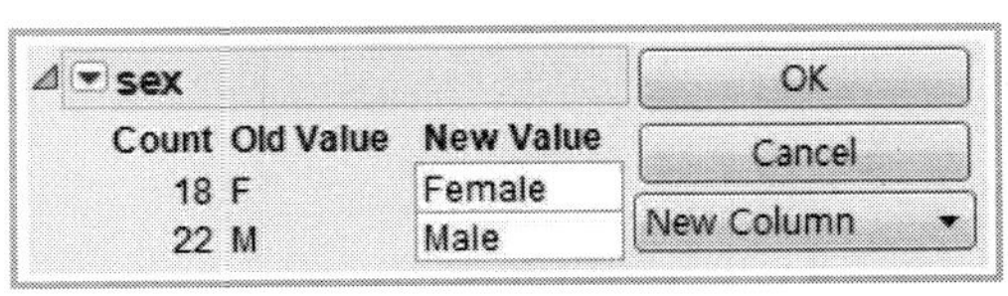

> **NOTE**
>
> **Recode 항목 및 옵션**
>
> - In Place: 기존에 입력되어 있던 값을 새로운 값으로 대체함
> - New Column: 새로운 값이 들어있는 새 컬럼을 생성함
> - Formula Column: 새로운 값을 만들어 내는 공식을 포함하는 새 컬럼을 생성함
> - Script: 기존에 입력되어 있던 값을 새로운 값으로 대체하는 프로그램을 테이블 패널에 생성함

4. [OK]를 선택하면 다음과 같은 결과가 나온다.

	name	age	sex	height	weight	sex 2
1	KATIE	12	F	59	95	Female
2	LOUISE	12	F	61	123	Female
3	JANE	12	F	55	74	Female
4	JACLYN	12	F	66	145	Female
5	LILLIE	12	F	52	64	Female
6	TIM	12	M	60	84	Male
7	JAMES	12	M	61	128	Male
8	ROBER	12	M	51	79	Male

데이터 그리드를 보게 되면 가장 우측에 새로운 값이 들어 있는 sex 2컬럼이 추가되었다. 이것은 Recode Option에서 'New Column'을 선택한 결과이다.

2.2.5 그룹 컬럼(Group Column)

그룹 컬럼은 데이터 테이블에 많은 컬럼이 존재할 때, 또는 유사한 정보를 담고 있는 컬럼들을 묶어서 관리할 필요가 있을 때 사용하는 기능으로 컬럼 패널에 컬럼들이 그룹으로 표시된다. 이 기능은 컬럼들을 빠르게 찾아야 할 때 유용하게 사용할 수 있다.

실습 2-14 **그룹 컬럼 만들기**

[Big Class] 테이블의 신장(height)과 체중(weight) 컬럼을 묶어서 '발달정보'로 표시해보자.

1. 컬럼 패널이나 데이터 그리드의 컬럼명에서 신장(height)과 체중(weight) 컬럼을 선택→[Cols]→[Group Columns]를 실행한다.
2. [▷height etc. (2/0)] 클릭→'발달정보'를 입력한다.
3. '발달정보' 앞에 있는 [삼각형(▷)]을 마우스로 클릭하면 감추어졌던 신장(height)과 체중(weight) 컬럼이 나타나게 된다.

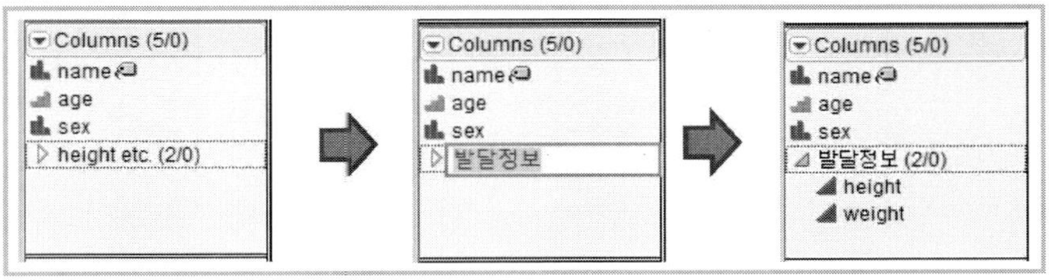

4. Group을 해제하기 위해서는 [Group] 컬럼을 선택하고 [Cols]→[Ungroup Columns]를 실행한다.

2.2.6 열의 틀 고정(Scroll Lock)

실습 2-15 **열의 틀 고정 시키기**

[Cols] 메뉴의 [Scroll lock/Unlock] 기능을 이용하면 스크롤을 좌우로 움직여도 좌측에 선택된 컬럼을 고정시킬 수 있다. 실습 2-14의 데이터로 열의 틀을 고정시키는 실습을 해보자.

1. 성별(sex) 컬럼을 선택→[Cols]→[Scroll lock/Unlock]

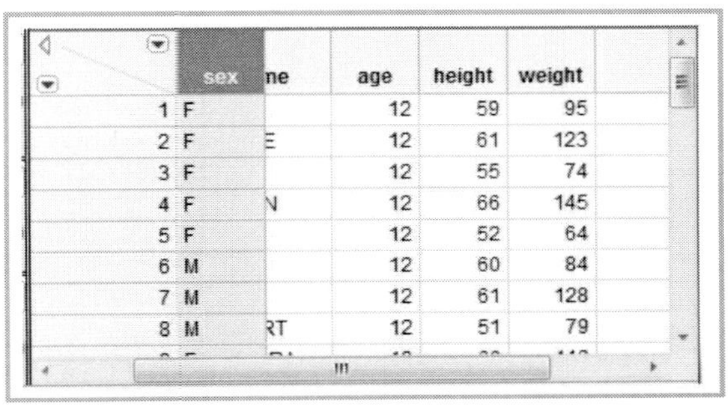

Scroll lock을 설정하면 첫 번째 컬럼으로 자동 배치되며 컬럼 색이 회색으로 바뀐다. 데이터 테이블 아래의 스크롤 바를 움직여도 성별 컬럼은 첫 번째 컬럼으로 고정되어 나타나게 된다. 사용자는 이러한 기능을 잘 활용하면 열이 많은 데이터 테이블을 탐색할 때 유용하게 사용할 수 있다.

TIP

Scroll Lock 사용 시 주의사항

Scroll Lock을 사용 시 주의할 것은 Scroll Lock을 적용한 컬럼은 데이터 테이블의 가장 앞으로 이동하여 틀 고정이 되며, Scroll Lock을 해제하여도 컬럼은 원래의 위치로 돌아가지 않는 것이다. 만약 원래의 컬럼 위치로 되돌리는 것이 필요하다면 앞에서 학습한 Reorder Column의 Original Order를 실행하면 된다.

3강 행(Row) 단위로 데이터 가지고 놀기

분석을 실시할 때에는 분석 대상인 Row(행)를 추가, 삭제, 변경, 추출(Filtering) 등의 과정이 필요하다. 이번 강에서는, JMP가 데이터를 Row 단위로 어떻게 다루는지 또한 얼마나 사용자가 편하게 작업할 수 있는지 알아보도록 하자.

3.1 행(Rows) 메뉴의 일반 기능

Row 메뉴는 데이터를 Row(행) 단위로 가공하고 변환하는 기능의 집합이다. 한국어 표기를 지향하는 본 서적은 Row를 로(Row)로 표기하는 것은 적절하지 않아, 행으로 표기하기로 한다.

Rows 메뉴는 Tables 메뉴의 오른쪽 옆에 있으며, 데이터 그리드 행 번호 왼쪽 상단의 팝업메뉴(▼)와 행(Rows) 파널에 있는 팝업메뉴(▼)에서도 실행할 수 있다. 또한, 데이터 그리드의 행 번호가 있는 부분에서 마우스 오른쪽 버튼을 눌러도 Rows 메뉴의 실행이 가능하다.

Rows 메뉴의 실행위치와 Rows 메뉴 화면

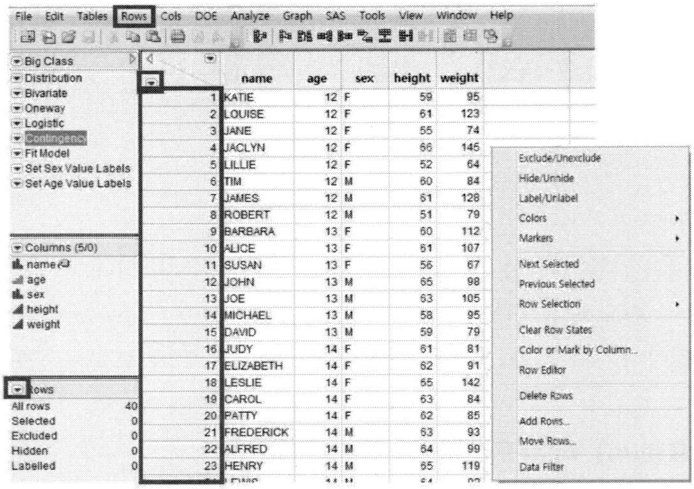

[Cols] 메뉴와 같이 [Rows] 메뉴의 몇 가지 기능은 데이터 그리드에서 행이 선택되었을 경우에만 활성화되니 행을 먼저 선택하고 [Rows] 메뉴를 실행하기 바란다.

3.1.1 행에 색상 입히기(Colors)

실습 2-16 **행에 색상 입히기**

1장의 '2.2.1 산점도를 색과 기호로 화려하게'에서 [Color or Mark by Column] 메뉴를 실행하여 컬럼의 값에 따라서 일괄적으로 색과 기호를 넣는 것을 익혔다. 이번에는 그래프의 특정 값에만 색상을 지정하는 방법을 다루도록 한다.

1. [Sample Data] → [Example of Teaching] → [Big Class]를 불러온다.
2. [Analyze] → [Fit Y by X]를 실행한다.

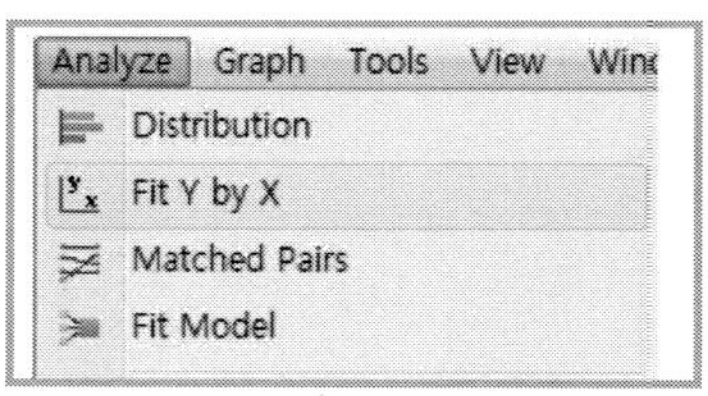

3. 신장(Heigh)을 [X, Factor]에 끌어다 놓고, 체중(Weight)을 [Y, Response]에 끌어다 놓는다.

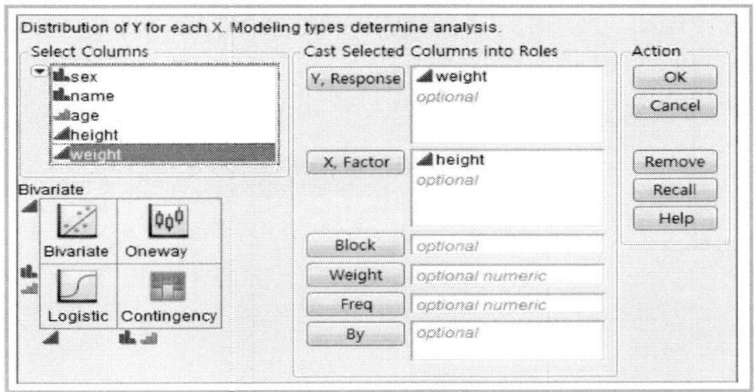

4. [OK]를 선택한다.

5. 산점도의 가장 우측 상단에 위치한 점을 선택한다.

6. [Rows]메뉴 [Color]→[색상표]에서 빨간색을 선택한다.

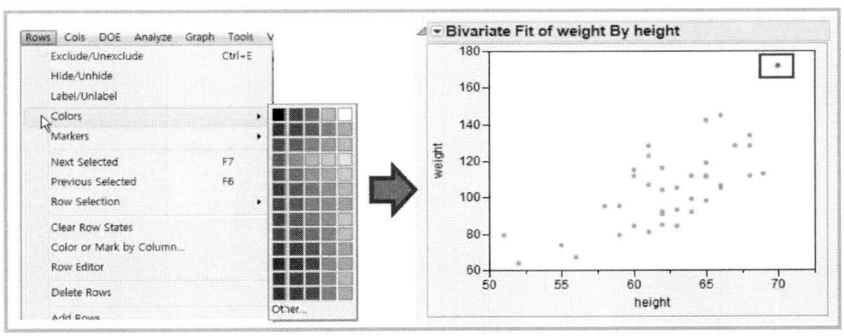

그래프의 점이 붉게 변한 상태에서 데이터 테이블을 살펴보자. 선택된 데이터는 40번째 행이므로 Big Class의 40번째 행의 행 번호 앞에 붉게 점이 찍혀 있는 것을 확인할 수 있다. 이것을 사용하여, 테이블만 보아도 데이터가 그래프에 어떤 색으로 표시되었는지 파악할 수 있다.

	name	age	sex	height	weight
38	LINDA	17	F	62	116
39	KIRK	17	M	68	134
40	LAWRENCE	17	M	70	172

3.1.2 행을 기호로 표현(Markers)

실습 2-17 행을 기호로 표현하기

행에 색을 입히는 것과 같이 특정 행에 기호로 표시하는 것도 가능하다. 실습 2-16에서 생성한 산점도를 가지고 행을 기호로 표현하는 실습을 해 보자.

1. 산점도 좌측하단의 점 4개를 선택하고, [Rows] → [Markers] → X표시를 선택한다.

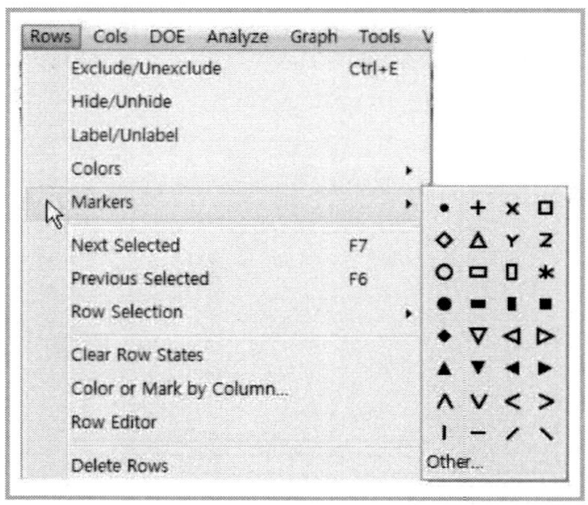

2. 산점도 상에서 선택된 점이 × 표시로 변경된 것을 확인한다.

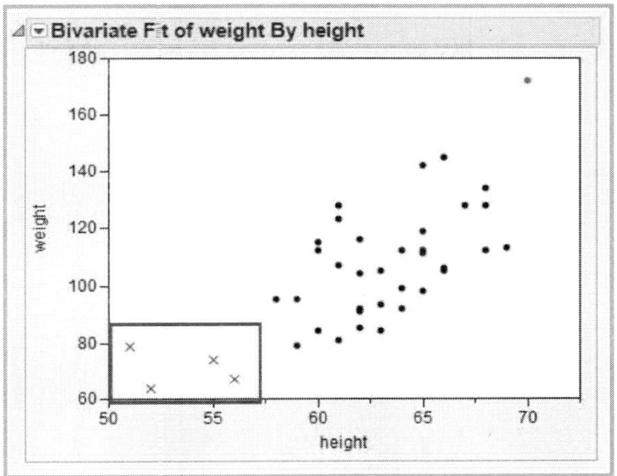

3. 실습 2-16에서 색상이 표시된 것처럼 데이터 테이블의 행 번호 앞에 × 표가 나타난 것을 확인할 수 있다.

		name	age	sex	height	weight
	1	KATIE	12	F	59	95
	2	LOUISE	12	F	61	123
×	3	JANE	12	F	55	74
	4	JACLYN	12	F	66	145
×	5	LILLIE	12	F	52	64
	6	TIM	12	M	60	84
	7	JAMES	12	M	61	128
×	8	ROBERT	12	M	51	79

3.1.3 행에 적용된 속성 일괄 제거(Clear Row States)

행에 Color, Marker와 같은 속성을 적용할 때, 일괄적으로 속성을 제거해야 할 경우가 생긴다. 이럴 때 Rows 메뉴의 Clear Row States를 실행하면 행에 적용된 속성이 제거되고 그래프도 초기화된다.

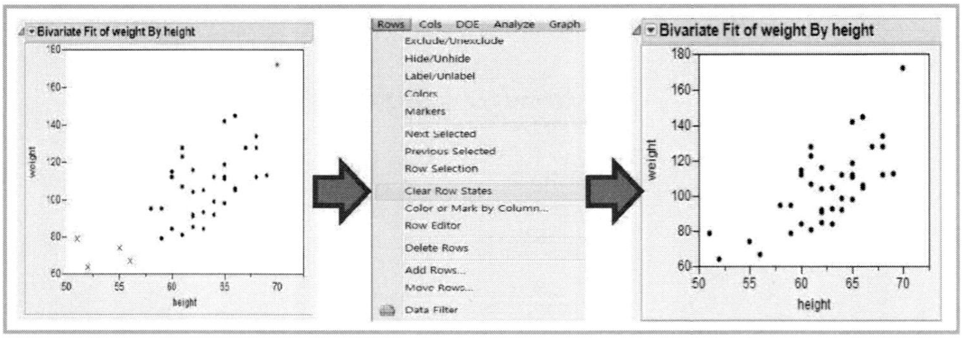

3.2 Rows 메뉴의 주요 기능

3.2.1 행의 추가 삭제(Add /Delete Rows)

실습 2-18 행 추가 및 삭제하기

데이터 테이블에 행을 추가하는 방법은 두 가지가 존재한다.

첫 번째 방법은 데이터 그리드에서 가장 마지막 행 다음에 데이터를 입력하는 것으로, 마우스나 키보드로 마지막 다음 행의 셀에 커서를 두고 값을 입력하는 것이다.

39	KIRK	17	M	68	134
40	LAWRENCE	17	M	70	172

39	KIRK	17	M	68	134
40	LAWRENCE	17	M	70	172
41	이바람	18	M	71	180

두 번째 방법은 [Rows] 메뉴에서 [Add Rows]를 실행하는 것으로, 데이터 테이블의 가장 앞이나 뒤 또는 중간에 행을 추가할 수 있어 유용하게 사용이 가능하다. 이 방법은 실습을 통하여 다루도록 한다.

1. [Row]메뉴에서 [Add Rows]를 선택한다.
2. [How many row to add]에 2를 입력하고 [Where?]→[After row]에 2를 입력한다.

NOTE

행 추가하기

Add Rows 대화상자의 기능은 아래와 같다.
How many row to add: 몇 개의 행을 추가할 것인지 설정하는 곳이다.
Where?: 데이터의 어느 위치에 추가할 것인지를 설정하는 곳이다.
- At start: 데이터의 가장 앞에 추가
- At end: 데이터의 가장 뒤에 추가
- After row: 지정돈 행의 뒤에 추가

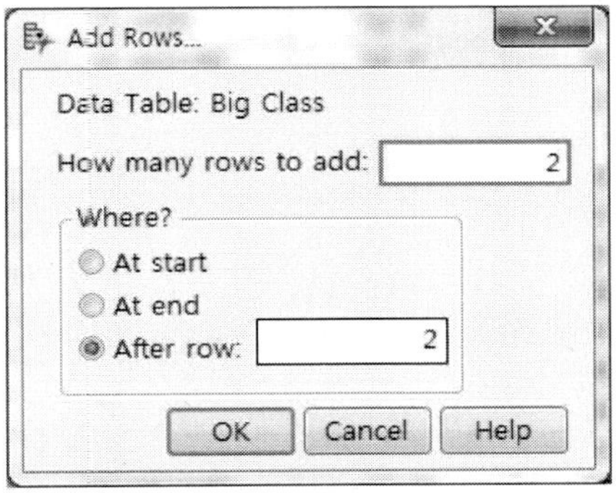

3. [OK]를 선택하면 다음과 같은 결과가 나온다.
결과를 보면 기존의 2, 3행 사이에 데이터를 입력 받을 수 있도록 2개의 빈 행이 추가되고 여기에 데이터를 입력할 수 있다.

	name	age	sex	height	weight
1	KATIE	12	F	59	95
2	LOUISE	12	F	61	123
3		•		•	•
4		•		•	•
5	JANE	12	F	55	74

4. 행을 삭제하기 위해서는 삭제할 행을 선택하고 Rows 메뉴의 Delete rows를 실행하거나 키보드의 Delete 버튼을 누르면 된다.

3.2.2 행의 이동(Move Rows)

실습 2-19 **행 이동하기**

데이터 테이블의 특정 행을 다른 위치로 옮기고자 하는 경우 사용하는 기능이다. 실습 2-19와 같은 데이터를 사용한다.

1. 데이터 그리드 상에서 1, 2행을 선택한다.
2. [Row] → [Move rows]를 선택한다.
3. [Move Selected Rows] → [At end]를 선택한다.

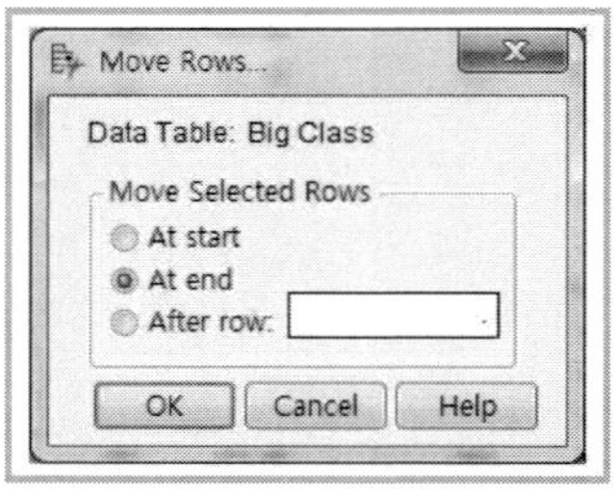

> **NOTE**
>
> **행 이동하기**
>
> – At start: 데이터의 가장 앞으로 이동
> – At end: 데이터의 가장 뒤로 이동
> – After row: 지정된 행의 뒤에 이동

4. [OK]를 선택하면 다음과 같은 결과가 나온다.

33	MARK	15	M	62	104
34	DANNY	15	M	66	106
35	MARTHA	16	F	65	112
36	MARION	16	F	60	115
37	PHILLIP	16	M	68	128
38	LINDA	17	F	62	116
39	KIRK	17	M	68	134
40	LAWRENCE	17	M	70	172

→

33	MARTHA	16	F	65	112
34	MARION	16	F	60	115
35	PHILLIP	16	M	68	128
36	LINDA	17	F	62	116
37	KIRK	17	M	68	134
38	LAWRENCE	17	M	70	172
39	KATIE	12	F	59	95
40	LOUISE	12	F	61	123

결과 데이터와 같이 데이터 가장 뒤에 있던 39번 행과 40번 행은 KIRK와 LAWRENCE였으나, 실습을 한 뒤에는 가장 위에 있던

KATIE와 LOUISE가 가장 뒤로 이동한 것을 알 수 있다.

3.2.3 조건에 따른 데이터 선택(Data Filter)

데이터 테이블에서 행을 선택하기 위해서는 마우스로 행을 선택해도 되지만, 어떤 조건에 따라 행을 선택할 때는 아무래도 불편하고 시간이 많이 걸린다. 이렬 경우 Data Filter를 사용하여 빠르고 편리하게 행의 선택이 가능하다.

실습 2-20 **조건에 따른 데이터 선택하기**

1장의 '2.2 그래프에 날개 달기'에서 설명한 데이터 필터의 기본적인 기능으로도 분석에서 많이 활용이 가능하지만, 데이터 필터는 분석을 더욱 편리하고 빠르게 실행할 수 있는 다양한 기능들이 제공되고 있다. 우선 데이터 필터의 기본 기능을 실습을 통해 이해해 보자.

1. [Sample Data]→[Example for Teaching]→[Big Class]를 불러온다.
2. [Analyze]→[Fit Y by X]를 실행한다.
3. 신장(Height)을 [X, Factor]에 끌어다 놓고, 체중(Weight)을 [Y, Response]에 끌어다 놓은 후 [OK]를 선택하여 산점도를 생성한다.
4. [Rows]→[Data Filter](또는 툴바의 데이터 필터 아이콘( ))을 선택한다.
5. [Save and restore current row states] 체크한다.

   [Save and restore current row states] 옵션은 필터를 생성하기 이전의 행 선택을 저장해 두었다가 데이터 필터 화면을 닫을 때 복원하는 기능을 제공한다.

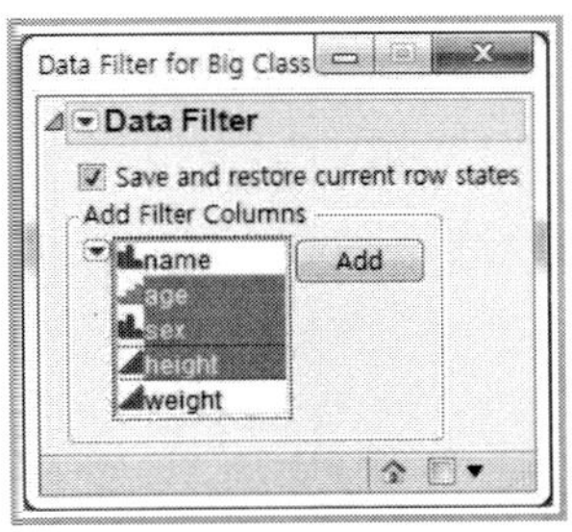

6. 연령(age), 성별(sex), 신장(height) 컬럼을 선택→[Add]를 클릭한다. 데이터 필터의 화면이 컬럼의 값을 선택할 수 있게 바뀐다.

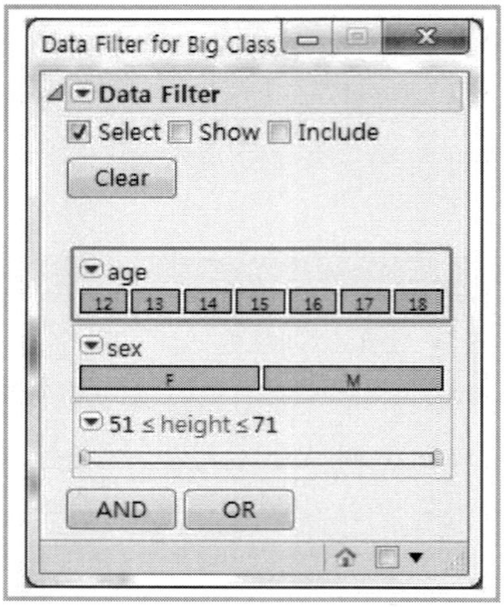

7. 키보드의 [Ctrl]을 누른 상태에서 마우스로 연령(age)과 성별(sex)에서 12와 F를 선택한다.

> TIP
>
> **데이터 필터 중복 선택하기**
>
> 실습에서는 데이터 필터를 중복해서 선택할 때 키보드의 [Ctrl]을 누르고 선택했다. 데이터 필터의 팝업메뉴(▼)에 [Auto Clear]를 체크 해제하면 [Ctrl]을 누르지 않고 마우스 클릭만으로 여러 필터 조건을 선택할 수 있다.

8. 신장(height)은 슬라이드 바(▯)를 조정하여 57 이상 70 이하로 맞추는데, 슬라이드 바를 미세하게 조정하기 어려울 경우 필터의 숫자를 마우스로 클릭하면 값을 입력 받을 수 있게 되어 키보드로 편리하게 입력할 수 있다.

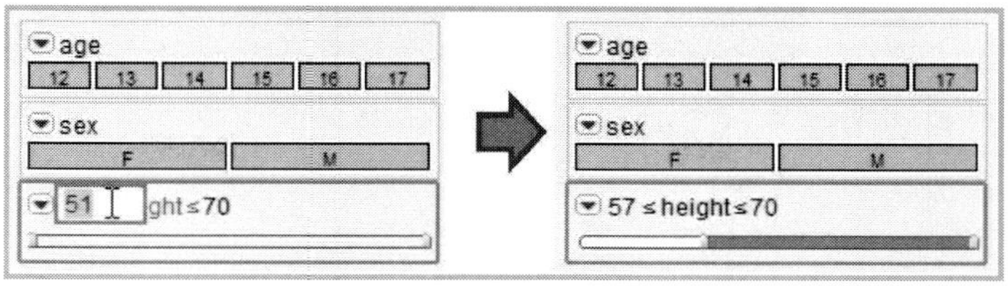

9. 데이터 필터를 설정하게 되면, 데이터 테이블과 그래프의 선택된 데이터가 더 진하게 강조되는 것을 확인한다.

10. [Clear] 버튼 아래에 몇 개의 행이 선택되었는지 표시된다.

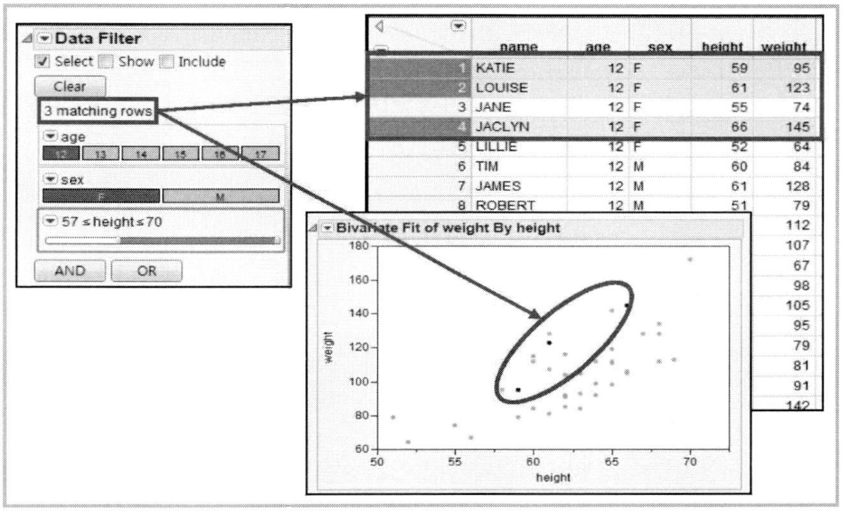

11. 필터 상단에 있는 Clear 버튼을 누르면 데이터 필터의 선택사항이 초기화된다.

TIP

데이터 필터는 왜 테이블당 하나만 생성될까?

데이터 필터는 데이터 테이블당 하나만 생성이 가능하다. 데이터 테이블에 여러 개의 데이터 필터가 생긴다면 어떤 필터 조건으로 데이터가 선택될지 혼란스럽기 때문이다.

실습 2-21

데이터 필터의 Select, Show 옵션 비교하기

데이터 필터 화면의 상단을 보면 [Select], [Show], [Include]의 3가지 옵션을 가지고 있으며, 이 옵션의 선택에 따라 필터링된 그래프가 변경된다. 각 옵션의 기능은 아래와 같다.

- Select: 데이터 필터의 선택사항이 데이터 테이블에 반영되고, 그래프에도 더 진하게 강조되어 나타난다. 체크해제하면 데이터 테이블엔 반영되지만 그래프는 변화가 없다.
- Show: 그래프상에 데이터 필터로 선택된 행만 표현된다.
- Include: 데이터 필터로 선택된 행만 포함하여 그래프 및 통계분석을 실행한다. 주로 분석화면의 Automatic Recalc 옵션과 같이 사용된다.

지금부터는 데이터 필터의 옵션에 따라서 그래프가 어떻게 바뀌어 가는지 실습해 보자.

1. 데이터 필터의 조건 선택은 변경하지 않고 [Select]와 [Show] 옵션을 선택하거나 선택해제하면서 그래프의 변화를 확인한다.

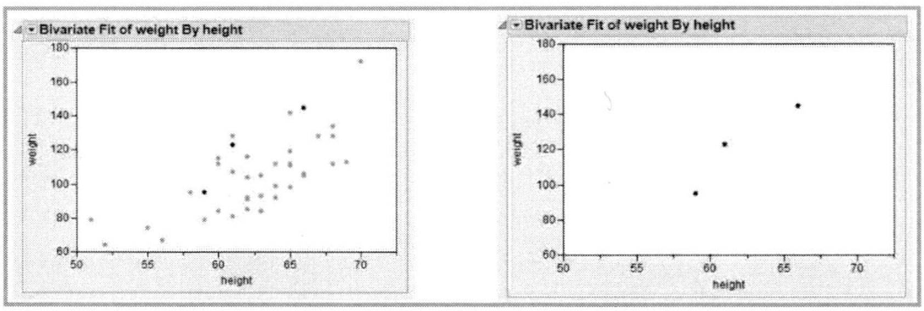

Select 옵션을 선택한 좌측 그림의 경우 데이터 필터로 선택된 행과 나머지 행이 함께 표시되며 선택된 행은 진한 색으로 표현된다. Show 옵션을 선택한 우측 그림의 경우 다른 행들은 사라지고 데이터 필터로 선택된 행들만 표시됨을 알 수 있다.

2. [Bivariate Fit of weight By height]의 (▾)를 클릭하고, [Script] → [Automatic Recalc]를 선택한다.

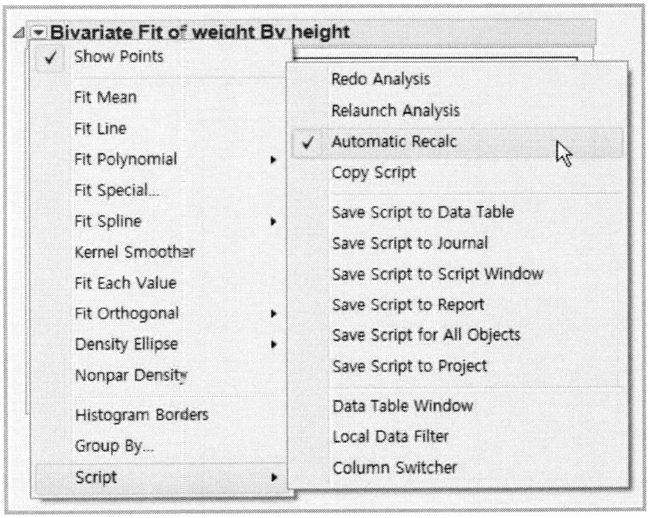

3. 데이터 필터의 [Include] 옵션을 선택 → 성별(Sex)을 M, F로 번갈아 선택하며 그래프의 변화를 확인한다.

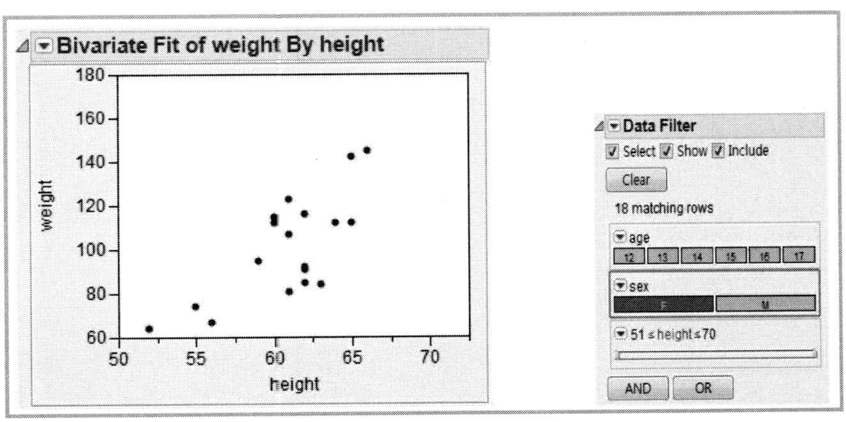

2장 데이터와 친해지기

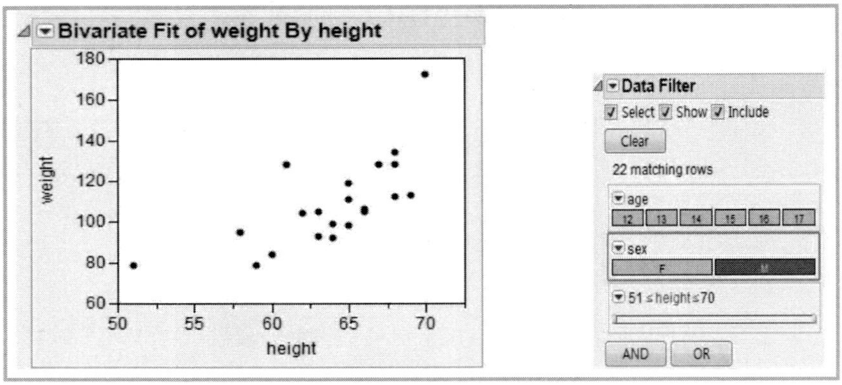

그래프 축의 최대, 최소가 변경되면서 데이터 필터에서 선택된 데이터로만 그래프 창에 꽉 차게 나타나는 것을 볼 수 있다. 즉, Include 옵션은 단어의 뜻대로 데이터 필터의 조건에 포함된 데이터로만 분석 및 그래프를 다시 실행하는 것이다.

실습 2-22 Hierarchical 사용하기

분석을 실행하다 보면 상위 필터의 선택 조건에 포함된 데이터로 하위 필터를 변경하면 편리한 경우가 있다. 이런 경우 사용하는 옵션이Hierarchical 이다. 이번 실습은 Hierarchical을 사용하여 상위 필터 조건에 따라 하위 필터가 어떤 식으로 변경되는지 확인해 보는 과정이다.

1. 열려 있던 데이터 필터를 닫고, 메뉴나 툴바에서 데이터 필터를 다시 실행한다.
2. 컬럼 리스트에서 성별(Sex)을 선택 → [Add]를 선택한다.
3. [AND]를 클릭하고, 연령(Age), 신장(Height), 체중(Weight)을 선택한 뒤 [Add]를 누른다.

NOTE

필터 조건 확인

[AND]와 [OR]
기본적으로 데이터 필터로 데이터를 선택하는 조건은 두 가지가 있다.

- AND: 교집합의 개념으로 필터의 조건을 모두 만족하는 데이터 선택
- OR: 합집합의 개념으로 필터의 조건을 각각 만족하는 데이터를 모두 선택

쉽게 정리하면, 필터들이 AND 조건일 경우 성별(Sex)이 여자(F)이고 연령(Age)은 15세인 학생을 선택하게 되는 것이고, OR 조건이면 성별(Sex)이 여자(F)인 학생이거나 연령(Age)이 15세인 학생을 같이 선택한다. 데이터 필터는 최초 생성 시 AND 조건으로 생성되며, 조건에 따라 사용자가 AND와 OR를 선택해야 한다.

4. [Hierarchical]을 선택한다.

5. 성별(Sex) 필터에서 F를 선택하고, 연령(Age) 필터에서 15를 선택한다. 그 후 신장(Height)과 체중(Weight) 필터의 변화를 살펴본다.

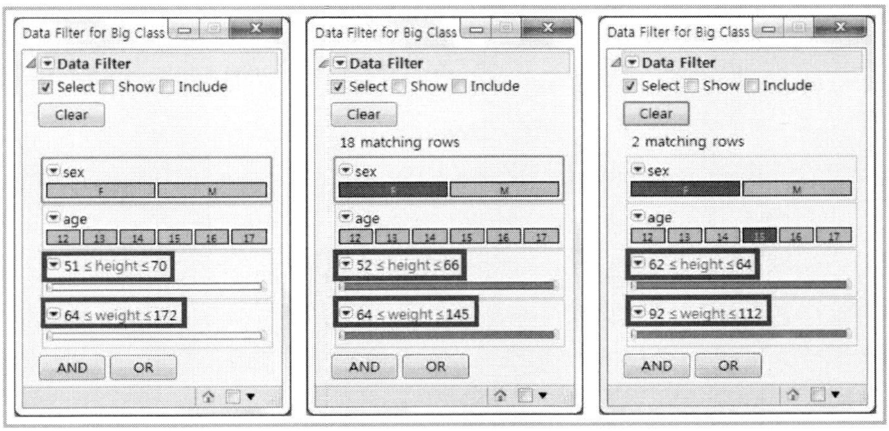

Hierarchical 옵션은 데이터 필터에 계층구조를 생성하여 상위 필터의 선택에 따라 하위 필터의 선택항목이나 값의 범위를 변경해 주는 것으로, 성별(Sex) 필터의 선택에 따라 신장(Height)과 체중(Weight) 필터의 범위가 변경된다.

NOTE

Show Subset

전체 데이터 셋에서 데이터 필터로 선택된 일부의 데이터를 별도의 데이터 테이블로 생성하는 경우 사용하는 기능으로, 특정 조건을 가지는 데이터를 추출해 내는 경우 유용하게 사용할 수 있다. [Show Subset]은 선택된 행과 열만으로 Subset이 생성되는 것을 주의해야 할 것이다.

3.2.4 행과 열의 공통 기능

JMP의 Cols 메뉴와 Rows 메뉴를 보면 공통으로 3가지 기능이 있다.

- Exclude/Unexclude: Exclude된 행/컬럼은 통계 분석 시 제외하고 계산됨.
- Hide/Unhide: Hide된 행/컬럼은 그래프 작성 시 제외하고 그려짐.
- Label/Unlabel: Label된 행/컬럼은 그래프에 값이 표현됨.

Exclude와 Hide 기능은 데이터 필터로 대체하여 주로 사용하지만 더욱 세밀한 조작을 하기 위해서 알아 둘 필요가 있다.

1) 행과 열의 Exclude/Unexclude

Exclude의 주요 역할은 단어의 뜻 그대로 행이나 열을 제외하는 것이다. Big Class 테이블에서 12번째 행을 선택하고 행 메뉴에서 Exclude/Unexclude을 선택하면 12번째 행의 번호 왼쪽에 빨간색으로 금지기호(🚫)가 생긴다. 다음으로 신장(height) 컬럼을 선택하고 컬럼 메뉴에서 Exclude/Unexclude 항목을 선택하면 데이터 테이블 좌측 하단의 컬럼 패널에서 신장(height) 컬럼 오른쪽에 금지기호(🚫)가 생긴다.

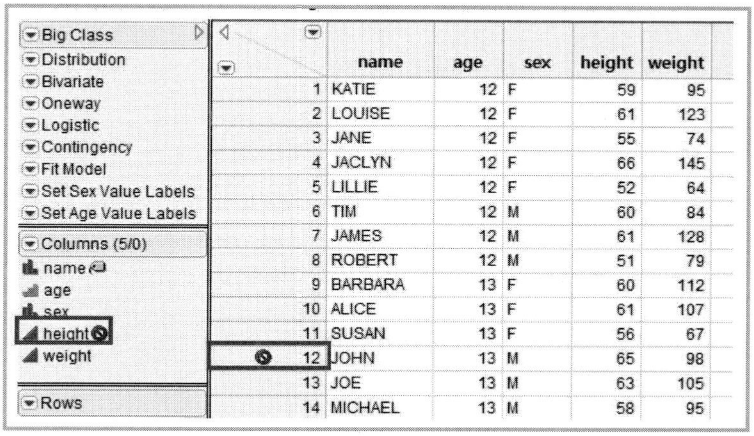

이렇게 제외된 행은 분석에서 통계량을 계산하고 그래프를 그릴 때 완전히 제외된다. 단지 데이터 테이블 상에 삭제되지 않았을 뿐이다. 또한, 제외된 열은 사용자가 분석을 하려고 분석 대화 창을 열었을 때, 컬럼 리스트에 제외된 컬럼은 표시되지 않는다. 이렇게 행과 열의 Exclude 기능을 잘 이용하면 사용자는 특정한 데이터 수정 및 필터링 작업 없이 그래프 작성이나 분석을 실행할 수 있다는 장점이 있다.

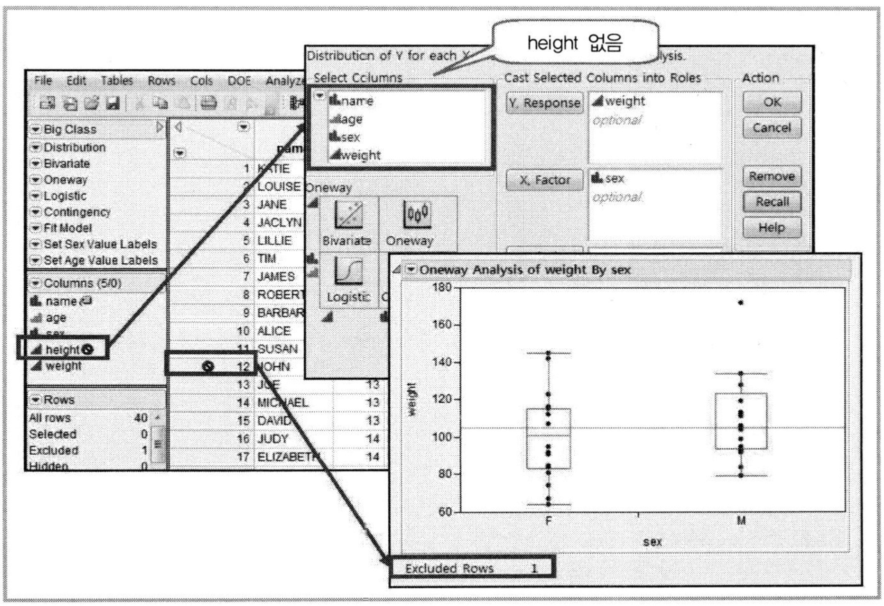

한 가지 추가적으로 알아 둘 것은 Exclude 기능은 데이터 테이블에서만 활용할 수 있는 것이 아니다. 그래프 상에서도 제외시키고 싶은 테이터를 선택하여 Exclude를 활용할 수 있다.

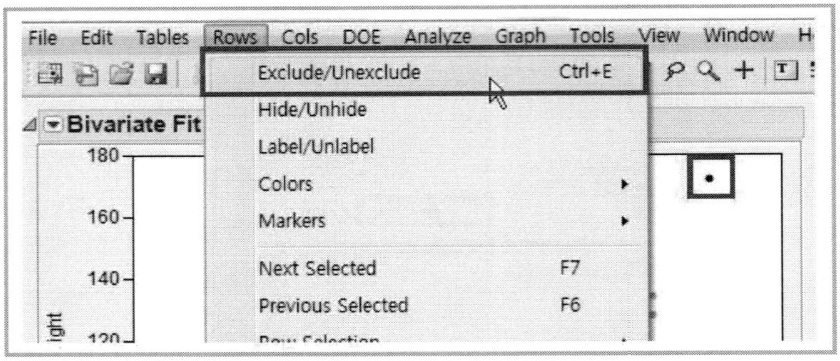

Exclude를 해제하기 위해서는 데이터 테이블에서 Exclude된 행이나 열을 선택하고 메뉴에서 Unexclude를 선택하면 된다.

2) 행과 열의 Hide/Unhide 기능

JMP에서 행과 열의 항목 중 Hide/Unhide는 Exclude와 혼동할 수 있으나, 엄연히 다른 기능을 가지고 있다. Big Class 테이블의 12번째 행을 선택하고 행 메뉴에서 Hide/Unhide 기능을 선택하면 행 좌측에 안대기호(🕶)가 생긴다. 그리고 신장(height) 컬럼을 선택하고 열 메뉴에서 Hide/Unhide를 실행하면 좌측 하단에 있는 컬럼 패널의 신장(height) 컬럼 우측에 안대기호(🕶) 가 생기고 데이터 테이블에서 신장(height) 컬럼이 안보이게 된다. 그러나 신장(height) 컬럼이 데이터 테이블에서 완전히 삭제된 것은 아니다. 사라진 열을 다시 나타나게 하고 싶으면 컬럼 패널에 있는 신장(height) 변수를 선택하고 행 메뉴에서 Hide/Unhide 버튼을 클릭해 주면 된다.

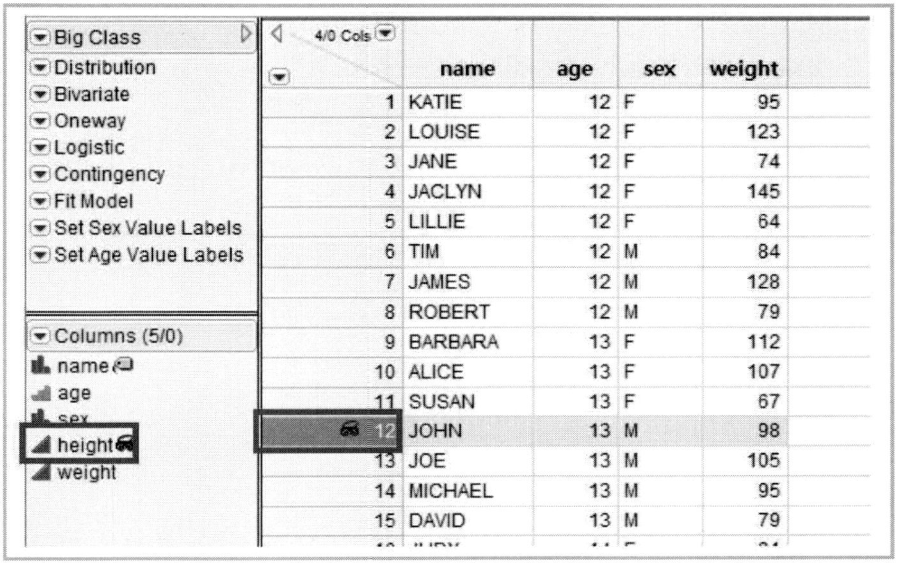

Big Class 테이블의 12번째 행을 Hide하고 신장(Height)과 체중(Weight)에 대해 산점도를 그려보면, 12번째 데이터가 표시되지 않은 것을 볼 수 있다.

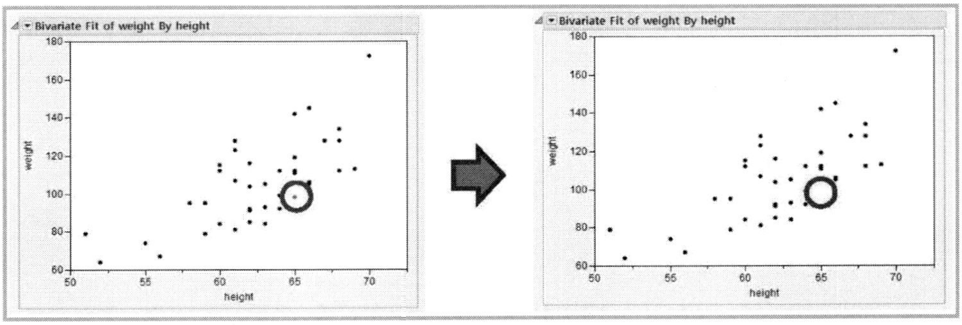

좌측의 그림이 Hide를 적용하기 전 그래프이고, 우측의 그림이 Hide를 적용한 후의 그래프이다. Hide가 Exclude와 다른 점은 Hide는 사람의 눈에 보여지는 그래프에서만 데이터가 표현이 안되지만, 통계분석을 할 경우는 데이터가 포함되어 계산된다는 것이다. 신장(Height)과 체중(Weight)의 회귀분석 결과를 보면 그래프에서는 12번째 관측치가 사라진 것을 볼 수 있지만, 통계량들은 바뀌지 않은 것을 볼 수 있다. 이 점을 유의하여 Exclude와 Hide를 사용해야 한다.

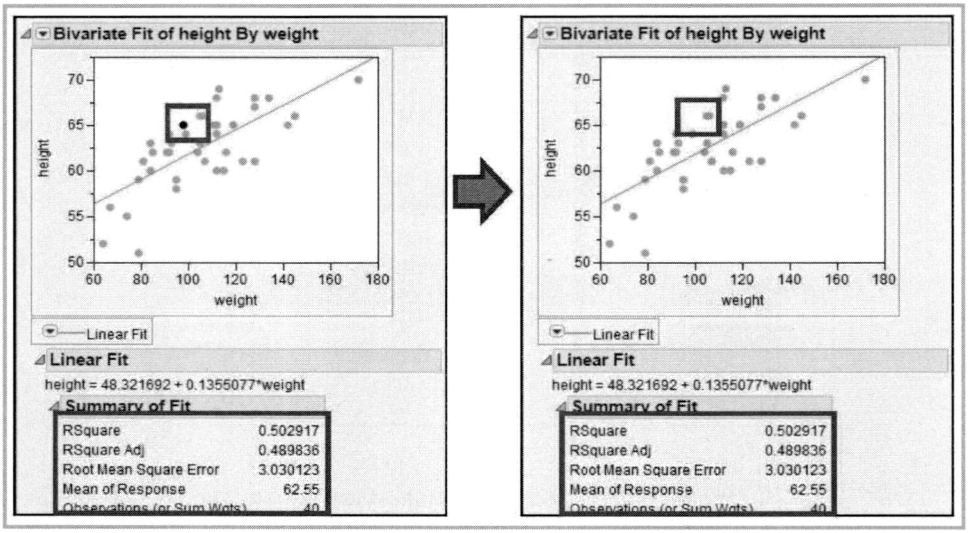

3) 행과 열의 Label/Unlabel 기능

JMP는 기본적으로 특별히 Label 기능을 적용하지 않을 경우에는 그래프에 행 번호가 표시되게 설정되어 있다. 그런데 행과 열의 Label/Unlabel 기능을 이용하면 그래프에서 Label 처리된 행의 번호나 열들의 값들을 표시할 수 있어서 사용자 또는 분석결과를 보는 사람들의 입장에서 그래프를 쉽게 이해하고 알아볼 수 있게 된다.

Big Class 테이블의 12번째 행을 선택하고 Rows 메뉴에서 Label/Unlabel을 실행하면 12번째 행의 번호 왼쪽에 명찰기호( )가 생긴다. 다음으로 신장(height) 컬럼을 선택하고 컬럼 메뉴에서 Label/Unlabel 항목을 선택하면 컬럼 패널의 신장(height) 컬럼의 우측에 명찰기호( )가 생긴다.

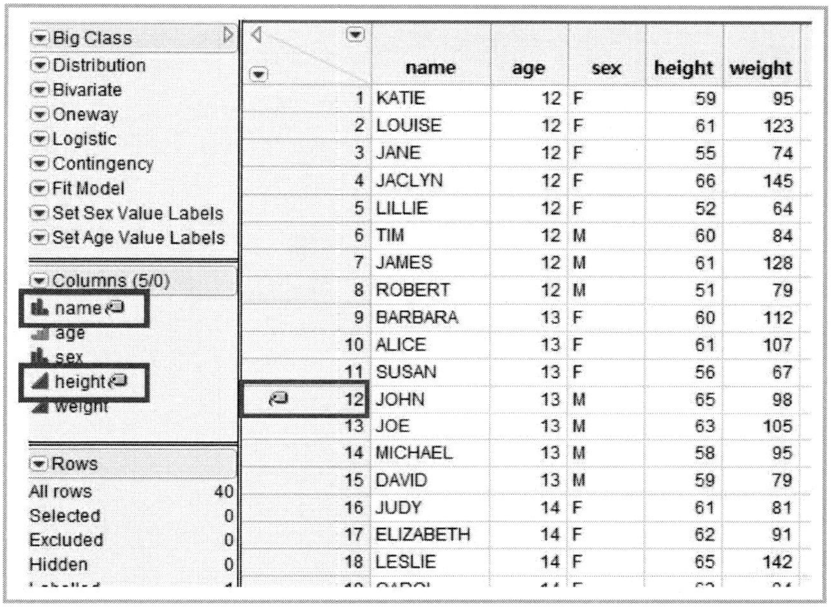

행에 Label이 적용되면 그래프 상에 Label이 표시된 데이터 값이 표현되게 된다.

행에 적용된 Label은 아래 그림처럼 그래프 상의 마커 우측 옆에 값을 표시하게 한다. 만약 Label이 적용된 컬럼이 없다면 행 번호를 그래프에 나타내고 Label이 적용된 컬럼이 있다면 그 컬럼의 값을 그래프에 표시한다. 다음 그림을 보면 12번째 행의 이름(Name)과 신장(Height) 컬럼의 값인 'JOHN, 65'가 표시되었다.

행에는 Label이 적용되지 않고, 열에만 Label이 적용된 값은 그래프 상의 마커에 마우스를 올려놓으면, 선택된 마커에 해당하는 행의 값이 팝업으로 조그맣게 나타난다. 다음 그림을 확인해 보면 마우스가 지정하는 7번째 행에 대하여 Label이 적용된 이름(Name)과 신장(Height) 컬럼의 값인 'JAMES, 61'이 표시되었다.

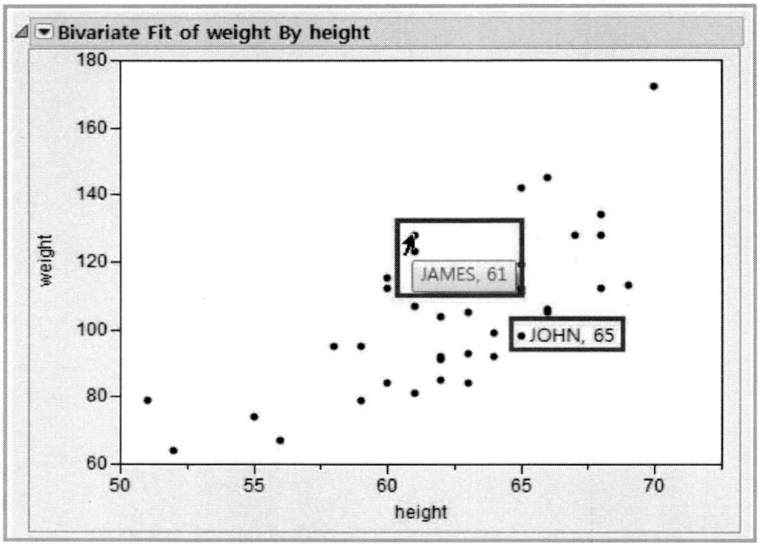
Bivariate Fit of weight By height
weight
height
180
160
140
120
100
80
60
50
55
60
65
70
JAMES, 61
JOHN, 65

3장

그래프와 친해지기

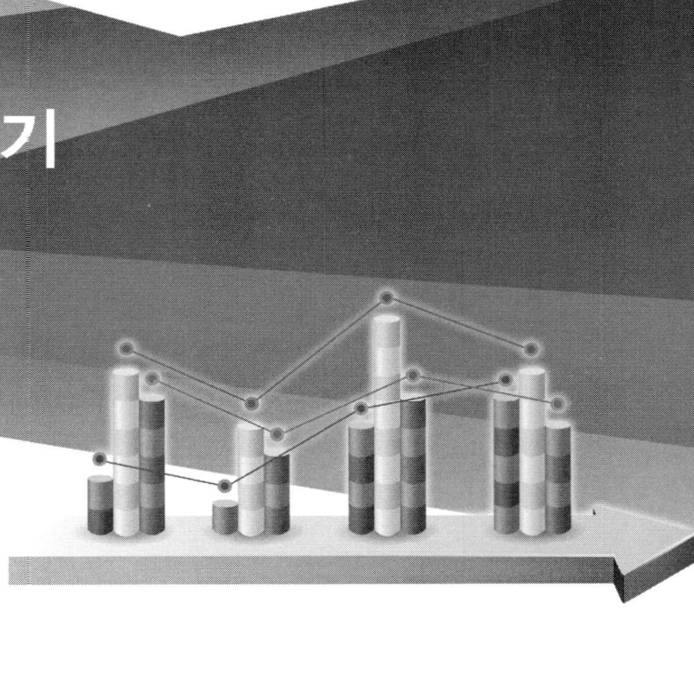

1강 이거 하나로 다되네!!

분석용 데이터 생성이후 과정은 탐색적 분석이다. 탐색적 분석의 핵심은 그래프를 이용하는 것이다. JMP는 그래프 분석을 돕기 위해 그래프 빌더(Graph Builder)를 제공하며, 이것은 말 그대로 사용자가 필요한 그래프를 마음대로 작성(Build)하는 것이다. 이러한 그래프 분석을 'Visual Analysis' 또는 '눈으로 보는 분석'이라고 한다. JMP를 통해서 어떻게 눈으로 분석하는지 알아보자.

1.1 그래프 빌더(Graph Builder)

그래프를 잘 활용한다는 것은 '내가 표현하려는 내용을 얼마나 그래프에 잘 담아내는가.' 로 평가할 수 있다. 사실 많은 사람들이 그래프의 효용성은 잘 알고 있지만, 언제, 무엇을, 어떻게 그래프로 표현하는 것에는 익숙하지 않다. 필자 또한 그래프를 활용할 때마다 '막대 그래프로 표현할까? 선 그래프를 이용할까?' 하는 고민을 많이 하곤 한다. 또한, 어떤 종류의 그래프를 활용할지 선택했다 할지라도 기능 사용에 많은 어려움을 겪는다. 하지만 JMP는 Graph Builder라는 뛰어난 그래프 기능을 제공하여 이러한 어려움을 상당부분 없애 준다.

1.1.1 Graph Builder의 기본기능

보통 JMP의 메뉴를 실행하면 대화상자가 실행되고, 대화상자에서 선택한 대로 결과화면이 열리게 되어 있지만, Graph Builder는 대화상자와 결과화면이 하나의 화면에서 보이는 구조로 되어 있어 간편한 조작과 빠른 결과 확인이 가능한 그래프 작성 도구이다. Graph Builder는 Graph 메뉴에서 Graph Builder를 선택해서 실행하고, 각각의 기능은 다음과 같다.

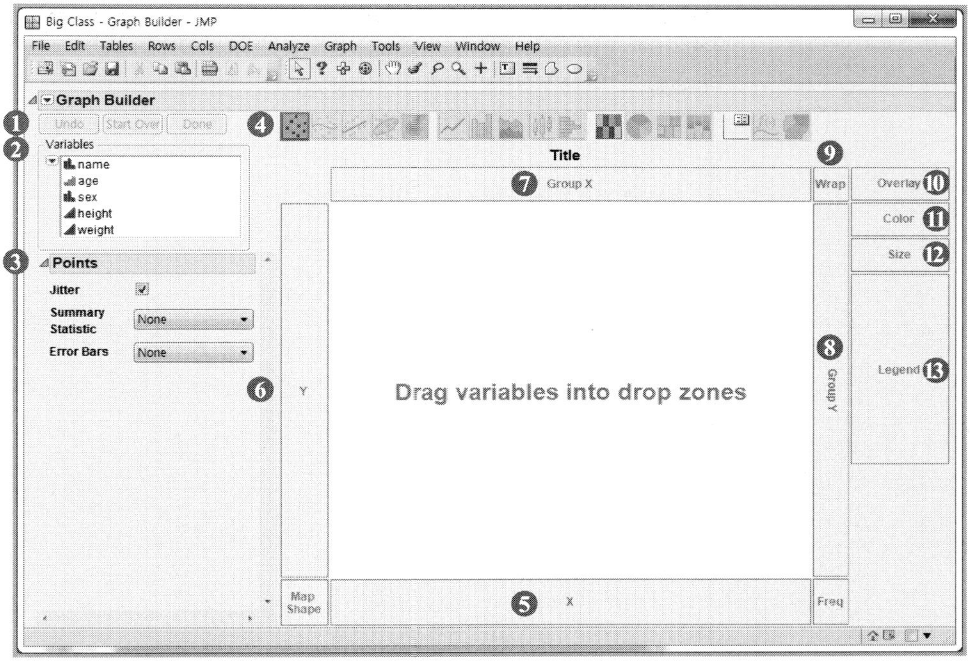

① Undo/Start Over/Done: 마지막 실행 되돌리기/초기화면으로/그래프 작성 완료
② Variables: 그래프에 사용되는 데이터 테이블의 컬럼리스트
③ Points: 각 Point의 통계량 (Mean, Median, Max, Min 등)값을 바꾸어 분석하는 기능
④ 그래프 선택: 메뉴의 아이콘 클릭만으로 그래프의 종류를 변경할 수 있음
⑤ X축: 그래프의 X축에 사용할 컬럼을 입력하는 축
⑥ Y축: 그래프의 Y축에 사용할 컬럼을 입력하는 축
⑦ Group X: 그래프의 X그룹으로 사용할 컬럼을 입력하는 축
⑧ Group Y: 그래프의 Y그룹으로 사용할 컬럼을 입력하는 축
⑨ Wrap: 그래프를 격자형태의 그룹으로 사용할 컬럼을 입력하는 영역
⑩ Overlay: 그래프를 겹쳐서 표현할 컬럼을 입력하는 영역
⑪ Color: 그래프의 색을 구별하는 컬럼을 입력하는 영역
⑫ Size: 그래프에 표현되는 Point의 크기를 나타내는 컬럼을 입력할 수 있는 영역
⑬ Legend: 그래프의 범례를 나타내는 영역

실습 3-1 Graph Builder의 기본기능

이번 실습은 Graph Builder의 기본기능을 익히도록 한다.

1. [Sample Data]→[Example of Teaching]→[Big Class]를 불러온다.
2. [Graph]→[Graph builder]를 실행한다.
3. X축에 신장(Height)을 끌어다 놓는다.

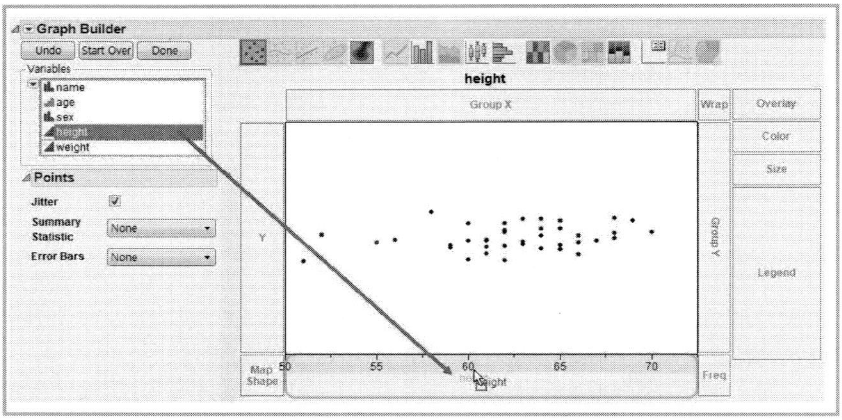

4. Y축에 체중(Weight)을 끌어다 놓는다.

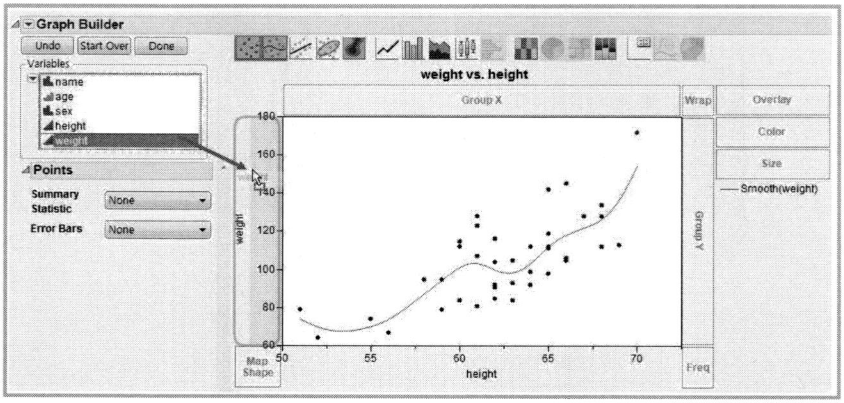

실행결과를 보면 간단한 마우스 조작만으로 신장(Height)과 체중(Weight) 컬럼 사이의 관계를 파악할 수 있는 산점도가 생성되었으며,

데이터의 추이를 대략적으로 파악할 수 있는 Smooth한 곡선이 자동으로 추가되었다.

5. 축에 할당된 컬럼을 제거하기 위해서는 X축의 신장(Height)과 Y축의 체중(Weight)을 마우스로 클릭해서 그래프 영역 밖으로 끌어내거나, 축에서 마우스 오른쪽 버튼을 누르면 나타나는 팝업메뉴에서 [Remove]를 선택해 그래프에서 제거한다.

실습 3-2 자유롭게 그래프의 축 변경하기

Graph Builder의 가장 큰 특징은 축을 자유롭게 변경하면서 그래프를 작성하여 빠른 분석을 할 수 있다는 것이다. 다음을 실습을 통하여 좀 더 자세히 알아보자.

1. Big Class 테이블에서 Graph Builder를 실행한다.
2. 연령(Age) 컬럼을 선택→X축에 끌어다 놓는다.
3. 신장(Height) 컬럼을 선택→Y축에 끌어다 놓는다.
4. 체중(Weight) 컬럼을 선택→Y축의 상단에 끌어다 놓는다.

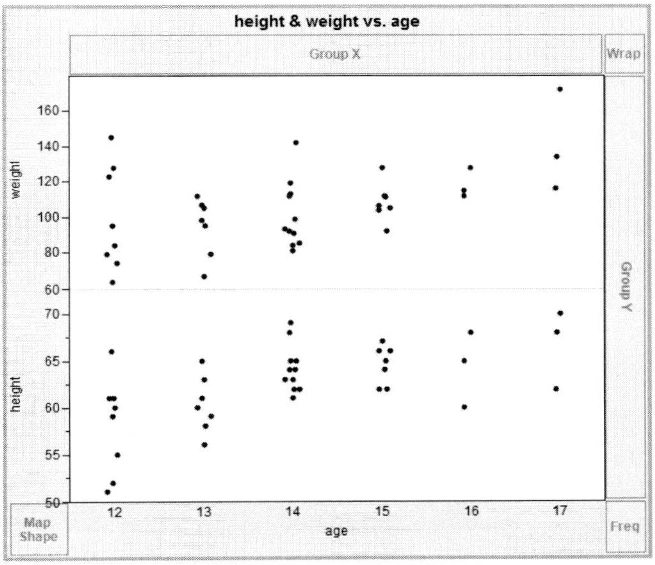

이와 같이 Graph Builder를 활용하면 축을 변경하거나 축에 컬럼을 추가함으로써 하나의 그래프 상에서 다양한 관점으로 데이터를 분석할 수 있다.

축에 컬럼을 추가하는 경우, 어떤 위치에 끌어다 놓는가에 따라 그래프가 표시되는 위치가 달라지게 된다. 다음 그림에 컬럼을 추가할 수 있는 위치가 표시되어 있으며, 다음과 같이 그래프가 추가된다.

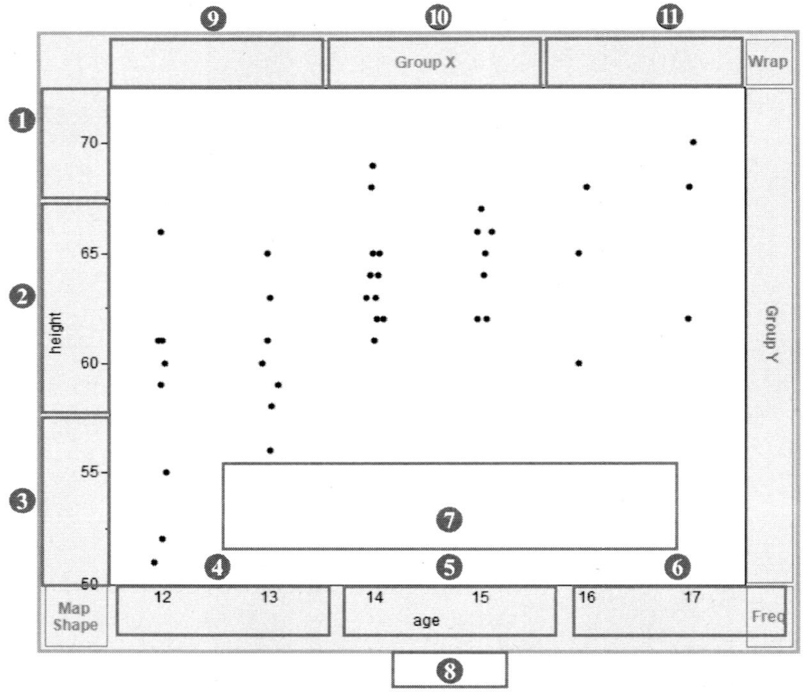

① Y축 상단: 기존 그래프의 위에 선택한 컬럼을 Y축으로 하는 그래프를 추가한다.
② Y축 중앙: 기존의 Y축 컬럼을 선택한 컬럼으로 대체해서 그래프를 작성한다.
③ Y축 하단: 기존 그래프의 아래에 선택한 컬럼을 Y축으로 하는 그래프를 추가한다.
④ X축 좌측: 기존 그래프의 왼쪽에 선택한 컬럼을 X축으로 하는 그래프를 추가한다.
⑤ X축 중앙: 기존의 X축 컬럼을 선택한 컬럼으로 대체해서 그래프를 작성한다.
⑥ X축 우측: 기존 그래프의 오른쪽에 선택한 컬럼을 X축으로 하는 그래프를 추가한다.
⑦ X축 상단: 범주형과 연속형은 선택한 컬럼의 Y축 평균값 순서로 X축을 정렬한다. 범주형과 범주형은 2중 그룹 X축을 만든다. 연속형과 연속형은 그래프 상에 두 개의 연속형 그래프가 나타난다.
⑧ X축 하단: 범주형과 범주형은 2중 그룹 X축을 만든다.
⑨ Group X축 좌측: Group X축의 위에 Group X축을 추가한다.
⑩ Group X축 중앙: Group X축의 컬럼을 선택한 컬럼으로 대체해서 그래프를 작성한다.
⑪ Group X축 우측: Group X축의 아래에 Group X축을 추가한다.

1.1.2 요약 통계량의 표시

그래프를 작성하다 보면 원본 데이터(Raw Data)에서 요약 데이터를 생성하고 요약 그래프를 따로 작성하느라 많은 시간을 소모하는 경우가 있다. Graph Builder는 원본 데이터(Raw Data)에서 요약 데이터를 표시할 수 있도록 컬럼 리스트의 아래에 메뉴를 제공하고 있다.

- Jitter: 동일한 값을 가지는 데이터가 한 점으로 표시되는 것을 흩어서 표시한다. 데이터의 건수를 빠르게 파악하는 데 도움이 된다.
- Summary Statistics: 평균, 최댓값, 최솟값과 같은 요약 통계량으로 그래프를 표시한다.
- Error Bars: 요약 통계량 그래프를 생성하는 경우, 표준오차, 표준편차 등을 그래프에 표시한다.

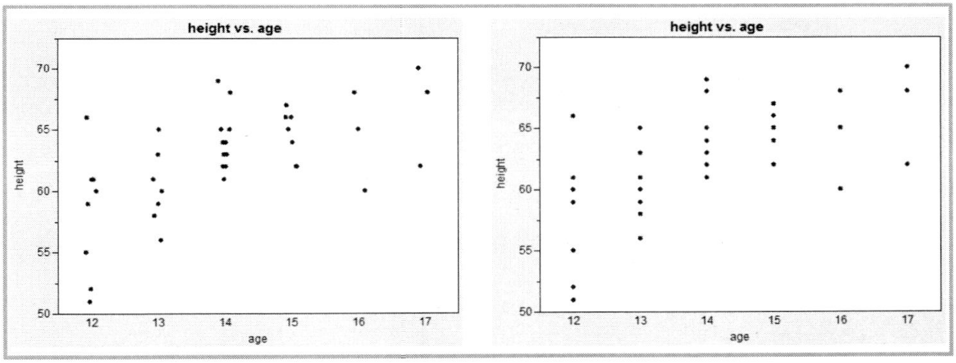

왼쪽 그림은 Jitter를 적용한 그래프이고, 오른쪽 그림은 적용하지 않은 그래프이다.

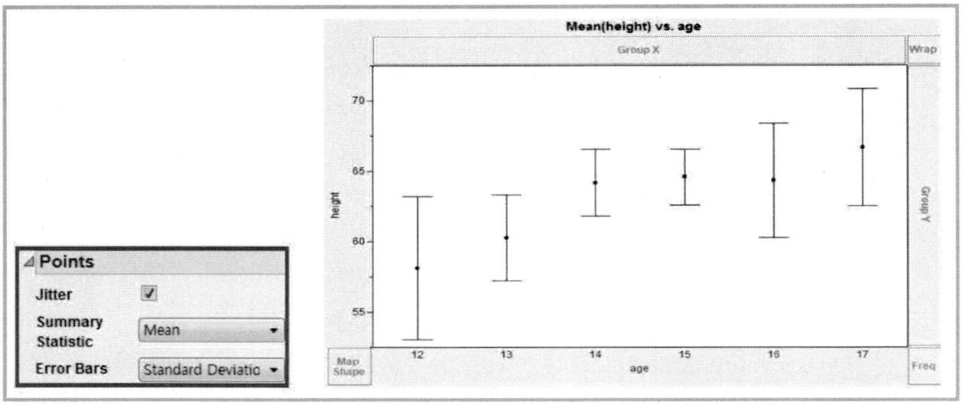

위 그림은 연령대별로 신장(Height)의 평균과 표준편차를 Graph Builder에서 표현한 그림이다.

1.1.3 그룹별 그래프 생성

실습 3-3 그룹별 그래프 생성하기

Graph Builder를 사용하면 그룹 단위로 그래프를 각각 생성하는 것도 빠르게 할 수 있다. 그룹별 그래프를 생성하기 위해서는 우측의 Group Y, 상단에 있는 Group X, Wrap영역에 그룹 컬럼을 끌어다 놓으면 된다.

1. [Graph Builder]의 [Start Over]를 선택하여 초기화한다.
2. X축에 신장(Height), Y축에 체중(Weight)을 끌어다 놓는다.

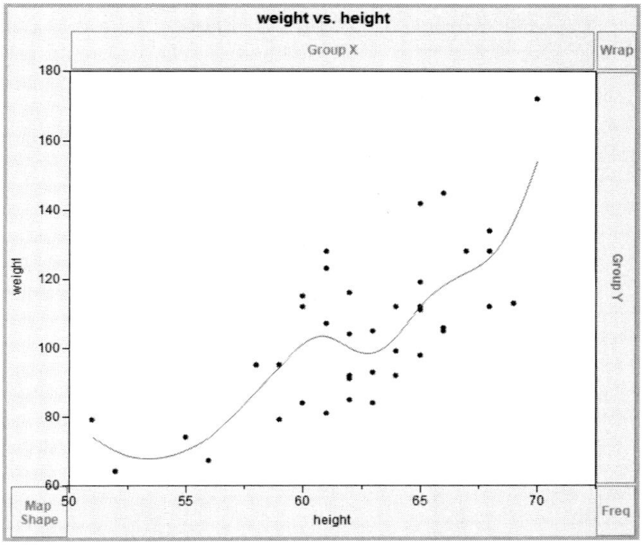

3. 연령(Age) 변수를 Group X 영역에 끌어다 놓는다.

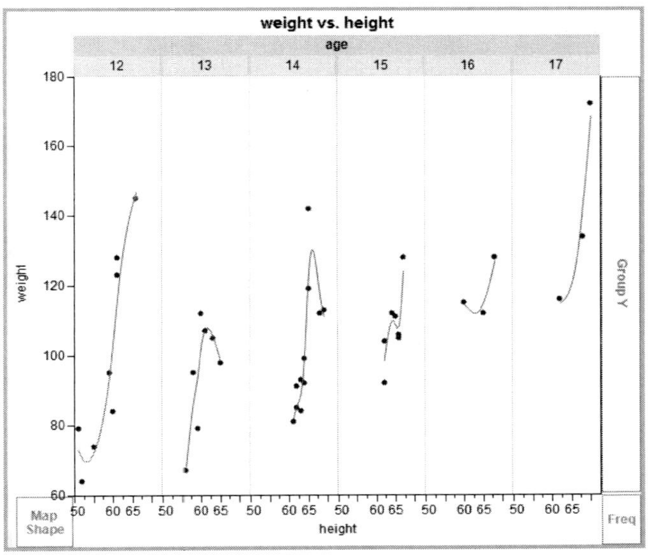

4. Group X 영역의 연령(Age) 변수를 Group Y 영역에 끌어다 놓는다.

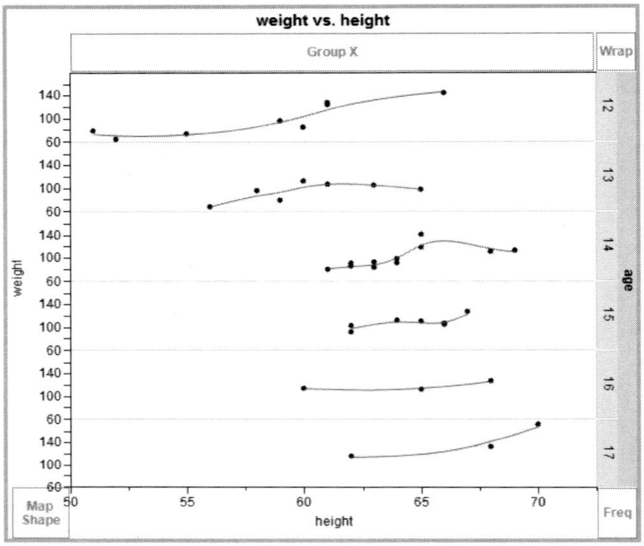

5. Group X 영역의 연령(Age) 변수를 Wrap 영역에 끌어다 놓는다.

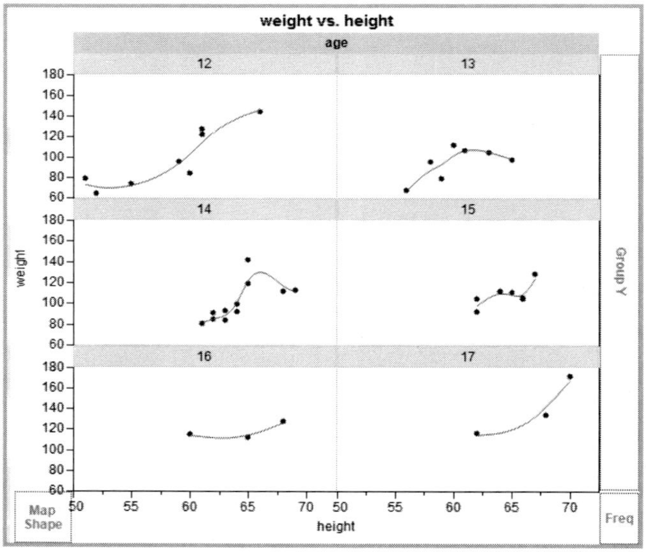

동일한 컬럼을 그룹 축에 놓으면, 결국 동일한 그룹별 그래프를 생성하지만 보통 Group Y, Group X는 2~4개 그룹, Wrap은 5개 이상의 그룹을 표시할 때 사용하면 보기에 알맞은 그래프가 생성된다.

1.1.4 2중 축 그래프 생성

실습 3-4 **2중 축 그래프 생성하기**

두 개의 다른 값을 하나의 그래프에 표현하기 위해 왼쪽의 Y축과 오른쪽에 또 다른 Y축이 있는 그래프를 그려야 하는 경우, Graph Builder를 사용해서 간단하게 생성이 가능하다.

1. [Start Over]를 클릭하여 그래프 빌더를 초기화한다.
2. 연령(Age) 컬럼을 X축에 끌어다 놓는다.

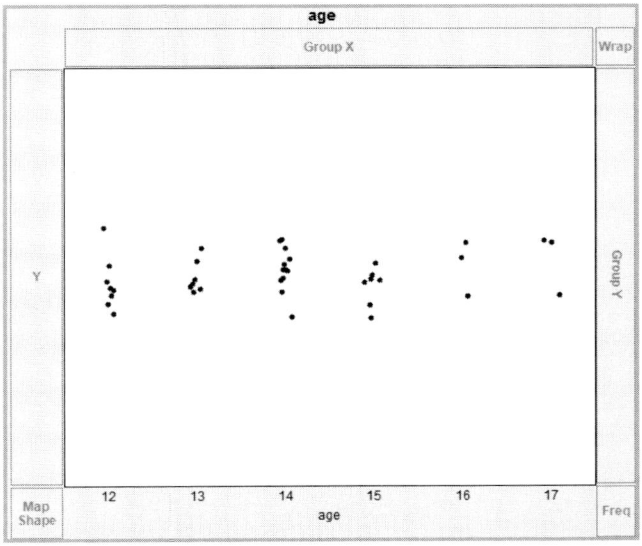

3. 신장(Height)과 체중(Weight)을 선택해서 동시에 Y축에 끌어다 놓는다.
4. 그래프 상단의 선택 영역에서→( )를 선택한다.
5. Y축에서 마우스 오른쪽 버튼을 누른후, Move Right→Weight를 선택한다.

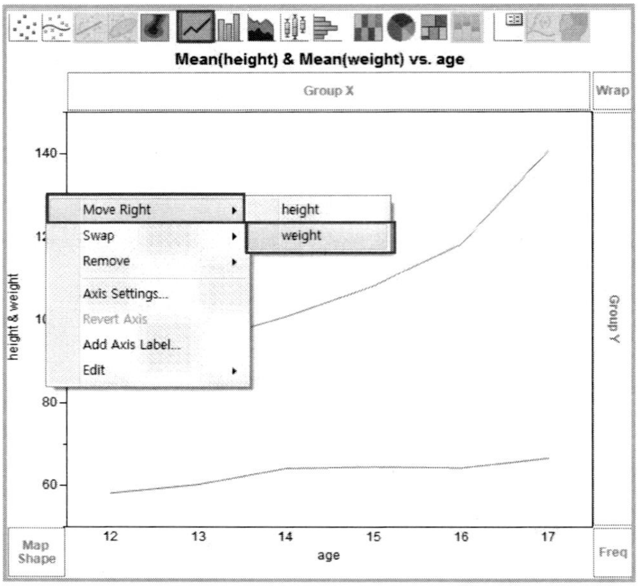

5번까지의 실습을 마치면 다음과 같은 그래프가 나타난다.

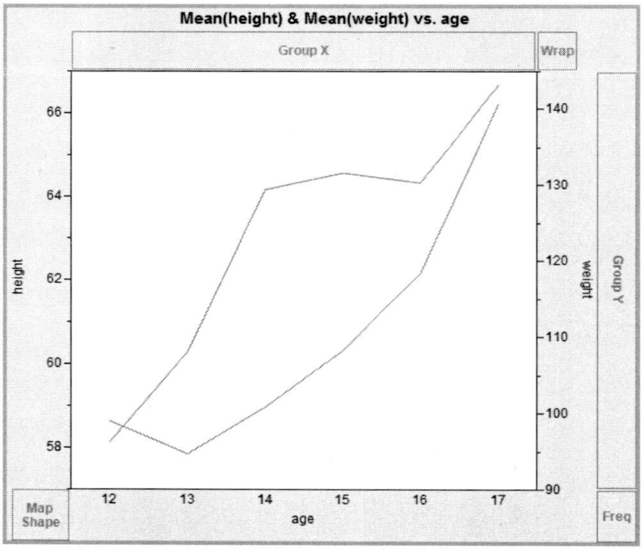

실습 3-5 **한 축의 그래프를 다른 그래프로 변경하고 선 그래프의 선 두껍게 만들기**

지금까지 선 그래프를 만드는 실습을 해 보았다. 이때 한 축의 그래프를 다른 그래프로 변경하고 선 그래프의 선을 더 두껍게 하기 위해서는 어떻게 하는지 알아보자. 실습 3-4에 이어서 실습을 진행한다.

1. 그래프 영역에서 마우스 오른쪽 버튼을 누르고 Line→Change to→Bar를 선택한다.
2. 다시 한번 그래프 영역에서 마우스 오른쪽 버튼을 누른 후, Graph→Line Width Scale→3.0을 선택한다.

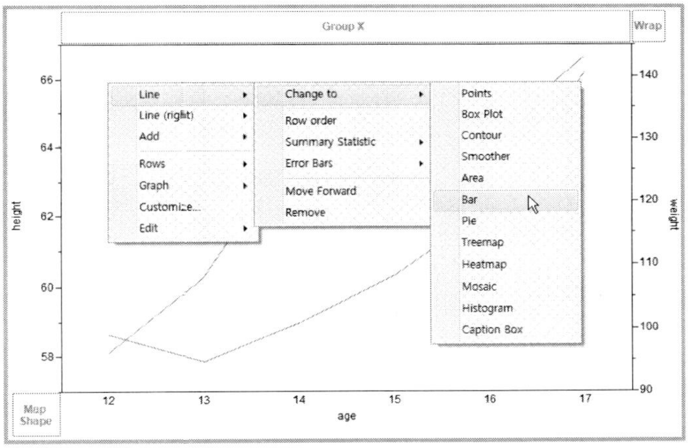

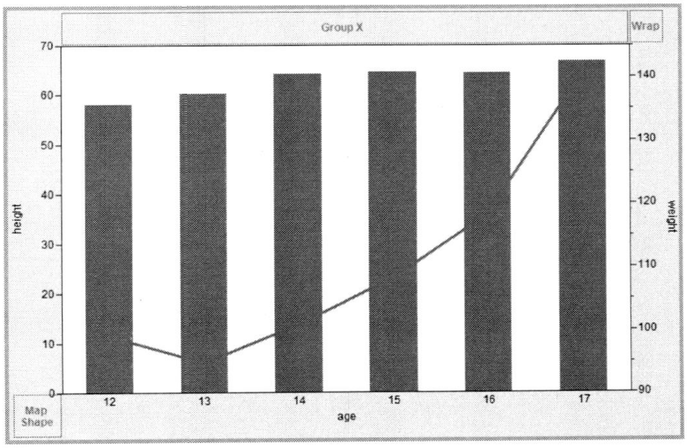

1.1.5 다른 그래프 형태로 전환

Graph Builder는 여러 가지 그래프를 작성할 수 있도록 기능을 제공하고 있다. 그래프의 전환은 그래프 영역에서 우측 마우스 버튼을 누르고 팝업메뉴에서 선택하거나 그래프 선택 아이콘을 눌러도 전환된다. 또한 하나의 그래프만이 아니라 그래프에 그래프를 추가하여 더욱 다양한 정보를 하나의 그래프에서 표현할 수 있다.

Icon	그래프 유형	활용법
	점	데이터의 값을 표현하는 경우
	곡선	데이터를 부드러운 곡선으로 표현하는 경우
	선형회귀선	선형회귀선과 신뢰구간을 표현하여 데이터간의 인과관계를 파악함
	타원	정규 밀도 타원을 표현하여 데이터의 상관성을 파악함
	등고선	데이터가 많은 부분은 진하게 표현하고, 데이터가 적은 부분은 연하게 표현하여 데이터가 많이 모여있는 영역을 파악함
	선	범주별로 요약된 데이터를 선으로 표현하는 경우
	막대	범주별로 요약된 데이터를 막대로 표현하는 경우
	영역	범주별로 요약된 데이터를 영역으로 표현하는 경우
	상자도표	데이터의 분포를 표현하며 분위수와 이상치를 탐색하는 경우
	히스토그램	데이터의 분포를 표현하며 연속형 변수의 분포를 파악하고 범주로 구분하는 경우
	히트맵	범주형 X, Y변수의 건수를 색으로 표현하는 경우
	파이	데이터의 비율을 표현하는 경우
	트리맵	범주에 따른 요약정보를 사각형과 색으로 표현
	모자이크	범주형 데이터의 건수를 넓이로 표현하는 경우
	캡션	요약 통계량 값을 그래프에 표현하는 경우
	공식	컬럼에 Formula가 적용된 경우 함수를 표현하는 경우
	지도	데이터가 지도 데이터를 포함하는 경우 그래프 영역에 지도를 표현함.

실습 3-6 그래프 추가하기

그래프 선택 영역에서 그래프 아이콘을 클릭하면 선택된 그래프의 전환이 되고, Shift 키와 아이콘을 같이 누르면 그래프가 추가된다.

1. [Start Over]를 선택하여 Graph Builder를 초기화한다.
2. X축에 신장(Height), Y축에 체중(Weight)을 끌어다 놓는다.
3. 키보드에서 [Shift] 키를 누를 상태로 그래프 선택 영역의 [회귀선], [등고선]을 차례대로 클릭한다.

이 그래프를 통하여 전체 데이터값과 회귀선을 통해 신장이 체중에 미치는 영향을 쉽게 파악할 수 있다. 또한 등고선을 통하여 신장은 60~70, 체중은 75~125 사이에 데이터가 많이 수집된 것을 알 스 있다.

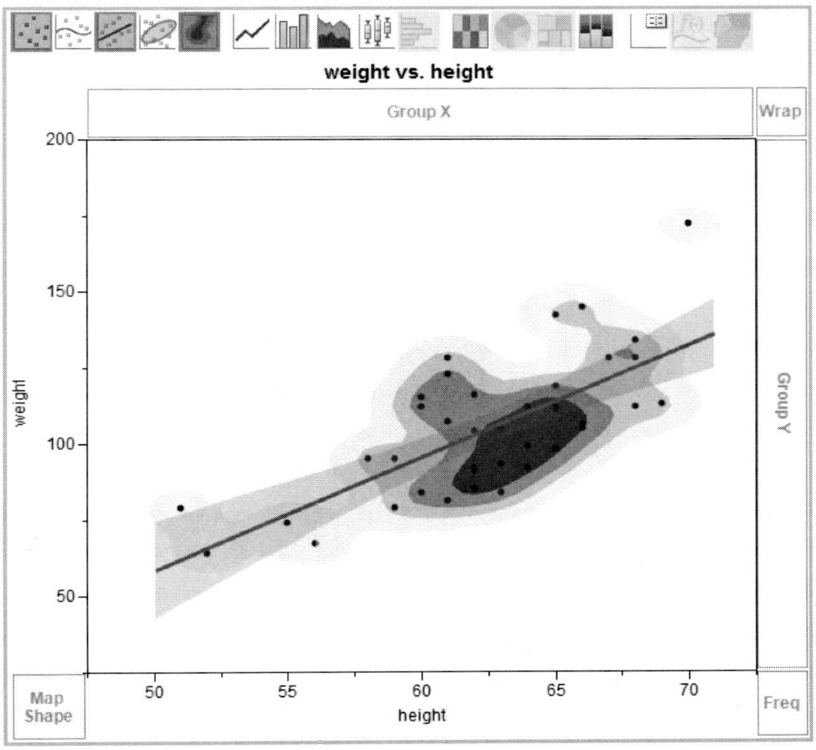

그래프 선택 영역을 보게 되면, 히스토그램과 같이 몇 개의 아이콘은 선택할 수 없게 되어 있다. 이것은 컬럼의 속성(연속형 또는 범주형)에 따라 표현할 수 있는 그래프가 다르기 때문이다. 표현할 수 없는 그래프는 그래프 선택에서 자동적으로 선택할 수 없게 설정되어 있다.

실습 3-7

트리맵 작성하기

Graph Builder에서는 막대, 선 그래프 외에도 트리맵이라는 그래프가 존재한다. 다음 실습을 통해 트리맵을 작성해 보자.

1. [Graph Builder]의 [Start Over]를 선택하여 초기화한다.
2. 컬럼 리스트에서 연령과 성별을 선택하여 X축으로 끌어다 놓고, 신장을 Y축에 끌어다 놓는다.
3. 그래프 선택 영역에서 트리맵 아이콘()을 선택한다.

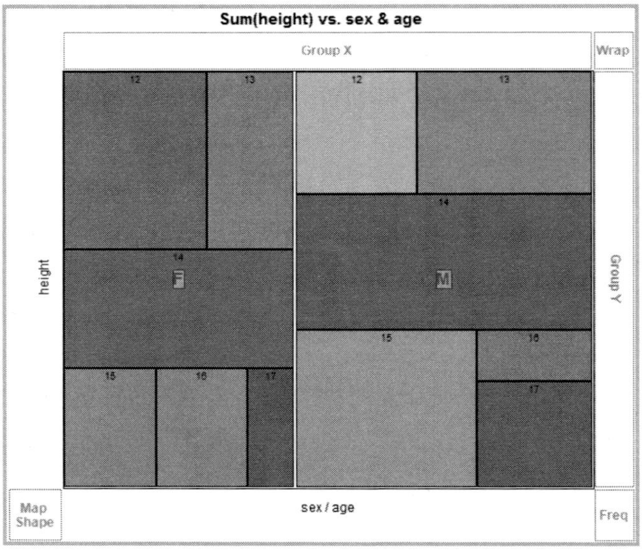

이 트리맵은 데이터를 범주로 구분하는 성별과 연령별로, 신장의 합계를 사각형의 넓이로 표현하였다. 매출액이나 이익 등의 데이터를 국가/지사/제품군 등으로 표현하거나 불량유형별 불량의 개수를 표현하는 데 사용하면 효과적일 것이다.

1.1.6 지도 표현하기

JMP에서 제공하는 그래프 빌더(Graph Builder)에서는 지도 데이터를 통한 그래프에 표현할 수 있다.

실습 3-8 **지도 표현하기**

그래프 빌더에 지도를 표현하기 위해서는 다른 그래프와는 달리 두 개의 파일이 필요하다. 하나는 Name 파일로 xxx-Name.jmp의 형태로 되어 있으며, 이 파일은 지도상에 표시할 지명, 통계량을 담고 있다. Name 파일에 첫 번째 컬럼에는 Shape ID가 있는데 이것이 두 파일을 연결시켜준다. 나머지 하나는 XY 파일이다. 이 파일은 xxx-XY.jmp의 형태로 되어있으며, 이 파일은 지도의 모양을 담고 XY 파일에도 Shape ID 컬럼이 속해 있는데 이는 앞에서 설명한 것처럼 Name 파일과 연결시켜 주는 컬럼이다. 두 파일을 연결시키기 위해서는 앞에서 설명한 형태의 이름으로 JMP의 Maps 폴더에 함께 저장되어 있어야 한다. 이번 실습에서 사용할 데이터는 US-State-Name이다.

1. [File]→[Open]→[로컬 디스크(C:)]→[Program Files(x86)]→[SAS][JMP]→[10]→[Maps]를 순서대로 선택한다.
2. US-State-Name을 불러온다.
3. [Graph]→[Graph Builder]를 순서대로 선택하면 Graph Builder 대화상자가 나타난다.
4. Name 컬럼을 그래프 영역의 좌측 하단 [Map Shape]에 끌어다 놓으면 지도가 생성된다.

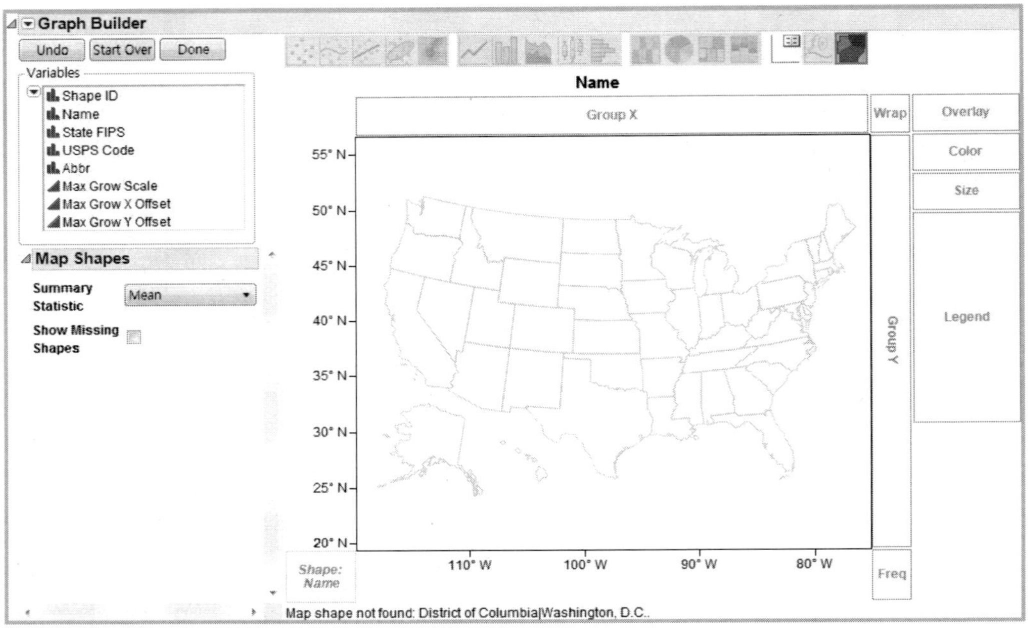

TIP

Map Shape에 선택될 수 있는 컬럼은?

Map Shape에 선택될 수 있는 컬럼은 데이터 테이블의 컬럼 패널에서 컬럼명 뒤에 별(✱) 표시로 나타나 있다.

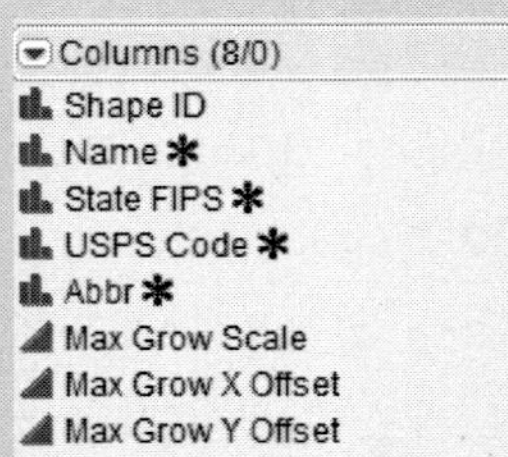

5. 지도상에 통계량을 표시하기 위해 통계량을 담고 있는 [Max Grow X Offset]을 클릭한 후, 우측에 있는 Color를 클릭하고 그래프를 확인한다.

그래프를 확인해 보면, Max Grow X Offset 값이 −1.7인 Washington, Oregon, California는 파란색으로 색칠되었고, 값이 2인 Florida, New Jersey는 빨간색으로 표시된 것을 볼 수 있다. 이처럼 Color를 사용하면 데이터의 값에 따라 어느 지역에 차이가 있는지 한눈에 파악할 수 있다.

6. 상대적으로 어느 지역의 Max Grow Y Offset 값이 큰지, 또는 작은지 크기별로 비교하기 위해 Max Grow Y Offset 컬럼을 클릭한 후, Size를 클릭한다.

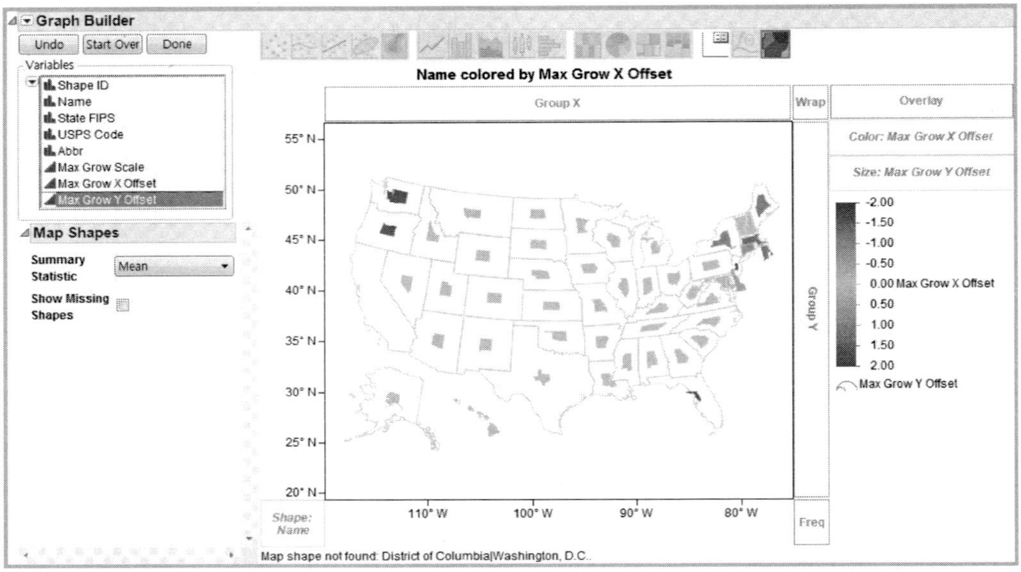

위 결과를 해석해 보면 Max Grow Y Offset 값이 2인 Washington은 상대적으로 크게 표시되어 있다. 그러나 −2.6의 값을 가진 New Jersey는 상대적으로 작게 표시되어 있다. 각각 표시된 크기는 각 지역의 모양은 그대로이나 크기만을 줄여서 표현한 것으로 상대적으로 큰 값은 크게, 작은 값은 작게 표현되어 어느 데이터가 큰 값을 가졌는지, 또는 작은 값을 가졌는지 알 수 있다.

NOTE

지도 그래프 편집하기

- **표시되어 있는 색의 투명 정도를 조절하고 싶다면 다음의 과정을 실행하면 된다.**
  1. 오른쪽 범주에서 오른쪽 마우스를 클릭하고, [Transparency...] 를 선택한다.
  2. [Specify transparency between 0 (clear) and 1 (opaque)] 의 오른쪽 상자에 0~1까지의 값을 입력한다. 0에 가까울수록 색은 투명하게 표현된다.

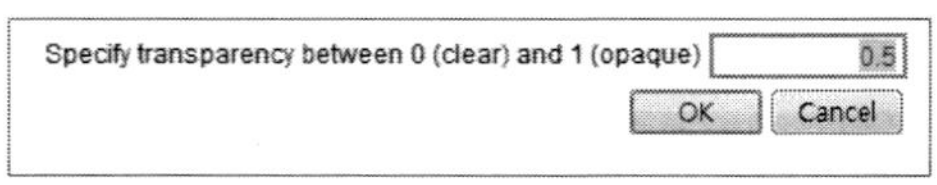

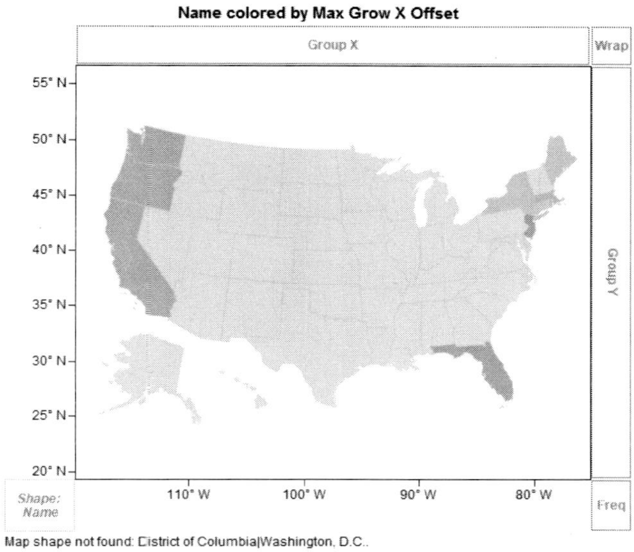

3. 만약 다시 처음으로 돌아가고 싶다면 1을 입력하거나 범주에서 오른쪽 마우스를 클릭한 후 [Revert]를 클릭하면 된다.

• 만약 기본 색상 테마가 아닌 다른 색상의 테마로 변경시키고 싶다면 다음 과정을 실행한다.

1. 범주에서 오른쪽 마우스를 클릭하고 [Gradient...]를 선택한다.
2. Color Theme에서 원하는 테마를 선택한다. 필자는 'Jet'을 선택하겠다.

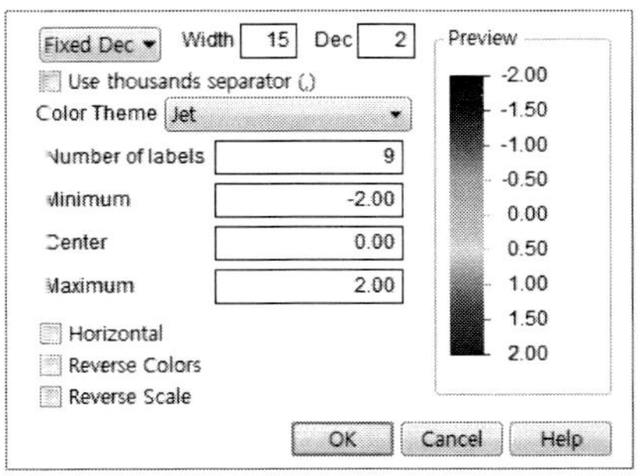

3. [OK]를 누르면 다음과 같은 결과가 나온다.

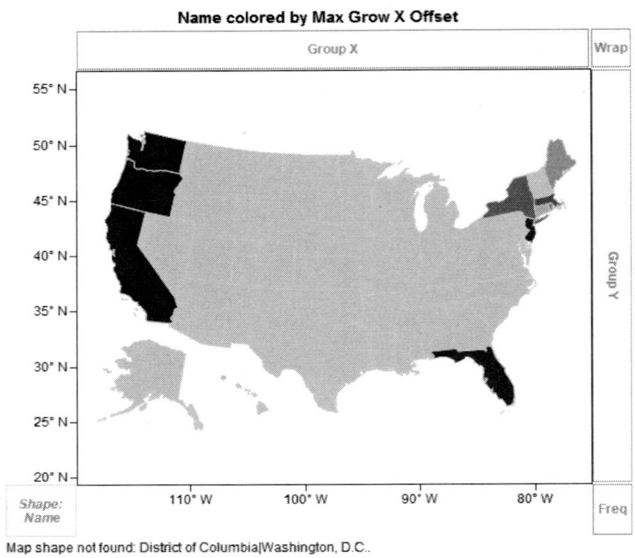

실습 3-9 지도 그래프에 자세한 지도 배경 추가하기

실습 3-8를 통하여 지도그래프를 생성하는 법을 알아보았다. 그런데 필요에 따라서는 이 그래프와 실제 지도를 비교하거나 좀 더 시각화하여 표현해야 하는 경우가 생길 것이다. 따라서 실습 3-8에서 생성한 지도 그래프의 배경에 실제 지도를 생성하는 법과 그래프의 크기를 조절하는 법을 다룰 것이다.

1. 실습 3-8을 마친 상태에서 그래프 위에 오른쪽 마우스를 클릭한다.

2. [Graph]→[Background Map...]을 선택한다.

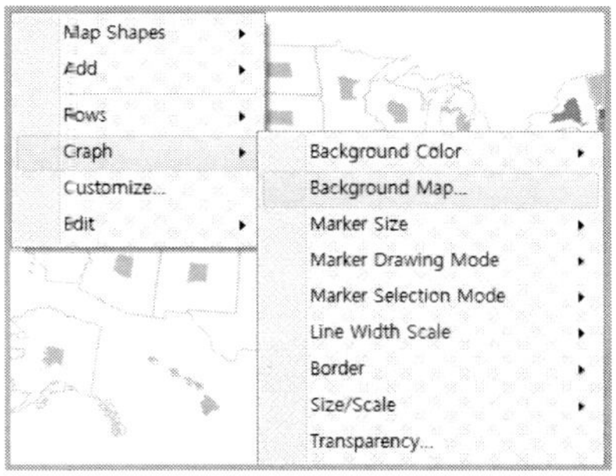

3. [Images]에서 [Simple Earth]를 선택한다.

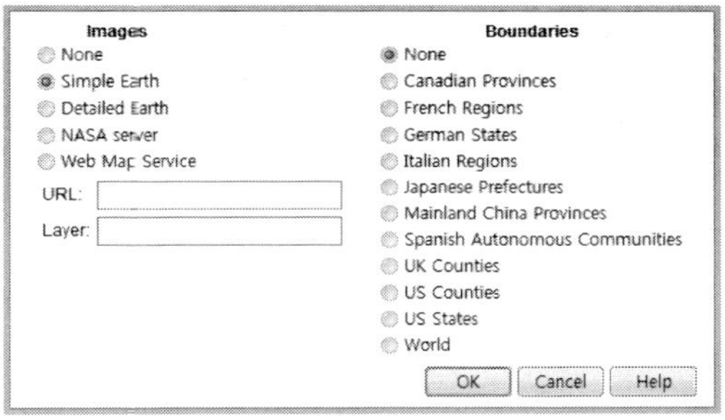

4. [OK]를 선택하면 다음과 같은 결과가 나온다.

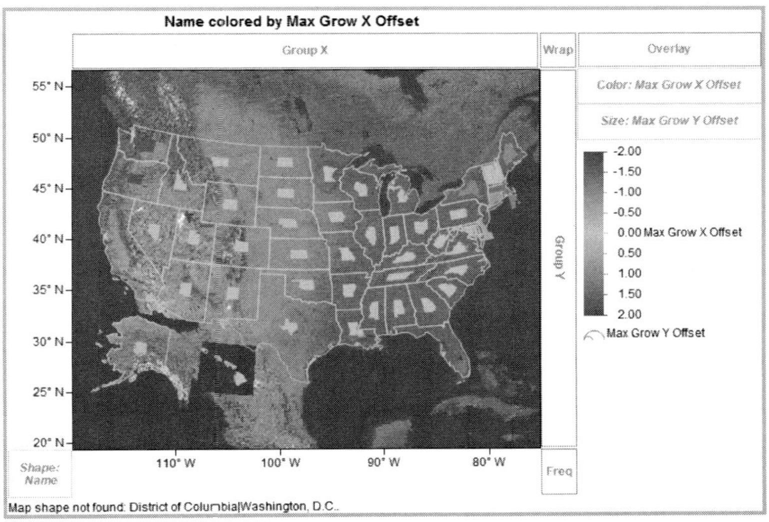

3장 그래프와 친해지기

5. 지도 그래프를 조금 더 다양한 크기로 보고 싶다면 X축 위에 마우스를 가져다 두면 마우스가 으로 변환된다. 그럼 변환된 마우스를 왼쪽이나 오른쪽으로 당긴다.

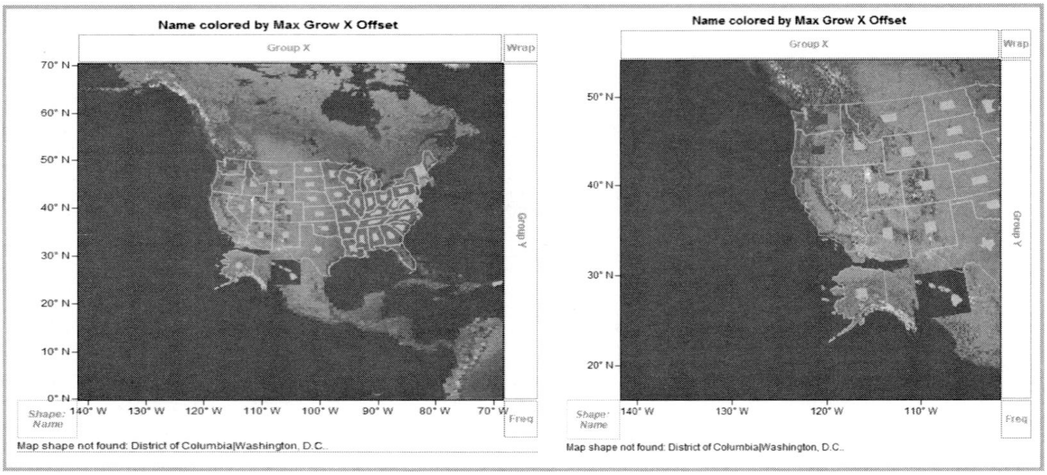

위의 왼쪽 그림은 마우스를 왼쪽으로 당긴 것이고, 오른쪽 그림은 마우스를 오른쪽으로 당긴 것이다.

이 기능은 Y축에서 위쪽과 아래쪽으로 당기는 것도 가능하다.

실습 3-10 XY 파일 확인하기

Name 파일과 XY 파일은 서로 연결된다는 사실은 앞에서 이미 설명하였다. 그럼 US-State-XY를 Graph Builder로 산점도를 작성했을 때, 어떤 모양이 나오는지 확인해보자.

1. [File]→[Open]→[로컬 디스크(C:)]→[Program Files(x86)]→[SAS]→[JMP]→[10]→[Maps]를 순서대로 선택한다.
2. [US-State-XY]를 선택한다.
3. [Graph]→[Graph Builder]를 선택한다.

4. X 컬럼을 X축에 츠가시키고, Y 컬럼을 Y축에 추가시킨 후, 곡선 그래프를 해제하고 산점도를 선택한다.

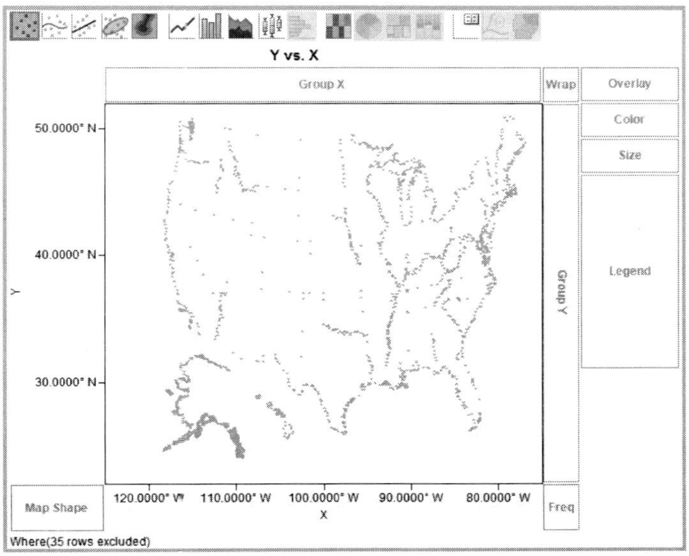

결과를 확인해 보면 산점도의 모습이 US-State-Name에서 보았던 지도의

모습과 흡사한 것을 볼 수 있다. 이렇듯 XY파일은 각각의 데이터들을 연결하여 지도의 모습을 형성한다.

NOTE

ESRI Shapefile을 JMP 파일로 변환하기

ESRI Shapefile은 지리 정보 시스템에서 사용하는 대표적인 데이터 형태이다. Shapefiles는 구역 경계선, 강, 그리고 건축물 같은 것을 데이터화 하여 저장하고 있다. 점, 선 그리고 다각형을 활용하여 각각의 지도는 동일한 이름과 다른 확장자명을 가진 두 개의 파일로 구성되어 있다.
JMP에서는 이 두 가지를 활용한다.

- main file (.shp)
- dBase table (.dbf)

main file에는 다각형을 구성하는 연속된 점들을 포함하고 있는 데이터로 지역을 나타내는 ID컬럼과 X,Y 좌표(경도와 위도 정도)를 포함한다. dBase table은 main file과 연결하기 위한 ID 컬럼과 지명과 통계량을 포함한다. 이 두 개의 파일은 JMP에서 2차원의 테이블로 변경한다.
ESRI Shapefile 데이터를 활용하기 위해서는 몇 가지 설정을 해 주어야 한다. 다음 과정을 실행하면 Shapefiles를 JMP 파일로 저장할 수 있다.

1. JMP에서 .shp 파일을 연다.
2. .shp 파일의 첫 번째 컬럼이 Shape ID 컬럼인지를 확인한다.
3. .shp 파일을 다른 이름으로 저장하여 파일 이름 끝에 -XY.jmp를 붙이고 C:₩Program Files₩SAS₩JMP₩〈Version Number〉₩Maps 폴더에 저장한다.
4. JMP에서 .dbf 파일을 연다.
5. Shape ID 컬럼이 있는지 확인하고 만약 없을 경우 Shape ID 컬럼을 테이블에서 첫 번째 컬럼으로 추가한다. 이 컬럼의 값은 1부터 n까지의 행 번호가 되어야 한다. 1부터 n까지의 행 번호로 컬럼을 추가하기 위해서는 [Col]→[New Column]→[Initialize Data]→[Sequence Data]를 순서대로 선택하면 된다.
6. 지역을 나타내는 컬럼 위에서 오른쪽 마우스를 클릭하고 [Column Info...]을 열어 [Column Properties]→[Map Role]을 선택한다.
7. 우측에 있는 [Map Role]에서 [Shape Name Definition]로 선택한다.
8. 파일 이름 끝에 -Name.jmp를 붙여서 JMP 데이터 파일로 저장한다. 저장해야 하는 경로는 shp 파일과 같다.

위와 같은 방법으로 ESRI 파일을 JMP 파일로 변환하였다. 이 파일로 지도 그래프를 생성하기 위해서는 실습 3-8과 같은 방법으로 하면 된다.

1.1.7 iPad에서 Graph Builder 사용하기

JMP 10이 출시되면서 이전과 크게 달라진 것 중 하나가 바로 iPad용 Graph Builder가 출시된 것이다. JMP Graph Builder는 AppStore에서 무료로 다운로드받을 수 있으며, JMP 10 이전 버전의 JMP 사용자라도 사용이 가능하다.

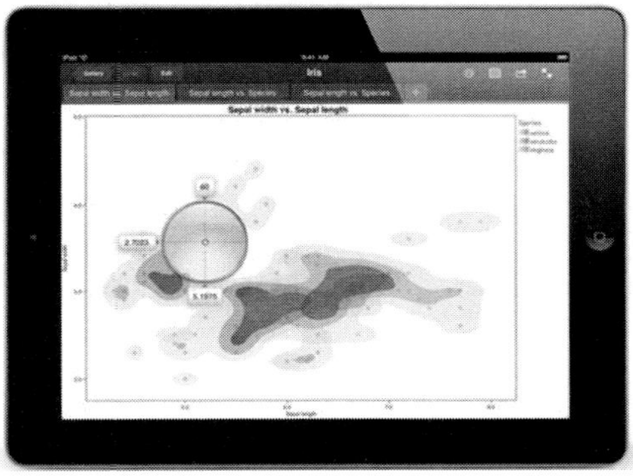

> **NOTE**
>
> **iPad로 데이터 전송**
>
> iPad에서 Graph Builder를 사용하기 위해서는 우선 JMP 데이터 테이블을 iPad로 전송해야 하는데, 전송하는 방법에는 세 가지가 있다.
>
> 1. Email: 이메일에 첨부된 JMP 데이터 파일을 열 때, Graph Builder에서 열도록 선택
> 2. iTunes: iPad와 iTunes를 동기화한 상태에서 응용 프로그램으로 들어가 Graph Builder를 선택하고 [추가...] 버튼을 눌러서 PC의 JMP 데이터 테이블을 선택해서 전송
> 3. Dropbox: 데이터 테이블을 PC의 Dropbox 앱의 JMP Graph Builder 폴더에 복사하고, Graph Builder Gallery의 좌측 상단에 있는 [+] 를 탭해서 [Copy From Dropbox]를 선택하여 데이터 테이블을 전송

iPad에서 JMP Graph Builder를 실행하면 데이터 테이블이 Gallery에 보이게 된다. 여기서 분석할 데이터를 탭하면 그래프를 작성할 수 있는 화면으로 전환된다.

그래프 작성화면의 기능은 다음과 같다.

① 갤러리: 데이터 테이블을 선택할 수 있는 Gallery로 이동.

② 완료: 그래프 작성이 완료되면 Done을 탭하여 그래프를 수정할 수 없게 함.

③ 그래프 속성: 요약 통계량, 마커의 크기, 범례 등을 변경.

④ 데이터 보기: 데이터 값을 볼 수 있는 화면으로 전환.

⑤ 공유: 그래프를 이메일로 보내거나 인쇄함.

⑥ 그래프 추가: 새로운 그래프를 추가함.

⑦ 컬럼 선택: 그래프에 사용할 컬럼을 끌어다 축에 놓음.

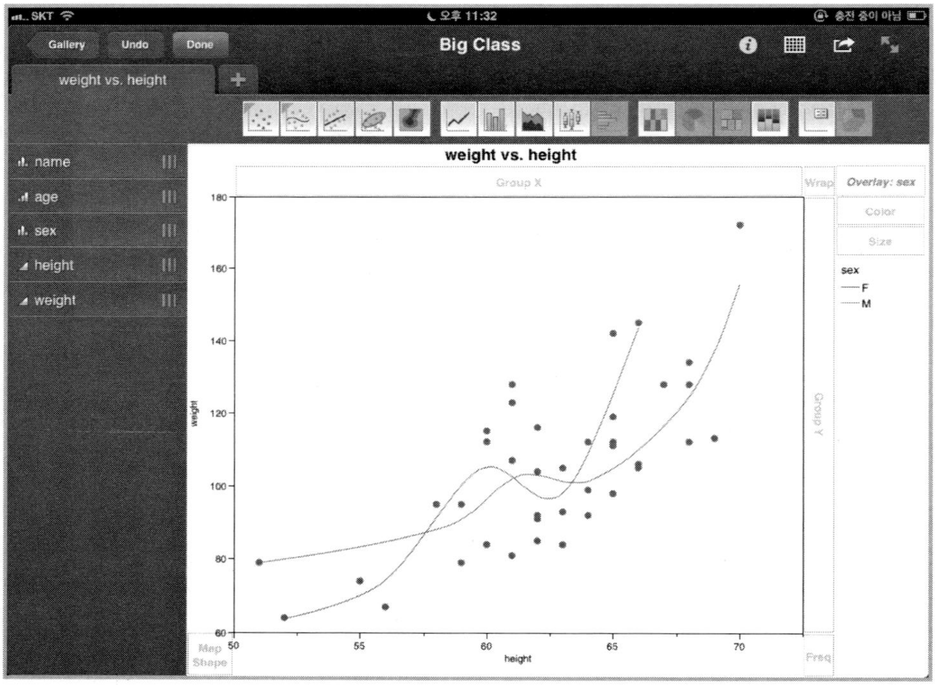

iPad용 Graph Builder의 사용법은 앞에서 다룬 Graph Builder와 사용법과 동일하므로 추가적으로 설명하지 않아도 충분히 잘 사용할 것이라 생각하고 더 다루지는 않겠다.

2강 다양한 그래프를 활용하자

눈으로 보는 분석을 통해서 분석의 목적을 달성하는 경우도 많이 있다. 이 과정은 기초적이면서 매우 중요한 과정이다 JMP는 다양한 그래프를 대화식 구성(Interactive)으로 제공하고 분석에 특화된 그래프(Graph) 기능도 제공하고 있다. 이러한 기능에 익숙해져 보자.

2.1 일반적인 그래프 작성

2.1.1 요약 차트(Summary Chart)

Summary Chart는 자료를 요약하여 그래프로 표현하는 것을 의미한다. 일반적으로 자료의 요약 통계량을 그래프로 표현할 때 많이 사용하는 그래프는 막대나 파이 형태의 그래프일 것이다. Summary Chart는 점, 선, 막대, 원 형태의 자주 사용되는 그래프를 작성하는 도구이다.

실습 3-11 **자료를 요약하여 그래프로 표현하는 차트 작성하기**

실습에서 사용할 데이터는 303명이 보유 중인 자동차에 대한 설문 내용을 수집한 Car poll 데이터로, 성별(Sex), 결혼여부(Marital status), 연령(Age), 국가(Country), 크기(Size), 차종(Type)의 변수들로 이루어져 있다. Car Poll 데이터를 사용하여 결혼여부별 차량, 생산 국가의 차량 크기와 종류에 따른 사용자의 평균 연령을 나타내는 막대 그래프를 생성한다.

1. [Sample Data]→[Exploratory Modeling]→[Car poll]을 불러온다.

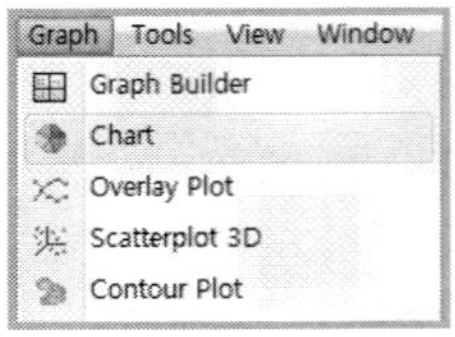

2. [Graph]→[Chart]를 실행한다.
3. 연령(Age) 컬럼을 선택하고 [Statistics] 버튼을 누른다.
4. [Statistics list]에서 [평균(mean)]을 선택한다.
5. 성별(Sex)과 차종(Type) 컬럼을 선택→[Categories, X, Levels] 항목에 넣는다.

NOTE

Chart 항목 및 옵션

- Statistics: Y 변수에 사용할 통계량을 선택
- Categories, X, Levels: X축에 사용할 두 개 이하의 범주형 변수를 선택. 만약 아무런 값도 선택하지 않을 경우 X축에는 데이터의 행 번호가 입력됨
- Grouping: 각 결과를 그룹별로 보고 싶을 경우 그룹을 만들고자 하는 변수를 할당
- Weight: 관측치의 다른 가중치를 주기 위한 변수를 할당
- Freq: 빈도변수를 할당. 이것은 요약된 데이터일 경우 유용
- By: 분리된 윤곽의 노드로 그림을 생성되게 하는 변수를 할당
- Overlay: 만약 이 옵션을 선택했다면 한 그래프에 모든 Y 변수들이 나타나고, 선택하지 않았다면 Y 변수들을 각각의 그래프로 나타냄. 또한 Overlay 옵션은 파이 차트에서는 사용이 불가능함
- Vertical: 막대 그래프를 세로로 그릴 때 사용
- Horizontal: 막대 그래프를 가로로 그릴 때 사용
- Show Points: 점, 선 그래프에 통계량을 포인트(●)로 표시
- Connect Points: 점 그래프를 선으로 연결하여 표시
- Add Error Bars to Mean: Y나 X에 대한 평균(Mean) 통계량이 선택될 경우에만 잔차 평균 바를 표시 이는 막대 그래프와 선 그래프에서만 사용가능함
- Percent for quantiles: 알고 싶은 사분위값을 입력하고 Statistics에서 Quantiles를 선택하면 입력한 사분위수값을 표시

6. [Additional Roles] 왼쪽의 삼각형(◢)을 눌러 펼친다.
7. 결혼여부(Marital status)와 국가(Country) 컬럼을 [Grouping] 항목에

넣는다.

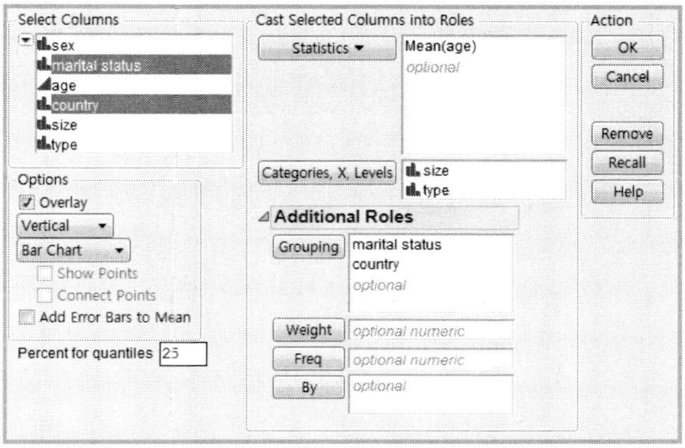

8. [OK]를 선택하면 다음과 같은 결과가 나온다.

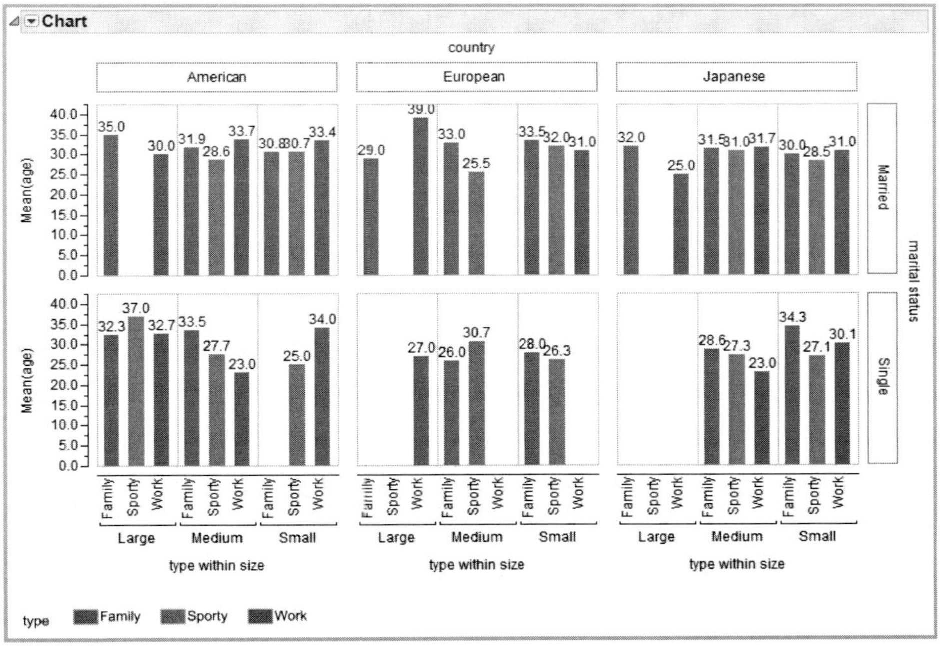

이 그래프는 결혼여부, 차량을 생산한 국가와 차량의 크기와 종류에 따른 사용자의

평균연령을 막대 그래프로 표시하였다. 팝업메뉴에서 [Label Option]→[Show Label]을 선택하면 그래프에 수치값을 표시하여 그래프의 가독성을 더욱 높일 수 있다.

실습 3-12 누적된 Bar 차트 작성하기

다음은 누적된 Bar 형태의 Graph를 표현하는 방법에 대하여 알아보자. 실습에 사용할 데이터는 32개 회사의 종류(Type), 규모(Size Co), 매출액(Sales ($M)), 이익(Profits ($M)), 직원수(# Employ), 자산규모(Assets) 등을 수집한 데이터이다.

1. [Sample Data]→[Business and Demographic]→[Companies]을 불러온다.
2. [Graph]→[Chart]를 실행한다.
3. 종류(Type)와, 규모(Size Co) 컬럼을 [Categories, X, Levels] 항목에 넣는다.
4. 매출액(Sales ($M)) 컬럼을 선택하고 [Statistics]을 클릭하여 [Mean]을 선택한다.

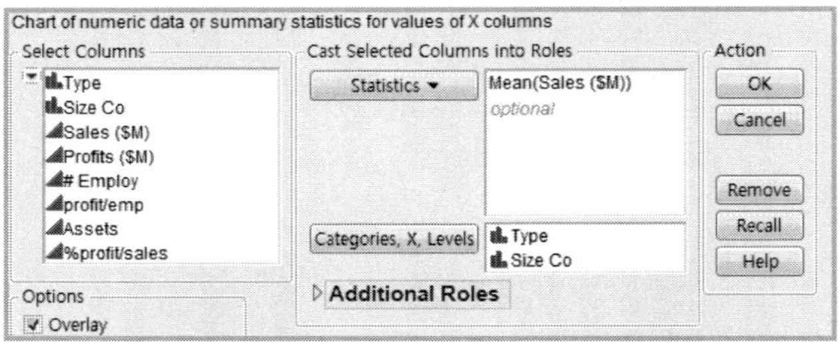

5. [OK]를 선택하면 다음과 같은 결과가 나온다.
   생성된 막대 그래프의 X축을 보면 기업의 종류와 규모가 표현되어 있다.

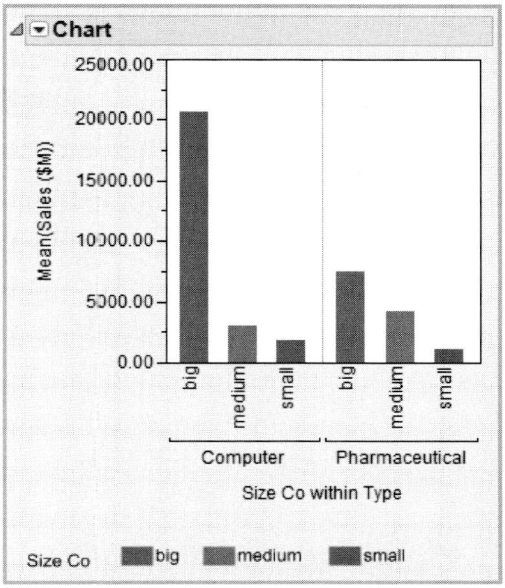

6. 왼쪽의 팝업메뉴의 [Chart] 클릭→[Stack Bars]를 선택한다.

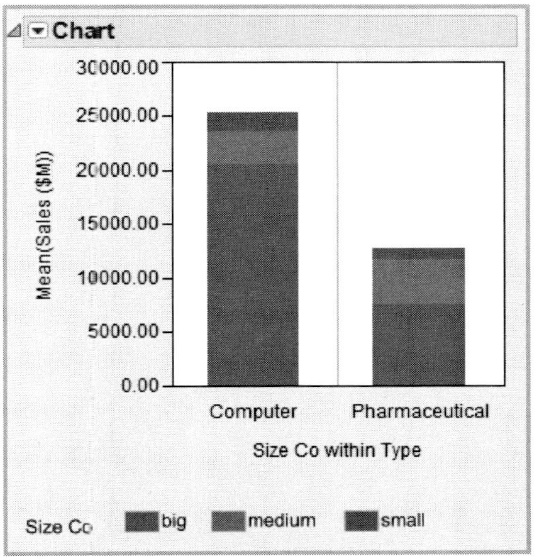

7. 팝업메뉴의 [Labe Options]→[Label by percent of Total Values]를 선택한다.

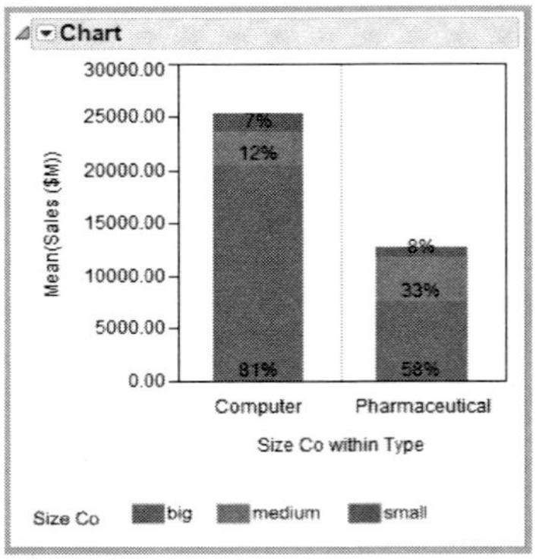

동일하게 기업의 종류와 규모를 나타내지만 하나의 막대로 표시하여 각 기업 규모별로 차지하는 비중을 빠르게 파악할 수 있다.

실습 3-13 막대 그래프 외에 다른 그래프들로 표현하기

상품 종류와, Size별 평균을 누적된 Bar 형태의 그래프로 표현하였음을 알 수 있다. 또한, Chart는 막대, 선, 산점도와 같은 다양한 그래프로 변환이 가능하다.

1. 실습 3-12의 막대 그래프에서 팝업메뉴를 선택→[Pie Chart]를 선택한다. 파이 차트를 사용하면 기업의 종류와 규모에 따른 비중을 더 확연하게 파악할 수 있다.

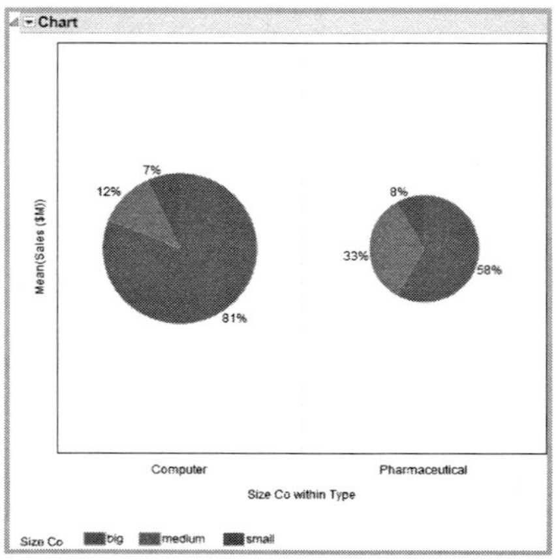

2. 왼쪽의 팝업메뉴인 [Chart]를 선택→[Y Options]→[Line Chart]를 선택한다.

3. [Label Option]→[Label by Value]을 선택한다.

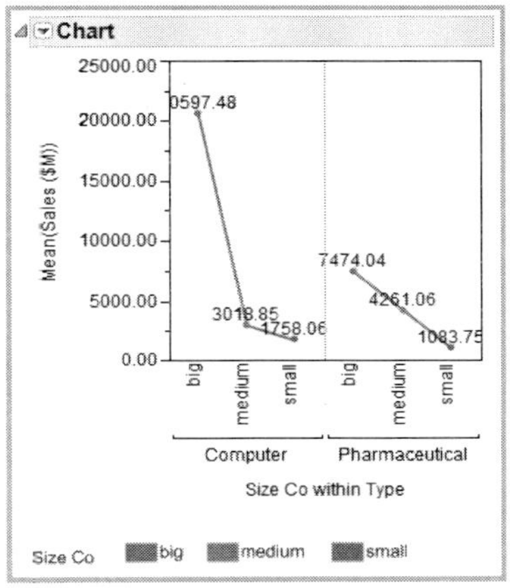

위 예제의 결과로 누적 Bar 형태의 Graph와 달리 Pie 형태의 Graph와 선 그래프로 변환하였으며, 그래프를 작성하는 목적에 따라 적절한 형태를 골라 데이터를 표현할 수 있다.

2.1.2 Overlay Plot(중첩 그래프)

Graph로 자료를 표현하다 보면 주가 그래프와 같이 시간의 흐름에 따라 여러 통계량을 중첩하여 표현하는 Graph를 생성해야 할 경우가 있다. JMP는 공정의 파라메터, 매장의 매출액, 및 영업이익 등등을 표현하기 위해서 매우 많은 곳에서 활용되고 있다. Overlay Plot 기능을 통하여 이와 같은 기능을 제공하고 있다.

실습 3-14 **Overlay Plot 기능 실행하기**

이 실습에서 사용할 Stock Prices 데이터는 거래일(Date), 시가(Open), 고가(High), 저가(Low), 종가(Close), 거래량(Volumn), 조정된 종가(Adj.Close*), 주가(YearWeek)를 저장하고 있는 주식 관련 데이터이다.

1. [Sample Data]→[Business and Demographic]→[Stock Prices]을 불러온다.
2. [Graph]→[Overlay Plot]를 실행한다.
3. 고가(High), 저가(Low), 종가(Close) 그리고 거래량(Volumn) 컬럼을 Y 항목에 넣는다.
4. Y 컬럼 list 중, 거래량(Volumn) 컬럼을 선택하고 [Left Scale/Right Scale] 버튼을 누른다.
5. 거래일(Date) 컬럼을 X에 넣는다.

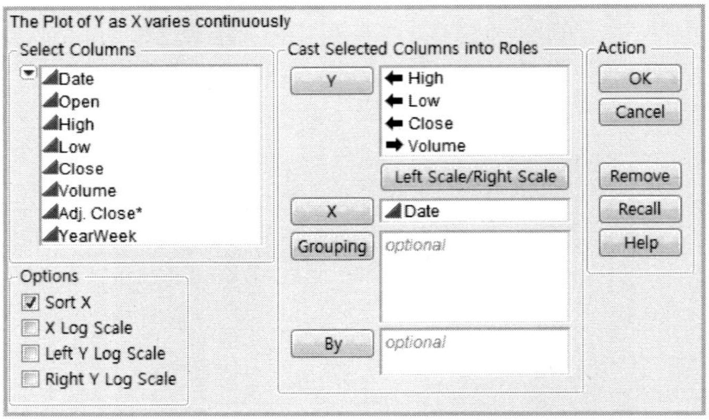

NOTE

Overlay Plot 항목 및 옵션

- Y: 그래프에 나타낼 변수들을 할당받는다.
- Left Scale/Right Scale: 각 변수의 Scale을 좌측의 Scale과 우측의 Scale로 나눠준다.
- X: X축 변수를 할당받는다.
- Options: X값을 변환시켜주거나 정렬시켜 준다.

6. [OK]를 선택하면 다음과 같은 결과가 나온다.

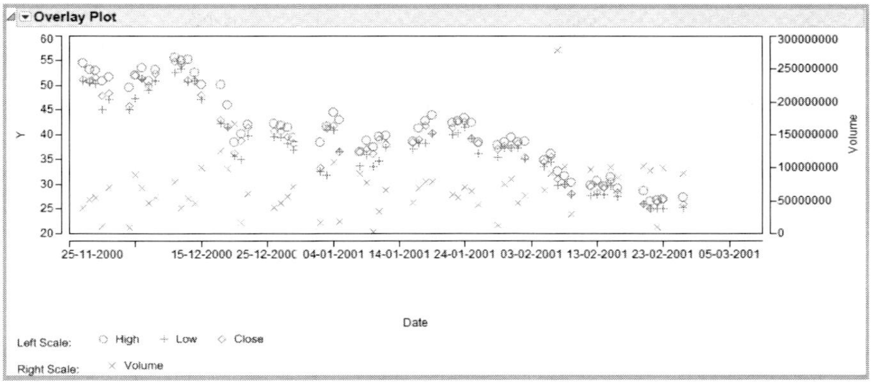

7. [Overlay Plot]→[Y options]→[Connect Point]를 선택한다.

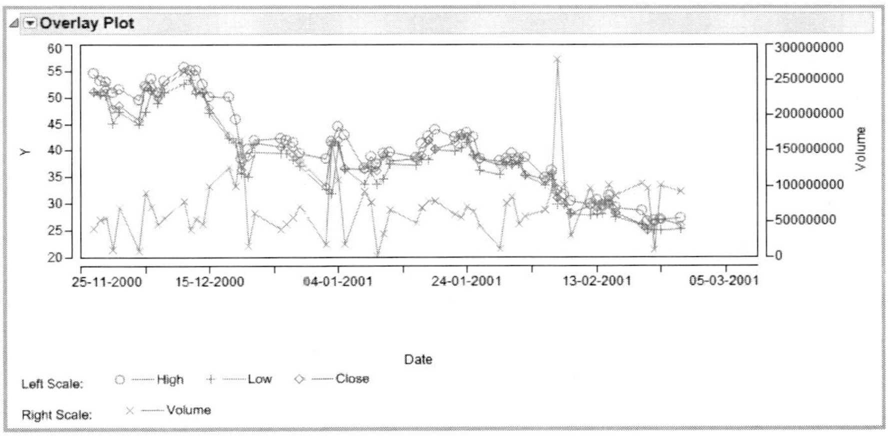

이 예제에서는 위와 같이 주식의 고가(High), 저가(Low), 종가(Close)와 거래량(Volumn)을 중첩된 선 그래프로 표현하였다.

Overlay Plot을 사용하여 시간대 별로 변화하는 경영지표를 중첩해서 표현할 수 있고, 여러 개의 공정 파라미터를 하나의 그래프에서 표현하여 어떤 파라미터 간에 연관성 있게 변동하는지를 빠르게 파악할 수 있다.

2.1.3 3차원 산점도

두 컬럼의 관계를 파악하고자 할 때, 산점도를 통하여 시각화하는 것이 일반적이다. 산점도는 2차원 그래프 상에 두 컬럼에 대한 관계를 표현하지만, 3가지 이상의 관계를 표현해야 하는 경우에는 3차원 산점도로 표현하는 것이 효과적이다.

실습 3-15 **3차원의 산점도 표현하기**

이 실습은 3가지 종류의 붓꽃(Iris)에 대한 꽃받침(Sepal)의 길이(Length)와 폭(Width), 꽃잎(Petal)의 길이(Length)와 폭(Width)을 수집한 데이터로 붓꽃이 종(Species)별 간에 차이가 있는지를 3차원 산점도를 통해 알아 볼 것이다.

1. [Sample Data]→[Multivariate Analysis]→[Iris]를 불러온다.
2. [Graph]→[Scatterplot 3D]를 실행한다.
3. 꽃받침 길이(Sepal length), 꽃받침 폭(Sepal width), 꽃잎 길이(Petal length)와 꽃잎 폭(Petal width)를 Y, columns에 넣는다.

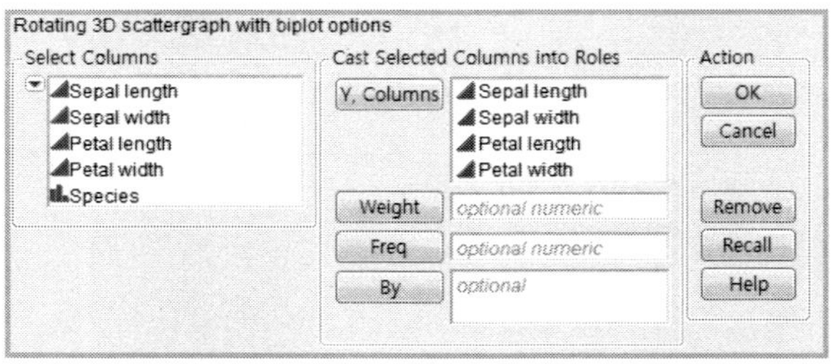

NOTE

3D 산점도 항목 및 옵션

- Y,Columns: 첫 번째로 할당받는 변수는 X축, 두 번째 변수는 Y축, 세 번째 변수는 Z축으로 할당받으며 그 외의 변수들은 결과 창의 하단에 있는 메뉴로 선택하여 따로 확인이 가능하다.
- Weight: 데이터에서 중요하거나 영향력이 높은 변수에 가중치를 할당하고 점의 크기를 이용하여 표현 가능하다.
- Freq: 빈도로 요약 테이블화되어 있는 변수를 할당받아 값들을 빈도로 인식한다.
- By: 각각의 변수값들로 3D 산점도를 나누어 만든다.

4. [OK]를 선택하면 다음과 같은 결과가 나온다.
붉은 점들과 초록색, 그리고 파란색 점들은 붓꽃의 종(Species)을 나타내는데, 이를 통해 각 컬럼별 상관관계를 파악할 수 있다.

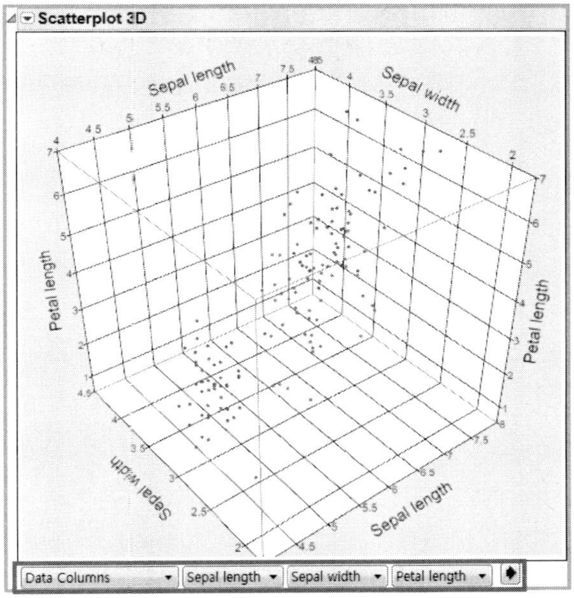

5. 3차원 산점도를 보게 되면 3개의 컬럼을 표시하게 되어 꽃잎 폭(Petal width)은 나타나지 않았다. 그러나 그래프 하단의 붉은 박스에 있는 컬럼 선택을 통하여 x, y, z축을 손쉽게 변경할 수 있어 모든 컬럼에 대한 3차원 산점도를 볼 수 있다. 또한 화면 위에서 마우스를 당기면 여러 각도에서 3차원 산점도를 관찰할 수 있다.

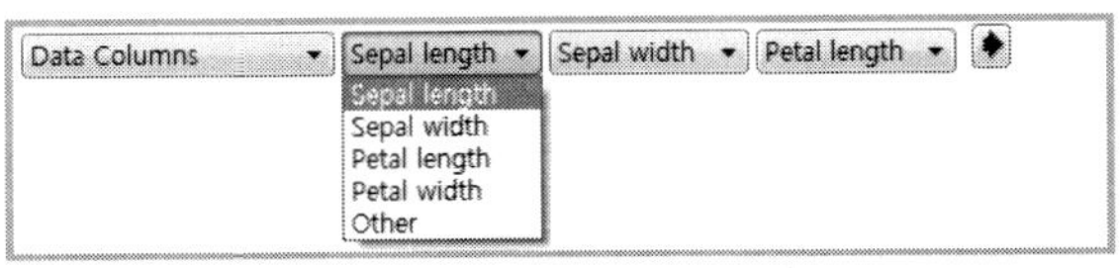

6. [Scatterplot 3D]의 팝업메뉴를 클릭하고 [Normal Contour Ellipsoids]를 실행한다.

7. [Normal Contour Ellipsoids]→[Grouped by Column]을 선택→[Species] 컬럼을 선택한다.

8. [OK]를 선택하면 다음과 같은 결과가 나온다.
3차원 산점도를 작성하게 되면 사람의 눈에는 데이터와 특성이 한 눈에 안 들어 오는 것이 사실이다. 데이터 상에서 밀도가 높은 포인트들을 묶어 준다면 더 효과적으로 특성을 파악하는 것이 가능할 것이다.

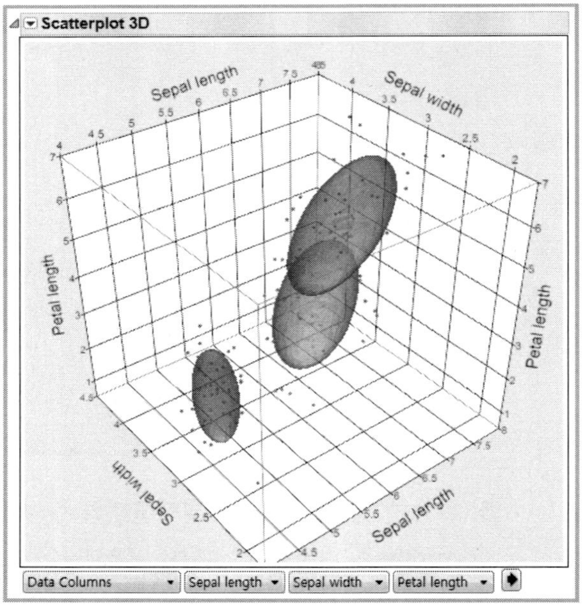

3차원 산점도를 통하여 붓꽃이 가지는 4가지 속성을 사용하여 붓꽃의 종(Species)별 관계를 한눈에 파악할 수 있다.

2.2 독특한 그래프 작성

2.2.1 등고선도(Contour Plot)

자료의 종류에 따라 Graph의 형태를 등고선도의 형태로 표현해야 하는 경우가 있다. 예를 들어, 상품의 표면온도 또는 인구의 밀집 정도를 표현하는 경우로 Contour Plot

기능을 통하여 이와 같은 자료의 Graph를 손쉽게 표현할 수 있다.

실습 3-16 **등고선도(Contour Plot) 실행하기**

이 실습에서는 Little Pond의 데이터를 사용한다. 이 데이터는 X, Y, Z의 3개의 변수로 이루어져 있으며 작은 호수의 위치에 따른 깊이를 나타내는 자료이다.

1. [Sample Data]→[Positional Data]→[Little Pond]를 불러온다.

2. [Graph]→[Contour Plot] 메뉴를 실행한다.

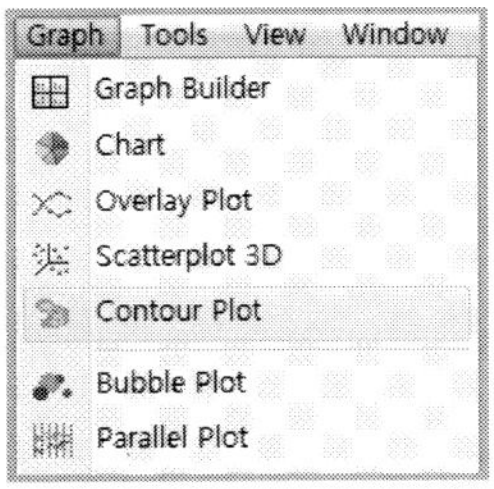

3. X와 Y 컬럼을 X 항목에 넣는다.

4. 깊이를 표현할 Z 컬럼을 Y에 넣는다.

5. [Options]에서→[Fill Areas]를 체크한다.

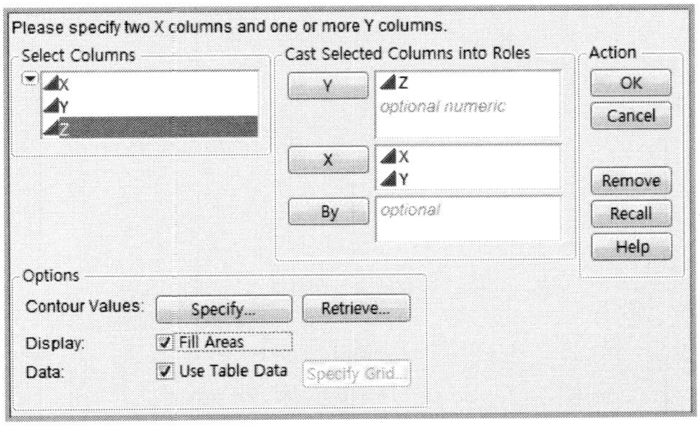

3장 그래프와 친해지기

NOTE

Contour Plot 항목 및 옵션

- Y: 깊이로 표현하고 싶은 변수를 할당
- X: X축과 Y축을 할당.
- By: 각 수준별로 나눠주는 변수를 할당
- Specify: 값들의 범위나 수준을 구체화
- Retrieve: 수준별로 정확한 값이나, 색을 설정
- Fill Areas: Contour 선과 색 사이에 있는 공간을 채움
- Use Table Data: 기록된 반응값에 대한 테이블로 Contour Plot을 생성
- Specify Grid: 구체적인 함수를 지니고 있는 컬럼이 있을 때 Specify Grid를 작성하여 Contour Grid를 정의

6. [OK]를 선택하면 다음과 같은 결과가 나온다.

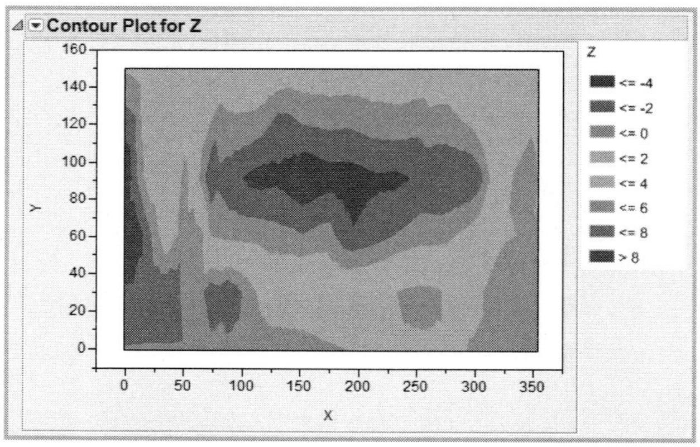

이 그래프는 호수의 위치에 따라 깊이를 표현하고 있으며, 더 깊은 위치에 있는 곳을 더 진한 파란색으로 표시하고 높은 위치는 더 붉은 색으로 표시하여 직관적으로 깊이를 파악할 수 있게 하였다.

2.2.2 거품 도표(Bubble Plot)

2차원 평면에 표현되는 그래프로 X축과 Y축에 표현되는 2가지 이상의 정보를 나타내기는 어렵다. 더군다나 시간의 흐름에 따라 자료의 크기 변화를 표현하기는 어렵지만 Bubble Plot을 사용하면 2가지 이상의 정보를 하나의 그래프로 직관적으로 표현이 가능하다.

실습 3-17 Bubble Plot 작성하기

이번 실습에 활용한 데이터는 1930~2008년까지 미국 동부해안을 지나간 태풍의 위치, 풍속 등을 일별로 추적한 데이터이다.

1. [Sample Data]→[Examples for Teaching]→[Hurricanes]을 연다.
2. [Graph]→[Bubble Plot]을 실행한다.

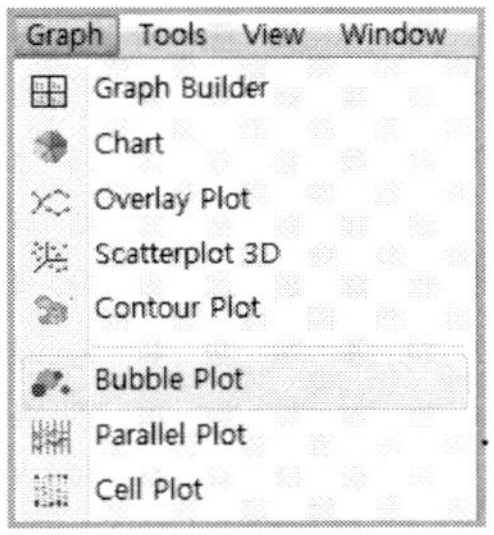

3. 위도(Latitude) 컬럼을 선택하여 Y에 넣고, 경도(Longitude) 컬럼을 선택하여 X에 넣는다.
4. 태풍명(Name and ID) 컬럼을 선택하여 ID에 넣는다.
5. 날짜(Date) 컬럼을 선택하여 Time에 넣는다.
6. 풍속(Wind(Knots)) 컬럼을 선택하여 Size에 넣는다.
7. 미국 상륙 여부(Landfall in USA) 컬럼을 선택하여 Coloring에 넣는다.

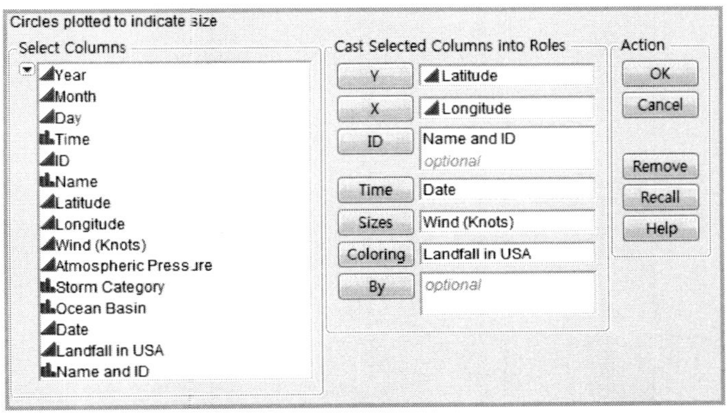

NOTE

Bubble Plot 항목 및 옵션

- Y,X: Y와 X는 Bubble Plot의 y축과 x축을 할당
- ID: Bubble로 보여지는 집합의 행의 수를 확인하는 변수를 할당
- Time: 각 특정의 시간으로 크기와 색을 동등하게 나누어 유지시켜 주는 변수를 할당
- Sizes: Bubble은 비율에 따라 크기가 다른데 그 크기를 조절해 주는 변수를 할당
- Coloring: Bubble의 색을 구분지어 주는 변수를 할당. 만약 범주형 변수라면 그 색은 더 명확히 구분될 것이고 연속형 변수라면 점점 진해지거나 옅어지는 것으로 구분됨
- By: 변수의 수준에 따라 각각 Bubble Plot을 구분해 주는 변수를 할당

8. [OK]를 선택하면 다음과 같은 결과가 나온다.

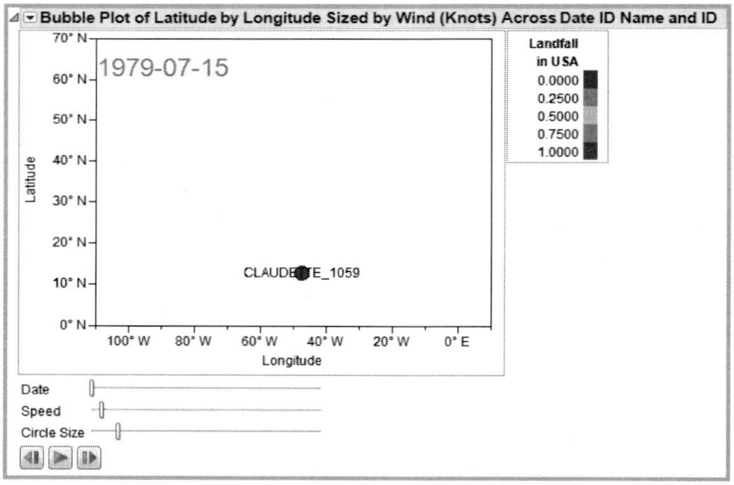

9. 팝업메뉴에서 Trail Bubbles, Trail Lines를 선택한다.

10. Bubble Plot 화면 아래에 있는 시작버튼(▶)을 누른다.
Bubble Plot의 시작버튼을 누르면, 태풍이 일별로 어떤 위치를 얼만큼의 풍속으로 지나갔는지를 시각화해서 볼 수 있다.

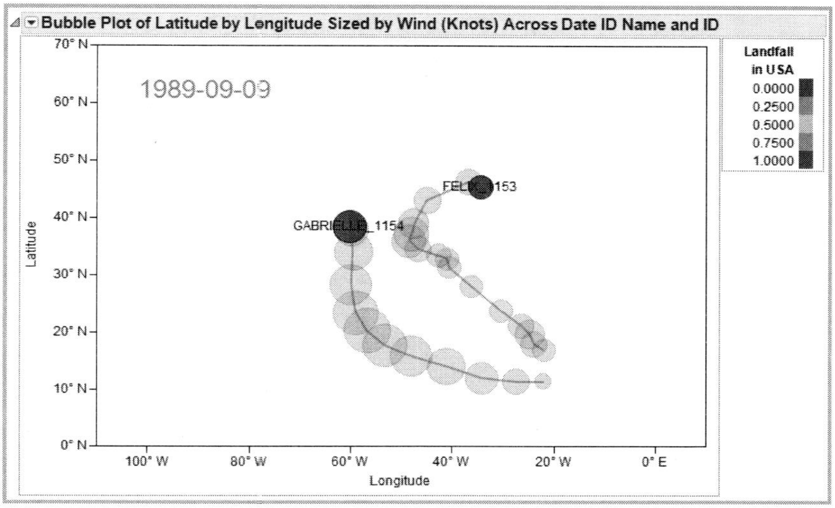

만약 지도를 같이 표현해야 한다면, 그래프 영역에서 마우스 오른쪽 버튼을 누르고 나타나는 팝업메뉴에서 [Background Map]→[Simple Earth]와 [World]를 선택한다. X와 Y축에 넣은 경도와 위도에 따라 Bubble Plot에 세계지도가 나타난다.

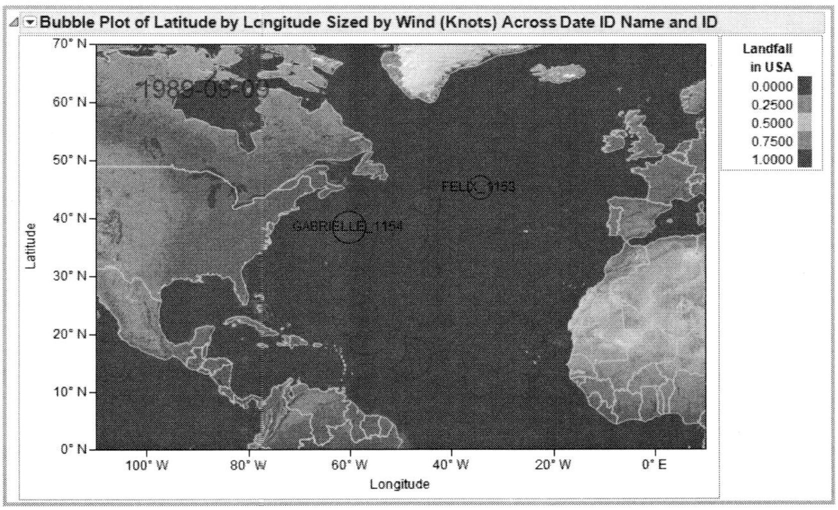

그림과 같이 Trail을 확인하기 위해서는 Bubble Plot에 나타나 있는

원을 선택하면 된다.

실습 3-18 Bubble Plot을 더 효과적으로 활용하기

Bubble Plot에 지도기반의 데이터를 표현할 수도 있지만 기업에서 사용하는 여러 가지 지표들을 표현하는 데에도 효과적으로 활용할 수 있다. 이 실습에서 사용될 데이터는 CrimeData로 미국의 범죄 데이터를 수집한 자료이다.

1. [Sample Data]→[Examples for Teaching]→[CrimeData]을 연다.
2. [Graph]→[Bubble Plot]을 실행한다.
3. 범죄율(Violent Rate) 컬럼을 선택하여 Y에 넣고, 부동산 비율(Property Rate) 컬럼을 선택하여 X에 넣는다.
4. 지역(Region) 컬럼과 주(State) 컬럼을 선택하여 ID에 넣는다.
5. 연도(Year) 컬럼을 선택하여 Time에 넣는다.
6. 인구수(Population) 컬럼을 선택하여 Size에 넣는다.
7. 주(state) 컬럼을 선택하여 Coloring에 넣는다.

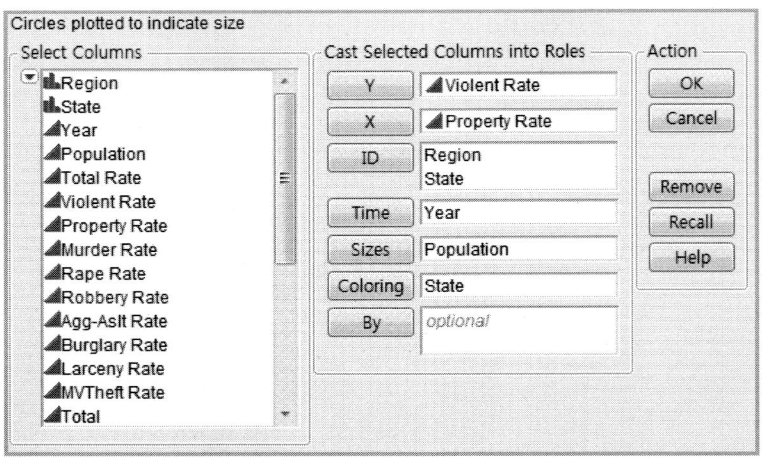

8. [OK]를 선택하면 다음과 같은 결과가 나온다.

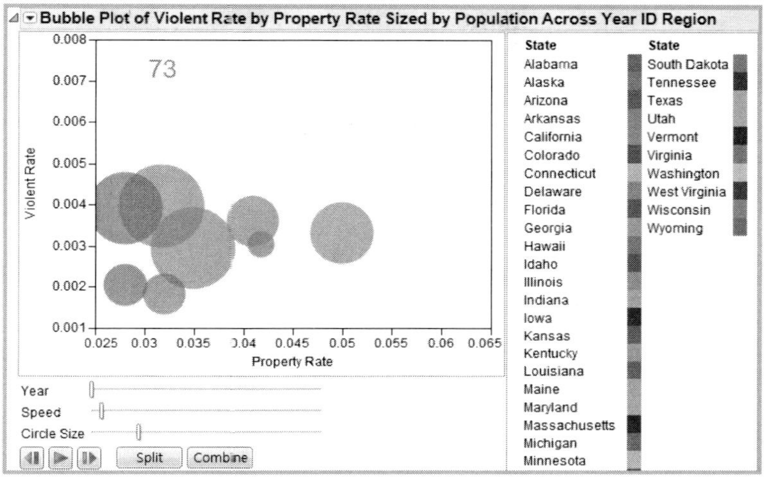

9. 팝업메뉴에서 Trail Bubbles, Trail Lines를 선택한다.

10. Bubble Plot 화면 아래에 있는 시작 버튼(▶)을 누른다.

이처럼 Bubble Plot을 활용하면 시간의 흐름에 따라 지역별 범죄율(Violent Rate)과 부동산 비율(Property Rate)이 어떻게 변화해 왔는지를 알 수 있다. Bubble Plot 중의 원을 하나 클릭하면 선택된 원이 지나간 자리에 선과 원이 남아 시간이 흐름에 따라 어떻게 변화했는가를 명확하게 파악할 수 있다. 그래프가 진행되는 시점을 선택하기 위해서는 그래프 아래의 연도(Year)를 앞뒤로 조절해 주면 되고, 그래프 변환 속도(Speed)와 원의 크기(Size)도 조절이 가능하다.

11. 하나의 원을 선택한 상태에서 Split 버튼(Split)을 누르면, 지역(Region)을 표시하던 원이 주(State)를 나타내는 원으로 분할되어 나타난다. 분할된 그래프를 다시 지역(Region)으로 나타나게 하려면 Combine 버튼(Combine)을 누르면 된다.

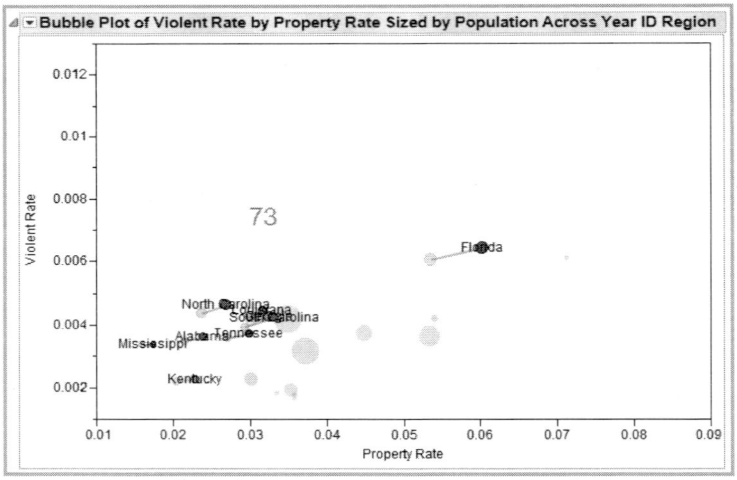

2.2.3 평행 좌표 그림(Parallel Plot)

실습 3-19 Parallel Plot 작성하기

컬럼들 간에 관계를 알아보고자 할 때 2차원, 3차원 산점도를 통해서 분석을 실시할 수 있다. 하지만 관계를 알아보고자 하는 컬럼의 수가 많아질 경우에는 분석의 용이성 관점에서 한계가 있음을 알 수 있다. 이러한

경우를 보완할 수 있는 방법이 Parallel Plot이다. Parallel Plot의 기능을 알아보기 위해 다시 Iris 데이터를 가지고 다음 과정을 실행해 보자.

1. [Sample Data]→[Multivariate Analysis]→[Iris]를 불러온다.
2. [Graph]→[Parallel Plot]을 실행한다.

3. 꽃받침 길이(Sepal length), 꽃받침 폭(Sepal width), 꽃잎 길이(Petal length)와 꽃잎 폭(Petal width)을 Y, Response에 넣는다.
4. [Scale Uniformly]를 선택한다.

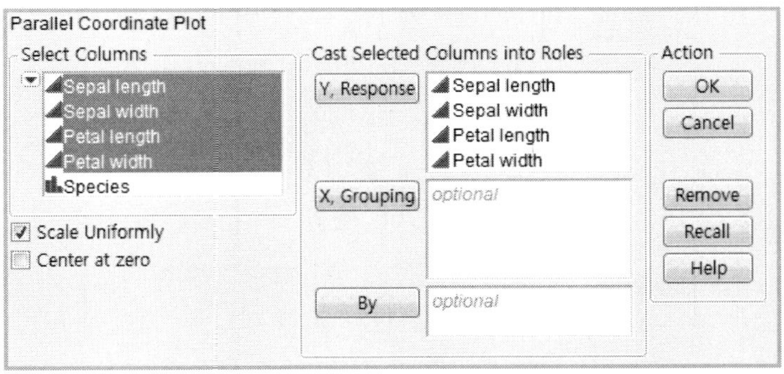

TIP

Parallel Coordinate Plot 항목 및 옵션

- Y, Responds: 가로축에 위치되는 값을 할당받는다.
- Scale Uniformly: y축이 모두 같은 스케일을 갖게 해 준다. 만약 이 옵션을 선택하지 않는다면 y축이 모두 다른 스케일을 갖기 때문에 비교하기 어려울 수 있다.
- Center at zero: 중앙값을 0으로 맞추어 준다.
- X, Grouping: 각 변수의 수준별로 그룹을 만든다.

5. [OK]를 선택하면 다음과 같은 결과가 나온다.

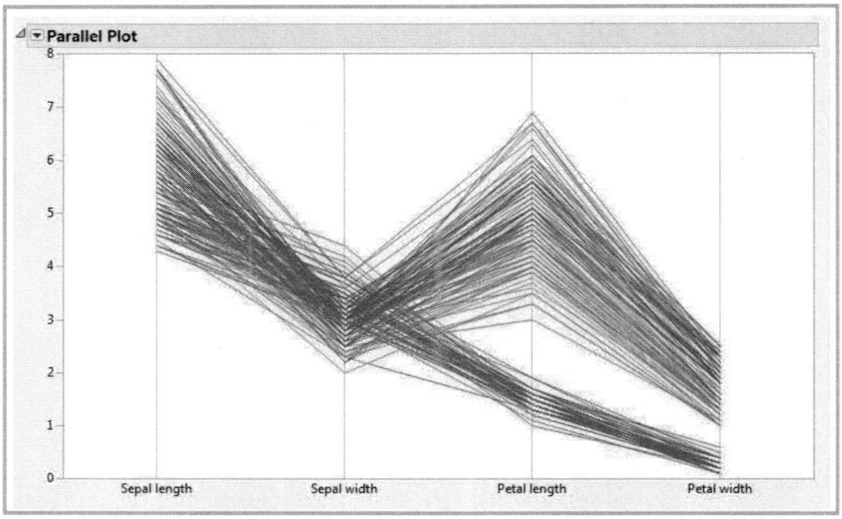

위 결과의 그림을 살펴보면, 3D Scatterplot을 통하여 분석을 할 때와는 다른 결과를 볼 수 있다. 3D Scatterplot은 각 축을 통하여 컬럼 간의 관계를 분석할 수 있지만 Parallel plot은 X축에 각 컬럼이 존재하며 Y축에는 각 컬럼에 해당하는 행의 값을 모두 표현하여 선으로 연결된 형태로 보여주게 된다.

이 Graph를 통하여 각 컬럼별로 어떠한 관계를 갖고 있는지 한눈에 파악할 수 있다. 예를 들어, 파란색 선을 살펴보면, 꽃받침 길이(Sepal length)와 꽃받침 폭(Sepal width) 컬럼 간에는 음의 상관관계가 존재한다. 왼쪽 컬럼의 값이 상단에, 오른쪽 컬럼의 값이 하단에 존재하는 경우에는 음의 관계가 있다고 판단하며, 이와 반대의 경우는 양의 관계가 있다고 해석한다.

Parallel plot을 이용하면 이와 같이 한눈에 여러 컬럼의 관계를 파악하는 데 유용할 뿐만 아니라 각 행의 값들이 모두 표현되기 때문에 이상치의 존재 유무도 쉽게 확인할 수 있다. 하지만 이 같은 경우에는 행수가 일정 양 이상 늘어나게 되면 그래프 표현의 한계로 식별이 힘든 경우도 존재한다는 것을 주의해야 한다.

2.2.4 셀 그래프(Cell plot)

의약, 생물 실험에서 실험의 결과를 분석하는 데는 주로 T-test나 비모수적인 분석기법을 사용한다. 이때에 통계량으로써 결과를 분석하는 것이 아닌 시각적으로 표현하는 적절한 방법이 Cell Plot이다. 그럼 Cell Plot의 기능을 알아보자.

실습 3-20 Cell Plot 실행하기

이 실습에서 사용될 Dogs데이터는 실험대상인 개에게 약물을 투여했을 때, 히스타민이 어떻게 변화하는지를 수집한 자료이다.

1. [Sample Data]→[Multivariate Analysis of Variance]→[Dogs]를 불러온다.
2. [Graph]→[Cell plɔt]를 실행한다.

3. 약품(Drug), 히스타민0(hist0), 히스타민1(hist1), 히스타민3(hist3), 히스타민5(hist5) 컬럼을 선택하여 Y, Response에 넣는다.

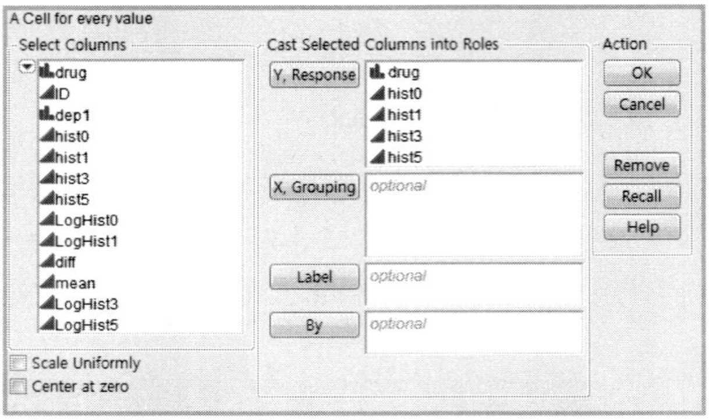

4. [OK]를 선택하면 다음과 같은 결과가 나온다.

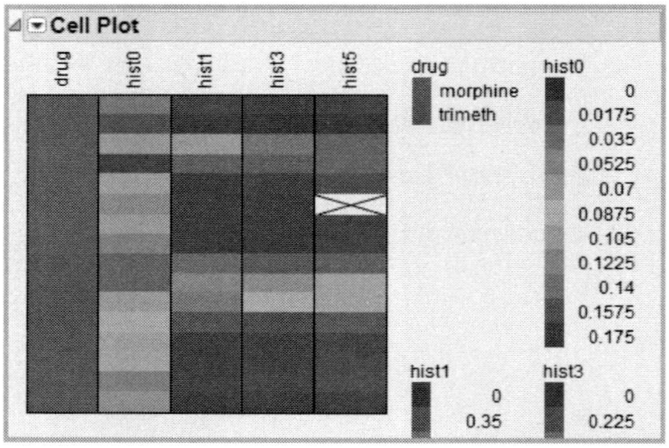

이 예제는, 실험대상(개)에게 약물 투여함에 따라 히스타민이 어떻게 변화하는지를 알아보는 실험결과이다. 히스타민이라는 것은 장내의 생리작용 조절과 신경전달물질로서의 작용뿐만 아니라 국소적인 면역반응에 관련된 생명활동에 필수불가결한 아민(amine)이다.

실험결과 Morphine 투여 시, 히스타민 0이 변화하는 모습을 볼 수 있으며, Trimeth 투여에 따라 히스타민 1,3,5가 다르게 변화하는 경우가 있음을 시각적으로 확인할 수 있다.

이와 같이 Cell Plot은 적은 수의 자료를 조작 변인에 따라 인자들이 어떻게 변화하는지를 손쉽게 시각적으로 확인하는 데에 유용한 분석기능이라고 할 수 있다.

2.2.5 트리 맵(Tree Map)

이 절에서 설명할 JMP의 기능은 Tree map이다. Tree map의 경우 Bar Graph 형태의 자료를 2차원 평면에서 좀 더 보기 좋게 시각화하는 데 장점이 있다.

다음 실습을 통해 Tree map의 기능을 알아보자.

실습 3-21 Tree map 작성하기

이 실습에서 사용될 데이터 Cities는 미국의 도시별 가스들(오존이나, 아황산 등)의 정도를 수집한 자료이다.

1. [Sample Data]→[Positional Data]→[Cities]를 불러온다.
2. [Graph]→[Tree map]을 실행한다.

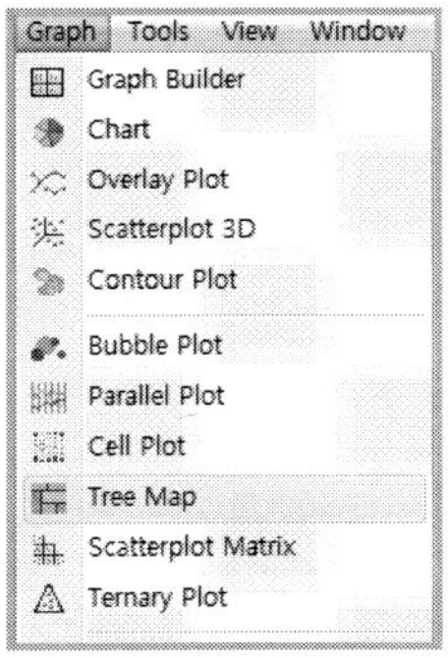

3. 인구수(POP) 컬럼을 선택하여 Sizes 항목에 넣는다.
4. 도시명(City) 컬럼을 선택하여 Categories 항목에 넣는다.
5. 오존농도(OZONE) 컬럼을 선택하여 Coloring 항목에 넣는다.

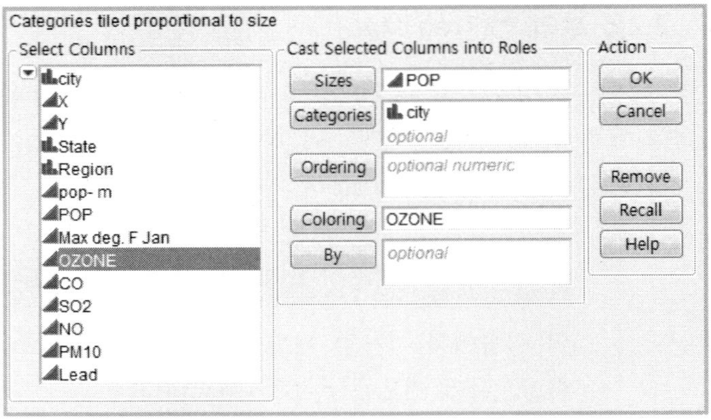

6. [OK]를 선택하면 다음과 같은 결과가 나온다.

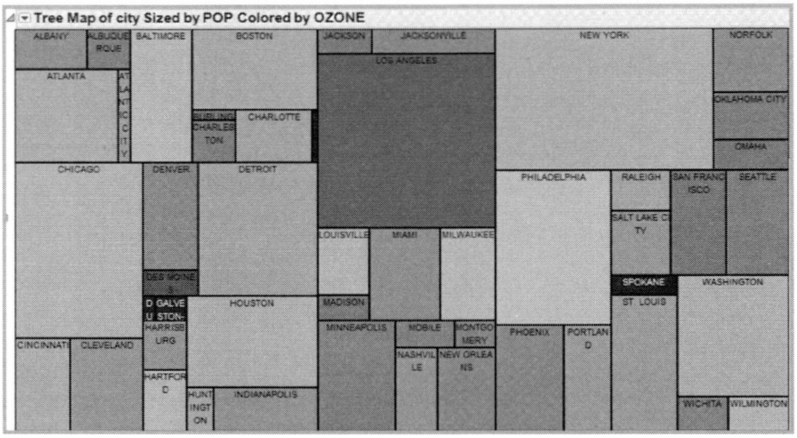

7. 팝업메뉴→[Legend]를 선택한다.
사각형의 넓이가 New York과 비슷하여 인구수는 비슷하지만 상대적으로 Los Angeles는 붉은색으로 오존 농도가 높은 것을 알 수 있다.

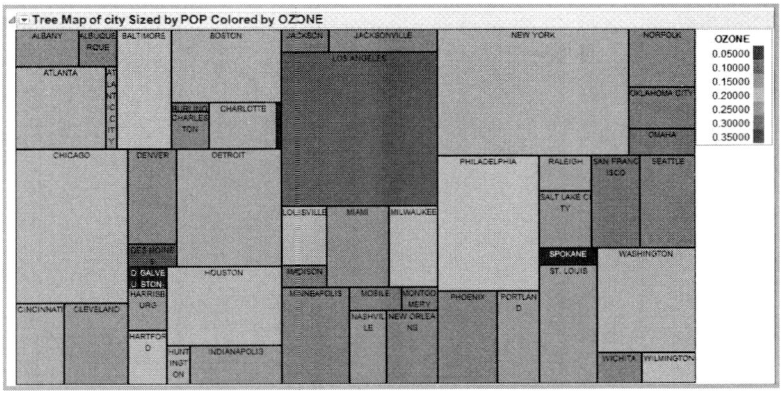

아래 그림은 막대 그래프를 이용하여 미국의 각 도시별 오존 농도를 나타낸 그래프이다. 막대 그래프도 이러한 자료를 표현하는 데 적합한 그래프 형태이지만, 스케일이 다른 인구수와 오존 농도를 같이 나타내기는 어렵고 Tree Map은 자료의 크기를 넓이로 나타내어 더 시각적으로 와 닿는 것을 느낄 수 있다.

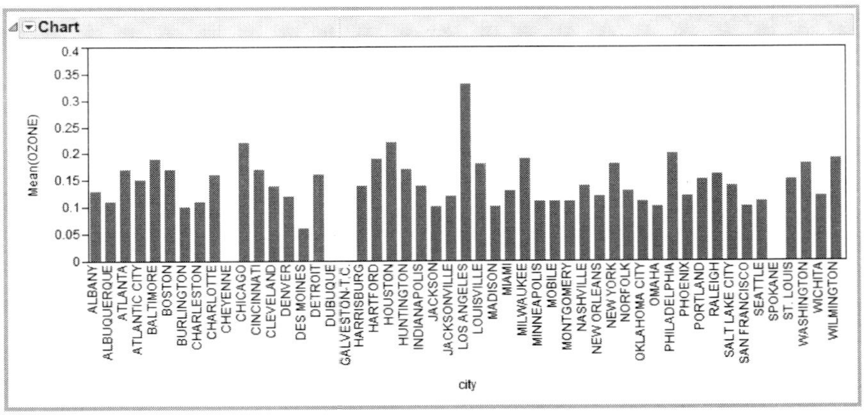

2.2.6 산점도 행렬(Scatter Plot Matrix)

실습 3-22 **산점도 Matrix 구하기**

두 컬럼 간 관계를 파악하기 위한 그래프로는 산점도, 3D Scatter plot, Parallel plot 등이 있지만 여러 컬럼의 관계를 파악하는 데 있어서 유용한 기능으로 산점도 Matrix가 있다.

그럼 다음 과정을 실행하면서 산점도 Matrix의 기능을 알아보자. 이번 자료는 앞서 사용한 적이 있는 Iris 데이터를 다룰 것이다.

1. [Sample Data] → [Multivariate Analysis] → [Iris]를 불러온다.
2. [Graph] → [산점도 행렬(Scatterplot Matrix)]을 실행한다.

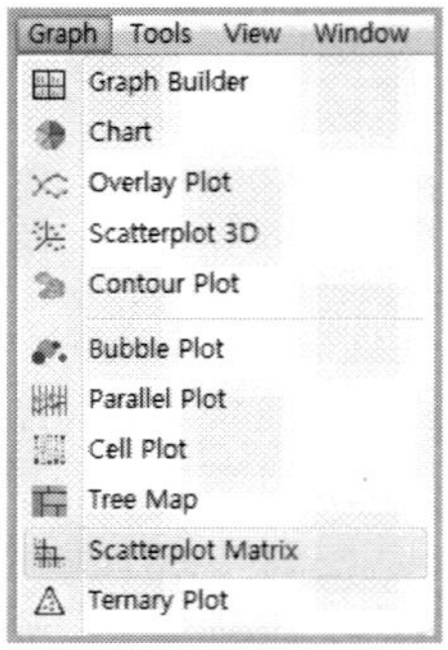

3. 꽃받침 길이(Sepal length), 꽃받침 폭(Sepal width), 꽃잎 길이(Petal length)와 꽃잎 폭(Petal width)을 선택하여 [Y, Columns]에 넣는다.
4. Species 컬럼을 선택하여 [Group]에 넣는다.

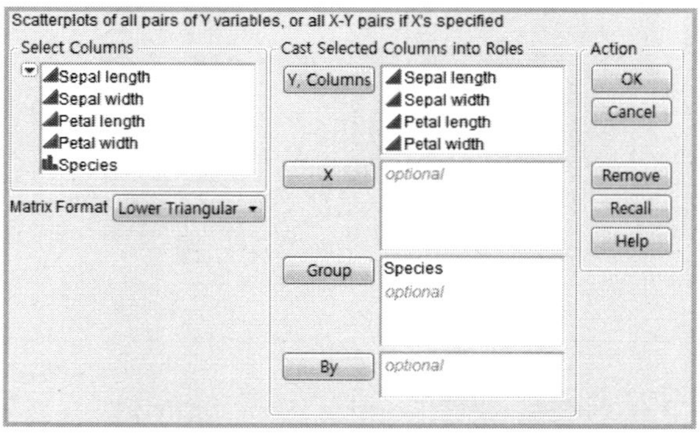

TIP

Scatterplot Matrix 항목 및 옵션

Matrix Format: Lower Triangular, Upper Triangular, Square 중 하나를 선택할 수 있으며 Lower Triangular는 아래쪽으로 Matrix를 보여 주는 것이고 Upper Triangular는 위쪽으로 Matrix를 보여주는 것이며, Square란 전체 nxn의 형태로 Lower와 Upper를 합친 모양을 말해 준다.

5. [OK]를 선택하면 다음과 같은 결과가 나온다.

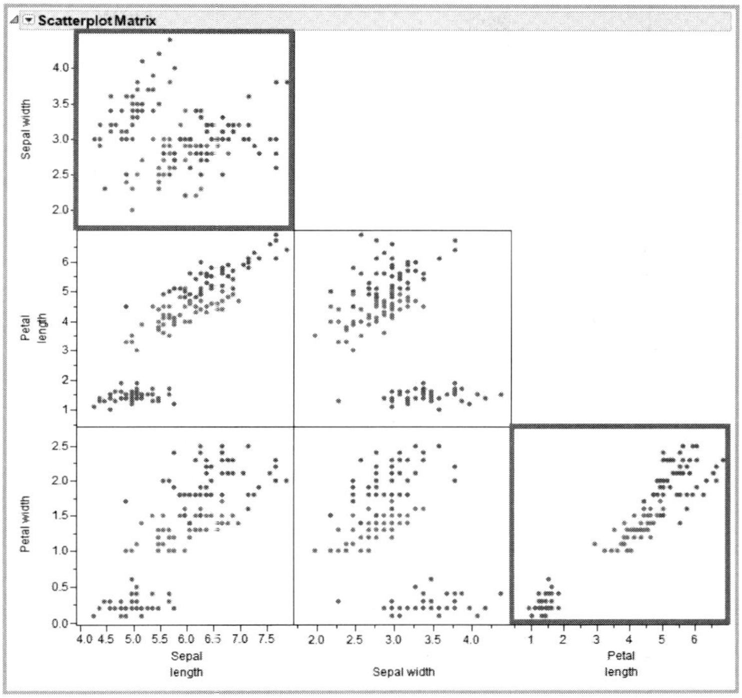

산점도 Matrix는 여러 개의 변수 간의 상관성을 동시에 볼 수 있다는 장점이 있다. 그래프를 보게 되면 종을 구분하지 않을 경우에는 붓꽃의 꽃잎 길이(Petal length)와 꽃잎 폭(Petal width) 간에는 상관성이 높은 것을 알 수 있으며, 꽃받침 길이(Sepal length), 꽃받침 폭(Sepal width) 간에는 상관성이 낮은 것을 알 수 있다.

NOTE

상관성 명확하게 파악하기

붓꽃의 종류에 따른 상관성을 명확하게 파악하기 위해 아래를 더 따라해 본다.

1. [Scatterplot Matrix]→[Density Ellipses]를 선택한다.
2. [Scatterplot Matrix]→[Shaded Ellipses]를 선택한다.

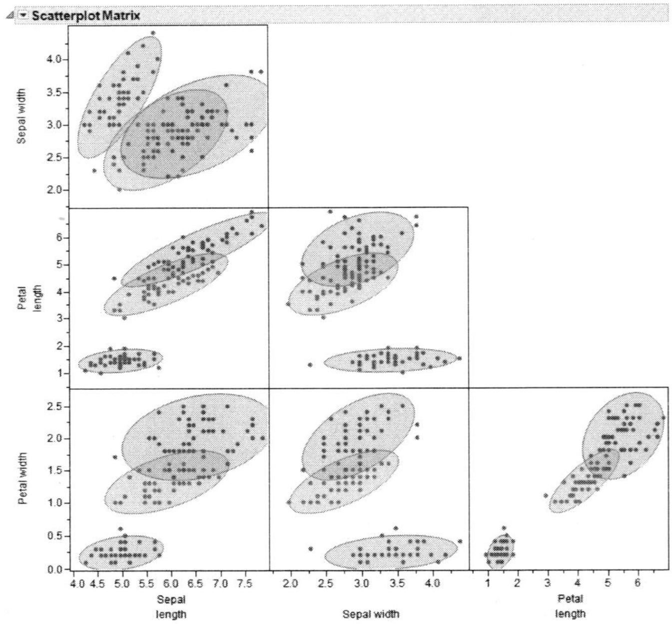

점으로 표현되어 어렴풋하게 느끼던 상관성을 Density Ellipses를 추가하여 보다 확실하게 파악이 가능하다.

2.2.7 삼각 관계 그래프(Ternary Plot)

3가지 연속형 변수를 시각화할 수 있는 그래프는 3차원 산점도, Parallel Plot 등이 있지만 Ternary Plot도 사용된다.

실습 3-23

Ternary Plot 작성하기

Ternary Plot은 세 개의 변수를 삼각형 형태로 시각화하여 보여 주는 그래프로 대표적으로 혼합물 실험계획법의 결과를 해석하는 데 사용된다. 이번 예제는 발 앞꿈치를 땅에 붙인 채 뒷꿈치만을 올렸다 내리는 Pogo Jump 대회에서 7명의 결승진출 선수가 3번씩 4회 점프를 실시한 데이터를 분석하는 사례이다.

1. [Sample Data]→[Multivariate Analysis]→[Pogo Jumps]를 불러온다.
2. [Graph]→[Ternary Plot]를 실행한다.

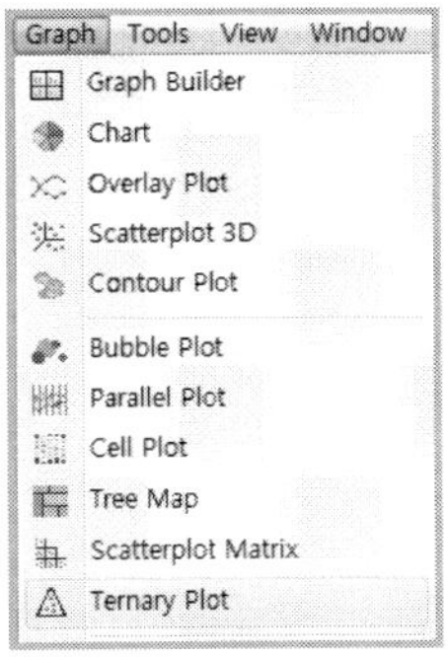

3. 첫 번째 점프(Yat), 두 번째 점프(Yee)와 세 번째 점프(Sam) 컬럼을 X, Plotting에 넣는다.

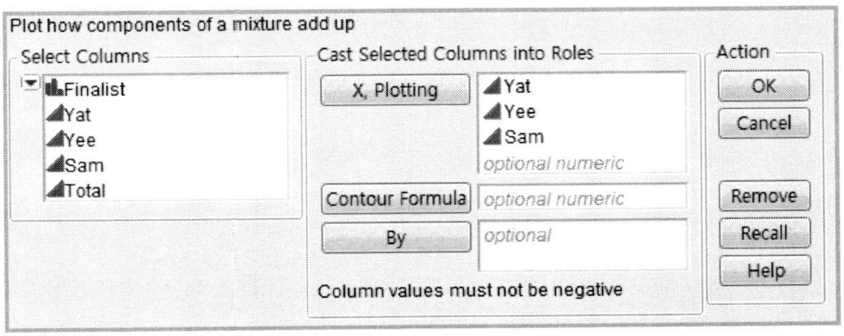

NOTE

Ternary Plot 항목 및 옵션

- X, Plotting: 3의 축이 되는 변수들 3개를 할당받는다.
- Contour Formula: 반응 면의 Contour를 그리기 위한 공식을 포함하는 컬럼을 할당한다.
- By: 각 수준별로 그래프를 나누어 주는 변수를 할당한다.

4. [OK]를 선택하면 다음과 같은 결과가 나온다.

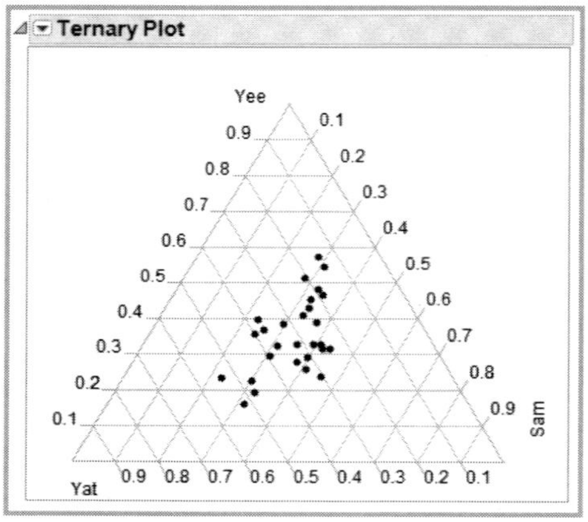

5. [십자선 아이콘(+)]을 선택한다.

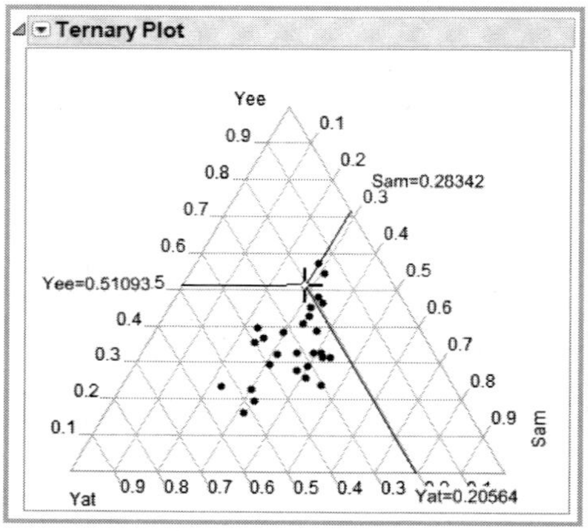

Ternary Plot의 점들이 어떤 값을 나타내는지 인식하기 좋지 않으므로 십자선 아이콘을 사용하여 각 점의 값을 클릭하면 좌표값이 표시되도록 하였다.

NOTE

Ternary plot의 점에 색상과 마커 변경하기

Ternary plot은 어떤 선수인지를 빠르게 파악하기 위해 점에 색상과 마커를 변경하면 더욱 가독성이 좋아지게 된다. 그래프 위에서 마우스 오른쪽 버튼을 누르면 나타나는 팝업메뉴에서 다음을 실습해 보자.

1. [Row Legend……]→[Mark by Column]순으로 선택하여 대화상자를 연다. 그리고 [Finalist] 컬럼을 선택→[Markers]에서 [Standard]로 변경한다.

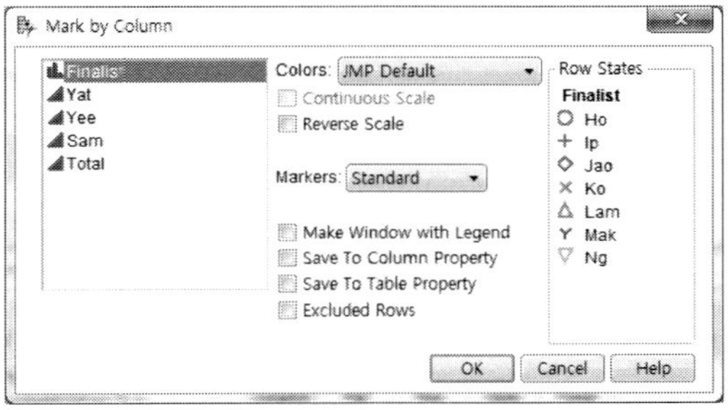

2. [Colors]→[JMP Default]로 두고 [OK]를 선택하면 다음과 같은 결과가 나온다.

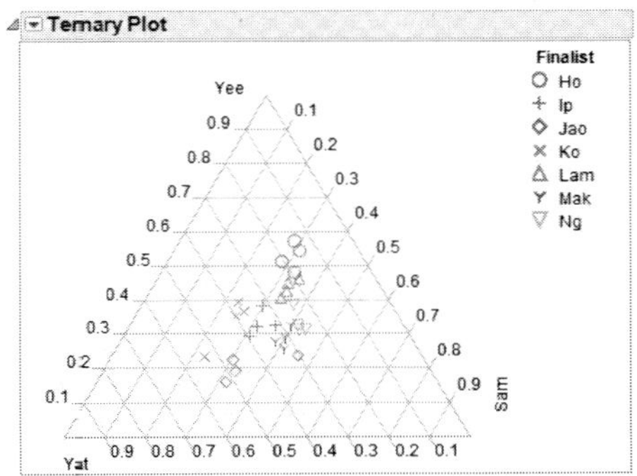

Ternary Plot의 점에 색상과 마커가 변경되고 우측 상단에 범례가 추가되어 선수들의 점프한 높이를 빠르게 파악할 수 있다.

2.3 그래프의 저장과 공유

2.3.1 그래프의 저장

JMP의 모든 그래프는 여러 가지 형태로 저장이 가능하다. 그래프 화면의 File 메뉴에서 Save As……를 선택하면 다양한 포맷을 선택하여 저장할 수 있다.

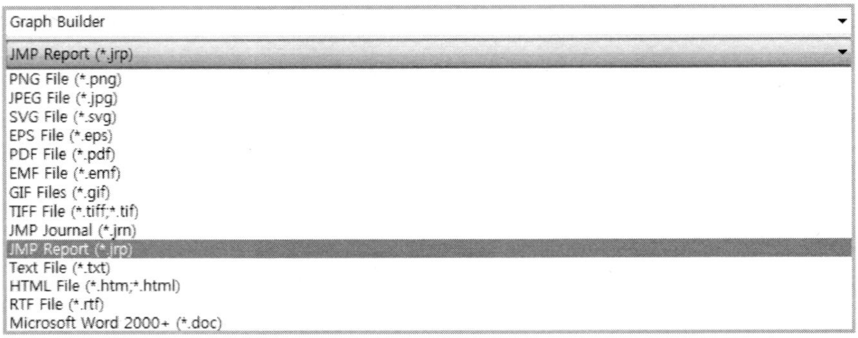

- 이미지 파일: 그래프의 스냅샷을 이미지 파일(png, jpg, gif 등)로 저장하여 필요한 경우 이미지를 볼 수 있는 모든 소프트웨어에서 열어볼 수 있다.
- 문서 포맷: MS Word, RTF, HTML, PDF 포맷으로 저장한다. 해당 소프트웨어로 열어볼 수 있다.
- JMP리포트: 현재 화면에 보이는 그래프와 데이터를 JMP 리포트 포맷으로 저장한다. JMP에서만 열어볼 수 있지만, 지속적으로 다른 분석을 실시할 수 있다.

2.3.2 그래프의 공유

저장된 그래프 파일은 이메일, 파일 서버, 메신저 등을 통해 다른 사용자에게 전송이 가능하다. 이미지 파일이나 문서 포맷으로 저장된 그래프는 다음과 같이 워드프로세서나 스프레드시트에 붙여 넣어서 보고서로 작성할 수도 있다.

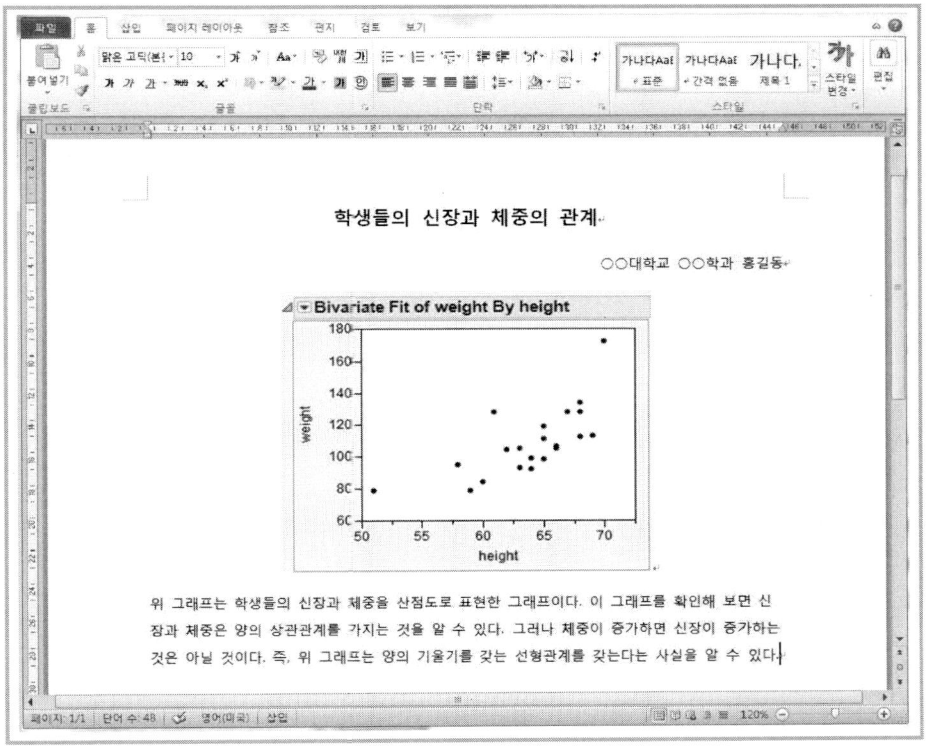

학생들의 신장과 체중의 관계

○○대학교 ○○학과 홍길동

위 그래프는 학생들의 신장과 체중을 산점도로 표현한 그래프이다. 이 그래프를 확인해 보면 신장과 체중은 양의 상관관계를 가지는 것을 알 수 있다. 그러나 체중이 증가하면 신장이 증가하는 것은 아닐 것이다. 즉, 위 그래프는 양의 기울기를 갖는 선형관계를 갖는다는 사실을 알 수 있다.

4장

통계분석과 친해지기

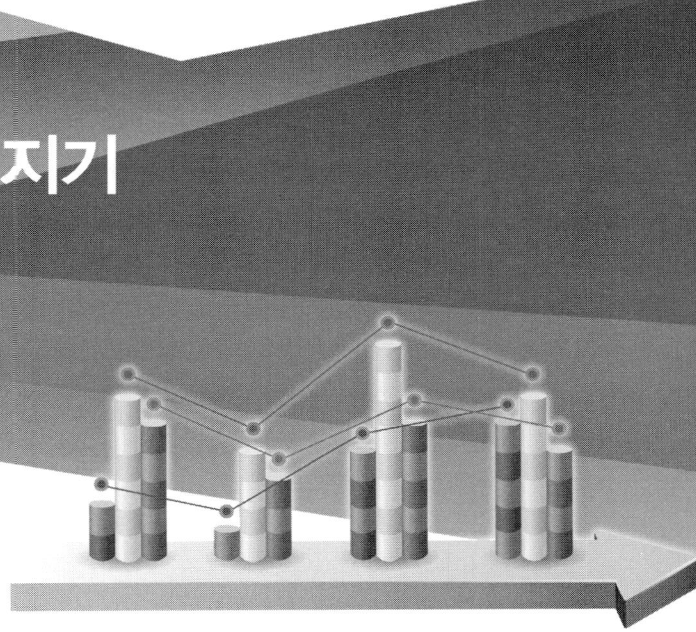

1강 통계분석의 개요

지금까지 여러분은 분석에 필요한 데이터를 준비하고 눈으로 보는 분석을 맛보았다.

이제부터는 흔히 말하는 통계와 친해져 보고자 한다.

통계는 사회 현상, 자연 현상을 숫자를 통해서 해석하고자 하는 시도 중 일부인데 확률을 통해서 설명하려고 하는 것이 특징이다.

통계가 줄 수 있는 가장 큰 가치는 사회 현상과 자연 현상에 대한 객관적인 이해와 설명에 있다. 그럼 분석에서 가장 기초적인 가설검정으로부터 출발해 보자.

1.1 통계분석의 개요

이 책을 보고 있는 독자는 통계 또는 분석이라는 것을 배우고자 하는 마음이 있어서 이 책을 보고 있을 것이라 생각된다. 본격적으로 통계를 학습하기에 앞서 통계분석의 의미를 정리하고 넘어가도록 하자.

오늘날 경제, 경영, 사회, 교육, 의학, 금융, 제조 등에서 사용되는 데이터의 양은 기하급수적으로 증가하고 있는 데다 그 양 또한 방대해서 데이터에서 의미 있는 정보를 한눈에 알아보기는 쉽지 않다. 하지만 데이터의 속성과 특징을 알 수 있는 요약된 자료로 정리한다면 데이터 속에 포함되어 있는 의미 있는 정보가 무엇인지 쉽게 파악할 수 있다. 이처럼, 통계란 데이터에서 쉽고 빠르게 의미 있는 정보를 찾아내고 파악할 수 있는 기법이라고 할 수 있다. 통계는 크게 학술용어로 기술통계(descriptive statistics)와 추론통계(Inferential statistics)로 구분할 수 있다.

1.1.1 기술통계(descriptive statistics)

기술통계는 데이터를 이해하기 쉬운 수치로 요약하는 기법을 나타내는 말이다. 예를 들어, 제조공정에서 얻을 수 있는 많은 데이터들을 아무런 가공도 하지 않은 채 표로만 들여다보고 의미 있는 결론을 이끌어내기는 쉽지 않다. 여기서 우리는 각 변수의 평균, 분산, 최댓값, 최솟값 등의 요약된 수치나 '3장. 그래프와 친해지기'에 설명된 다양한 그래프를 활용함으로써 주어진 데이터의 전반적인 내용을 쉽고 빠르게 이해할 수 있다.

1.1.2 추론통계(Inferential statistics)

실험이나 조사에서 관심이 되는 대상의 모든 자료를 수집하고 활용한다는 것은 시간과 비용의 측면에서 매우 비효율적이고 합리적이지 못한 방식이다. 예를 들어, 휴대폰에 사용되는 배터리의 평균 수명을 알기 위해 그 회사에서 생산되는 모든 배터리를 검사한다는 것은 불가능하다. 따라서 관심이 되는 전체 대상에서 일부만을 추출하여 자료를 얻고 이를 분석하는 것이 일반적이라고 할 수 있다. 여기서 관심이 되는 전체 대상을 모집단이라 하며, 일부만을 추출한 관측값의 집합을 표본이라고 한다. 이와 같이, 모집단에서 우리가 알고자 하는 정보를 파악하기 위하여 표본을 추출하고 그 표본으로부터 관측된 통계량(평균, 표준편차 등)을 근거로 하여 모집단의 특성(평균, 표준편차 등)을 추론하고 검정하는 방법을 추론통계학이라 한다.

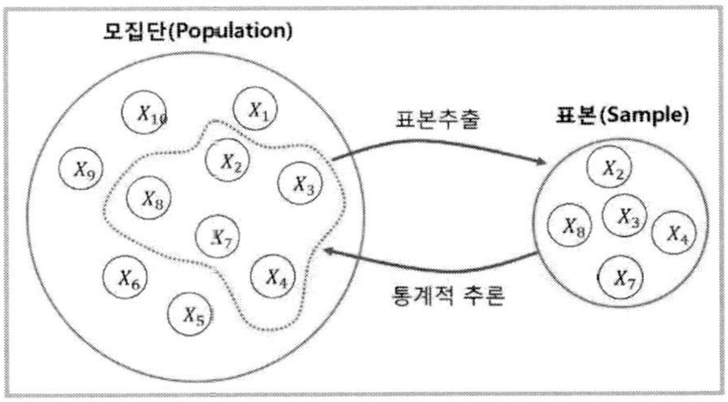

여기서 한 가지 주의할 것은 모집단의 범위에 관한 것이다. 만약 어느 백화점이 오픈 이후 제품을 구매한 모든 고객 데이터를 분석해서 어떤 결과를 얻었을 때, 모집단을 분석했다고 말하기는 어렵다. 백화점의 관점에서 모집단이라는 것은 백화점에서 제품을 구매할 가능성이 있는 모든 고객들까지 포함하는 대상이 되는 것이고, 백화점이 분석에 활용한 '오픈 이후 구매고객 데이터'는 바로 표본이 되는 것이다. 마찬가지로 제조공정의 관점에서 보면 현재까지 생산된 제품 데이터는 표본이고, 미래에 생산이 최종 완료되는 시점까지 생산되는 모든 제품이 모집단이 되는 것이다.

일반적으로 통계분석을 사용했다고 하는 것은 추론통계를 의미하며, 이 책의 뒤에서 주로 다룰 부분 역시 추론통계이다.

1.2 가설검정(Hypothesis Test)

1.2.1 가설검정이란?

가설검정은 추론통계의 한 영역으로 모집단에서 우리가 알고 싶어하는 특성(모수)에 대하여 가설을 세우고 표본으로부터 추정된 통계량을 근거로 가설에 대한 진위여부를 검정하는 방법이다. 예를 들면, '대한민국의 고등학교를 다니는 남자와 여자의 평균 신장이 차이가 있을까?'라는 질문을 해 보자. 그렇다면 당연히 '남자가 여자보다 크겠지!'라는 막연한 생각을 하게 되지만 남자와 여자의 평균 신장이 차이가 있다라는 가설을 통계적으로 뒷받침할만한 근거는 없다. 그렇다고 대한민국에서 고등학교를 다니는 모든 학생들의 신장을 조사하는 것은 불가능하다.

이에 대한 대안으로 대한민국에서 고등학교를 다니는 모든 학생들을 잘 대변하는 적은 수의 학생들에 대하여 조사하고 그 결과를 활용하면 우리가 원하는 결과를 얻을 수 있을 것이다. 여기서 잠깐, 통계적인 용어를 정리하면 대한민국에서 고등학교를 다니는 남자와 여자는 모집단이며, 모집단을 잘 대변할 수 있는 적은 수의 학생들을 표본이라고 한다. 여기서 표본은 모집단을 잘 대변할 수 있어야 하는데 보통 통계적 검정을 위해 표본을 추출할 경우 무작위 추출법(Random Sample)을 많이 사용하며, 통계적 분석을 할 때 아무런 언급이 없는 경우에는 데이터가 무작위 추출법을 사용하였다는 가정하에 분석을 실시한다.

가설검정은 아래와 같이 상반된 두 가지의 가설인 귀무가설(H_0)과 대립가설(H_1)을 세우고 어느 가설이 옳은지를 선택하기 위해 분석하는 것을 말한다. 이때 대립가설이란 우리가 증명하고자 하는 가설을 말하며 귀무가설이란 대립가설과 반대되는 가설을 의미한다.

H_0: 남자와 여자의 평균 신장은 차이가 없다.

H_1: 남자와 여자의 평균 신장은 차이가 있다.

가설검정에서 주의할 점은 표본은 어디까지나 모집단을 대표하는 일부이기 때문에 가설을 검정하는 데 있어서 잘못된 판단을 할 가능성이 존재한다. 가설검정에서는 이러한 두 가지 오류가 존재한다.

제1종 오류: 귀무가설(Null Hypothesis)이 참(True)인데
대립가설(Alternative Hypothesis)을 채택하는 경우
제2종 오류: 귀무가설이 거짓(False)인데 대립가설을 기각하는 경우

예를 들어, 한 피고인이 법정에서 판사의 선고를 기다리고 있다고 할 때, 우리는 피고인이 무죄라는 것을 알고 있지만 판사는 모르고 있다고 가정한다. 이제 판사는 피고인에게 재판 과정에서 나온 결과를 종합하여 최종 판결을 내릴 것이다. 여기서 판사가 피고인에게 유죄라고 선고를 할 경우 죄가 없는데 죄가 있다고 판결한 것과 같다. 이것이 제1종 오류이다. 그럼 반대로 실제로 죄가 있는 피고인에게 무죄를 선고하면, 제2종 오류를 범하게 된다. 여기서 한 가지 고려돼야 할 사항은 위의 두 오류가 가지는 손실의 크기이다. 죄가 없는데 유죄를 선고 받고 억울하게 감옥살이를 하는 것과 죄가 있는데 무죄를 선고 받고 풀려나는 것과 어느 것이 더 큰 손실일까? 대부분의 독자들은 전자를 택할 것이다. 이처럼 통계학에서는 가설검정을 할 때 손실이 더 큰 제1종 오류를 사용하여 검정을 하게 된다. 일반적으로 가설검정을 하는 절차는 다음과 같다.

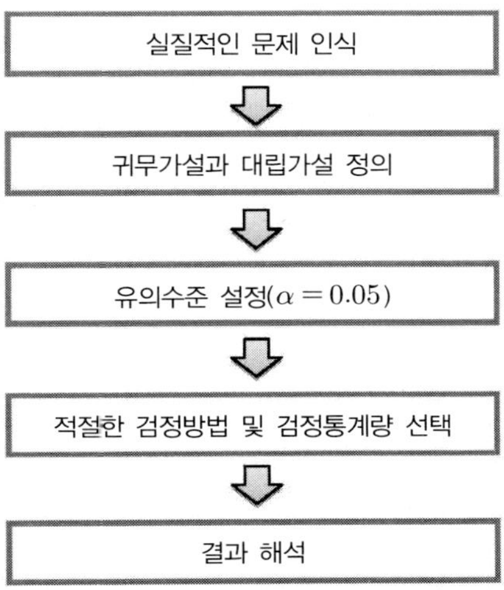

가설검정 절차의 첫 단계는 실질적인 문제를 인식하고 가설검정을 수행할 항목을 정하는 것이다. 그 다음으로는 귀무가설과 대립가설을 정의한다. 이렇게 정의한 가설들을 이용해 귀무가설과 대립가설 중 한 가지 가설을 선택하기 위한 기준을 정하는데 이를 통계적 용어로 유의수준(α: alpha)이라 한다. 유의수준의 정의는 제1종 오류를 범하게 되는 최대 허용한계이다. 일반적으로 0.1(10%), 0.05(5%), 0.01(1%)인 유의수준 값을 사용하는데 이 중 가장 많이 사용되는 값은 0.05이며, 가설검정을 통하여 구한 유의확률(Significance Probability)이 유의수준보다 작을 경우 귀무가설을 기각하고 대립가설을 채택하게 된다. 여기서 유의확률이란 귀무가설이 '참'이라는 조건하에 표본에서 극단적인 관측값을 얻을 확률을 말한다. 이처럼 가설검정에서 가설을 통해 얻어진 통계량이 어떤 범위 내에 들어오면 귀무가설을 기각하고 대립가설을 채택하는데 이때의 범위를 '기각역(rejection region)'이라고 한다.

1.2.2 단측 검정과 양측 검정

가설검정에 사용되는 대립가설의 형태에 따라 단측 검정(One sided test)과 양측 검정(Two sided test)으로 구분된다.

1) 단측 검정

단측 검정은 기각역이 좌측 또는 우측 한쪽에 존재할 경우 사용되는 방법이다. 예를 들면, 공장에서 생산되는 타이어의 지름이 50cm보다 작은지 아닌지에 대한 검정을 하고자 하는 경우 귀무가설과 대립가설은 다음과 같다.

H_0: 공장에서 생산되는 타이어의 지름은 50cm보다 크거나 같다.($\mu \geq 50$)
H_1: 공장에서 생산되는 타이어의 지름은 50cm보다 작다.($\mu < 50$)

단측 검정(좌측)에 해당하는 기각역은 다음 그림과 같다. (유의수준 0.05 기준)

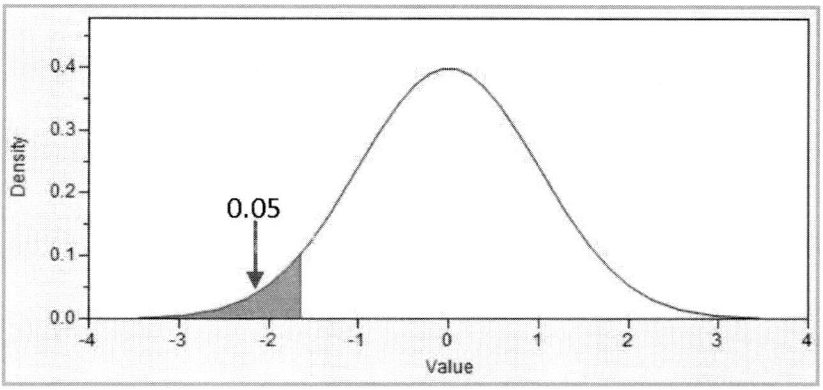

위와는 반대로 공장에서 생산도는 타이어의 지름이 50cm보다 큰지 그렇지 않은지에 대한 검정을 하고자 하는 경우의 귀무가설과 대립가설은 다음과 같다.

H_0: 공장에서 생산되는 타이어의 지름은 50cm보다 작거나 같다.($\mu \leq 50$)
H_1: 공장에서 생산되는 타이어의 지름은 50cm보다 크다.($\mu > 50$)

단측 검정(우측)에 해당하는 걷정은 다음과 같다. (유의수준 0.05 기준)

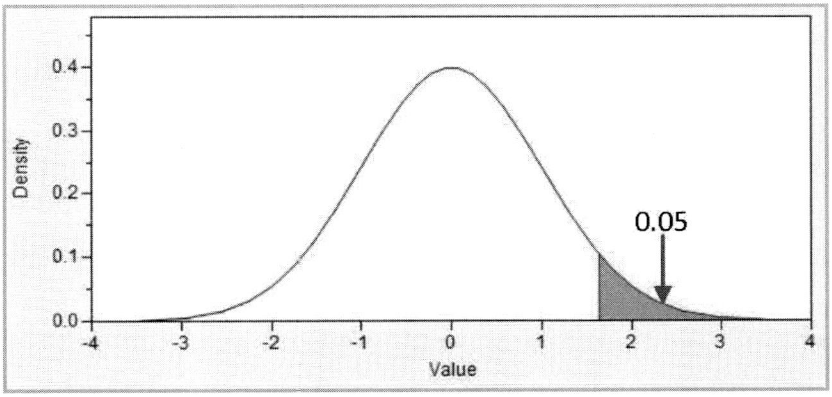

2) 양측 검정

양측 검정은 기각역이 양쪽으로 분류되어 있을 때 사용하는 가설검정 방법이다. 예를 들면, 공장에서 생산되는 타이어의 지름이 50cm이다, 아니다를 검정하고자 하는 경우가 있다. 이 경우의 귀무가설과 대립가설은 다음과 같다.

H_0: 공장에서 생산되는 타이어의 지름은 50cm이다.($\mu = 50$)
H_1: 공장에서 생산되는 타이어의 지름은 50cm가 아니다.($\mu \neq 50$)

위의 가설에 해당하는 기각역은 아래 그림과 같다. (유의수준 0.05 기준)

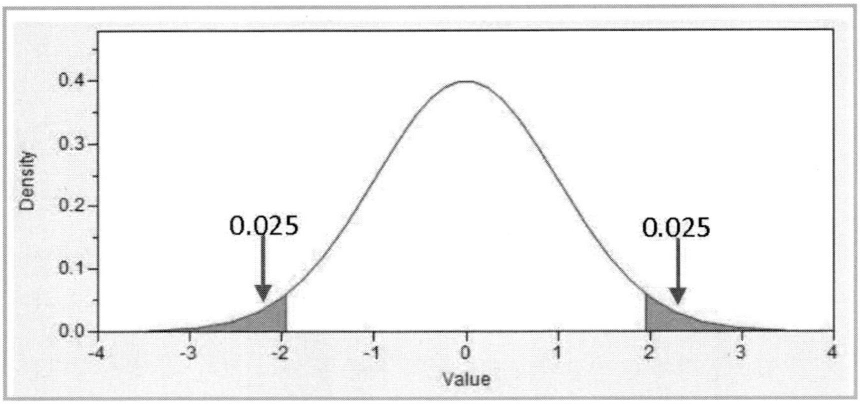

실습 4-1

요약 통계량 구하기

한 철도회사가 기차로 자동차를 운반하게 될 경우 일어날 수 있는 문제점을 확인하기 위하여 분석을 의뢰하였다고 하자. 의뢰한 데이터는 116개의 모델에 대한 자동차 데이터이다. 먼저 자동차의 평균무게를 알아보기 위하여 아래와 같이 샘플 데이터를 열고 요약 통계량을 구해 보자.

1. [Sample Data]→[Data Tables used in Discovering JMP]→[Car Physical Data]
2. [Tables]→[Summary]를 선택하고 [Weight]를 클릭하여 [Statistics(mean)]를 누른다.

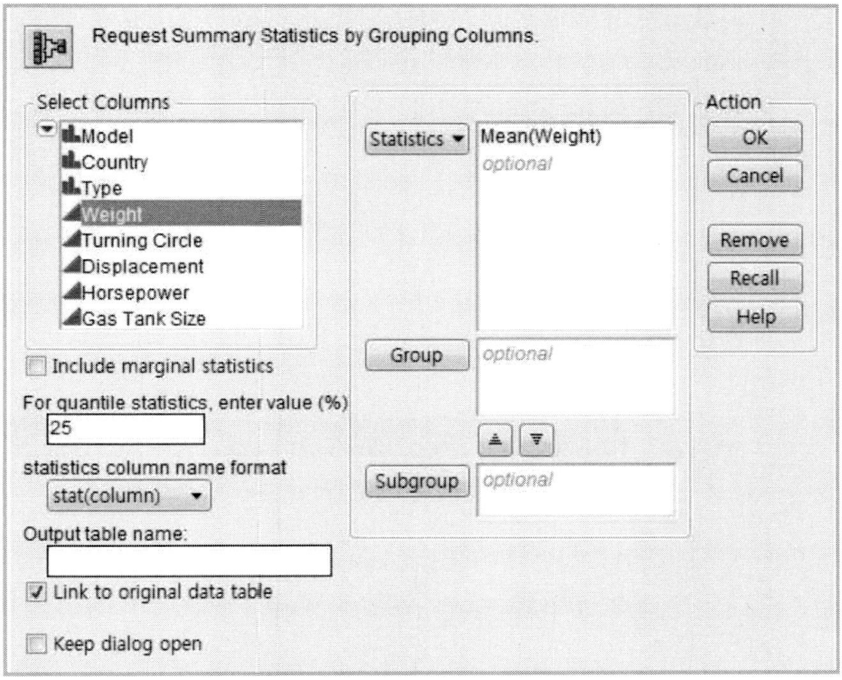

Summary에 대한 자세한 기능은 '2장, 1.2.1 데이터의 요약'에서 참고하길 바란다.

3. [OK]를 선택하면 다음과 같은 결과가 나온다.

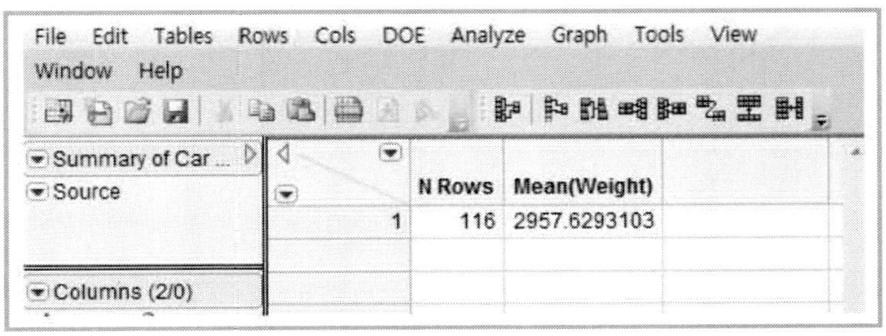

결과를 보면 현재 수집된 데이터의 자동차 무게의 평균은 2958.62(lb)이다. 여기서 우리는 철도회사의 기존연구 중 운반에 사용되는 자동차의 평균 무게가 3000(lb)일

경우 가장 효율적이었다는 사실을 알고 있다고 가정해보자. 그러면 현재 수집된 데이터의 자동차의 평균 무게가 3000(lb)일 경우가 가장 효율적일 것이다. 따라서 이를 검정하기 위하여 다음과 같이 가설을 세웠다.

H_0: 자동차의 평균 무게는 3000(lb)이다.

H_1: 자동차의 평균 무게는 3000(lb)이 아니다.

그럼 위의 두 가설에 대한 검정을 하기 위하여 다음과 같이 가설 검증 절차를 수행해 보자.

실습 4-2 **가설 검증 수행하기**

이 실습은 실습 4-1에 이어서 하도록 한다.

1. 상단 메뉴에서 [Analyze]→[Distribution]을 실행한다.

2. [Select Columns]에서 Weight→[Y, Columns]로 이동한다.

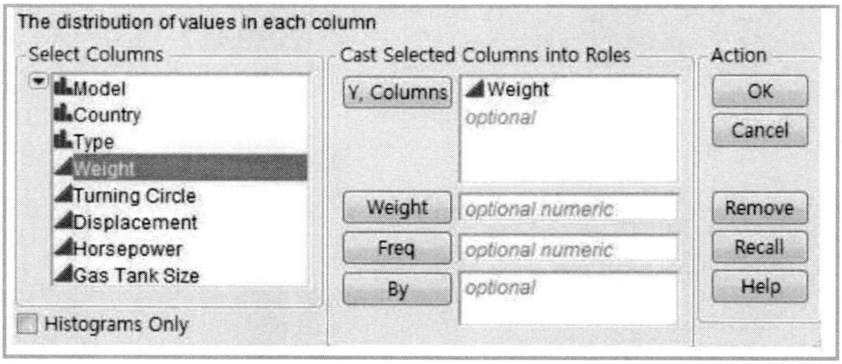

3. [OK]를 선택하면 다음과 같은 결과가 나온다.

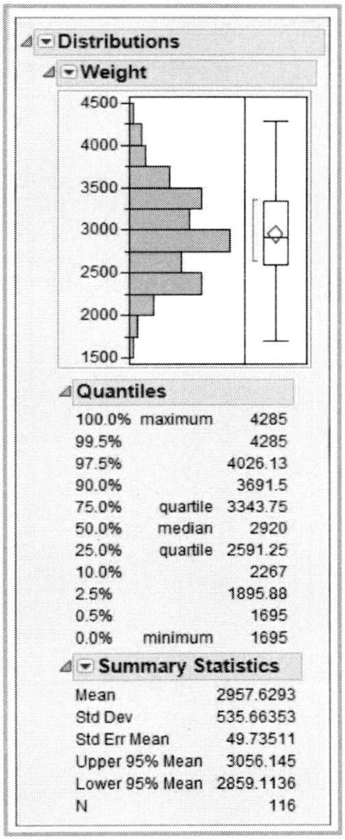

4. 왼쪽 상단에 있는 팝업메뉴 [Weight]를 선택하고 [Test Mean]를 누른다.

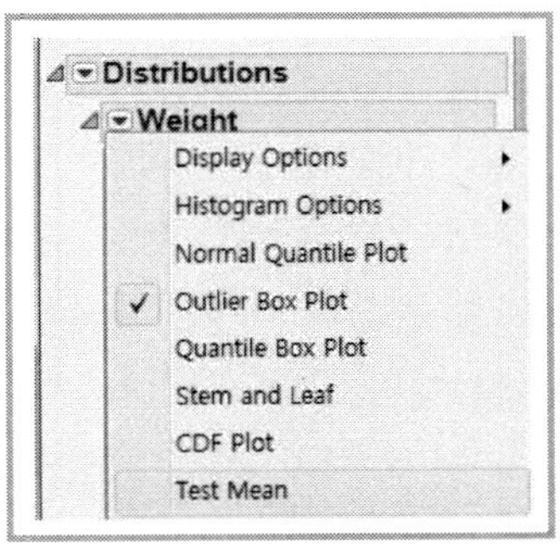

5. Specify Hypothesized Mean에 3000을 입력한다.

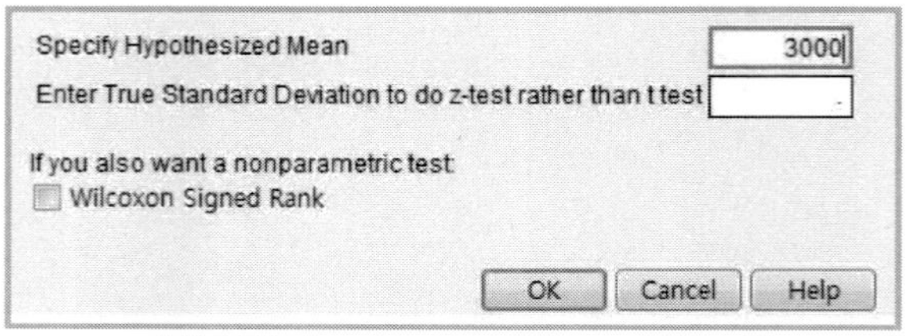

6. [OK]를 선택하면 다음과 같은 결과가 나온다.

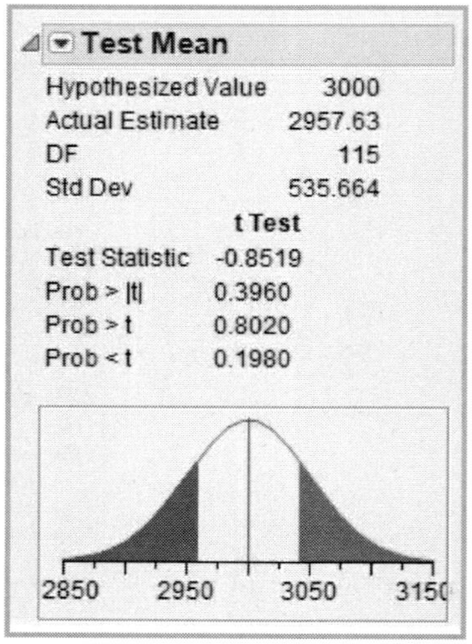

우리가 수행한 검정은 양측 검정에 대한 것이므로 Test Mean에서 유의확률(P-value) Prob >|t|를 확인해 보면, 유의확률이 유의수준 0.05하에서 0.3960으로 유의하지 않은 것을 알 수 있다. 그러므로 귀무가설을 기각할 수 없다. 따라서 모든 자동차의 평균 무게는 3000이 아니라고 할 수 없다. 즉, 모든 자동차의 평균 무게는 차이가 없다고 보아도 크게 문제가 되지 않는다.

여기서 만약 단측 검정을 수행할 경우 우측 검정일 경우에는 유의확률(P-value)인 Prob > t를 보아야 하며, 좌측 검정일 경우에는 유의확률(P-value)인 Prob < t을 확인해야 한다.

1.2.3 가설검정의 종류

가설검정은 종류는 검정하고자 하는 대상과 모집단의 수에 의하여 아래와 같이 다양하게 구분된다.

구분	한 개의 모집단	두 개의 모집단	셋 이상의 모집단
평균	· 모 표준편차를 알 때 – 1 Sample Z–test · 모 표준편차를 모를 때 – 1 Sample T–test · 가설 – H_0: 평균은 ~이다. – H_1: 평균은 ~아니다.	· 두 집단이 독립일 때 – 2 Sample T–test · 두 집단이 독립이 아닐 때 – Paired T–test · 가설 – H_0: 두 집단의 평균은 같다. – H_1: 두 집단의 평균은 다르다.	· 요인이 한 개일 때 – One way ANOVA · 요인이 두 개일 때 – Two way ANOVA · 가설 – H_0: 모든 집단의 평균은 같다. – H_1: 적어도 한 개 집단의 평균이 다르다.
분산		등분산 검정(Test of equal variance)	
	· Chi–square test · 가설 – H_0: 분산은 ~이다. – H_1: 분산은 ~아니다.	· F–test · 가설 – H_0: 두 집단의 분산은 같다. – H_1: 두 집단의 분산은 다르다.	· Bartlett's Test · 가설 – H_0: 모든 집단의 분산은 같다. – H_1: 적어도 한 개 집단의 분산이 다르다.
비율	· 1 Sample Proportion test · 가설 – H_0: 비율은 ~이다. – H_1: 비율은 ~아니다.	· 2 Sample Proportion test · 가설 – H_0: 두 집단의 비율은 같다. – H_1: 두 집단의 비율은 다르다.	· Chi–square test · 가설 – H_0: 두 변수는 독립이다. – H_1: 두 변수는 독립이 아니다.

4장 통계분석과 친해지기

2강 데이터의 형태를 알자(Distribution)

통계는 우리 생활과 밀접한 관계가 있는데 통계청의 인구주택 총 조사, 선거기간에 리서치 회사의 선호 후보에 대한 여론조사 그리고 환율과 유가의 변동 등 이미 우리 주변에서 통계는 많이 활용되고 있다. 이러한 통계분석의 기초는 분포에 대한 탐색에 있는데, 예를 들어 한 직장인이 집에서 회사로 출근하는 시간을 1년 동안 지켜 보면 주말을 제외한 250일의 출근 시간이 존재하고 이는 특정 형태의 분포를 이룬다.

그리고 이 특정 형태의 분포를 잘 살펴보면 직장인의 출근시간의 특성을 쉽게 파악할 수 있다. 그러면, 이러한 분포를 탐색하기 위하여 JMP의 Distribution 기능을 사용해 보자.

2.1 히스토그램(Histogram)의 재발견

2.1.1 히스토그램이란?

히스토그램은 변수가 연속형일 때 사용할 수 있으며, 변수가 가지는 값을 일정한 간격으로 구분하여 그 범위에 해당하는 빈도의 수를 막대 그래프로 나타낸 그래프이다. 막대 그래프와 다른 점은 구분된 범위 간에 틈이 없다는 점이다. JMP에서는 히스토그램을 이용하여 연속형 변수의 분포를 쉽게 파악할 수 있으며 필터의 조건에 따라 그 조건에 해당하는 관측치(Observation)들이 짙은 음영으로 나타나기 때문에 데이터를 유연하게 탐색할 때 유용하다.

2.1.2 히스토그램의 실행

실습 4-3 **히스토그램 작성하기**

히스토그램의 기본적인 기능을 실행해 보자.

1. [Sample Data]→[Examples for Teaching]→[Big Class]를 불러온다.
2. [Analyze]→[Distribution]을 실행한다.

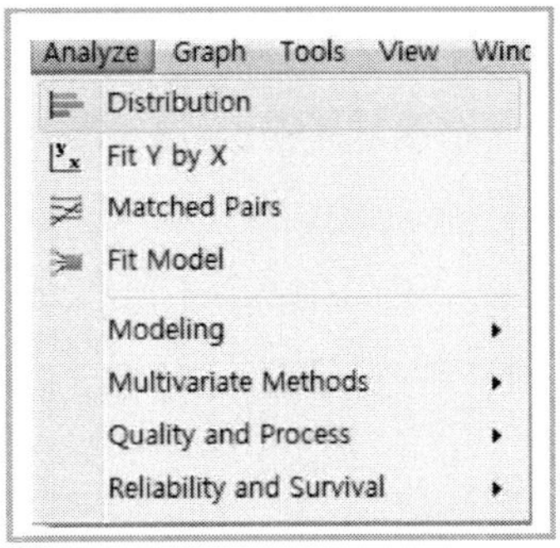

3. 신장(Height)을 [Y, Columns]에 넣는다.

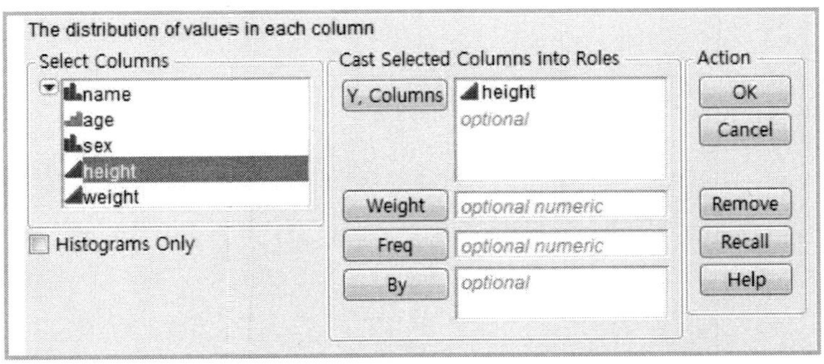

NOTE

Distribution 항목 및 옵션

- Y, Columns: 분석에 사용할 변수를 할당한다.
- Weight: 비율로 요약 테이블화되어 있는 변수를 할당받아 값들을 비율로 인식한다.

- Freq: 빈도로 요약 테이블화되어 있는 변수를 할당받아 값들을 빈도로 인식한다.
- By: 그룹별 수치를 나타내고 싶을 때, 그룹화하고 싶은 변수를 할당한다.
- Histograms Only: Windows 창에 다른 결과는 생략하고 오직 히스토그램만 보여 준다.

4. [OK]를 선택하면 다음과 같은 결과가 나온다.

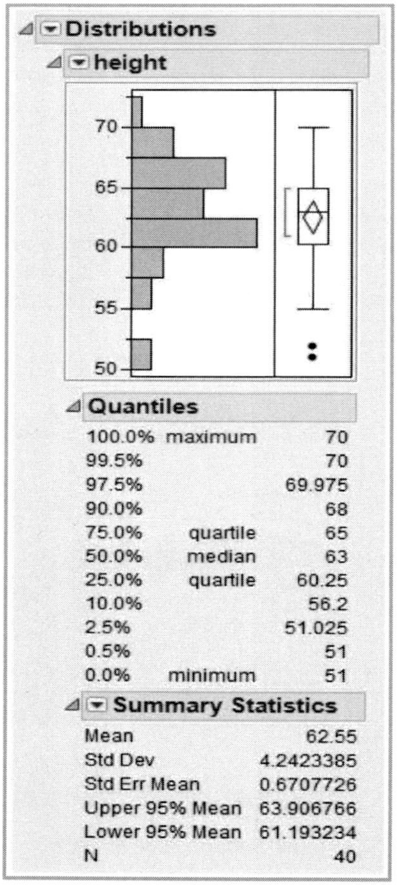

위 결과는 신장(Height) 변수의 히스토그램 분석 결과이다. 결과의 상단에는 히스토그램과 상자도표(Box Plot)가 있으며 하단에는 사분위수와 요약 통계량이 나타나

있다. 히스토그램을 보면 신장(Height)의 값이 50~52.5인 경우 신장의 일반적인 값(55~75)들과 동떨어져 있는 것을 쉽게 확인할 수 있다. 이처럼 데이터 탐색 과정에서 히스토그램을 이용하면 쉽고 빠르게 데이터 특징을 확인할 수 있는 장점이 있다.

2.1.3 히스토그램 간의 연계

실습 4-4 **변수 탐색하기**

JMP의 히스토그램은 여러 개의 변수를 히스토그램으로 작성하고, 특정 변수의 한 범주를 선택하면 그 범주에 해당하는 데이터들이 다른 변수의 히스토그램에서 짙은 음영으로 표시된다. 이것을 사용하면 변수 간의 연관성을 시각화해 파악이 가능하여 변수 탐색이 쉽고 빠르다는 장점이 있다. 이 실습은 앞의 실습 4-3에 이어서 진행된다.

1. [Analyze] → [Distr bution]을 실행한다.
2. 컬럼 리스트에서 연령(Age), 성별(Sex), 신장(Height), 체중(Weight)을 [Y, Columns]에 넣는다.
3. [Histograms Only] 옵션을 체크한다.

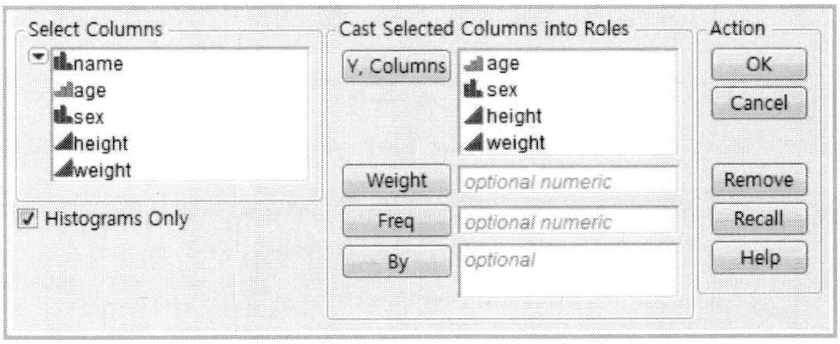

4. [OK]를 선택하면 다음과 같은 결과가 나온다.

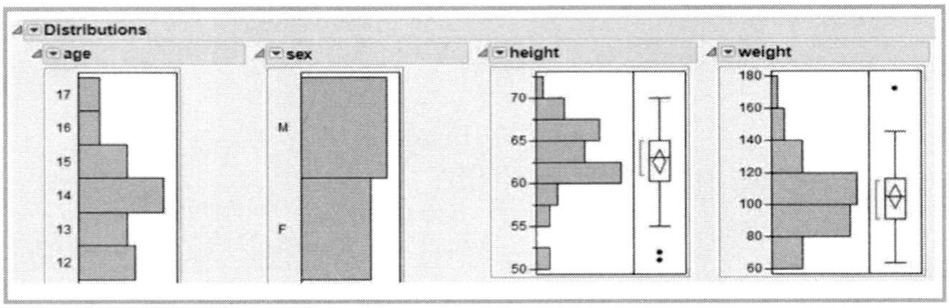

5. 연령(Age)의 막대 그래프에서 14에 해당하는 Bar를 클릭한다.

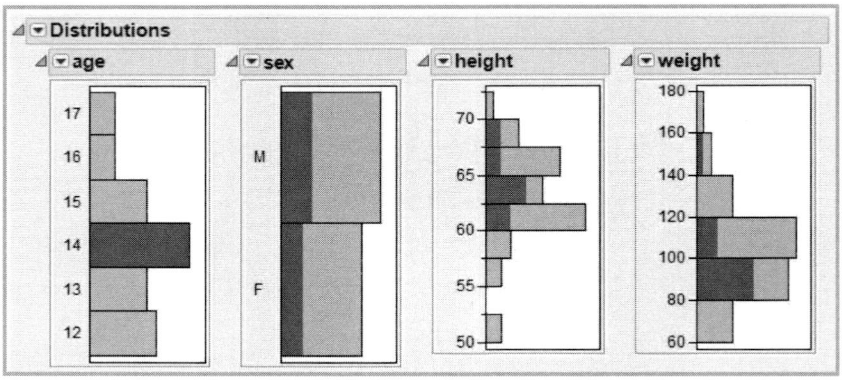

연령이 14세인 학생들은 다른 변수는 어떻게 분포하는지를 히스토그램에 더 진한 색으로 표시하여 변수 간의 연관성을 시각적으로 파악할 수 있다. 14세 학생들은 남자가 더 많으며, 신장은 좀 큰 편이고, 체중은 좀 가벼운 편이라는 것을 직관적으로 알 수 있다. 만약 연령(Age) 변수가 고객 등급이고, 신장(Height)과 체중(Weight) 변수는 고객들의 매출액과 이익률이라면, 고객 등급에 따라 매출액과 이익률의 분포가 어떻게 달라지는지 한번에 확인할 수 있는 히스토그램이 되는 것이다.

앞에서 설명한 다른 그래프들과 마찬가지로 히스토그램에서 선택된 데이터는 데이터 테이블에서도 강조되어 표시되는데, 이 데이터만을 추출하기 위해서는 선택된 히스토그램을 더블 클릭하면 선택된 데이터들만 새로운 데이터 테이블로 만들어진다.

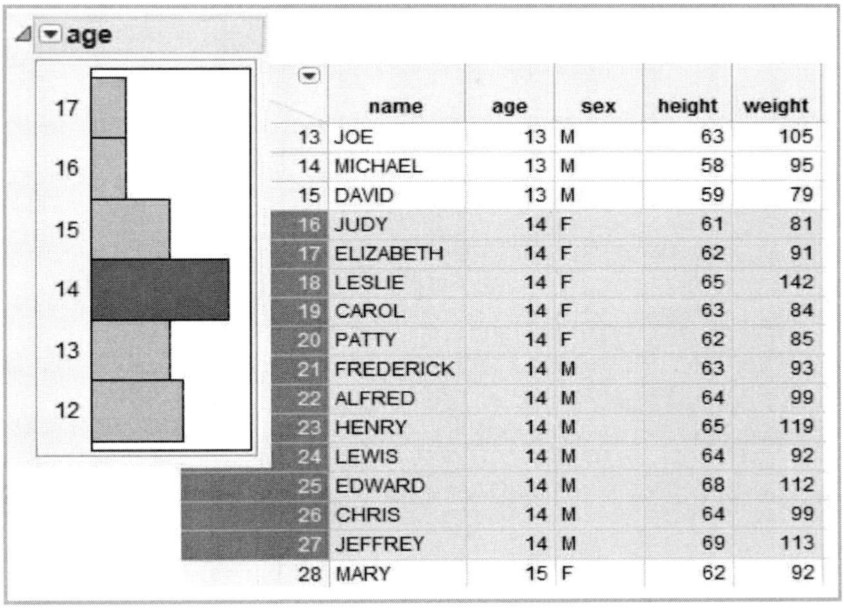

	name	age	sex	height	weight
13	JOE	13	M	63	105
14	MICHAEL	13	M	58	95
15	DAVID	13	M	59	79
16	JUDY	14	F	61	81
17	ELIZABETH	14	F	62	91
18	LESLIE	14	F	65	142
19	CAROL	14	F	63	84
20	PATTY	14	F	62	85
21	FREDERICK	14	M	63	93
22	ALFRED	14	M	64	99
23	HENRY	14	M	65	119
24	LEWIS	14	M	64	92
25	EDWARD	14	M	68	112
26	CHRIS	14	M	64	99
27	JEFFREY	14	M	69	113
28	MARY	15	F	62	92

TIP

선택한 히스토그램을 선택해제하기 위해서는?

선택한 히스토그램을 선택해제하기 위해서는 키보드의 Ctrl과 히스토그램을 클릭하면 선택이 해제되고, 여러 개의 히스토그램을 동시에 선택하려면 키보드의 Shift 키와 히스토그램을 클릭하면 된다.

2.2 히스토그램을 자연스러운 곡선으로 확장하면? 확률분포

2.2.1 확률분포란?

확률분포란 '확률 값이 어떻게 븐포되어 있는가'를 나타낸 것이다. 우리는 모든 사건의 확률값을 더하면 1이 된다는 사실을 알고 있다. 주사위의 사건은 1의 눈금부터 6

의 눈금까지 총 6개이고 각각 $\frac{1}{6}$의 확률값을 가지고 분포되어 있다. 이를 그래프로 나타내면 다음과 같이 일정하게 떨어진 점 그래프를 얻을 수 있다.

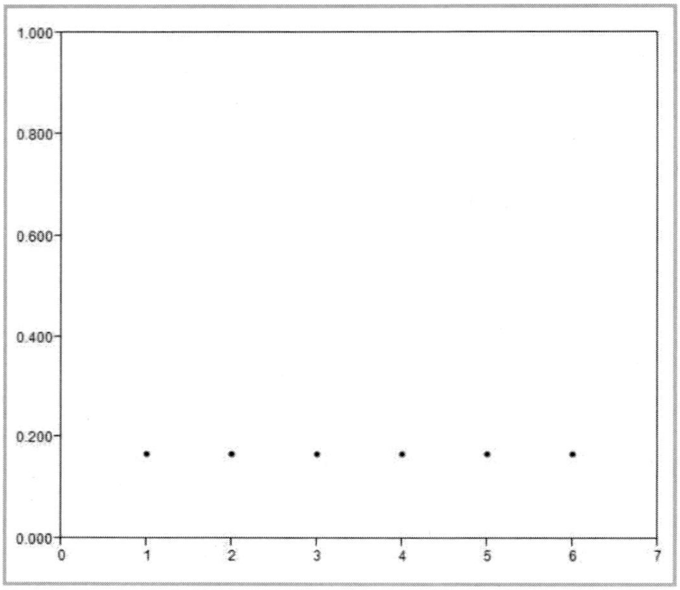

그런데 만약 사건이 연속적인 값을 가질 수 있다면 어떻게 될까? 즉, 사건의 개수가 무수히 많은 사람의 신장(Height)에 대한 확률은 어떤 양상을 보일까?

실습 4-5 Distribution을 통해 확률분포 이해하기

만약 신장에 대한 확률값이 어떻게 퍼져있는지 알면, 임의의 사람의 신장을 물어봤을 때 그 사람의 신장이 160cm일 확률 또는 175cm일 확률값이 각각 어떻게 되는지 알 수 있게 된다. 신장은 주사위의 눈과 달리 연속적인 값을 가지기 때문에 위와 같이 불연속적인 형태의 확률 그래프가 아닌 하나의 직선 혹은 곡선으로 매끄럽게 연결된 그래프가 나올 것이다.

1. [Sample Data] → [Example for Teaching] → [Big Class]를 불러온다.

2. [Analyze] → [Distribution]을 실행한다.
3. 컬럼 리스트에서 체중(Weight)을 [Y, Columns]에 넣는다.
4. [OK]를 선택하면 다음과 같은 결과가 나온다.

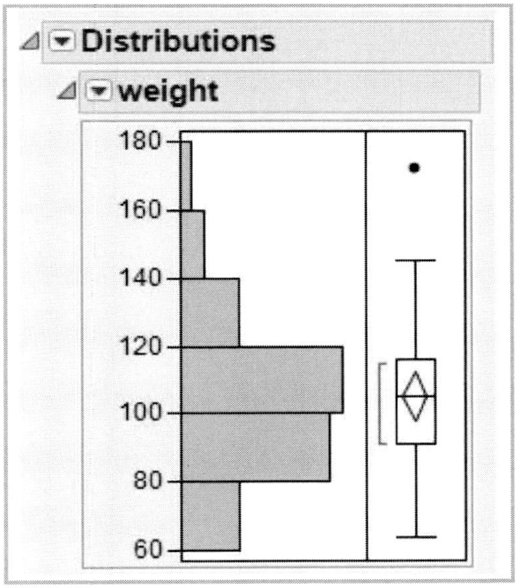

5. [Grabber 아이콘( )] → 히스토그램에서 우측으로 드래그한다.

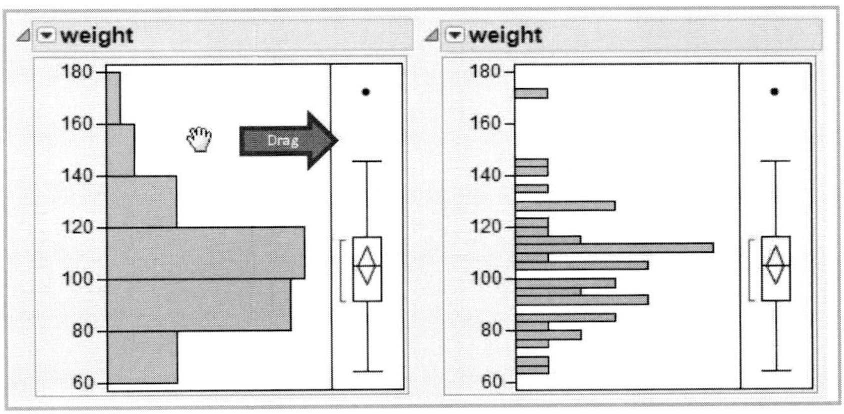

위 그림과 같이 히스토그램의 구간이 더 촘촘하게 나누어, 히스토그

램의 끝을 연결하면 부드러운 곡선 모양으로 변하게 된다. 이렇게 히스토그램의 구간을 매우 짧은 구간으로 나누어 간다면 결국 히스토그램은 부드러운 곡선 모양으로 될 것이고, 그것을 확률분포라 할 수 있다.

이러한 연속적인 자료의 대표적인 분포로는 정규(Normal)분포, 카이제곱(Chi-Square)분포, T 분포, F 분포가 있으며, 분포의 종류와 각 분포의 그래프 모양은 한번쯤 확인하도록 하자. 앞에서 설명했지만 그래프의 모든 확률값을 더하면 1이 되므로, x축과 그래프 사이의 넓이를 구하면 1이다.

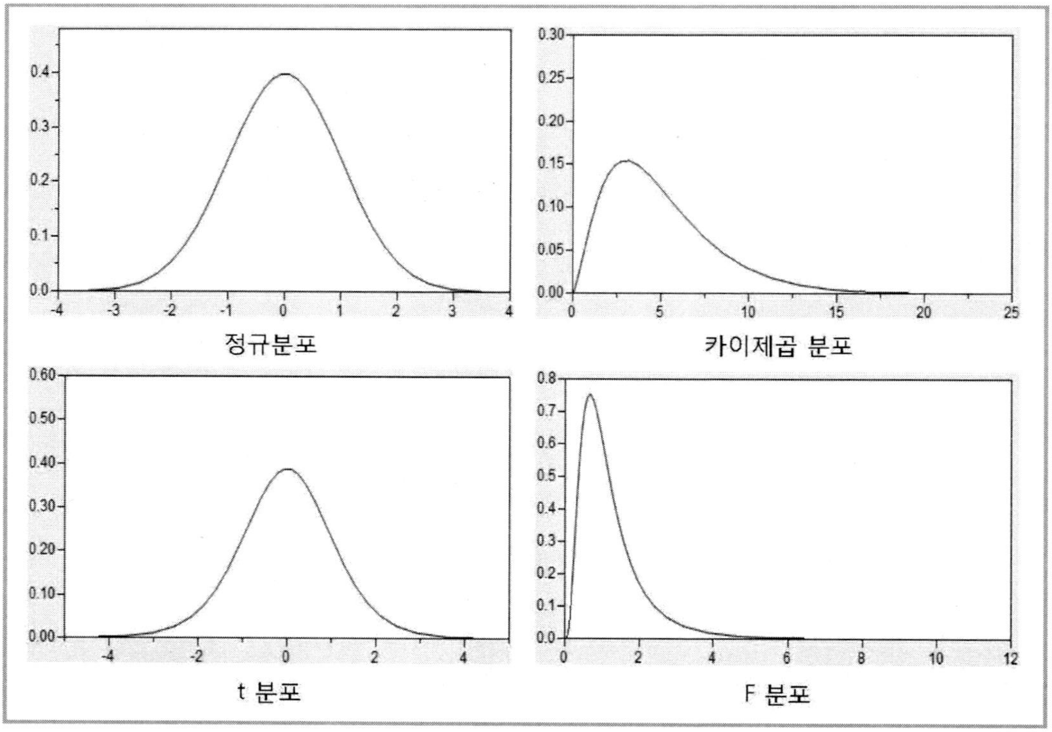

2.2.2 확률분포 실행

실습 4-6 **수집한 자료가 t 분포, 정규분포의 형태인지 검증하기**

우리는 수집한 자료가 어떤 분포를 띠고 있는지 모르는 경우가 대부분이며, 원활한 분석을 수행하기 위하여 수집한 표본들이 정규분포의 형태를 갖춘 것인지를 알고 싶어 한다. 이를 검증하는 옵션이 Distribution에 포함되어 있다. 앞서 예시로 사용된 'Big Class' 자료에 대하여 다음을 실행해 보자.

1. [Sample Data]→[Example for Teaching]→[Big Class]를 불러온다.
2. [Analyze]→[Distribution]을 실행한다.
3. 컬럼 리스트에서 체중(Weight)을 [Y, Columns]에 넣는다.
4. 컬럼 리스트 아래에 있는 [Histograms Only] 옵션을 체크한다.

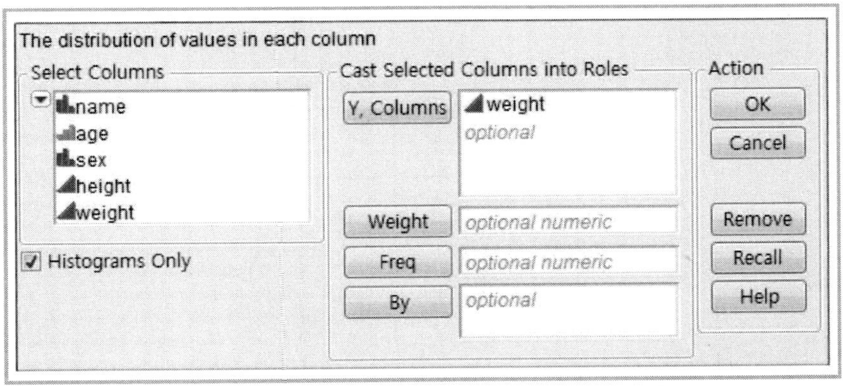

5. [OK]를 선택하면 다음과 같은 결과가 나온다.

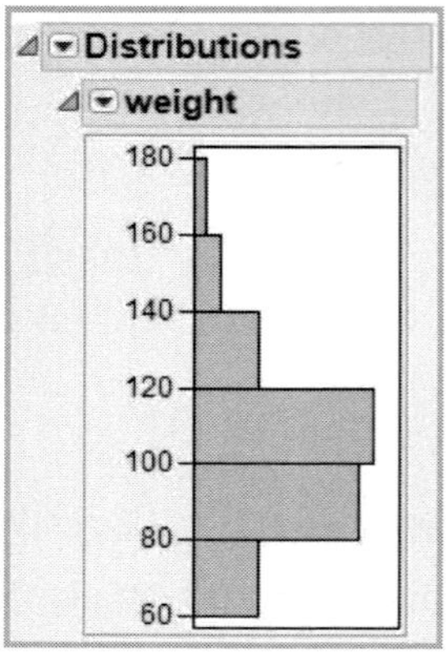

6. 체중(Weight) 좌측의 팝업메뉴→[Display Options]의 [Horizontal Layout]을 실행한다.

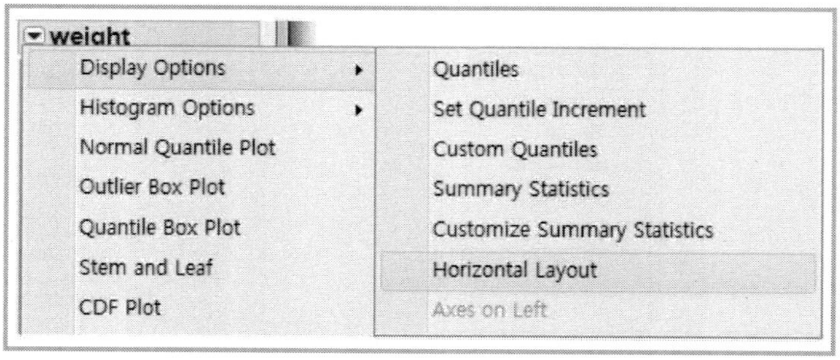

7. 다시 한번 팝업메뉴에서 [Continuous Fit]의 [Normal]을 실행한다.

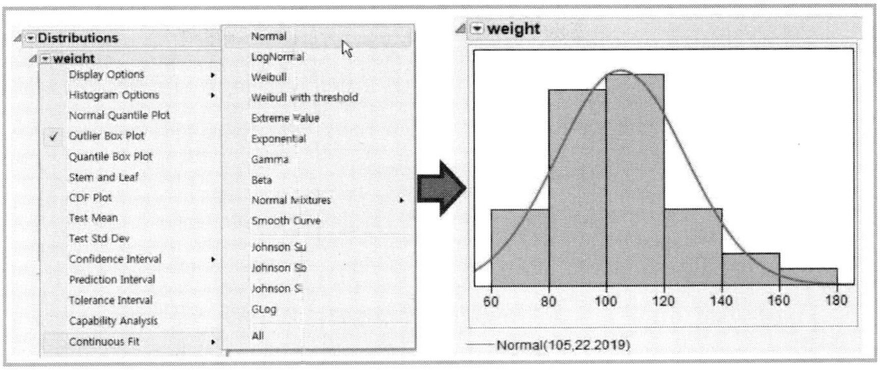

히스토그램에 붉은 선으로 평균이 105이고, 분산이 22.20인 정규분포 곡선이 그려지게 되었다. 만약 정규분포가 아닌 다른 분포를 히스토그램에 그려보고 싶다면, Continuous Fit의 다른 확률분포를 선택해 중첩하여 확률분포를 그리면 된다.

2.2.4 확률분포의 검정

이렇게 확률분포를 히스토그램 위에 그려서 시각적으로 데이터가 확률분포를 따르는지 파악할 수 있지만, [Fitted Normal] 좌측의 팝업메뉴에서 [Goodness of Fit]을 실행하면 검정통계량에 의해 확률분포를 따르는지 검증할 수 있다.

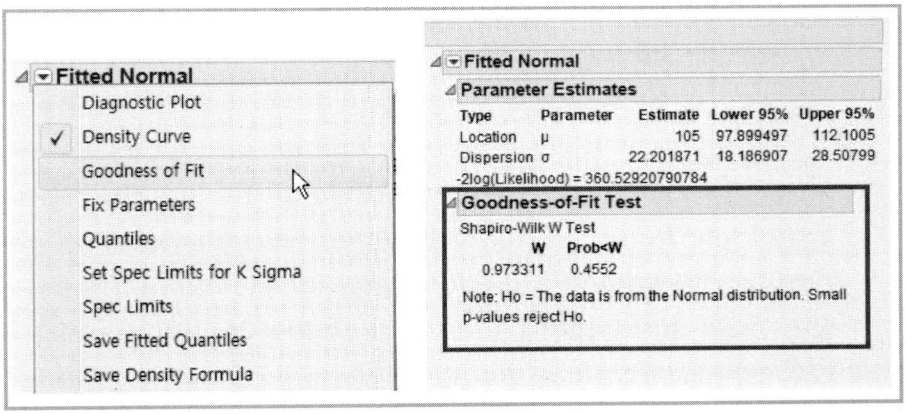

[Goodness-of-Fit Test]의 [Note]에 쓰여 있듯 귀무가설 (H_0)은 '자료가 정규분포의 가정을 만족한다.'이며, 대립가설 (H_1)은 '자료가 정규분포의 가정을 만족하지 않는다.'이다. 그런데 P-value(Prob<W)가 0.05 이상이므로 귀무가설(H_0)을 기각할 수 없다. 따라서 자료가 정규분포의 가정을 만족한다고 할 수 있다. JMP에서는 정규분포 이외의 다른 확률분포도 동일한 방법으로 검정할 수 있어 데이터가 어떤 분포를 따르는지를 알아낼 수 있다.

데이터가 어떤 분포를 따르는지 시각적으로 파악하는 다른 방법으로는 [Q-Q Plot (Quantile Quantile Plot)]을 활용하는 것이다. 이를 실행하기 위해서는 [Fitted Normal] 좌측의 팝업메뉴에서 [Diagnostic Plot]을 선택하면 된다.

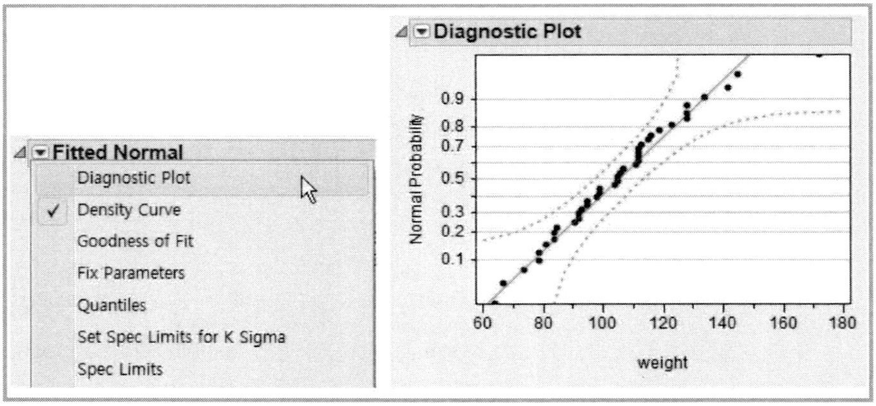

Q-Q 플롯은 정규분포의 분위수와 이에 대응하는 자료분포의 분위수를 좌표평면에서 각각 수평축과 수직축의 좌표로 하여 점을 찍은 것이다. 다시 말하면, 중앙에 보이는 붉은 직선이 정규분포의 곡선을 직선으로 변환한 선이며 각 데이터의 확률값을 검은 점으로 표시한 것이다. 검은 점들이 붉은 실선과 근접하게 나타나는 경우 이 데이터는 정규분포를 따른다고 할 수 있으며 양쪽의 붉은 점선(신뢰구간)을 검은 점(데이터)이 벗어나는 경우 데이터가 정규분포를 따르지 않는다고 볼 수 있다.

데이터를 탐색하다 보면 데이터가 보통 붉은 직선 위에 올라가 있다고 하더라도 양쪽 끝에서 편차가 심한 경우를 관찰하는 경우가 종종 있는데, 편차가 아주 심하지 않은 경우 무시하던가 Log 함수 등으로 데이터를 변환해 주면 분포에 적합되는 경우가 있다. 하지만 자료가 완전 중구난방이어서 정규가정을 만족한다고 볼 수 없을 때에는 그냥 무시할 수는 없으므로 자료를 가공해주거나 표본을 다시 뽑아야 한다.

또한, 데이터가 정규분포를 따르는지를 빠르게 확인하기 위해서는 Weight 좌측의 팝업메뉴에서 [Normal Quantile Plot]을 실행하면, 히스토그램에서 Q-Q Plot을 바로 볼 수 있다.

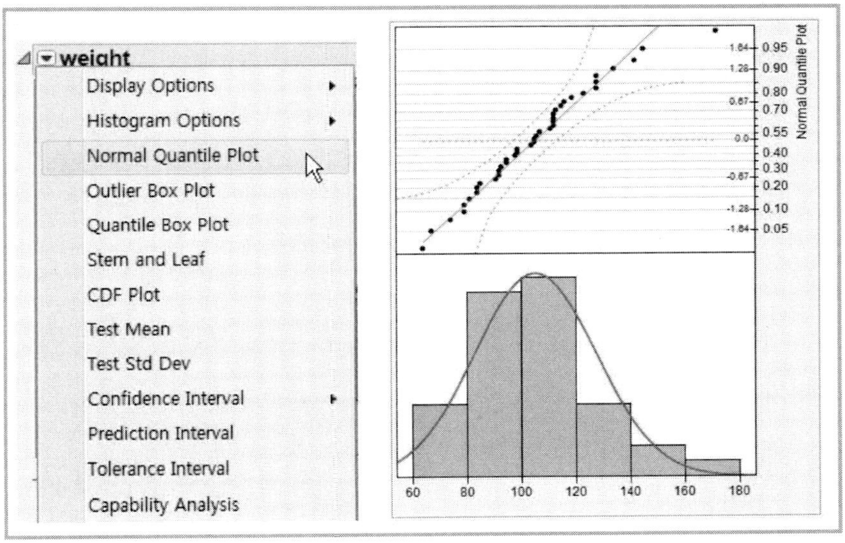

NOTE

신뢰구간: Confidence Interval

신뢰구간이란 표본에서 얻은 통계량(평균, 표준편차 등)을 가지고 모집단의 모수치(母數値)를 추리하기 위하여 모수치가 놓여 있다고 자신하는 값의 구간이다. 즉, 표본으로부터 모집단의 평균을 구할 때 정확한 하나의 값으로 확정해서 계산하기는 어려우니 '어떤 구간 내에 있을 확률이 몇 %'라고 하게 되는 것이다. 이러한 구간을 신뢰구간이라고 하며, 아래의 그림은 신뢰구간을 0.95(95%)로 선택하여 분석한 결과이다.

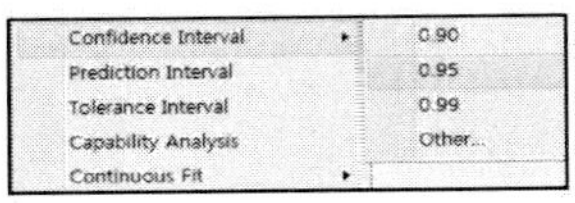

Confidence Intervals

Parameter	Estimate	Lower CI	Upper CI	1-Alpha
Mean	105	97.8995	112.1005	0.950
Std Dev	22.20187	18.18691	28.50799	0.950

위 예의 경우 모집단의 평균의 추정치는 105이며, 95%의 확률로 97.9 ~ 112 사이에 있을 것이라는 것이다.

2.3 히스토그램의 또 다른 형태인 상자도표(Box Plot)

2.3.1 상자도표(Box Plot)란?

상자 그림은 중요한 통계량들을 선으로 단순화한 상자 모양의 그림으로 히스토그램보다 단순화된 형태이면서 데이터의 분포를 빠르게 파악할 수 있어 많은 분석에 활용되고 있다.

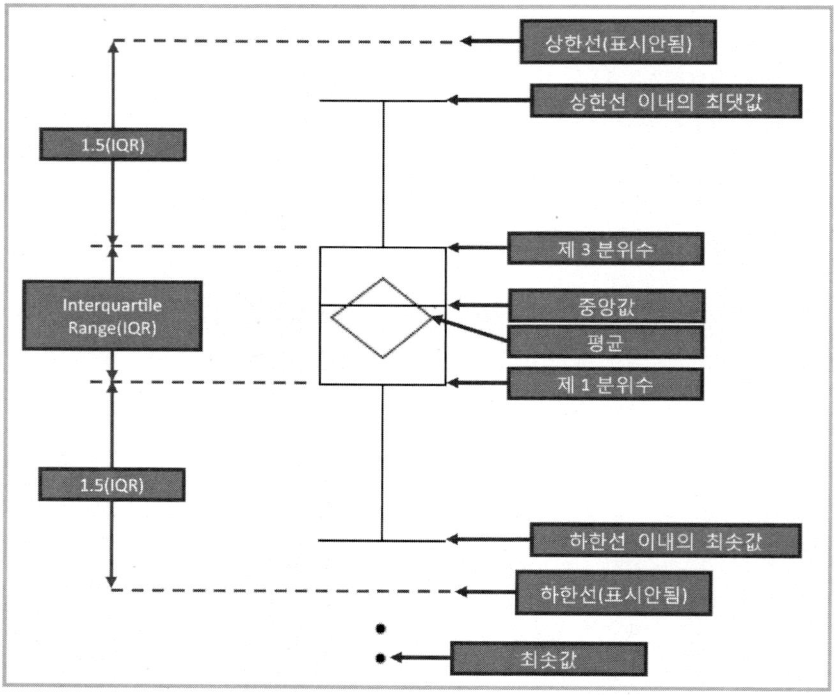

상자 그림의 각 선의 의미는 위 그림에서 표시한 바와 같다. 최댓값, 최솟값, 평균의 의미는 이미 알고 있을 것이므로 사분위수의 의미를 알아보자. 제1, 2, 3분위수는 각각 하위 25%, 50%, 75%에 해당하는 지점을 말한다. 예를 들어 '2, 4, 6, 8, 10, 12, 14, 16'의 8개 자료가 있다고 하자. 4는 8개의 데이터 중 밑에서부터 두 번째이므로 하위 25%의 원소이다. 따라서 제1분위수는 4가 된다. 이와 같이 제2분위수는 8, 제3분위수는 12가 된다. 제2분위수는 자료 중 '중앙'에 위치하기 때문에 보통 중앙값이라고 불린다.

상자도표의 가운데 박스의 세로길이는 IQR(Interquartile Range)이라고 하며, 제3분위수(75%지점)에서 제1분위수(25%지점)를 뺀 범위를 의미한다. 일반적으로 IQR의 길이 내에 데이터가 많이 모여있다고 판단한다.

상자도표의 위아래로 길게 뻗은 선을 수염(whisker)이라 부르며, 상자도표를 상자수염도표라고 부르기도 한다. 이 수염은 IQR의 1.5배의 길이로 그리는데, 이 범위 안의 위로는 가장 큰 값과 아래는 작은 값까지 수염을 그린다. 수염 밖에 있는 데이터는 점으로 표시하게 되고, 이 값들을 이상치(Outlier)로 간주할 수 있는지 판단하는 통계적인 근거가 된다.

2.3.2 상자도표(Box Plot)의 실행

실습 4-7 **상자도표 그려보기**

JMP는 히스토그램과 상자도표를 같이 표시하는 것이 기본으로 되어 있다. 아래와 같이 하여 상자도표를 실행하고 해석해 보도록 하자.

1. [Sample Data]→[Example for Teaching]→[Big Class]를 불러온다.
2. [Analyze]→[Distribution]을 실행한다.
3. 컬럼 리스트에서 신장(Height)과 체중(Weight)을 [Y, Columns]에 넣는다.
4. [OK]를 선택하면 다음과 같은 결과가 나온다.

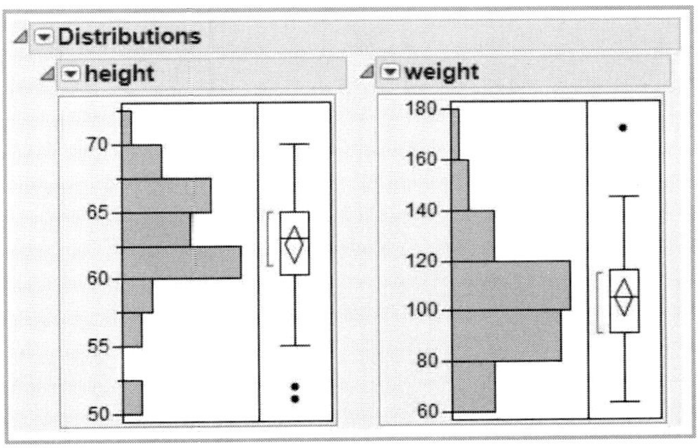

5. 각 변수의 팝업 메뉴에서 [Continuous Fit]의 [Normal]을 실행한다.

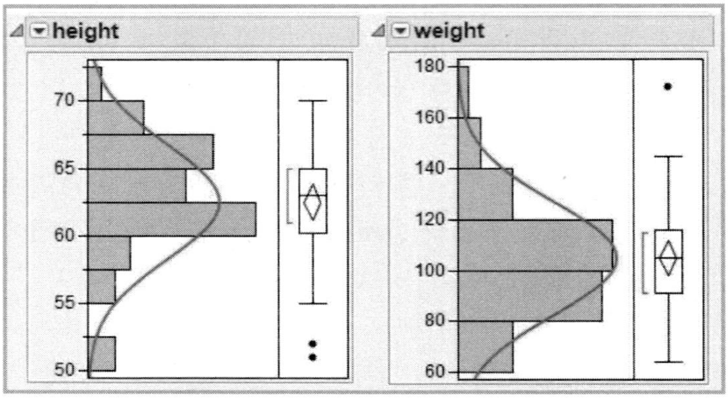

신장(Height) 변수의 히스토그램 우측의 상자도표를 보면 데이터가 가장 많은 60~65 사이에 IQR이 있고, 수염부분의 확률분포는 줄어들고 있음을 알 수 있다. 결국 데이터가 한쪽에 치우치거나 전체적으로 퍼져있는 경우, 이 IQR도 한쪽으로 치우치거나 길게 늘어나게 된다. JMP는 분석가가 더 빠르고 정확하게 데이터를 이해하도록 상자도표 왼쪽에 빨간 꺽쇠([ )를 표시하였고, 이 꺽쇠가 표시된 범위에 50%의 데이터가 있음을 나타낸다. 박스도표의 수염 밖에 있는 점은 중앙에서 멀리 떨어진 데이터로 이상치(Outlier)로 생각하여 이것을 어떻게 처리할 것인지에 대해서 분석가의 판단이 필요하다.

3강 연관성 있는 두 개의 정보분석

분석 관점에서 변수를 들여다보면 반응변수(Y)와 설명변수(X)가 존재한다. 물론 이러한 반응변수와 설명변수는 각각 한 개일 수도 있고 여러 개가 존재할 수도 있다. 일반적으로 설명변수와 반응변수 사이에는 인과성 또는 연관성이 존재한다고 본다. 통계분석에서 설명변수와 반응변수 간의 관계를 이해함에 목적이 있는 경우가 많다. 그러나 이러한 분석에 많은 어려움을 느끼는 분석가가 많다.

그 이유는 반응변수와 설명변수의 개수와 종류에 따라 분석기법이 달라지고 해석 방법이 달라지기 때문이다. JMP는 두 변수 간 관계분석에서 이러한 고민 없이 분석할 수 있도록 도와준다. JMP가 어떻게 분석을 쉽게 할 수 있도록 여러분을 도와주는지 들여다 보자.

3.1 Fit Y by X란?

Fit Y by X는 원인과 결과를 나타내는 변수가 각각 1개씩일 때 실시하는 분석이다. 변수의 종류(Type)에 따라 Fit Y by X 구문이 출력해 주는 그래프와 그것들의 의미가 다르므로 이에 대해 개략적인 설명을 여기에서 하고 자세한 것은 각 장에서 다루도록 하자.

3.1.1 X, Y 변수

여기서 중학교에서 배웠던 2차원 평면을 잠시 떠올려 보자. 다음의 그림은 Big Class 데이터의 신장(Height)을 X축으로, 체중(Weight)을 Y축으로 생성한 산점도로, 의미를 해석해 보면 신장이 클수록 체중이 증가하는 경향이 있음을 알 수 있다. 바꿔서 말하면, 체중을 늘리기 위해서는 신장을 키우면 될 것이다. 하지만, X축과 Y축을 바꾸어 신장을 키우기 위해 체중을 늘린다고 해석하는 것은 자연스럽지 못하다.

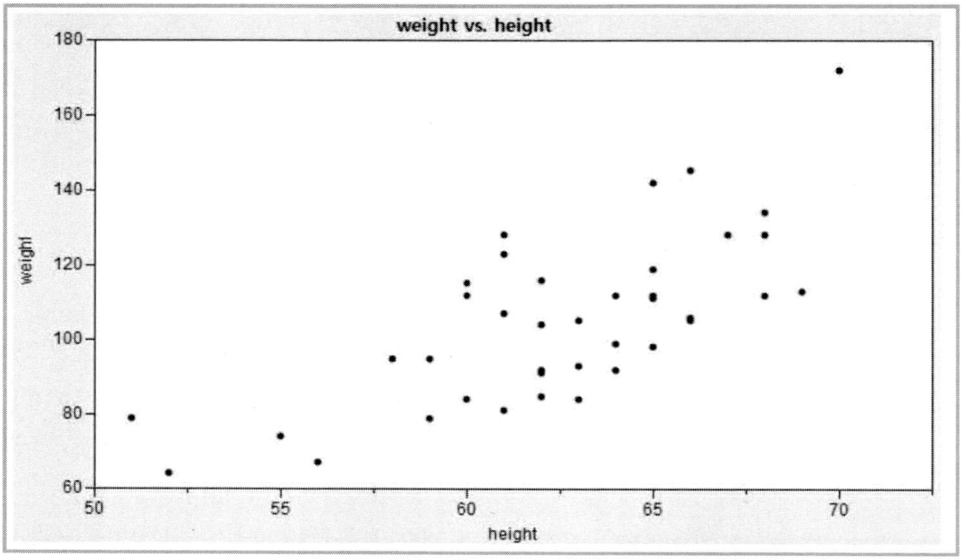

Y축에 해당하는 변수는 주로 X 변수에 의하여 변화되는 값을 의미한다. X축에 해당하는 변수는 Y의 원인으로 생각되는 변량이나 우리가 변화시킬 수 있는 변량이 들어가게 된다. 예를 들어 화학 실험실 내부 온도와 반응물의 양을 알아보는 실험에서 실험실 내부 온도는 실험자가 변화시킬 수 있으므로 X 변수이고, 반응물의 양은 온도의 변화(X의 변화)로 인해 변화하므로 Y 변수이다. 이렇듯 X 변수는 Y 변수의 상태에 변화를 준다. 그래서 마치 X 변수가 Y를 설명해 준다고 하여 X 변수를 '설명변수' 또는 독립적으로 조절이 가능하기 때문에 '독립변수'라고 말한다. Y 변수는 X 변수에 종속되어 반응하기 때문에 '종속변수', '반응변수'로 불린다.

TIP

변수 이름의 종류

X 변수와 Y 변수는 여러 개의 이름을 가지고 있다. 변수 이름의 종류는 다음과 같다.
X 변수: 독립변수, 설명변수, 입력변수
Y 변수: 종속변수, 반응변수, 출력변수, 목표변수, 목적변수
이러한 변수의 이름들은 분석을 실시하는 상황에 따라 달라진다. 사실 어떻게 불리든 크게 문제될 것은 없으나, 독립변수와 종속변수는 정형화된 실험이나 식일 경우에 주로 사용되며, 대표적으로 회귀분석에서 사용된다.

3.1.2 변수의 종류

앞에서 변수의 종류에 대해 이미 설명하였지만 더 자세하게 알아보기로 한다. 변수는 연속형 변수(Continuous Variable), 범주형 변수(Categorical Variable)로 크게 두 가지로 나뉘며, 이에 대한 기준은 변수가 취할 수 있는 범위이다.

연속형 변수의 경우, 변수가 특정 구간 내의 모든 실수값을 취할 수 있고, 범주형 변수는 제한된 개수의 값 중 하나를 취할 수 있는 변수를 말한다. 예를 들어 연속형 변수에는 직원들의 월급, 일일 최고 기온 등이 있고, 범주형 변수에는 차의 종류, 상품에 대한 만족도가 있다. 범주형 변수는 다시 명목형(Nominal) 변수, 서열형(Ordinal) 변수로 나눠진다. 명목형 변수와 서열형 변수는 순서를 매길 수 있는가의 차이점을 가지고 있다. 예를 들어 차의 종류 같은 경우는 개념적으로 순서가 없어 명목형이 되고, 만족도의 경우 매우 좋음, 좋음, 보통, 나쁨, 매우 나쁨과 같이 순서가 존재하기 때문에 서열형이 된다. JMP는 연속형 변수를 , 범주형 변수를 로 표현한다. 범주형 변수를 그린 그림에서 왼쪽 빨간색 막대는 순서 정렬이 안 되어 있으므로 명목형 변수를 나타낸다. 반면 오른쪽 초록색 막대는 순서가 정렬이 되어 있으므로 서열형 변수가 된다.

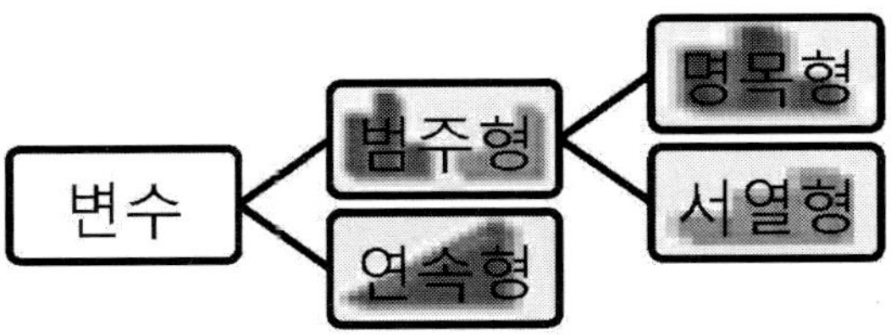

TIP

데이터의 형태

데이터의 형태는 원래 영어로 표기하기 때문에 한국어로 표기하는 경우 여러 가지로 표현이 가능하다. 다음은 몇 가지 예시이다.

- 범주형: 이산형
- 서열형: 순위형, 기수형, 순서형

이제 그래프를 그린다고 생각해 보자. X축과 Y축에 변수를 하나씩 놓을 것이기 때문에 가능한 두 변수의 조합은 연속형과 연속형, 연속형과 범주형, 범주형과 연속형, 범주형과 범주형으로 총 네 가지가 나온다. 여기서 앞에 나온 변수가 X축에 해당하는 설명변수(또는 독립변수)이고, 뒤에 나온 변수가 Y축에 해당하는 반응변수(또는 종속변수)이다. [Analyze] 메뉴에서 [Fit Y by X]를 실행하면 다음과 같은 그림이 왼쪽 하단에 보인다.

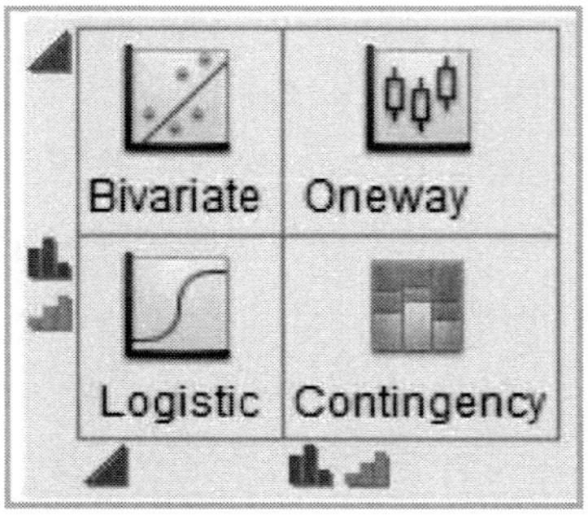

위에 있는 그림이 바로 앞에서 설명한 네 가지 경우를 요약한 그림이며 각 경우에 해당하는 분석을 실시할 것이다. 위 그림을 정리하면 아래와 같다.

1) 오른쪽 위에 위치한 범주형과 연속형: 일원배치분산분석(One-way ANOVA)을 실행
2) 오른쪽 아래에 위치한 범주형과 범주형: 분할표(Contingency table)를 실행
3) 왼쪽 아래에 위치한 연속형과 범주형: 로지스틱 회귀분석(Logistic Regression Analysis)을 실행
4) 왼쪽 위에 위치한 연속형과 연속형: 이(二)변량 분석(Bivariate Analysis)을 실행

네 가지 경우는 뒤에서 더 자세히 다룰 것이므로 분석에 사용되는 변수의 종류에 따라서 분석 기법이 바뀐다는 사실만 꼭 기억하도록 하자.

3.1.3 Fit Y by X의 실행 법

실습 4-8 분석의 기법 파악하기

이 실습에서 사용될 Baseball 데이터는 야구선수의 게임당 타율(Batting)이 선수의 이름(Player)과 함께 적혀있는 데이터로 총 43개의 데이터를 가지고 있다.
실습 4-8에서는 연속형인 타율(Batting)과 범주형인 선수이름(Player)을 사용하여 연속형과 범주형으로 사용되는 분석기법이 무엇인지를 파악한다.

1. [Sample Data]→[Sports]→[Baseball]을 불러온다.
2. [Analyze]→[Fit Y by X]을 실행한다.
3. [Batting]은 [Y, Response]로 끌어다 놓고, [Player]는 [X, Factor]로 이동시킨다.

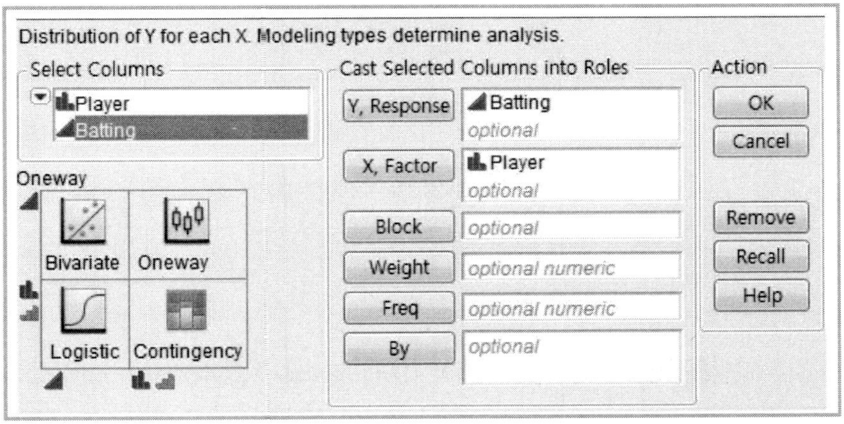

> **NOTE**
>
> **Fit Y by X 항목 및 옵션**
>
> - Y, Response: Y 변수에 해당하는 컬럼을 할당한다.
> - X, Factor: X 변수에 해당하는 컬럼을 할당한다.
> - Weight: 비율로 요약 테이블화되어 있는 변수를 할당받아 값들을 비율로 인식한다.

- Freq: 빈도로 요약 테이블화되어 있는 변수를 할당받아 값들을 빈도로 인식한다.
- By: 그룹별 수치를 나타내고 싶을 때, 그룹화하고 싶은 변수를 할당한다.
- Block: 일원배치분석을 이원배치분석으로 바꾸어 줄 때 사용하며, 이는 Oneway와 분할표에서만 사용이 가능하다.

아래 그림을 보면 좌측 그래프에는 아무것도 나와 있지 않지만, 우측 그래프에는 Oneway가 나타난 것을 볼 수 있다.

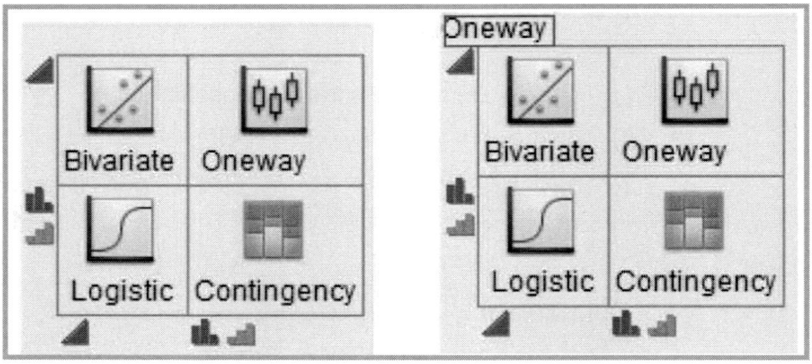

위에서 설명한 것과 같이 X 인자에 범주형 변수, Y 인자에 연속형 변수를 넣었으므로 일원배치분산분석(Oneway Anova)이 실행될 것이며, 그림에서 나오는 표시와 일맥상통한다.

3.2 빈도의 차이 비교(Contingency Table)

3.2.1 분할표란?

분할표는 변수들의 모든 조합에 대한 빈도수를 적어 놓은 행렬 형태의 도표로써, 반응변수와 설명변수가 범주형 변수일 때 사용된다.

표 4-1은 각 3개의 수준을 갖는 반응변수와 설명변수에 대한 분할표이며, 자료를 얻는 방법에 따라 크게 동질성 검정과, 독립성 검정으로 분리된다.

표 4-1 3x3 분할표

	Column A	Column B	Column C	Column Total
Row A	P_{11}	P_{12}	P_{13}	P_1
Row B	P_{21}	P_{22}	P_{23}	P_2
Row C	P_{31}	P_{32}	P_{33}	P_3
Row Total	$P._1$	$P._2$	$P._3$	$P..$

표 4-1 안의 값은 각 수준의 조합에 포함될 확률을 의미한다. 예를 들면,

$$P_{11}\frac{\text{Row A중 Column A의 수}}{\text{전체 RowA의 수}}\text{이며, } P._1\frac{\text{Column A의 수}}{\text{전체의 수}}\text{이다.}$$

1) 분포에 대한 동질성 검정

분할표에서 동질성 검정은 각 행의 합을 미리 정해 놓고 수집된 자료를 분석할 때 쓰이는 방법이다. 예를 들면, 직급별 선호하는 커피 종류의 비율이 다른가를 알아 보기 위하여 사원, 대리, 과장, 차장 각 30명씩 아래와 같은 자료를 얻었다고 하자.

표 4-2 직급별 커피 선호 자료 분할표

	아메리카노	라떼	카라멜마키야또	카푸치노	합 계
사원	12	6	8	4	30
대리	6	13	9	2	30
과장	5	10	11	4	30
차장	4	6	9	11	30

표 4-2에서 사원, 대리, 과장, 차장은 선택한 커피 종류에 따라 각각의 다항분포를 따르게 된다. 여기서 분포의 동질성 검정은 아래와 같이 직급별 다항분포가 모두 동일하다는 귀무가설을 검정하는 것이다.

H_0: 직급별 선호하는 커피 종류의 비율은 차이가 없다.

H_1: 직급별 선호하는 커피 종류의 비율은 차이가 있다.

2) 두 변수의 독립성 검정

두 변수의 독립성 검정은 분포의 동질성 검정과 달리 행의 합을 미리 정해 놓고 자료를 수집하는 것이 아니라 전체 합을 미리 정해 놓고 수집된 자료를 분석할 때 쓰이는 방법이다. 아래 표는 전체 합을 미리 정해 놓고 연령별로 선호하는 정당을 수집한 자료이다.

표 4-3 연령별 선호 정당 분할표

	A정당	B정당	C정당	합계
20대	24	53	9	86
30대	30	42	18	90
40대	86	22	16	124
합계	140	117	43	300

여기서 독립성 검정은 확률적으로 설명변수와 반응변수가 연관관계가 존재하는지를 검정하는 것이다. 이에 대한 두 변수의 독립성 검정은 아래와 같다.

H_0: 연령과 선호하는 정당은 연관성이 없다.
H_1: 연령과 선호하는 정당은 연관성이 있다.

3.2.2 분할표의 실행

실습 4-9 **분할표와 모자이크 그래프 생성하기**

여기서 실습할 데이터 Car poll은 미국인 303명에게 설문조사를 실시한 데이터로, 인구통계학적 정보인 성별(Sex), 결혼여부(Marital status), 연령(age)과 자동차 정보인 제조 국가(Country), 크기(Size)와 종류(Type)를 담고 있다.

실습 4-9에서는 분할표를 만들고 분할표를 시각화하기 위한 모자이크 그래프를 생성해 볼 것이다.

1. [Sample Data] → [Exploratory Modeling] → [Car poll]을 불러온다.
2. [Analyze] → [Fit Y by X]을 선택한다.

3. [type] → [Y, Response / country] → X, Grouping 이동

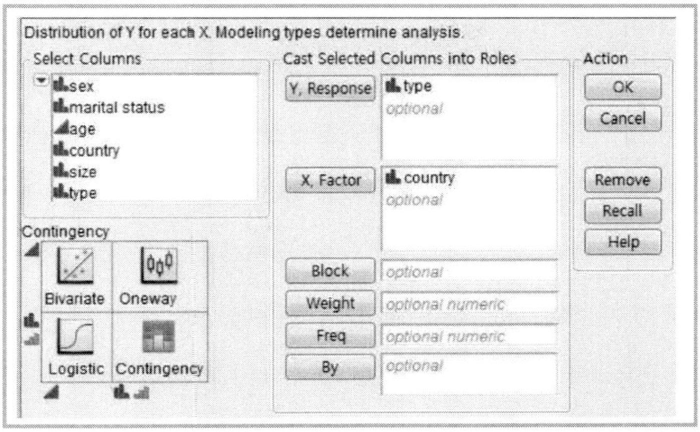

4. [OK]를 선택하면 다음과 같은 결과가 나온다.

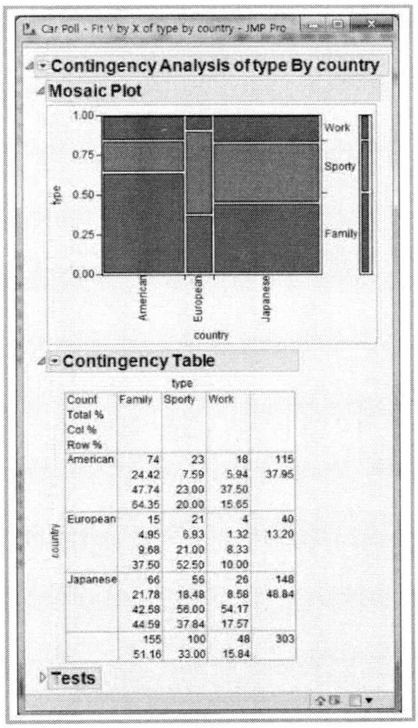

가장 상단에 보이는 그림은 모자이크 그래프(Mosaic Plot)이고 그 아래에는 분할표(Contingency Table)가 5×5 행렬의 형태로 나와 있다. 모자이크 그래프는 사용자가 분할표를 알아 보기 쉽게 도식화한 그래프로, 가로축은 설명변수를 각 수준의 비율로 나타내고, 세로축은 반응변수의 비율로 나타난다. 303명의 미국인이 소유한 자동차는 일본 자동차가 가장 많고 유럽 자동차가 가장 적다. 그리고 미국과 일본에서 생산한 자동차는 Family(빨간색) 사각형이 차지하는 비율이 가장 높고 유럽 산 자동차는 Sporty(녹색) 사각형이 차지하는 비율이 가장 높은 것을 쉽게 알 수 있다.

TIP

Mosaic Plot 꾸미기

여기서 Mosaic Plot의 색상을 바꾸거나 통계량을 표시하고 싶다면 Mosaic Plot의 그래프 영역에서 우측 마우스 버튼을 클릭하면 나타나는 메뉴에서 변경할 수 있다. 아래의 그림은 모자이크 그래프의 색상 변경과 통계량(빈도)을 표시하는 모습이다. 왼쪽 그림이 색상 변경의 내용이고 오른쪽 그림이 통계량(빈도)을 표시하는 내용의 그림이다. 각 그림들을 따라 하면 아래의 결과를 나타낼 수 있다.

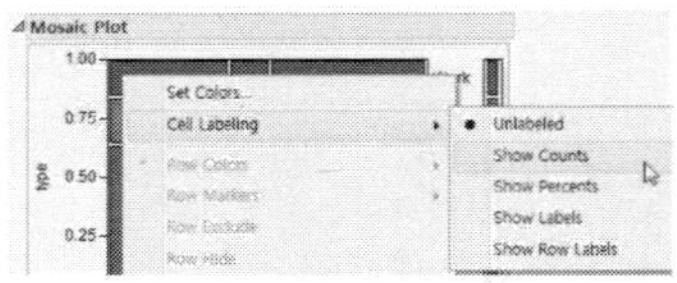

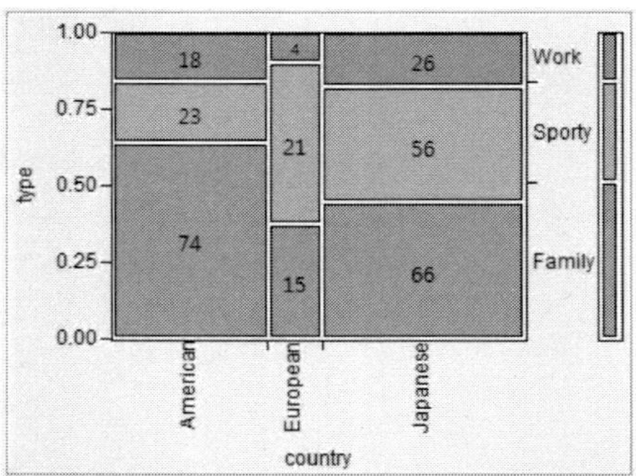

3.2.3 분할표에서 분포의 동질성 검정

동질성 검정이란 여러 개의 모집단의 성질이 같은지를 알아보는 통계적 방법을 의미한다. 앞의 분할표에서는 자동차 제조 국가(Country)가 American, European, Japanese으로 구분되고, 우리가 알고자 하는 것은 자동차 제조 국가별로 자동차 종류(Type)가 차이가 있는지의 여부이다. 예를 들어, 미국에서 생산한 자동차를 소유한 사람들의 자동차 종류가 다른 제조 국가에서 생산한 자동차들과 두드러지게 차이가 있는지가 궁금한 것이다.

Contingency Table

country	Count Total % Col % Row %	type: Family	Sporty	Work	
	American	74 24.42 47.74 64.35	23 7.59 23.00 20.00	18 5.94 37.50 15.65	115 37.95
	European	15 4.95 9.68 37.50	21 6.93 21.00 52.50	4 1.32 8.33 10.00	40 13.20
	Japanese	66 21.78 42.58 44.59	56 18.48 56.00 37.84	26 8.58 54.17 17.57	148 48.84
		155 51.16	100 33.00	48 15.84	303

위 그림은 국가와 자동차 종류에 대한 분할표이다. 여기서 1행 1열을 보면 네 번째 줄에 Row %가 있는데, 이는 행(Row)을 기준으로 볼 때 각 열(Column)별로 차지하는 백분율을 의미한다. 예를 들면, 제조 국가가 미국(American)인 자동차의 종류는 Family, Sporty, Work 순서대로 행 백분율이 64.35%(74), 20%(23), 15.65%(18)이고, 유럽(European)의 자동차 종류는 37.5%(15), 52.5%(21), 10%(4)이며 일본(Japanese)의 자동차 종류는 44.59%(66), 37.84%(56), 17.57%(26)이다. 여기서 미국과 일본 차량은 유럽 차량에 비해 Family가 가장 많았고 유럽은 Sporty가 가장 많아 303명이 미국인이 소유하고 있는 자동차는 제조 국가별로 자동차 종류에 차이가 있

는 것을 볼 수 있다. 그럼 이제 다음과 같은 가정 두 가지를 생각해 보자.

H_0: 제조 국가별로 자동차 종류의 비율은 차이가 없다.
H_1: 제조 국가별로 자동차 종류의 비율은 차이가 있다.

이러한 가정 중 우리가 알고 싶고 동시에 주장하고 싶은 것은 대립가설이다. 이러한 가설을 검정하기 위한 검정 통계량인 P-value를 확인해야 한다. 이 값은 Tests의 Pearson에서 Prob>ChiSq에 계산되어 있다.

Tests

N	DF	-LogLike	RSquare (U)
303	4	9.7778852	0.0322

Test	ChiSquare	Prob>ChiSq
Likelihood Ratio	19.556	0.0006*
Pearson	19.305	0.0007*

위 그림은 동질성 검정 결과이다. 결과를 해석해 보면 Pearson 카이제곱 통계량에 대한 P-value가 0.0007로 유의수준 0.05보다 작으므로 귀무가설을 기각하고 대립가설을 채택하여 '제조 국가별로 자동차 종류의 비율이 차이가 있다'라고 할 수 있다.

NOTE

Cochran-Mantel-Haenzel Test(코크란-맨텔-핸젤 검정)

앞에서 소개한 동질성 검정은 하나의 그룹 안에서 비교하였지만 경우에 따라서 하나 이상의 그룹이 있을 때 반응률의 차이가 있는지를 검정할 때가 있다. CMH 검정은 이처럼 독립된 K개의 그룹이 있을 때 그룹의 효과를 제어한 반응률의 차이가 있는지를 검정하는 방법이다.

1. [Mosaic Plot] 위에 있는 팝업메뉴→[Cochran-Mantel-Haenzel]를 실행한다.

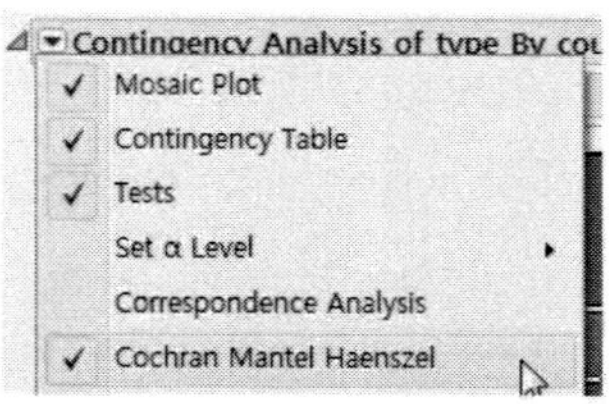

위와 같이 Group 변수를 선택하는 화면이 나타나면 [Marital status]를 선택한다. 결혼여부에 따라 보유한 차량의 생산국가와 차종의 선택에 영향을 미치는 것(제어한다고 표현)을 파악하는 것이다. Sex, Age 등 선택하는 변수에 따라 다양한 분석이 가능하다.

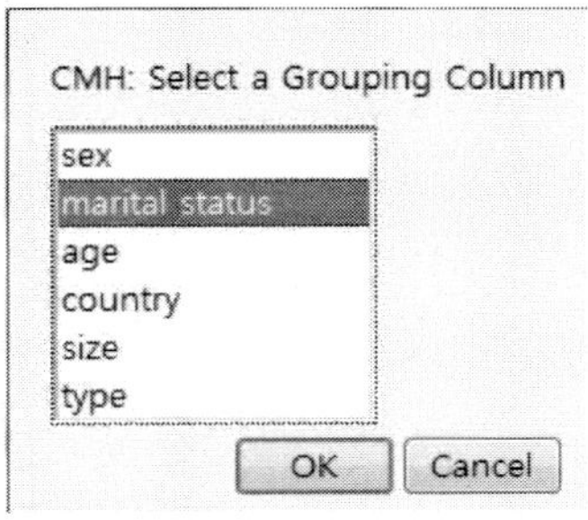

화면 우측의 스크롤 바를 가장 아래로 내려서 'Tests' 아래에 추가된 Cochran–Mantel–Haenszel Tests가 보여지도록 한다. 'General Assoc. of Categories'의 [P–value (Prob>Chisq)]의 값이 0.05보다 작으므로 결혼여부에 따라 차량생산 국가와 차종의 선택은 유의한 연관성이 있는 것으로 판단할 수 있다.

Cochran-Mantel-Haenszel Tests

Stratified by marital status

CMH Test	ChiSquare	DF	Prob>Chisq
Correlation of Scores	14.9565	1	0.0001*
Row Score by Col Categories	15.0313	2	0.0005*
Col Score by Row Categories	15.7467	2	0.0004*
General Assoc. of Categories	16.9239	4	0.0020*

3.2.4 대응분석(Correspondence Analysis)

Correspondence Analysis(대응분석)은 행과 열의 분할표 자료를 산점도로 표시하여 행과 열의 변인끼리의 관계를 분석하려는 탐색적 자료분석기법 중 하나이다. 말은 어렵지만 자료를 시각화(그래프)하여 보여 준다는 것이다.

실습 **4-10** **Correspondence Analysis 항목으로 대응분석 해보기**

실습 4-9에 이어서 대응분석을 통해 연관성이 있는 범주를 파악한다.

1. [Mosaic Plot] 위에 있는 팝업메뉴→[Correspondence Analysis]를 실행한다.

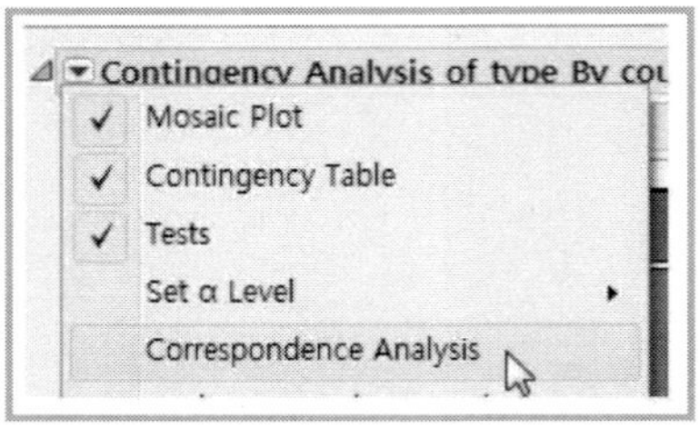

2. 화면 우측의 스크롤 바를 가장 아래로 내려서 [Tests] 아래에 추가된 [Correspondence Analysis]가 나오도록 한다. JMP는 기본적으로 그래프를 제공하고 팝업메뉴에서 통계분석을 실행하면 결과가 그래프 아래에 추가된다.

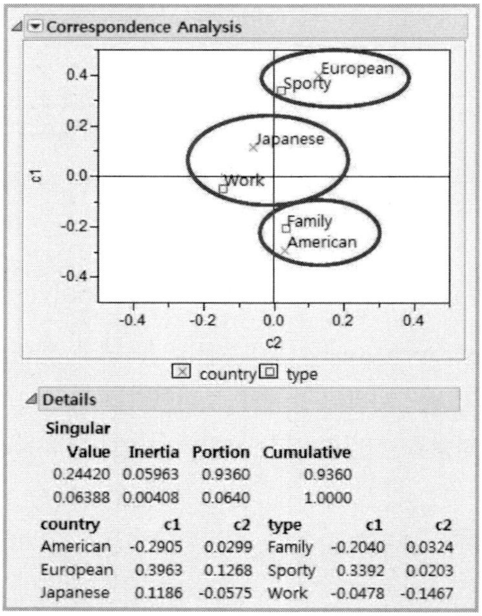

[Correspondence Analysis]를 해석하면 2차원 평면에 표시되어진 범주간에 거리가 가까운 것들끼리 연관성이 있는 것으로 판단한다. [Car Poll] 데이터의 경우 유럽 차량은 [Sporty]한 차종을 선호하고, 미국 차량은 [Family] 타입의 차종을 선호하는 것으로 판단된다. 일본 차량의 경우 [Sporty]와 [Work]의 중간에 위치하고 있는데, 어떤 범주와 더 연관성이 있는지를 판단하는 통계량을 제공하지 않으므로, 자의적으로 [Work]와 더 연관성이 있다고 해석하거나 [Sporty]하면서 [Work]한 차종을 선호하는 것으로 해석한다.

3.3 두 그룹의 평균 차이 비교(T-test)

3.3.1 T-test란?

같은 과목을 수강하는 60명의 학생들 중 30명은 군대를 다녀온 남자들이고, 30명은 군대를 다녀오지 않은 여자라고 할 때, 남자와 여자 그룹 간의 주량이 차이가 있는지 논쟁이 붙었다. 학생회는 이 같은 논쟁의 결과를 도출하기 위해 남자와 여자 그룹을 대표로 15명씩(총 30명)의 주량을 테스트 했고, 아래와 같은 결과를 얻었다.

- 남자 주량의 평균: 맥주 4병
- 여자 주량의 평균: 맥주 2병

평균 주량만을 비교해 보았을 때 '남자들의 주량과 여자의 주량이 차이가 있다.'라고 판단할 수도 있지만, 통계는 단순하게 평균만을 가지고 결과를 판단하지 않는다. 다음 그림은 주량이 정규분포를 따른다고 가정할 때, 평균 주량이 4병인 남자들은 점선으로 주량 분포를 나타낸 것이고, 실선은 평균 주량 2병인 여자들의 분포를 나타낸 것이다.

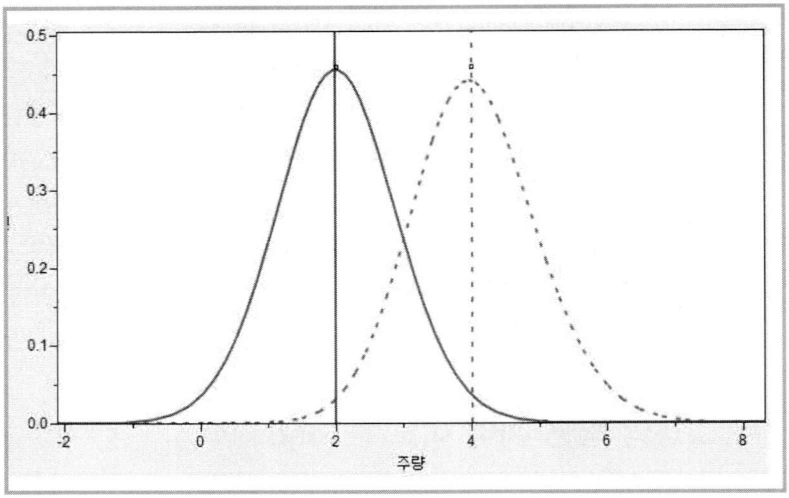

위 그래프를 보게 되면 여자의 평균이 남자의 분포 가장자리에 위치하고 있지만 여자의 일부는 남자들의 평균 주량(4병)을 넘고, 남자의 일부는 여자의 평균 주량(2병)보다 낮아서 이 그림상으로는 단순하게 '두 그룹 간의 주량에 차이가 있다.'라고 말하기는 어렵다.

이러한 경우 통계적으로 의미 있는 차이가 있는지를 식별하기 위해, 여자의 분포를 기준으로 다음 그림과 같이 분포의 양 끝의 2.5% 영역(분포에서 진한 회색으로 칠해진 부분)에 다른 그룹의 평균이 존재하면 유의한 차이가 있다고 가정한다. 여기서 양끝의 2.5% 영역을 차이가 있는 영역으로 정한 것은 유의수준을 5%로 가정한 것으로, 바꿔서 말하면 알 수 없는 오차를 감안해서 거의 발생할 수 없다고 생각되는 양끝의 2.5%씩의 영역을 합친 5% 범위에 있는 것은 다르다고 말하자는 것이다. 이 수준은 분석가의 판단에 따라 10%, 5%, 1% 등으로 조정이 가능하지만, 일반적으로 5%를 사용하여 분석한다.

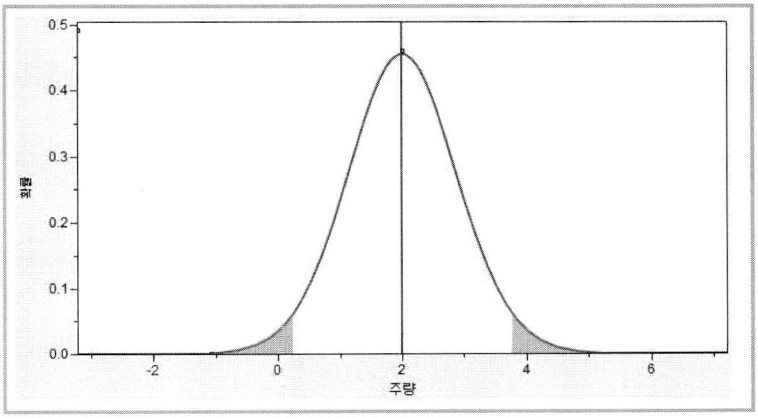

두 개의 그룹을 하나의 그래프로 다시 표현하면, 아래와 같이 남자의 평균이 여자의 평균과 다르다고 말할 수 있는 수준(진한 회색 영역)에 위치하고 있어, 통계적으로 '95% 유의수준에서 남자의 주량과 여자의 주량은 차이가 있다.'라고 말할 수 있는 것이다.

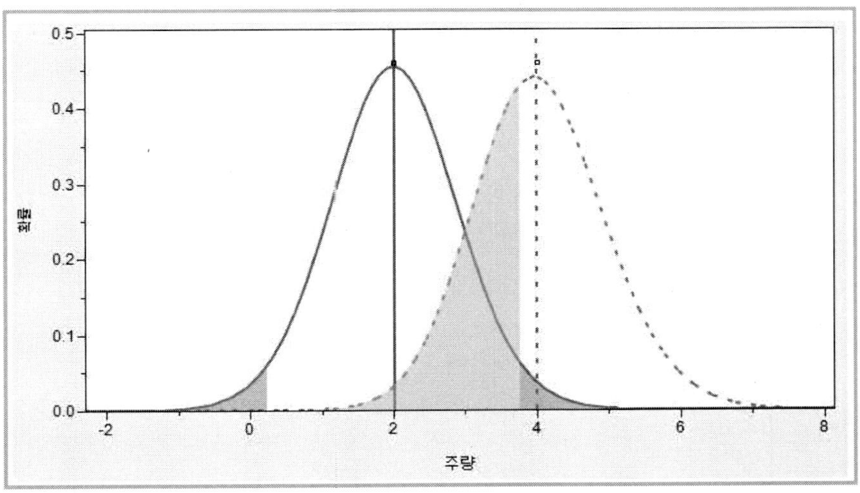

논쟁의 관점을 조금 바꾸어서 만약 '남자의 주량이 여자의 주량보다 적다.' 혹은 '남자의 주량이 여자의 주량보다 많다.'로 하면, 분포의 양끝에 있는 유의한 차이 영역을 한쪽으로 몰아서 해석하면 된다.

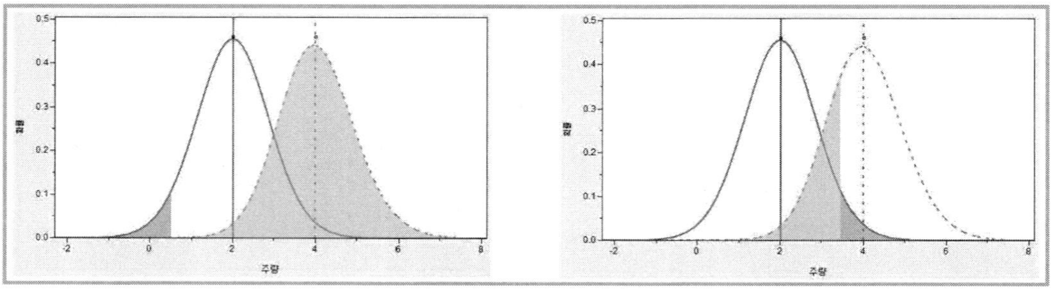

여기서, 실험은 각 집단에 대해 15명씩 총 30명을 실험하였고 이 결과를 가지고 60명 전체에 대해 유의한 차이가 있다는 결론을 도출한 것은 실험에 참여한 참가자들의 수(표본의 수)가 많을수록 표본평균들의 분포가 정규분포에 근사한다는 '중심극한 정리'라는 이론에 따라 통계적으로 추론한 결과이다. (일반적으로 표본의 수가 30을 넘으면 정규분포라 가정할 수 있다.)

여기서 통계적으로 두 집단의 차이가 있는지를 판단할 수 있게 하는 통계량을 유의확률(P-value)이라 한다. 유의확률은 분포의 값이 더 극단값으로 갈 확률을 의미한다. 보통 유의확률이 5%보다 작을 경우에 통계적으로 유의하다고 할 수 있다는 결론을 내린다.

위의 예와 같이 T-test는 두 집단이 있을 때 집단 간의 평균의 차이가 통계적으로 의미가 있는 것인지 알기 위한 통계 이론으로, 좀 더 정확하게 말하면 수집한 표본을 통해 두 집단이 속한 모집단들의 평균이 같은지 알아내는 것이 T-test의 역할이다. 다음의 예시를 통하여 T-test가 어떻게 시행되는지 알아보자.

3.3.2 모집단의 설정

앞에서 실행한 Students 데이터를 다시 불러온다.

Students 데이터 테이블은 연령(age), 성별(sex), 신장(height), 체중(weight), 학번(idnum)에 대한 데이터로, 이전 가설검정에서 남학생과 여학생의 평균 신장을 JMP를 활용하여 구했던 것이 기억날 것이다. 이를 표본집단, 모집단과 함께 다음의 도식으로 나타내었다.

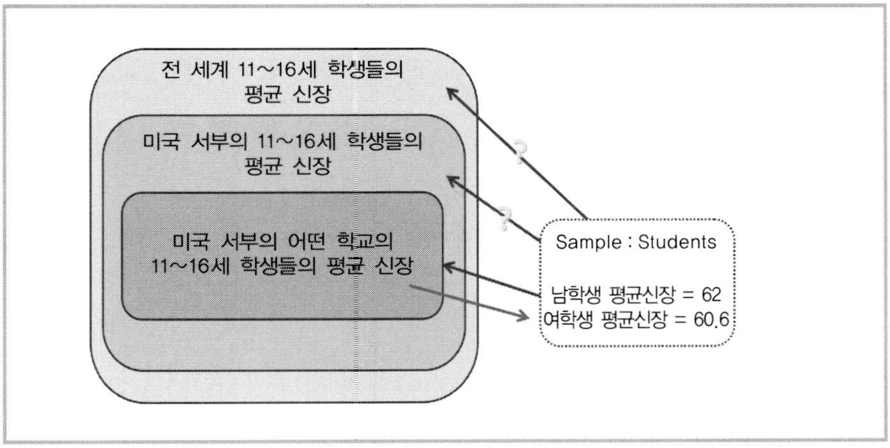

모집단에 대하여 오해의 소지가 있을 것 같아 정확하게 적고 넘어가겠다. 우선 Students 데이터 테이블을 표본으로 가지는 모집단은 무엇일까를 생각해 보자. 모집단은 단순히 표본집단을 포함하는 더 큰 집단이 아니다. 예를 들면 Students 데이터 테이블의 자료가 미국 서부 어느 학교에서 수집되었다고 가정하면, 모집단을 전 세계 11~16세 학생이라고 하는 것이 적절할까? 아니면 미국 서부의 11~16세 학생들일까? 아마 둘 다 확신하지는 못 할 것이다. 왜냐하면 전 세계 11~16세의 학생들에 대한 정보를 알아내려면 여러 국가에서 자료를 수집했어야 하기 때문이다. 이것은 마치 장님이 코끼리 다리를 만지며 코끼리를 이해하려는 것과 같다. 독자들도 느꼈겠지만 모집단은 설정하기 나름이지만 얼마나 논리적인가를 따져야 한다. 현재와 같이 표본을 우리가 직접 수집하지 않은 상황에서는 수집자가 어떤 모집단에 궁금증을 가지고 있었는지 알지 못한다. 따라서 적절한 모집단을 가정해야 하며 그래야 통계적 오류를 범하지 않게 된다. Students 데이터 테이블의 모집단은 미국의 어떤 학교에 재학 중인 11~16세 사이의 학생을 모집단이라고 생각하자.

3.3.3 가설검정

우리는 Students 데이터를 이용하여 이 학교 내의 남학생과 여학생(11~16세의)의 평균 신장이 차이가 있는지를 알고 싶은 상황이다. 표본자료에 의하면 남녀 평균 신장이 1.4(=62-60.6) 정도 차이가 있는데, 이 차이가 과연 우연하게 신장이 큰 남자가 많아서 차이가 있는 것인지, 실제로 의미가 있는 차이인지를 알아보아야 한다. 우리가 만약 남학생의 신장이 더 크다고 생각되면 귀무가설과 대립가설은 다음과 같다.

〈Case1〉

- H_0: 11~16세의 남학생과 여학생의 신장이 같다.
- H_1: 11~16세의 남학생과 여학생의 신장이 다르다.
- 실습 4-11(T-test 통계량을 구하고 가설검정하기)

이번 실습에서 사용할 데이터는 Students 데이터 테이블로 연령(age), 성별(sex), 신장(height), 체중(weight), 학번(idnum)에 대한 데이터를 포함하고 있다.

1. [Sample Data] → [Analysis of Variance] → [Students]를 불러온다.
2. [Analyze] → [Fit Y by X]를 실행한다.
3. height 변수를 [Y, Response] 항목으로, sex 변수를 [X, Factor] 항목으로 이동한다.

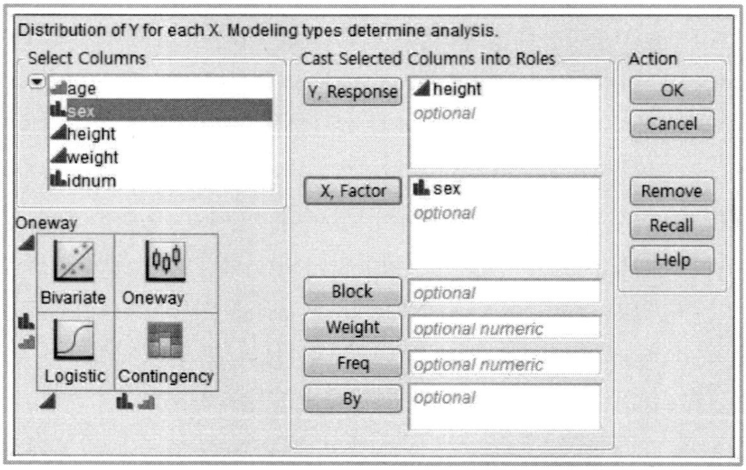

4. [OK]를 선택하면 다음과 같은 결과가 나온다.

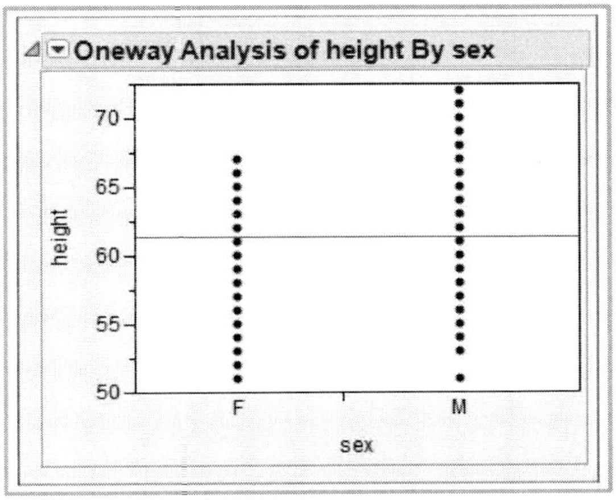

5. [Oneway Analysis of weight By sex] 앞의 팝업메뉴에서 T-test를 클릭한다.

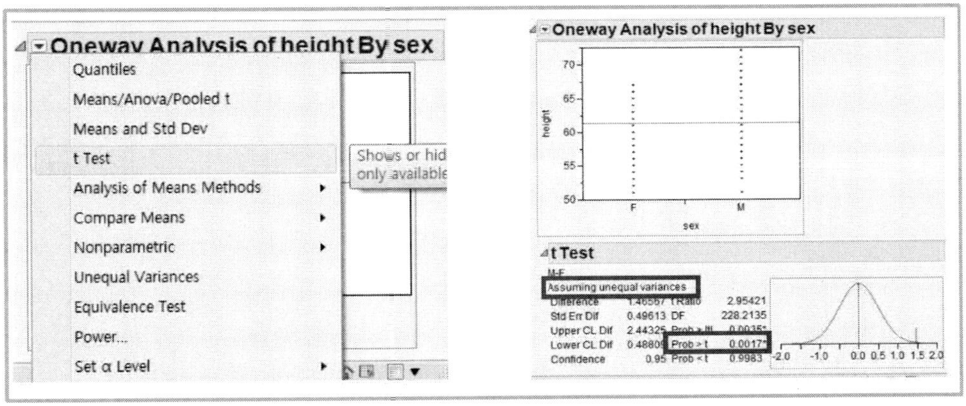

위 그림은 T-test 실행방법과 실행결과에 대한 그림이다. 우리가 가장 먼저 확인해야 할 것은 등분산 검정(두 모집단의 분산이 같다는 가정) 결과이다. 오른쪽 그림을 보면 두 모집단의 분산이 같지 않음(Assuming unequal variances)을 알 수 있고, JMP는 이것에 근거해 통계량을 자동으로 추정한다.

두 번째로 확인해야 될 결과는 검정 통계량이다. P-value를 의미하는 'prob > t'는 귀무가설(H_0)을 참이라고 가정했을 때, 대립사건(H_1)이 참일 확률(유의확률)에 해당한다. 유의확률은 0.0017로, 5%의 유의수준(0.05)보다 작으므로 대립가설(H_1)이 채택된다. 즉, 우연에 가까운 사건이 관측된다는 것은 일상적이지 않으므로 우리는 H_0보다는 H_1이 참이라고 결론지을 수 있다. 따라서 우리는 남학생의 평균 신장이 여학생의 평균 신장보다 크다는 충분한 증거를 찾은 것이다. 0.0017 옆에 * 표시가 붙어있는데, 이 표식은 유의수준보다 작은 P-value 값이 나왔을 때 붙는 것이다. 따라서 * 표시가 있으면 주장하고 싶은 가설에 대한 충분한 증거가 나왔다고 생각하면 된다.

이번에는 귀무가설과 대립가설을 다음과 같이 바꿔보자.

〈Case2〉

- H_0: 남학생과 여학생의 평균 신장은 같다.
- H_1: 남학생과 여학생의 평균 신장은 다르다.

Case1은 한쪽 방향으로 치우쳐 있는 가정에 속하고, Case2는 '같다, 다르다'는 양쪽으로 치우쳐 있는 가정이다. Case2의 H_0, H_1 중에 우리는 H_1을 주장하고 싶기 때문에, 만약 H_0가 참일 경우 H_1의 사건이 발생할 확률을 계산해보면 된다. 이때는 실행된 창에서 'Prob>|t|'라는 통계량에 주목해야 한다. 이 값이 0.0035로 0.3%의 작은 확률을 의미하므로 H_1의 가설이 옳다고 생각할 수 있다. 또한 0.0035 옆에도 * 표시가 붙어 있다.

참고로 T-test의 명칭은 t 분포(t-distribution)를 이용하여 P-value를 계산하고 검정(test)하기 때문에 붙여진 이름이다.

3.4 세 그룹 이상의 평균 차이 비교(분산분석: ANOVA)

3.4.1 분산분석(ANOVA)이란?

분산분석(ANOVA)은 ANalysis Of VAriance의 약자로 표본분산(Sample Variance)을 분석(Analysis)하기 때문에 붙여진 이름이다. 앞에서 배운 T-test가 두 집단 간의 평균을 비교하는 통계기법이라면 분산분석은 세 개 이상의 집단 간의 평균을 비교하는 기법이다. 세 집단을 설명하기 위해 군필자 내에서 육군, 해군, 공군 집단의 주량을 비교해 보도록 하자. 군필자 100명 중 육군, 해군, 공군 출신은 각 40명, 30명, 30

명이다. 이 군필자 내의 군종별 3그룹에 대해 각각 주량에 대한 실험을 하였는데, 육군은 육군대로, 해군은 해군대로, 공군 역시 마찬가지로 서로가 이기기 위해 많은 양의 술을 마시게 되었다.

	평균	세부 사항
육군	4병	(40명x4병)/40
해군	4병	(20명x5병+10명x2병)/30
공군	4병	(20명x2병+10명x8병)/30

이 세 집단의 주량 평균은 4병으로 동일하지만, 과연 평균의 차이가 없다고 말할 수 있을까?

정답은 '없다고 말할 수 있다.'이다. 엄밀하게 말해서 평균의 차이는 없고, 분산의 차이는 있다고 말할 수 있는 실험결과인 것이다. 이런 예를 드는 것은 집단을 비교할 때에는 평균으로 비교할 수도 있지만, 집단을 대표하는 또 다른 통계량인 분산을 사용하여 비교할 수 있다는 것을 설명하기 위한 저자의 고민이 있음을 이해해 주기 바란다. (당연히 위의 예는 통계적으로 서로 같다는 결과가 나온다.)

자, 그럼 세 집단을 비교하기 위해서, 앞에서 배운 T-test를 두 개의 집단씩 3번하면 안될까? 유의수준 5%에서 세 개의 집단 중 두 개의 집단에 대한 T-test를 여러 번 해서 비교하게 되면 5%의 유의수준을 동시에 맞춰주기 매우 어렵기 때문에 5%보다 높은 유의수준을 갖게 된다. 그렇기 때문에 세 개의 집단을 비교하기 위해서는 분산분석(ANOVA)을 실시해야 한다.

그럼 지금부터 본격적으로 분산분석을 실행해 보자.

3.4.2 분산분석의 실행

실습 4-11 **분산분석 실행하기**

Big Class 데이터를 사용하여 연령(세 집단 이상)에 따라 평균 신장에 차이가 있는지 검증하기 위한 분산분석을 실행해 보자.

1. [Sample Data] → [Analysis of Variance] → [Students]을 불러온다.
2. [Analyze] → [Fit Y by X]를 실행한다.

3. age 변수를 [X, Factor] 항목으로, height 변수를 [Y, Response] 항목으로 이동한다.

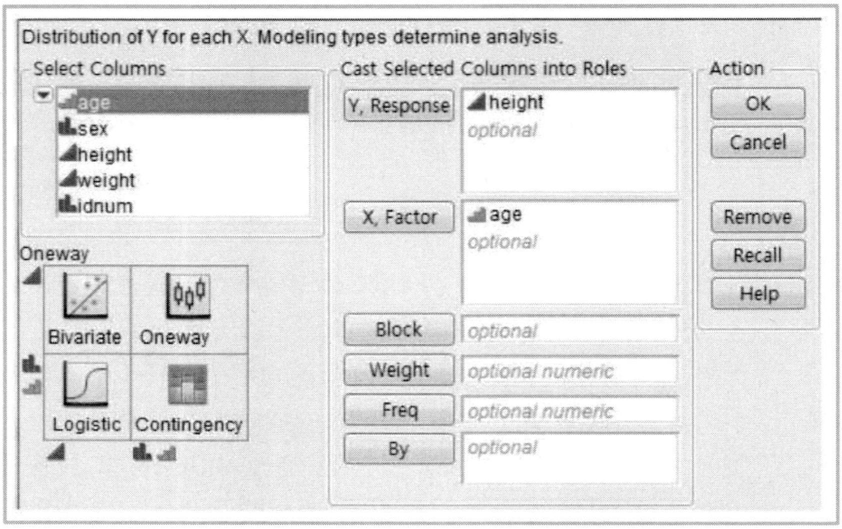

4. [OK]를 선택하면 다음과 같은 결과가 나온다.

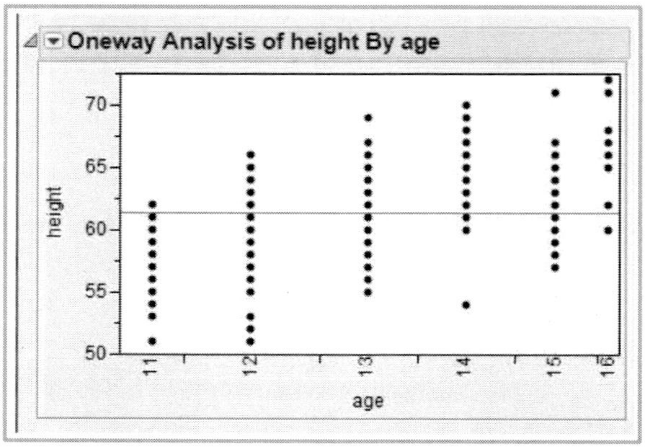

5. 팝업메뉴에서 [Means/ANOVA]를 실행한다.

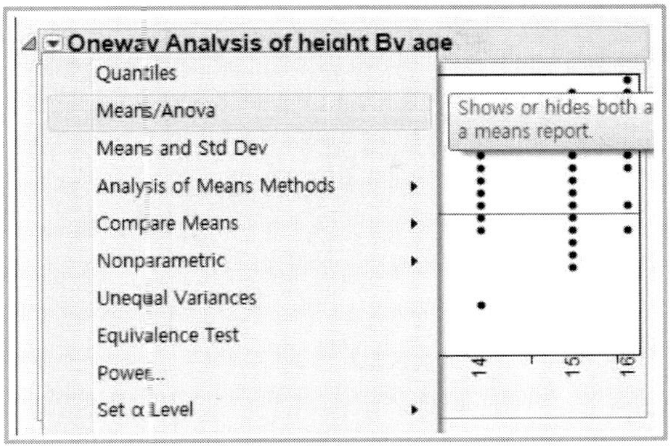

6. 1~5번까지의 실습을 진행하면 다음과 같은 결과를 얻는다.

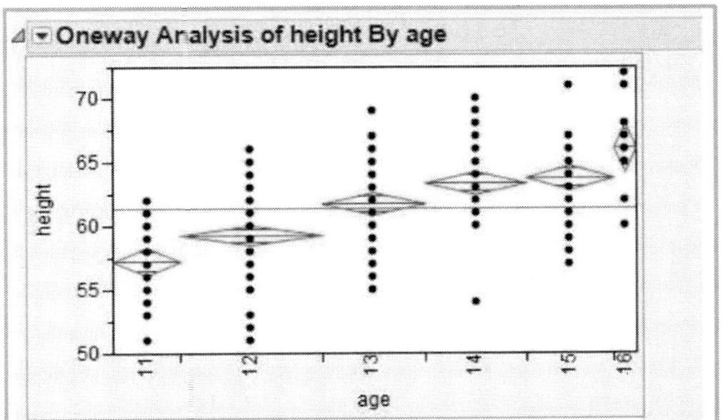

Oneway Anova

Summary of Fit

Rsquare	0.403559
Adj Rsquare	0.390422
Root Mean Square Error	3.043577
Mean of Response	61.33047
Observations (or Sum Wgts)	233

Analysis of Variance

Source	DF	Sum of Squares	Mean Square	F Ratio	Prob > F
age	5	1422.7705	284.554	30.7182	<.0001*
Error	227	2102.7831	9.263		
C. Total	232	3525.5536			

그래프를 확인해 보면 연령이 많아질수록 신장이 커지는 추세를 보이고 있다. 이는 상식적으로도 신장이 커지는 것이 당연하다. 이 표본 또한 그러한 사실을 뒷받침해주는지 알아보자.

3.4.3 분산분석의 가설검정

분산분석을 통해 알아낼 수 있는 가설은 '재학 중인 학생들의 신장은 연령별로 차이가 없다(귀무가설), 차이가 있다(대립가설).'이다. 이 가설을 식으로 쓰면 다음과 같다.

- H_0: $\mu_1 = \mu_2 = \mu_3 = \mu_4 = \mu_5 = \mu_6$
- H_1: H_0가 아니다.
  (단, $\mu_{1=}$ 재학 중인 11세 학생들의 평균신장, ⋯ , $\mu_{6=}$재학 중인 16세 학생들의 평균신장)

이때 대립가설 H_1인 'H_0가 아니다.'를 수식으로 쓰면 다음과 같다고 생각할 수 있을 것이다.

$$\mu_1 \neq \mu_2 \neq \mu_3 \neq \mu_4 \neq \mu_5 \neq \mu_6$$

하지만 조금만 생각해보면, 'H_0가 아니다.'는 아래와 같이 무수하게 많은 경우가 있는 것을 알 수 있게 될 것이다.

- $\mu_1 \neq \mu_2, \mu_3 = \mu_4 = \mu_5 = \mu_6$
- $\mu_1 \neq \mu_3, \mu_2 = \mu_4 = \mu_5 = \mu_6$

  ⋮
- $\mu_1 \neq \mu_2,\ \mu_1 \neq \mu_3, \cdots,\ \mu_1 \neq \mu_6,\ \mu_2 \neq \mu_3, \cdots, \neq \mu_5 \neq \mu_6$

이처럼 여러 가지 경우가 있기 때문에 H_1을 표기하는 경우는 수식이 아닌 'H_0가 아니다'라고 표기한다.

그럼 가설을 검정하기 위해서 P-value를 구해보자. 알다시피 P-value는 H_0를 참이라고 가정했을 때 H_1에 해당하는 표본이 나올 확률로 이 확률이 유의수준보다 작으면, 이 표본이 H_1을 주장할 충분한 근거라고 할 수 있다.

Analysis of Variance					
Source	DF	Sum of Squares	Mean Square	F Ratio	Prob > F
age	5	1422.7705	284.554	30.7182	<.0001*
Error	227	2102.7831	9.263		
C. Total	232	3525.5536			

분산분석 실행결과의 Analysis of Variance에서 P-value를 의미하는 Prob>F는 0.0001로 유의수준 0.05보다 작으므로 연령별로 학생들의 신장 차이가 있다는 매우 강한 증거가 됨을 알 수 있다. 보다시피 분산분석은 T-test의 다차원 형태라고 생각하면 쉽다.

3.4.4 분산분석을 시각화하기 – Display Options

실습 4-12 **분산분석의 다양한 옵션 실행하기**

[Display Options]은 화면의 상단에 위치하는 그래프에 여러 가지 옵션을 적용하기 위해 사용하는 것으로, [One-way Analysis of height By age]의 팝업메뉴에서 [Display Options]을 선택하면, 오른쪽에 [Display Options] 메뉴가 나타나게 된다. 주로 많이 사용하는 옵션을 알아보도록 하자.

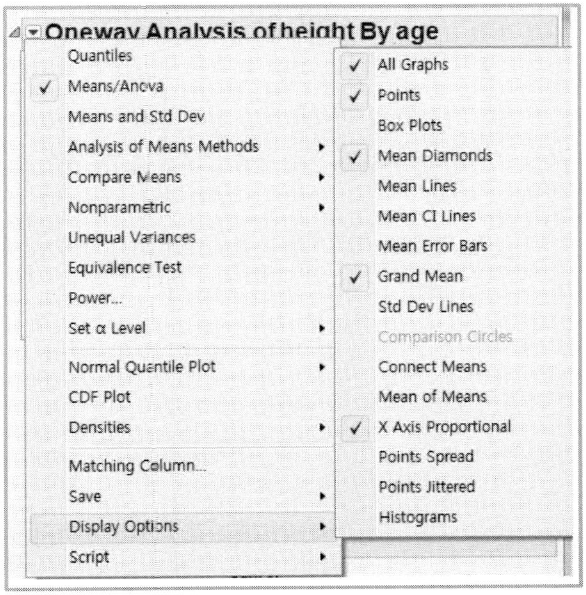

1. ANOVA가 분석하고자 하는 집단 간의 차이를 시각적으로 확인하기 위해서는 [Box Plot]을 주로 사용한다. JMP의 기본 옵션은 [Box Plot]이 선택해제되어 있어 사용자가 [Box Plot]을 그리는 옵션을 선택해 주어야 한다.

   팝업 메뉴에서 [Display Option]→[Means Diamonds]를 눌러 해제하고, 다시 한번 [Display Options]→[Box Plots]을 선택한다. 그 결과 그래프에서 초록색 다이아몬드가 없어지고, [Box Plot]이 그려지는 것을 알 수 있다.

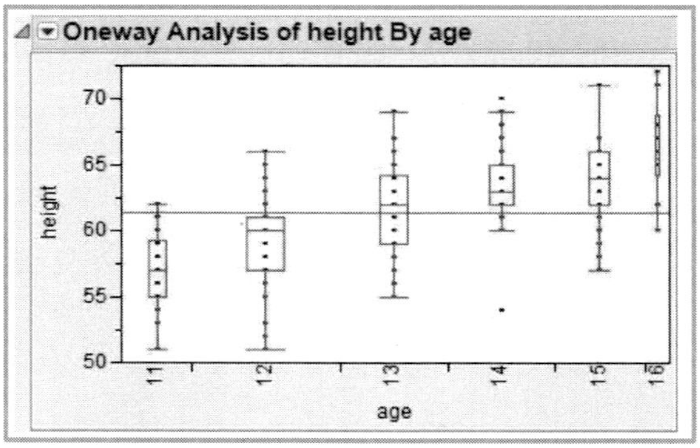

2. 각 그룹의 평균을 선으로 연결하여 [Box Plot]과 함께 표현하면 시각적으로 분석하기가 더욱 용이해진다. 이를 실행하기 위해서는 마찬가지로 팝업메뉴에서 [Display Options]를 선택→[Connect Means]를 실행한다.

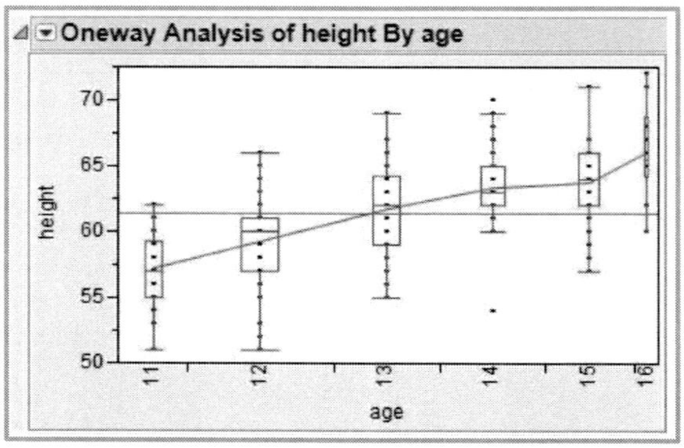

3. [One-way]의 그래프를 보게 되면 X축의 간격이 일정하지 않고, 데이터의 건수가 많은 그룹은 간격이 넓지만 건수가 적은 그룹은 간격이 좁게 표현되어 있다. 이는 그래프 상에서 그룹 간 데이터 수의 차이를 빨리 파악하게 하기 위한 JMP의 배려이지만 보고서를 작성하기 위해 일정한 간격으로 표현해야 하는 경우에는 [Display Option]→[X Axis Proportional]를 선택해제하면, X축이 동일한 간격으로 그래프가 바뀐다.

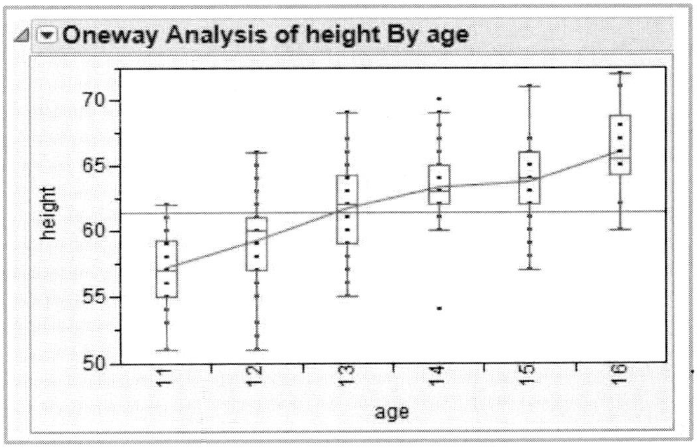

4. 그래프 Y축에 동일한 값이 여러 개 있을 경우 하나의 점으로 표현되어, 동일한 값이 얼마나 있는지 파악할 수 없게 된다. 이런 경우 [Points Spread]나 [Points Jittered]를 선택하면 점들을 좌우로 흩어서 표시하게 되어 각 그룹 내의 데이터 수를 시각적으로 파악할 수 있게 된다. 점으로 표현하는 것이 싫을 경우는 [Histogram]을 선택하면, 그래프 오른쪽에 히스토그램이 표시되어 동일한 효과를 얻을 수 있다. 다음 그림 중 왼쪽 그림은 Point Spread를 사용한 그림이고 오른쪽 그림은 Point Jittered를 사용한 그림이다.

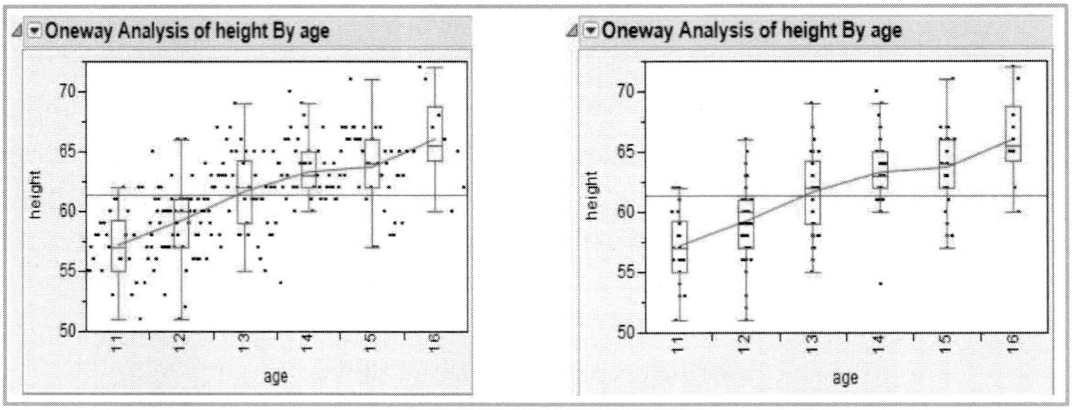

아래의 그림은 [Box Plot], [Connect Means], [X Axis Proportional], [Points Jittered], [Histogram] 옵션을 적용(X Axis Proportional은 적용 해제)한 것이다.

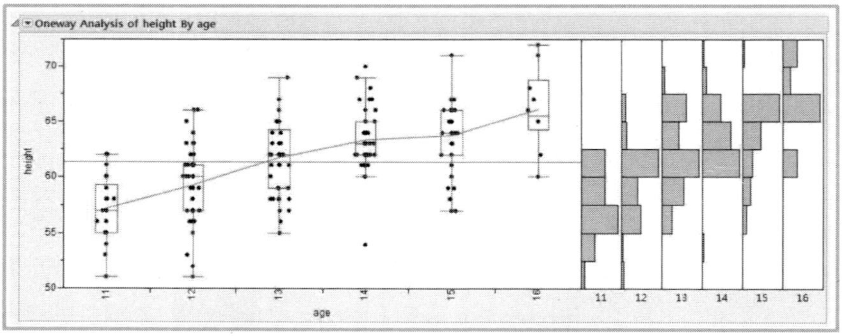

> **TIP**
>
> **Platforms 옵션 설정**
>
> 앞에서 설명한 옵션을 기본적으로 그래프에 반영하기 위해서는 JMP의 설정을 변경해 주면 된다. JMP 좌측 상단에 있는 [File] 메뉴에서 [Preferences]를 선택하면 JMP의 여러 가지 설정을 변경할 수 있는 화면이 나타난다. 좌측의 [Preference Group]에서 [Platforms]를 선택하고, 화면의 가운데에 있는 [Platforms]에서 [One-way]를 선택하면, 오른쪽 [Options]에 [One-way]에서 선택할 수 있는 옵션들이 나타난다. 위에서 설명한 여러 가지 옵션을 선택하면 기본적으로 반영된다.

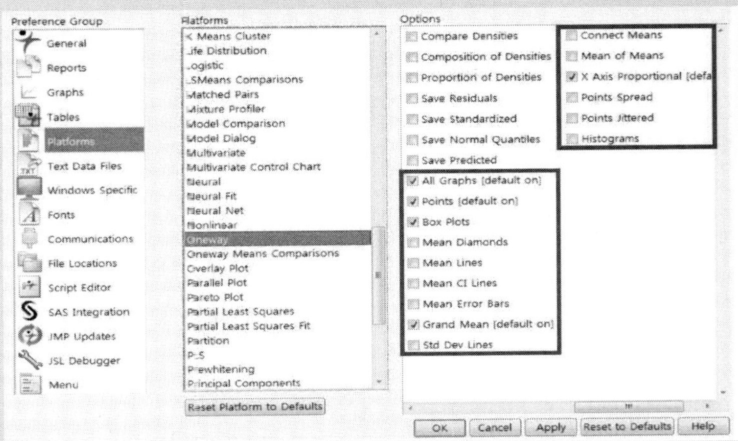

Oneway뿐만 아니라 다른 화면의 그래프의 기본 옵션도 선택 가능하다.

3.5 사후검정(Post-Hoc)

3.5.1 사후검정(Post-Hoc Analysis)이란?

사후(事後)라는 말은 '일이 끝난 뒤'로 직역된다. 그래서 사후세계는 흔히 죽은 뒤의 세계, 저승을 일컫는다. 사람의 인생을 하나의 '사건' 혹은 '일'로 간주한 것이다. 통계에서는 가설검정을 하나의 '일'로 간주하여 사후검정을 '가설검정 후에 또 다른 가설을 검정하는 것'으로 해석한다.

분산분석에서 사후검증을 하는 이유는, 분산분석의 가설검증을 통해 집단 간의 평균이 차이가 있는지는 알 수 있지만, 어떤 두 집단 간에 차이가 있는지는 알 수가 없다. 그래서 분산분석 이후 사후검증을 통하여 어떤 두 집단 간에 차이가 있는가를 파악하는 분석이라 할 수 있다.

앞서 말했듯 '$H_0: \mu_1 = \mu_2 = \mu_3 = \mu_4 = \mu_5 = \mu_6$'에 대한 H_1은 여러 가지의 경우가 나올 수 있지만 분산분석을 통해서 어떤 그룹 간의 차이가 있는 것인지 알 수 없다. 사후분석은 이런 사실을 상세히 알아보기 위하여 분산분석의 가설검정 후에 취하는 조치이다.

3.5.2 사후검정의 실행

실습 4-13 **사후검정 실행하기**

이번 실습은 Students 데이터를 사용하여 어떤 집단끼리 차이가 있는지 또는 어떤 집단끼리는 차이가 없는지를 알아본다.

1. [Sample Data]→[Analysis of Variance]→[Students]를 불러온다.
2. [Analyze]→[Fit Y by X]를 실행한다.
3. age 변수를 [X, Factor] 항목으로, height 변수를 [Y, Response] 항목으로 이동한다.
4. [OK]를 선택한다.
5. 팝업메뉴의 [Display Option]→[Box Plot]을 선택한다.
6. 사후검정을 실행하기 위해 [Compare Means]→[Each Pair, Student's] 를 실행한다.

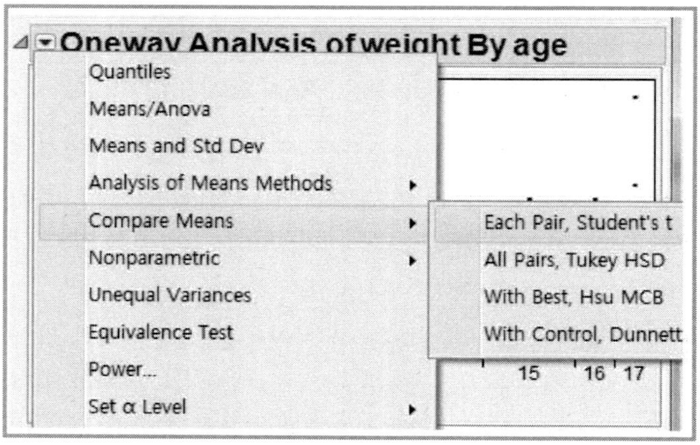

7. 6번까지의 실습을 하면 다음과 같은 결과를 얻는다.

Oneway Analysis of height By age

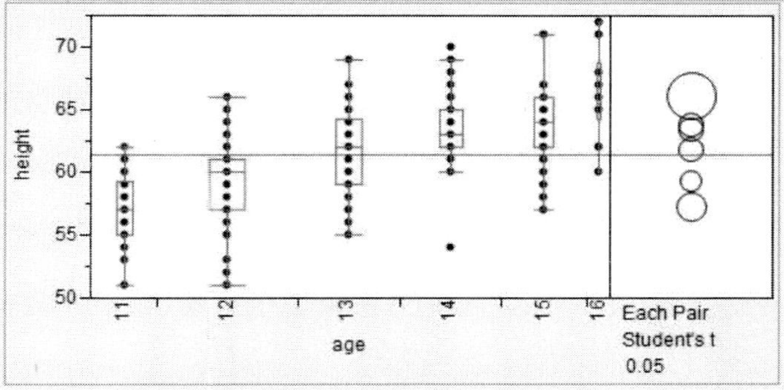

Means Comparisons

Comparisons for each pair using Student's t

Confidence Quantile

t	Alpha
1.97047	0.05

LSD Threshold Matrix

Abs(Dif)-LSD

	16	15	14	13	12	11
16	-2.6821	0.2050	0.6478	2.2684	4.7887	6.6768
15	0.2050	-1.3581	-0.8984	0.7247	3.2774	5.0795
14	0.6478	-0.8984	-1.2643	0.3590	2.9152	4.7087
13	2.2684	0.7247	0.3590	-1.2505	1.3062	3.0984
12	4.7887	3.2774	2.9152	1.3062	-1.0686	0.7062
11	6.6768	5.0795	4.7087	3.0984	0.7062	-1.5485

실행 결과의 LSD 임계값 행렬(Threshold Matrix)을 보면 어떤 수준에서 차이가 있는지 알 수 있다. 이것은 수준끼리 쌍을 지은 행렬로 각 행렬의 값은 |평균의 차이| − LSD이다. 평균의 차이란 예를 들어 행렬의 (1, 2) 성분의 경우 16세 학생의 체중 평균과 15세 학생의 체중 평균의 차이를 뜻한다. LSD는 Least Significant Difference의 준말로 '최소 유의 차'로 번역된다. 최소 유의 차란 마치 한계선 같은 개념이다. 예를 들어 약속을 할 때 '15분 늦는 것까진 봐줄게~'와 같은 말을 종종 한다. 즉, 15분 이상 늦으면 지각이 되고, 이때 '최소 유의시간'은 15분이라고 할 수 있다.

Threshold Matrix에서 양수인 성분은 |평균의 차이| > LSD를 뜻하므로 평균의 차이가 유의한 것이다. 가령 (1, 3) 성분이 0.6478으로 양의 값을 가지므로 이 학교

16세 학생의 체중 평균과 14세 학생의 체중 평균에는 차이가 분명히 존재한다고 생각할 수 있다. 반면 (2, 3) 성분은 음수이므로 15세와 14세의 경우는 차이가 존재한다고 확정 지을 수 없다. 이렇게 행렬의 성분을 확인하면 대립가설의 더 세분화된 결론에 도달할 수 있다.

LSD Threshold Matrix의 내용을 도식화한 것이 다음 그림과 같이 원이 여러 개가 겹쳐서 그려진 그래프와 Connecting Letters Report이다. 여기서 먼저 그래프에 대한 설명을 하면 각 원은 분석에 사용되었던 연령(age)의 수준에 대응되며 연령이 11세부터 16세까지 6개로 원의 개수와 같다. 원의 크기나 중심의 위치는 각 수준의 통계량으로 평균과 분산을 의미하며, 원의 크기가 클수록 분산이 커지고, 평균의 값이 클수록 더 높은 위치에 있다.

Oneway Analysis of height By age

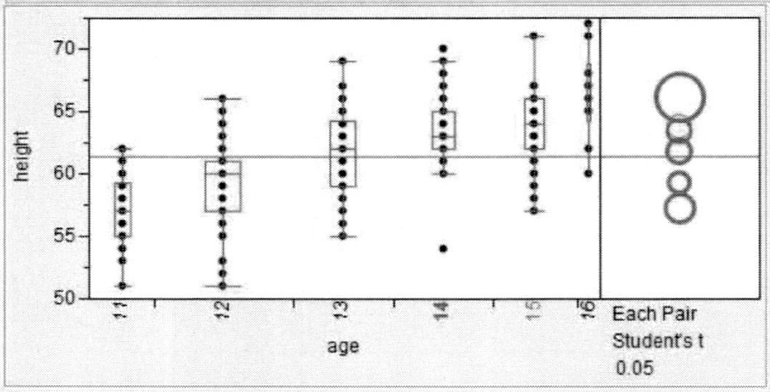

Means Comparisons

Comparisons for each pair using Student's t

Confidence Quantile

t	Alpha
1.97047	0.05

LSD Threshold Matrix

Connecting Letters Report

Level						Mean
16	A					66.100000
15		B				63.769231
14		B				63.355556
13			C			61.739130
12				D		59.269841
11					E	57.233333

Levels not connected by same letter are significantly different.

상자도표 우측의 Each Pair Student's의 원을 눌러보면 선택한 원은 빨간색으로 표시가 되며 다른 원은 분홍색 또는 회색으로 표시가 된다. 여기서 선택한 원에 해당하는 수준과 평균의 차이가 없는 수준의 원은 분홍색으로 표시가 되고 차이가 있는 것은 회색으로 나타난다. 위 그림은 연령이 14세 원을 선택한 것이며, 좌측의 산점도에서 연령을 보면 14, 15가 빨간색으로 표시되어 있고 그 중에서 14는 다른 것들과 달리 굵은 색으로 표기되어 있는 것을 볼 수 있다. 이것은 선택한 14세 신장의 평균이 15세의 신장의 평균과 통계적으로 차이가 나지 않는다는 것을 의미한다.

Connecting Letters Report는 비슷한 값을 가지는 집단을 알파벳으로 그룹화한 것으로 A그룹은 16세, B그룹은 14, 15세, C그룹은 13세, D그룹은 12세, 마지막으로 E그룹은 11세로 그룹화된 결과를 확인할 수 있다.

> **NOTE**
>
> **다중 비교 방법**
>
> JMP는 Each Pair, Student's t, All Pairs, Tukey HSD, With Best, Hsu MCB, With Control, Dunnett's의 네 가지 다중 비교 방법을 포함하고 있다. 이에 대한 설명을 간략히 하면, Each Pair, Student's t 검정은 설명변수의 수준(Level)이 증가할수록 유의수준의 크기가 증가하기 때문에 그룹 간의 차이 검정에서 쉽게 차이가 있다는 결론을 내린다. Tukey HSD 검정은 집단의 수가 같을 경우에 사용하는 방법이며, 일반적으로 공학에서 실험을 할 경우 주로 사용되는 방법이다. JMP에서는 집단의 수가 다를 경우에도 사용 가능하다. With Best, Hsu MCB 검정은 일반적으로 생명공학에서 많이 사용되는 방법이며, With Control, Dunnett's 검정은 실험 군을 선정하여 대조 군과 비교하는 방법이다. 여기서 각 방법에 대하여 보수적인 성향(확실한 차이가 보일 경우 차이가 있다 함)의 관계를 나타내면 Each Pair, Student's t < With Best, Hsu MCB < With Control, Dunnett's < All Pairs, Tukey HSD 순으로 Tukey가 가장 보수적인 방법이다.

3.6 원인과 결과를 나타내는 두 연속형 변수의 분석(Bivariate)

3.6.1 이변량 분석이란?

이변량 분석(Bivariate Analysis)을 풀어서 이야기하면 두 개의 연속형 변수 간의 관계를 파악하는 것이다. 하나의 변수가 다른 변수에는 어떤 영향을 주는지 또는 얼만큼 영향을 주는지 등을 분석하는 것이 이변량 분석에 포함된다. 이변량 분석은 두 개 집단의 차이를 비교하는 T-test나 두 개 이상의 집단의 차이를 비교하는 ANOVA와는 다르게 집단 간의 차이가 아닌 변수 간의 관계를 알아보기 위한 분석이기 때문에 X 변수와 Y 변수가 연속형으로 이루어져 있다. Bivariate는 어떠한 분석결과들이 나오는지 확인해 보자.

3.6.2 이변량 분석 실행

실습 4-14

Fit Y by X로 이변량 분석하기

이변량 분석의 실행도 다른 분석을 실행하는 것과 다르지 않다. 앞에서 많이 사용한 Big Class 데이터를 사용하여 이변량 분석을 실행하도록 한다.

1. [Sample Data]→[Examples for Teaching]→Big Class를 불러온다.
2. [Analyze]→[Fit Y by X]를 실행한다.
3. 컬럼 리스트에서 신장(Height)을 [X, Factor]에 넣고, 체중(Weight)을 [Y, Response] 항목에 넣는다.
4. [OK]를 선택하면 다음과 같은 산점도가 나온다.

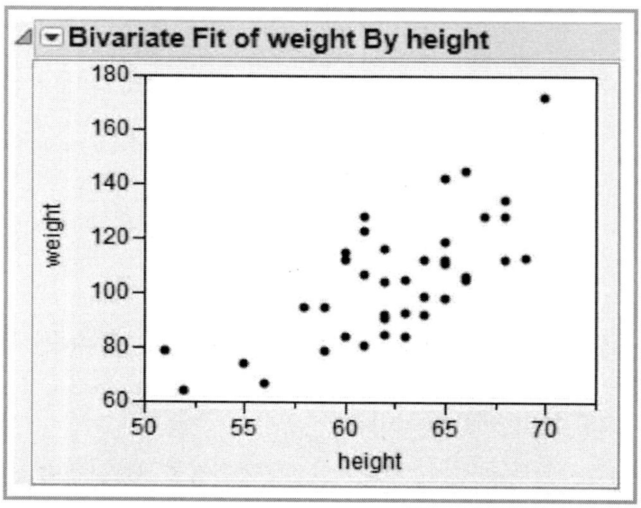

Fit Y by X의 이변량 분석에서는 다양한 분석을 팝업메뉴에 제공하고 있으며, 필요한 분석을 실행할 수 있게 되어 있다.

3.6.3 데이터를 설명하는 선 찾기(Fitting)

이변량 분석에서 자료에 '적합(Fit)'할 수 있는 다양한 직선과 곡선이 있다. 여기서 '적합'이라는 말은 '자료를 잘 설명한다.'라는 뜻으로 생각하면 된다. 누군가가 당신에게 '이 학교의 연령별 체중이 어떻게 되어 있는가?'라고 물어본다면 당신은 과연 어떻게 대답할 것인가? 이 학급의 11세 학생들의 체중을 설명할 때, 첫 번째 학생의 체중인 96파운드로 설명하면 적절한 것일까? 당연히 아니라고 생각할 것이다. 일반적으로 평균을 구하는 것이 상식에 맞는다. 즉, 많은 수의 자료가 있으면 이것을 요약하여 '가슴에 와 닿는' 숫자로 바꿔야 자료를 이해했다고 할 수 있다. 이 자료에서는 평균이 자료를 '적합'하는 수라고 생각할 수 있다. 즉, 96파운드는 11세 학생의 체중을 '적합'시키지 못한다. 하지만 단 하나의 숫자로 학급의 정보를 요약하기에는 부족할 때도 있다. 그러면 데이터를 요약하는 직선이나 곡선을 이용하여 설명할 수도 있다.

이변량 분석에서 제공되는 '적합법'은 총 9가지로, 모두 Bivariate Fit of Y by X의 팝업메뉴(▾)를 누르면 실행할 수 있다.

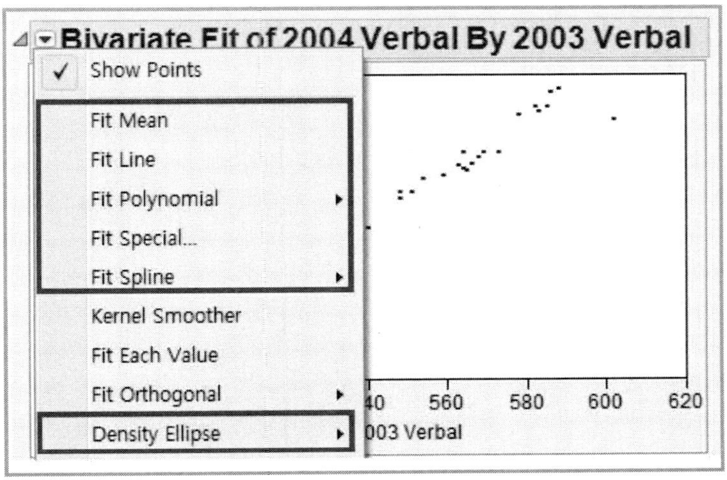

여러 가지 방법이 화면에 나타나고 있으나 이 책에서는 많이 사용되거나 알아둘만 한 방법 위주로 다루도록 한다. [Fit mean], [Fit Line], [Fit Polynomial], [Fit Special], [Fit Spline]이 회귀분석과 관련된 기법이고, [Density Ellipse]는 밀도추정(Density Estimation)법을 사용하고 상관분석의 결과를 나타낸다.

회귀분석의 기법은 회귀분석 단원에서 자세히 다루며, 여기서는 회귀분석을 데이터를 설명하는 선(함수)을 찾는 것 정도로 이해하고, 다양한 회귀분석의 옵션이 존재하는 것은 데이터를 설명하는 선을 찾을 때에 오차를 줄이는 다양한 방법이 있다는 것을 기억하도록 하자.

밀도추정법은 말 그대로 점에 가중치를 주어 밀도를 계산하여 그에 따라 그림을 그린 것이다. 예를 들어 등고선은 높이에 가중치를 주어 간격이나 색깔을 정한 그림이다.

3.6.4 평균에 적합하는 선 찾기

실습 4-15 Fit Mean으로 평균선 그어보기

Fit Mean란 그래프 상에 그 데이터의 y변수의 평균값을 선으로 나타내는 기능을 하고 있다. 이 실습은 실습 4-14에서 실시한 그래프를 바탕으로 실시한다. 다음을 나타내 보자.

1. 팝업 메뉴에서 [Fit Mean]을 실행한다.

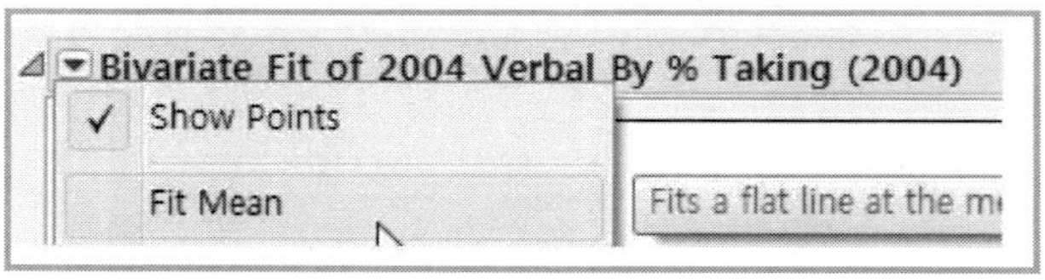

2. 결과를 확인해 보자.

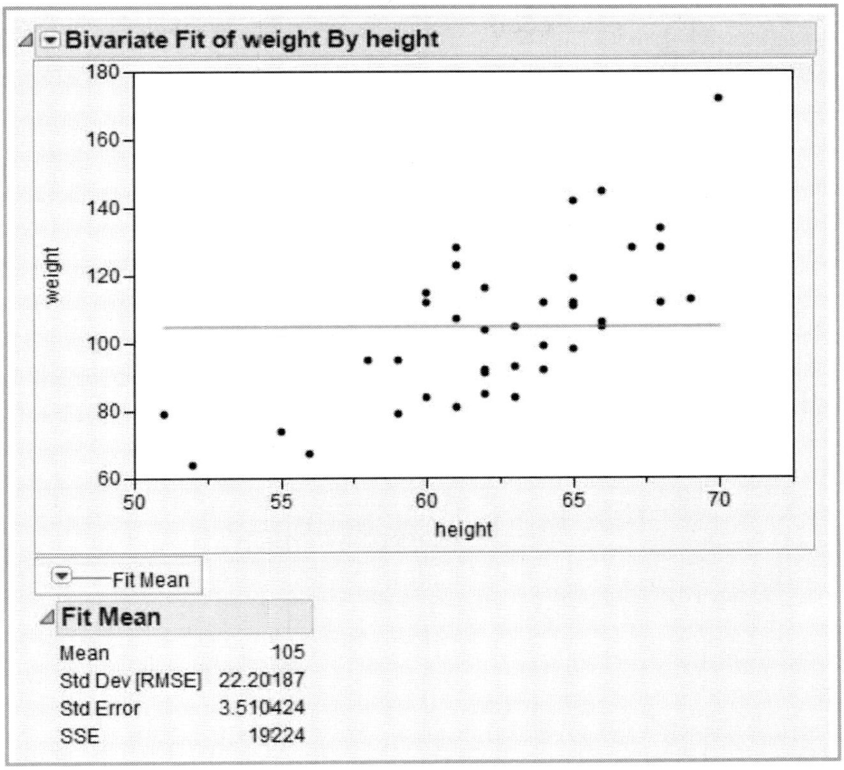

Fit Mean 표를 보면 Mean이 105로 나와 있는 것을 확인할 수 있다. 이 값은 위 그래프에 적합된 y값으로 적합선의 함수식은 y = 105 이다.

> **TIP**
>
> **Fit Mean 없애기**
>
> 그래프와 Fit Mean 사이에 있는 [Fit Mean] 에서 팝업메뉴를 누른 뒤 Remove Fit을 선택하면 적합한 분석결과가 사라진다.

3.6.5 직선에 적합하는 선 찾기

실습 4-16 **Fit Line을 이용하여 단순회귀직선을 그려보자**

Fit Line 옵션은 직선(Line)으로 자료를 설명하는 것이다. 회귀분석 용어로는 선형회귀분석이라고 한다. 이 실습도 마찬가지로 실습 4-14의 그래프를 바탕으로 실시한다.

1. 팝업메뉴에서 [Fit Line]을 실행한다.

2. 결과를 확인해보자.

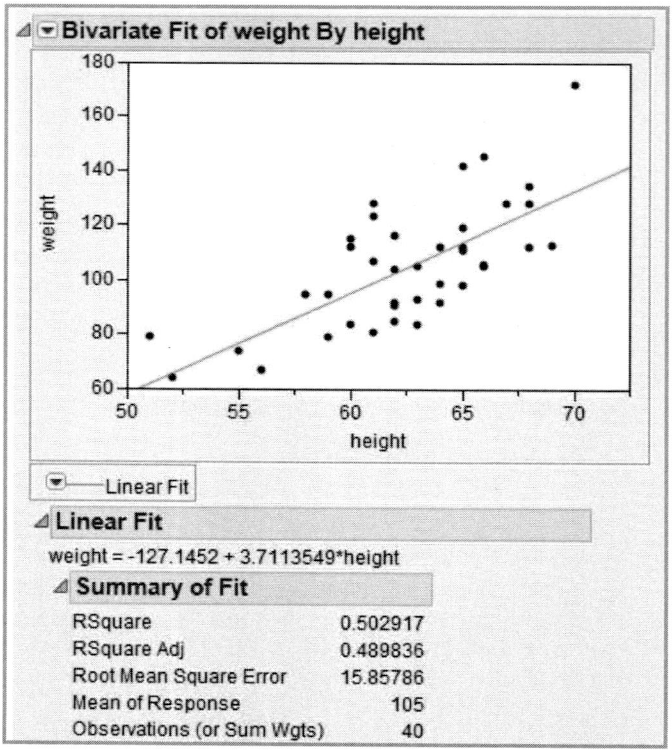

▷ **Lack Of Fit**

◢ **Analysis of Variance**

Source	DF	Sum of Squares	Mean Square	F Ratio
Model	1	9668.079	9668.08	38.4460
Error	38	9555.921	251.47	Prob > F
C. Total	39	19224.000		<.0001*

◢ **Parameter Estimates**

Term	Estimate	Std Error	t Ratio	Prob>|t|
Intercept	-127.1452	37.52372	-3.39	0.0016*
height	3.7113549	0.598559	6.20	<.0001*

Linear Fit에 데이터를 설명하는 직선의 방정식(회귀식)이 나온다. 중·고등학교에서 지겹도록 보았던 $y=ax+b$ 함수에서 x, y에 해당하는 변수를 각각 신장(Height)과 체중(Weight)으로 대입하는 것이라 생각하면 이해하기 쉽다. 아래의 식은 신장이 한 단위 증가할 때 체중은 3.7만큼 증가한다는 것을 의미하는 회귀식이다. 일반적인 회귀식은 $y=\beta_0+\beta_1 x$으로 표기하지만 편의상 이 책에서는 $y=ax+b$로 표기한다.

◢ **Linear Fit**

weight = -127.1452 - 3.7113549*height

Parameter Estimates는 모수(母數 , Parameter)의 추정치를 의미한다. 모수는 쉽게 말해 '모'르는 수이다. 우리는 이러한 '모'수를 알아낼 수 없고 자료를 통해 추측, 추정할 수 있다. 여기서 우리가 알고자 하는 값은 함수 $y=ax+b$의 기울기인 a와 절편인 b로, 신장(Height)의 추정값(Estimate)은 a를 의미하고, Intercept(절편)의 추정값은 절편이므로 b, 따라서 $a=3.711$, $b=-127.145$가 된다.

◢ **Parameter Estimates**

Term	Estimate	Std Error	t Ratio	Prob>|t|
Intercept	-127.1452	37.52372	-3.39	0.0016*
height	3.7113549	0.598559	6.20	<.0001*

또한, Parameter Estimates에서 $Prob > |t|$는 회귀계수의 검정으로 0.05보다 작으면 회귀계수가 유의하다고 판단한다. 이렇게 완성된 식이 앞에서 설명한 Linear Fit에 적혀 있다.

Summary of Fit의 결정계수(R Square: R^2)와 수정 결정계수(R Square Adj: Adj R^2는 직선이 자료를 얼마나 잘 설명하는지를 나타낸다. 이 통계량은 0~1 사이의 값을 가지며 1에 가까울수록 직선의 적합도가 높다. 아래의 그림은 Fit Line을 사용하여 추정된 R^2를 나타내는 그림이다. R^2가 0.79이므로 적합한 직선이 자료를 79% 정도 설명한다고 할 수 있다.

Summary of Fit

RSquare	0.502917
RSquare Adj	0.489836
Root Mean Square Error	15.85786
Mean of Response	105
Observations (or Sum Wgts)	40

회귀분석은 '3.7 회귀분석(Regression Analysis)을 더 알아보자'에서 자세하게 다룰 것이다.

실습 4-17 명목변수가 포함될 경우 선 찾기

이번에는 앞에서 배웠던 Fit Line을 어떤 단위(범주)별로 실행하는 경우를 생각해 보자. 남자와 여자에 대해서 신장과 체중 간의 회귀분석을 수행할 때, 회귀분석 결과는 성별에 따라 달라질 수 있다. 이러한 분석을 수행하기 위하여 데이터를 성별에 따라 분리하여 회귀분석을 수행하는 것이 아니라 데이터를 구분하는 변수를 선택해서 간단하게 실행할 수 있다.

1. [Sample Data]→[Examples of Teaching]→[Big Class]를 불러온다.
2. [Analyze]→[Fit Y by X]를 실행한다.
3. 체중(weight) 변수를 [Y, Response] 항목에 넣고, 신장(height) 변수를 [X, Factor]에 넣는다.

4. [OK]를 선택한다.

5. 팝업메뉴에서 Group By…를 실행한다.

> **TIP**
>
> **Group by**
>
> Analyze → Fit Y by X에서 By에 sex를 넣은 뒤 분석하면, 각각의 화면에 분석결과가 따로 나오지만 Group by메뉴를 사용하면 하나의 화면에 두 개의 분석이 동시에 실행된다.

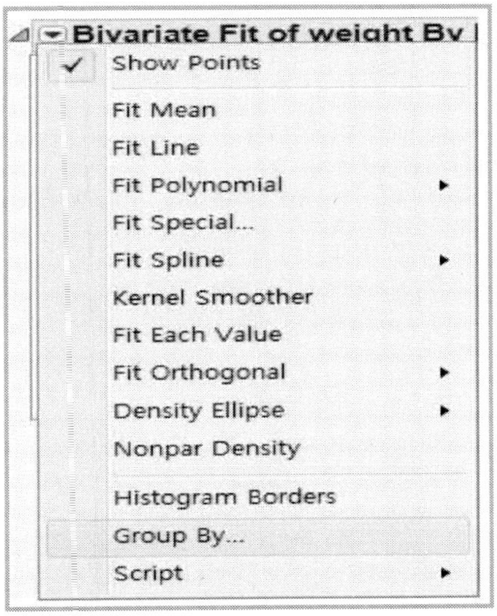

6. 성별(sex)을 선택하고 [OK]를 누른다.

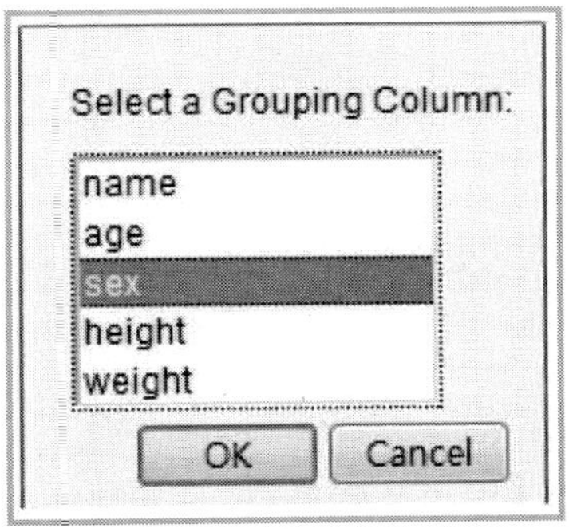

7. 팝업메뉴에서 Fit Line을 실행한다.

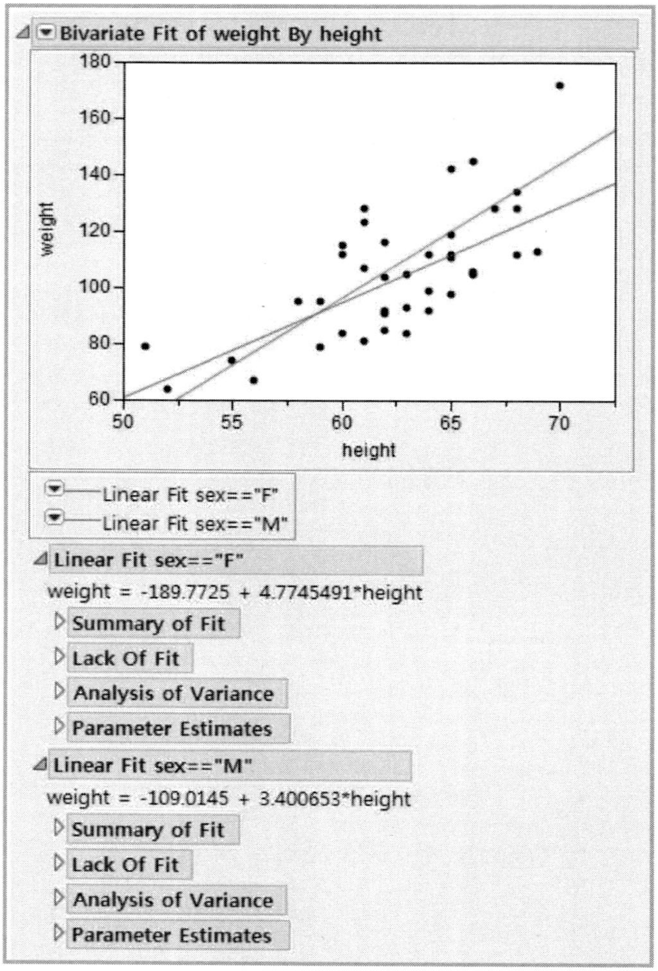

분석결과를 보면 여자 데이터를 가지고 실행한 회귀분석(Linear Fit sex= ="F")과 남자의 데이터를 가지고 실시한 회귀분석(Linear Fit sex= ="M")이 각각 생성되었고, 생성된 회귀식이 하나의 그래프 안에 표시되어 여자가 남자에 비해 신장이 증가할 경우 체중이 더 많이 증가한다는 것을 파악할 수 있다. 나머지 통계량(Linear Fit, Parameter Estimates등)은 앞에서 학습한 Fit Line과 동일하게 해석한다.

Group By를 활용하여 성별별 분석을 실시하는 것도 가능하지만 더 빠르고 간편하게 원하는 범주별로 분석하고 싶을 경우 Data Filter를 활용하여 분석이 가능하다. Big Class 데이터에서 Fit Y by X를 실행하여 Fit Line을 생성하고 Data Filter로 성명(Name)을 제외한 모든 범주를 추가하고 Show와 Include를 체크한다.

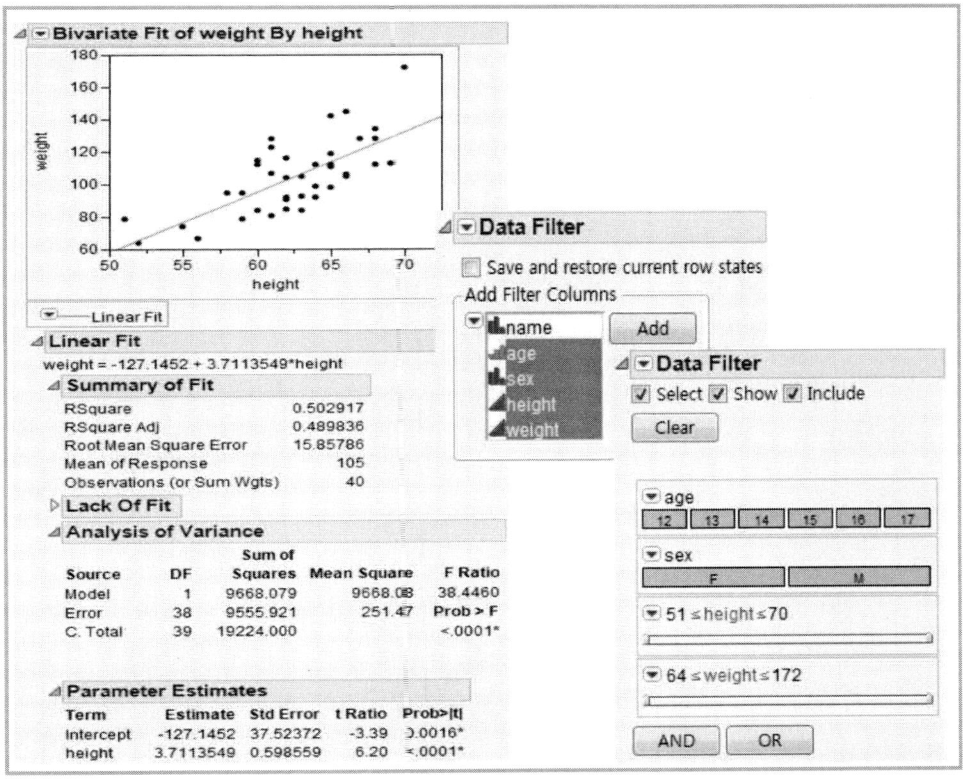

마지막으로 Fit Y by X의 팝업데뉴에서 [Script]→[Automatic Recalc]을 선택한 후 Data Filter에서 남자와 여자를 각각 선택하여 결과를 비교한다.

Bivariate Fit of weight By height

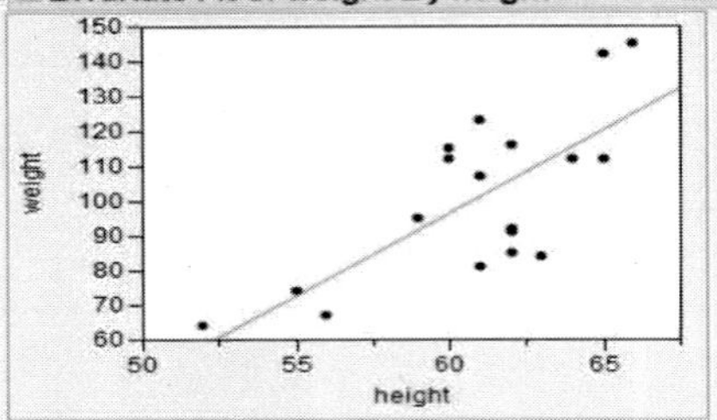

Linear Fit

Linear Fit

weight = -189.7725 + 4.7745491*height

Summary of Fit

RSquare	0.541474
RSquare Adj	0.512817
Root Mean Square Error	16.35777
Mean of Response	100.9444
Observations (or Sum Wgts)	18

Lack Of Fit

Analysis of Variance

Source	DF	Sum of Squares	Mean Square	F Ratio
Model	1	5055.7170	5055.72	18.8945
Error	16	4281.2275	267.58	Prob > F
C. Total	17	9336.9444		0.0005*

Parameter Estimates

Term	Estimate	Std Error	t Ratio	Prob>|t|
Intercept	-189.7725	66.99211	-2.83	0.0120*
height	4.7745491	1.098412	4.35	0.0005*

Bivariate Fit of weight By height

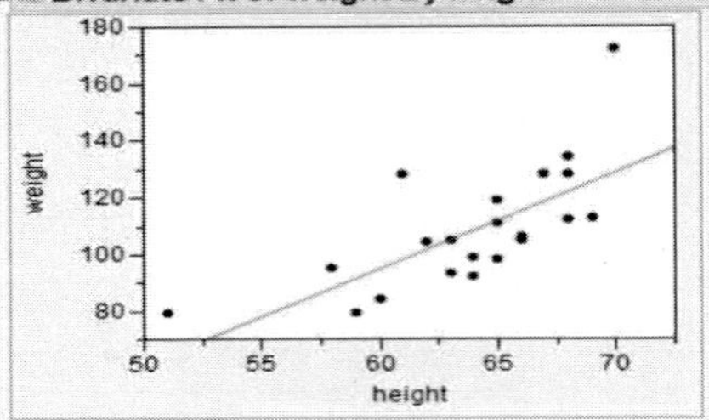

Linear Fit

Linear Fit

weight = -109.0145 + 3.400653*height

Summary of Fit

RSquare	0.482205
RSquare Adj	0.456316
Root Mean Square Error	15.55754
Mean of Response	108.3182
Observations (or Sum Wgts)	22

Lack Of Fit

Analysis of Variance

Source	DF	Sum of Squares	Mean Square	F Ratio
Model	1	4508.0293	4508.03	18.6254
Error	20	4840.7435	242.04	Prob > F
C. Total	21	9348.7727		0.0003*

Parameter Estimates

Term	Estimate	Std Error	t Ratio	Prob>|t|
Intercept	-109.0145	50.4676	-2.16	0.0431*
height	3.400653	0.787971	4.32	0.0003*

이처럼 Data Filter의 Include 기능과, Automatic Recalc를 활용하면 이상치를 제외한 분석을 실시하거나 원하는 범주별로 분석할 경우 매우 빠르게 실행할 수 있다. 이 기능은 본 서적에서 나오는 모든 분석뿐만 아니라 JMP가 제공하는 모든 분석에서 활용이 가능하다. 이는 JMP가 지닌 혁신적인 기능이라고 할 수 있다.

3.6.6 곡선에 적합하기

실습 4-17의 Linear Fit과 같이 직선을 많이 사용하는 것은 사람이 인식하기 용이하기 때문이지만, 직선으로는 설명이 안 되는 데이터는 곡선을 적합하여 자료를 설명하기도 한다.

실습 **4-18**

2차, 3차 회귀 곡선을 실행해 보자.

JMP에서 제공하는 곡선의 차수는 2~6차이다. 그러나 이 실습에서는 2차와 3차만 실행시켜 보도록 하자. 실습 4-14의 그래프를 사용하여 실습을 진행한다.

1. 팝업메뉴에서 [Fit Polynomial]의 2, quadratic(2차)을 실행하고 3, cubic(3차)을 다시 한번 실행한다.

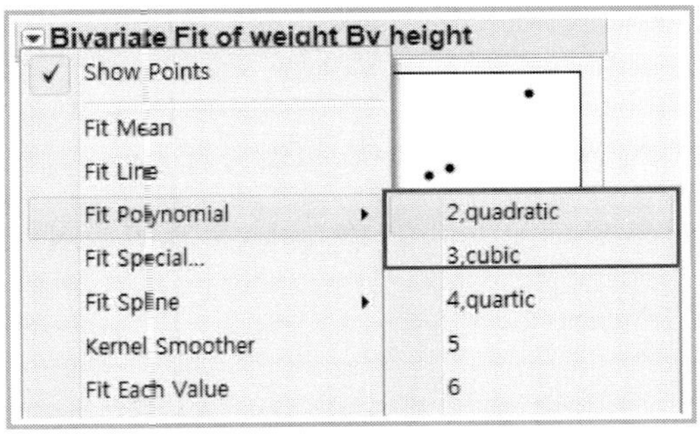

2. 그래프에 나타나는 결과를 확인한다.
그림으로 보았을 때, 파란색이 2차 식에 해당하는 그래프이고 주황색이 3차 식이며, 회귀식을 해석하는 방법은 앞에서 다룬 Fit Line과 동일하게 R^2, Parameter Estimates를 확인하면 된다.

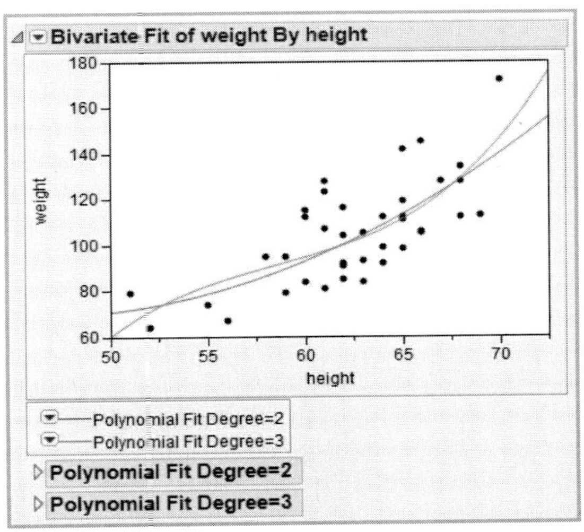

4장 통계분석과 친해지기

3. Fit Polynomial이 구한 2차 회귀식은 다음과 같다.

Polynomial Fit Degree=2

weight = -153.9487 + 4.1048225*height + 0.1249214*(height-62.55)^2

4. Fit Polynomial이 구한 3차 회귀식은 다음과 같다.

Polynomial Fit Degree=3

weight = -100.3918 + 3.2349483*height + 0.2336019*(height-62.55)^2 + 0.0190582*(height-62.55)^3

3.6.7 데이터를 변형하여 적합하기

회귀분석을 하다 보면 일반적인 회귀식이 아닌 X, Y 변수를 변환하여 식을 생성해야 할 때가 있다.

실습 4-19 **Fit Special을 이용하여 함수 변환하기**

Fit Special은 특별한(Special) 형태의 자료를 다루기 위한 것으로, 수집된 데이터를 바로 분석에 활용하는 것이 아니라 적절한 함수로 변환(파생변수 생성)하여 적합하는 것이다. 실습 4-14에 이어서 실습을 진행한다.

1. 팝업메뉴에서 [Fit Special]을 실행한다.
2. [Y, Transformation]→[Natural Logarithm: log(y)], [X, Transformation]→[Square Root: sqrt(x)]를 선택한다.

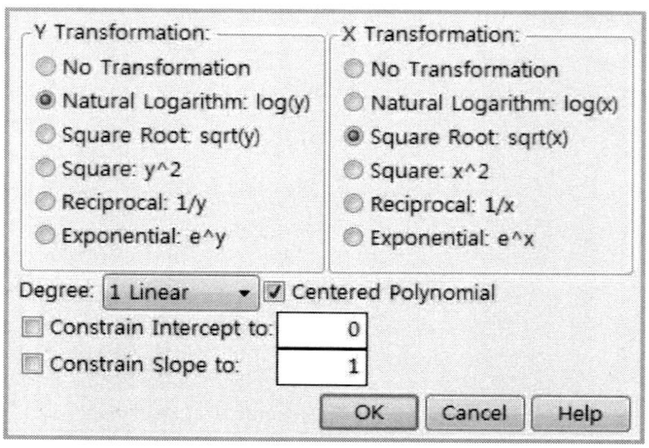

[Fit Special] 대화 상자를 보면 Y Transformation, X Transformation에서 여러 가지 옵션을 선택할 수 있다. Fit Line, Polynomial은 모두 관계식이 $y=f(x)$의 형태였다. 만약 Y Transformation에서 Natural Logarithm: log(y)를 선택하면 우리가 얻게 될 관계식은 $\log(y)=f(x)$가 된다. 또한 Degree에서 차수를 선택할 수 있으며 차수를 선택하면 변형된 X의 형태로 차수에 맞는 식을 적합하게 된다. 예를 들어 Y, Transformation으로 Natural Logarithm: log(y), X, Transformation으로 Square Root: sqrt(x), Degree는 2 Quadratic을 선택한다면 예상되는 식은 다음과 같다.

$$\log(y)=c+b\sqrt{x}+a(\sqrt{x})^2=c+b\sqrt{x}+ax$$

또한 Constrain Intercept to, Constrain Slope to를 통해 y절편과 기울기도 고정시킬 수 있다. 기울기는 Degree가 1차일 때만 고정 가능하다. 이렇게 X, Y 자료의 형태를 변형하면 복잡한 자료도 적합이 잘 될 수 있지만 해석의 어려움이 수반될 수 있으므로 신중하게 결정해야 된다.

3. [OK]를 선택하면 다음과 같은 결과가 나온다.

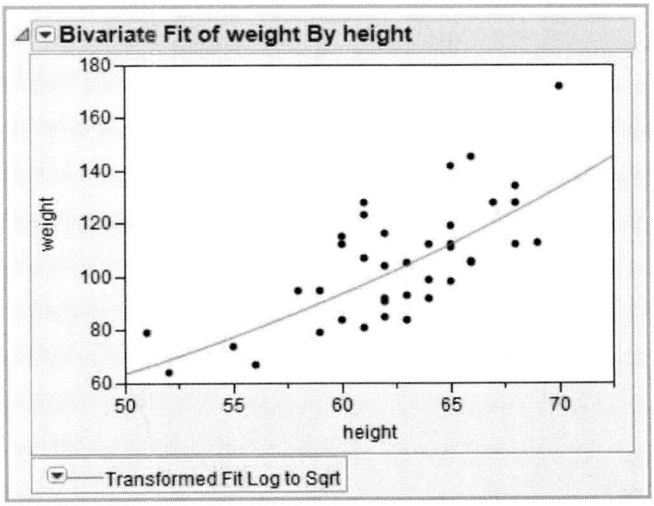

Transformed Fit Log to Sqrt

Log(weight) = 0.1135295 + 0.5717069*Sqrt(height)

Summary of Fit

RSquare	0.547146
RSquare Adj	0.535229
Root Mean Square Error	0.143455
Mean of Response	4.632464
Observations (or Sum Wgts)	40

Lack Of Fit

Analysis of Variance

Source	DF	Sum of Squares	Mean Square	F Ratio
Model	1	0.9448466	0.944847	45.9123
Error	38	0.7820163	0.020579	**Prob > F**
C. Total	39	1.7268629		<.0001*

Parameter Estimates

Term	Estimate	Std Error	t Ratio	Prob>|t|
Intercept	0.1135295	0.667302	0.17	0.8658
Sqrt(height)	0.5717069	0.084374	6.78	<.0001*

Fit Measured on Original Scale

Sum of Squared Error	9349.3005
Root Mean Square Error	15.685478
RSquare	0.5136652
Sum of Residuals	42.56216

결과를 보면 현재 변형된 식은 $\log(y) = a\sqrt{x} + b$인데 Fit Line에서 이용한 $y = ax + b$와 마찬가지로 미지수가 a, b 두 개뿐이다. 하지만 R^2가 실습 4-16의 R^2 값 0.5보다 큰 0.547을 가지므로 적절한 자료 형태의 변형이 적합 능력을 향상시켜 줌을 알 수 있다.

3.6.8 Density Ellipse

Density Ellipse는 직역하면 '밀도 타원'이다. 점들의 '밀도'를 고려하여 타원 형태의 그래프를 그리는 원리 때문에 붙여진 명칭이다. 팝업메뉴에서 Density Ellipse의 0.95를 선택한다.

그래프를 분석하기 전에 상관계수(Correlation Coefficient)에 대하여 알아보자. 상관계수는 두 변수 간의 관계를 숫자화한 것이다. 원래 '상관'이란 단어는 단순히 관계가 있는 것을 의미하지만 통계에서는 '직선 관계'만을 뜻한다. 따라서 상관계수를 통해서 우리가 알 수 있는 것 또한 직선 관계 정도밖에 없다. 그러므로 두 변수 간의 곡선 관계가 명확해도 상관 계수로는 알 수가 없다. 상관계수는 −1에서 1까지의 값이며 절댓값이 클수록 산점도에 찍힌 자료의 모양이 직선에 가깝다. 상관계수는 그 값의 절댓값이 크다고 해서 자료에 적합한 직선의 기울기가 큰 것이 아니다. 즉, 기울기의 크기와 상관계수의 크기는 무관하다는 것을 주의해야 한다. 상관계수가 양수이면 변수 간의 양의 상관 관계(종속변수의 값이 증가하면 반응변수의 값도 증가하는 관계)를 가진다고 하며, 산점도에 찍힌 자료는 기울기가 양수인 모양으로 분포되어 있다. 위 예시에서는 타원의 둥근 정도와 기울어진 방향에 초점을 맞춰보자. 타원이 원보다는 직선 형태에 가까우므로 점들의 상관관계가 매우 높다고 할 수 있다. 또한 양의 기울기를 가지고 있으므로 상관계수가 1에 가까울 것으로 추측할 수 있다.

실습 4-20 변수 간의 상관성 더 시각적으로 표현하기

앞선 실습 내용들을 통해 변수들 간의 관계를 직선이나 곡선으로 표현하는 방법을 배웠다. 실습 4-20에서도 마찬가지로 변수들 간의 관계를 나타내었다.

1. [Sample Data]→[Example for Teaching]→[Big Class]를 불러온다.
2. [Analyze]→[Fit Y by X]를 실행한다.
3. [Y, Response]에 체중(Weight)을 넣고, [X, Factor]에는 height를 넣는다.

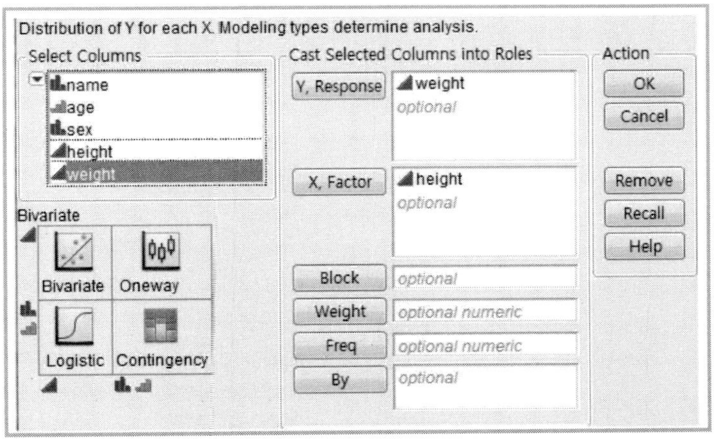

4. [OK]를 누르면 실습 4-14에서 나온 산점도를 확인할 수 있다.

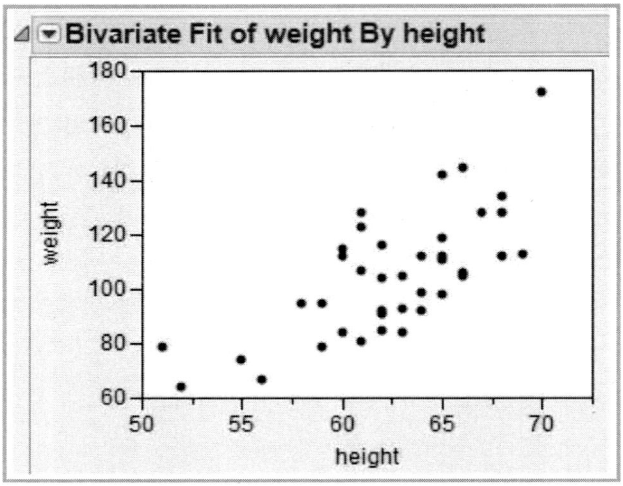

5. Density Ellipse에 0.95를 선택하고 결과를 살펴보자.

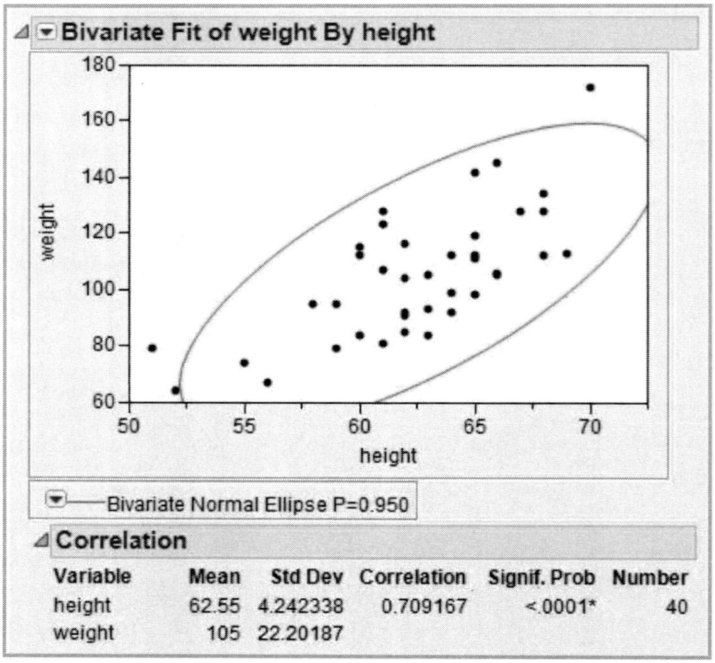

Correlation

Variable	Mean	Std Dev	Correlation	Signif. Prob	Number
height	62.55	4.242338	0.709167	<.0001*	40
weight	105	22.20187			

위 그림은 Density Ellipse의 실행결과이다. 실제로 Correlation을 보면 자료가 0.709의 상관성을 가지는 것을 확인할 수 있다.

추가적으로 상관계수의 특징 몇 가지를 짚어보자. 위에서 말했듯이 상관계수의 범위는 −1부터 1까지의 값이다. 직선 관계가 없을수록 상관계수의 값은 0에 가깝다. 양의 기울기를 갖는 직선 관계가 뚜렷할수록 값은 1에 가깝고, 음의 기울기를 갖는 직선 관계가 명확한 경우 상관계수는 −1에 근접하게 된다. 또한 상관계수는 두 변수 간의 관계를 나타내주는 수로써, X와 Y의 상관계수는 Y와 X의 상관계수와 같다.

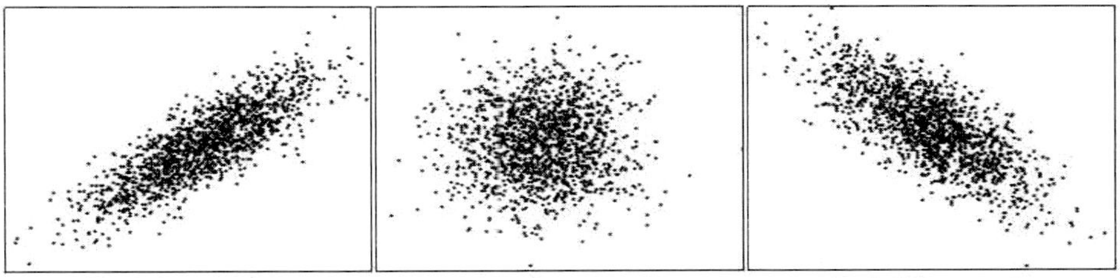

상관계수 = 0.83 　 상관계수 = 0.02 　 상관계수 = -0.74

실습 4-21 Group by를 사용하여 범주별 상관계수 구하기

회귀분석과 마찬가지로 상관계수도 Group by를 사용하여, 범주별로 실행이 가능하다. 이번 실습에서 사용할 데이터는 전 실습에서 사용한 Big Class 데이터이다.

1. [Sample Data]→[Example for Teaching]→[Big Class]를 불러온다.
2. [Analyze]→[Fit Y by X]를 실행한다.
3. 체중(weight) 변수를 [Y, Response] 항목에 넣고, 신장(height) 변수를 [X, Factor]에 넣고, [OK] 버튼을 눌러 실행한다.
4. 팝업메뉴에서 [Group By…]를 실행한다.
5. 성별(sex)을 선택하고 OK 버튼을 누른다.
6. 팝업메뉴에서 Density Ellipse[0.95]를 실행한다.

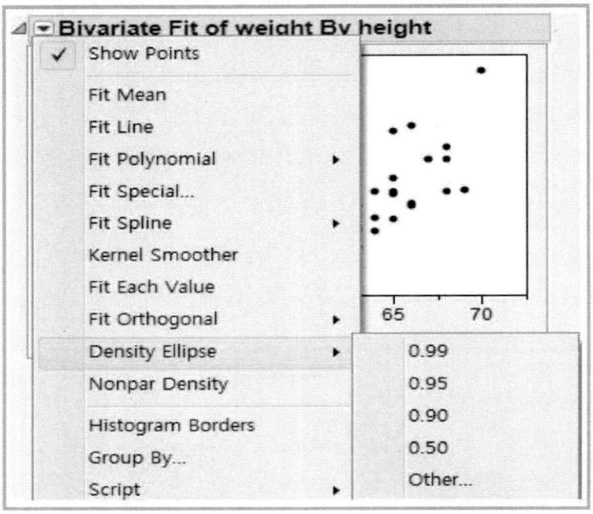

7. 산점도 위에 오른쪽 마우스 버튼을 클릭하여 [Row Legend…]를 선택한다.
8. [Mark by Column] → 성별(Sex)을 선택한다.

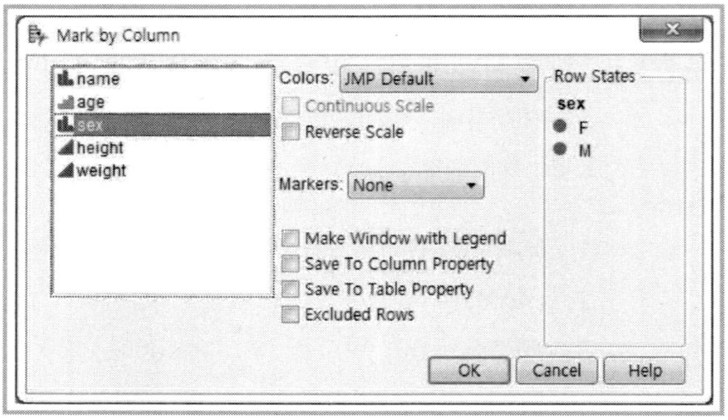

NOTE

Mark by Column 항목 및 옵션

- Colors: 데이터 테이블에서 다른 색을 할당받기 위한 테마를 설정한다.
- Continuous Scale: 강조하려는 값을 기반으로 연속적인 색채의 색을 할당받는다.

- Reverse Scale: 강조하려는 값을 기반으로 연속적인 반전 색채의 색을 할당받는다.
- Markers: 강조하고 싶은 컬럼의 값들을 각각 다른 표기로 할당한다.
- Make Window with Legend: 색과 마커를 쉽게 확인할 수 있도록 범례를 새로운 Window 창이 생성한다.
- Save To Column Property: 색과 마크로 표현한 컬럼의 정보를 저장한다.
- Save To Table Property: 색과 마크로 표현된 테이블을 저장한다.
- Excluded Rows: 행에는 색과 마커가 포함하지 못하게 할당한다.

9. [OK]를 선택하면 다음과 같은 결과가 나온다.

Bivariate Fit of weight By height

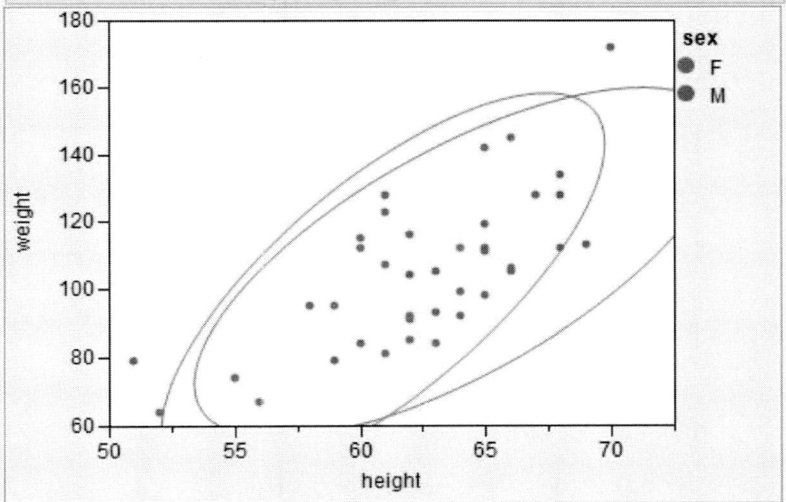

Bivariate Normal Ellipse P=0.950 sex=="F"
Bivariate Normal Ellipse P=0.950 sex=="M"

Correlation sex=="F"

Variable	Mean	Std Dev	Correlation	Signif. Prob	Number
height	60.88889	3.61189	0.735849	0.0005*	18
weight	100.9444	23.4357			

Correlation sex=="M"

Variable	Mean	Std Dev	Correlation	Signif. Prob	Number
height	63.90909	4.308453	0.69441	0.0003*	22
weight	108.3182	21.09928			

각 범주가 가지는 Density Ellipse(밀도 타원)이 생성되었고, 남자와 여자를 그래프 상에 색상을 다르게 주어 식별이 용이하도록 하였다.

3.7 회귀분석(Regression Analysis)을 더 알아보자

3.7.1 회귀(Regression)의 어원

영국의 과학자 갈톤(F.Galton)은 아버지와 아들의 신장에 관한 연구를 하였다. 그의 연구에 따르면, 아버지의 신장이 평균보다 클 때, 아들의 신장은 평균 신장과 아버지의 신장 사이에 있고, 아버지의 신장이 평균 신장보다 작을 때도, 아들의 신장은 아버지의 신장과 평균 신장 사이에 위치하는 경향이 있다고 하였다.

즉, 아들의 신장은 아버지의 신장에 영향을 받지만 평균으로 근접하는 경향을 보이고 이것이 마치 '평균으로 회귀'하는 것 같아 '회귀'라는 용어를 사용하기 시작하였다.

3.7.2 회귀분석의 중요성

앞에서 회귀분석의 기본은 종속(반응)변수를 독립(설명)변수 간의 관계를 중·고등학교에서 열심히 배웠던 $y = ax + b$와 같은 형태의 방정식으로 표현해 내는 것이라 하였다. 이러한 것이 왜 중요한지 예를 통해 알아보자.

한 커피 전문점에서는 여름이 되자 아이스 커피를 찾는 손님이 부쩍 늘고 있다는 것을 알았다. 그런데 얼음이 매번 부족하거나 남는 문제가 발생하여 대책을 세우기로 했다. 그리하여 하루 얼음 사용량과 하루 평균 기온을 측정하여 그래프로 그려보았다. 평균 기온에 따라 얼음 사용량이 바뀌므로 x, y축에 각각 평균 기온과 얼음 사용량이 들어가게 된다.

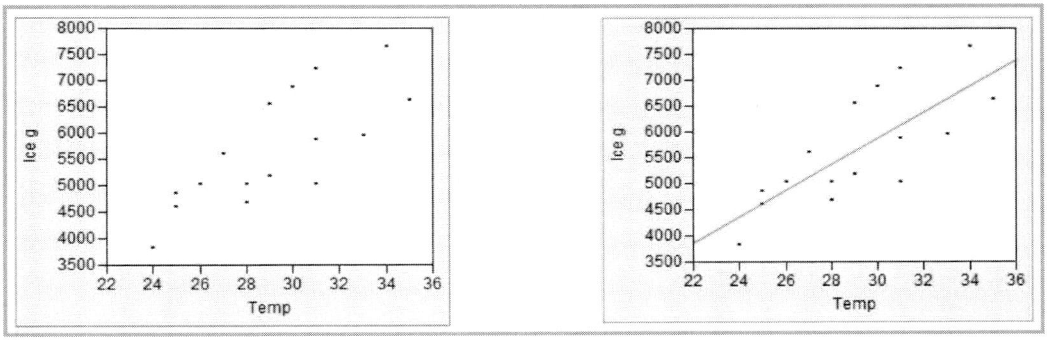

위의 왼쪽 그림은 얼음 사용량과 평균 기온의 산점도인데 기온이 높아질수록 얼음 사용량이 증가하는 경향이 보이며 이를 통해 앞으로의 얼음 구매량을 정하려고 한다. 내일의 예상 평균 기온이 27°C일 때, 얼음을 얼마나 구비하면 될지 예측을 하고 싶을 때는 Fit Line을 활용한다. Fit Line은 데이터를 설명하는 하나의 직선인 회귀직선을 나타내며, 이러한 직선의 방정식(회귀식)을 구하는 것을 회귀분석이라 한다. 위 그림 중 오른쪽에 위치한 그림이 Fit Line을 적합한 결과이다. 자세한 것은 뒤에 설명하기로 하고 그래프의 회귀식이 아래와 같이 나왔다고 하자.

$$y = -1686.797 + 252.1754x$$

이때 회귀식의 x에 27을 대입하여 계산하면 약 5122g의 얼음이 필요함을 예측할 수 있다. 즉, 두 변수에 대한 식을 통해 현재 및 미래의 상황을 분석하여 알아낼 수 있다.

그렇다면 회귀식은 어떤 방법을 통해 찾는 것일까? 정답은 바로 '최소제곱법'이다.

3.7.3 최소제곱법(Least Square Estimation, LSE)

실습 4-22 **최소제곱법으로 회귀식 구하기**

회귀분석에서 가장 '적합'한 회귀직선을 찾는 방법은 최소제곱법이다. 최소제곱법이란 오차의 제곱을 모두 더했을 때 최소가 되는 것을 우선시하는 방법이다. 여기서 오차란 회귀식으로 구한 값과 실제 수집된 데이터의 차이를 의미한다. 다음 프로그램을 실행하여 최소제곱법으로 회귀식을 어떻게 선택하는지 이해해보자.

1. [Sample Data] →[Teaching resources] →[Teaching Demonstrations] →[demoLeastSquare]를 불러온다.
2. 1번 과정을 실행하면 다음과 같은 결과가 나온다.

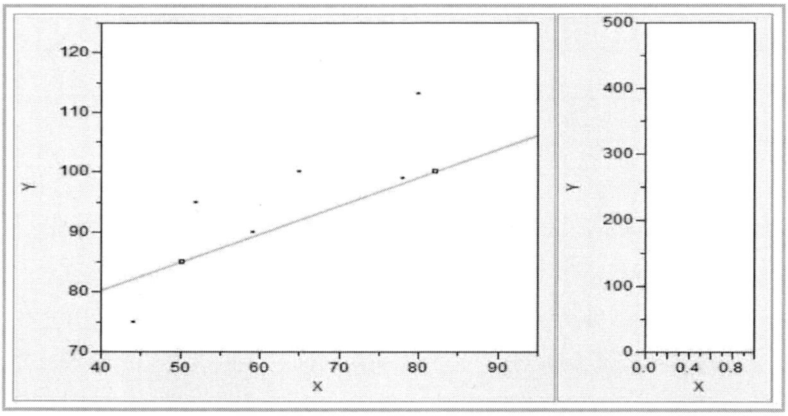

그래프에는 점이 6개 찍혀 있고 갈색 선이 그어져 있는 왼쪽의 산점도와 비어 있는 오른쪽 그래프가 보이게 된다. 갈색선의 네모를 마우스로 드래그하면 선의 기울기와 위치를 변경할 수 있고, 점의 위치를 마우스로 드래그하여 변경할 수도 있다.

3. 그래프 아래에 있는 [Your Residuals]을 선택한다.

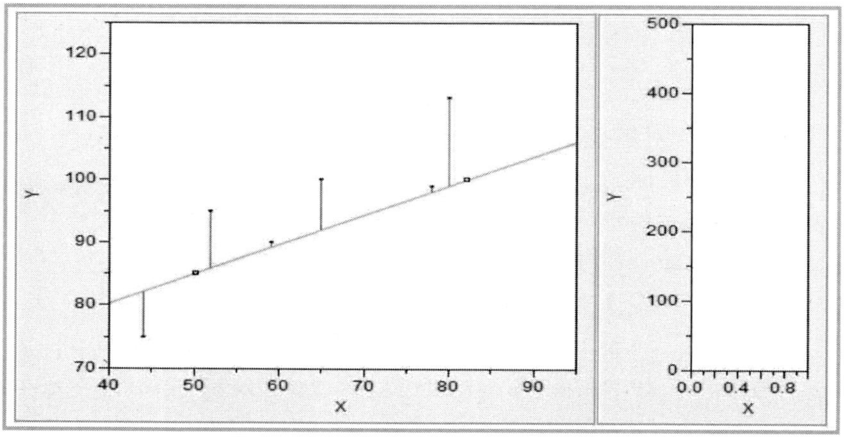

갈색 선부터 그래프 상의 점까지 직선이 그어지게 되며, 직선의 각 점에 대한 오차는 위 그림의 파란색 선들에 해당한다.

잠시 생각해보면 이 그래프 상에 갈색 선 이외의 무수히 많은 직선이 존재할 것이고, 그 중 오차가 가장 적은 것을 찾는 방법이 '최소제곱법'이다.

4. [Your Squares]를 선택한다.

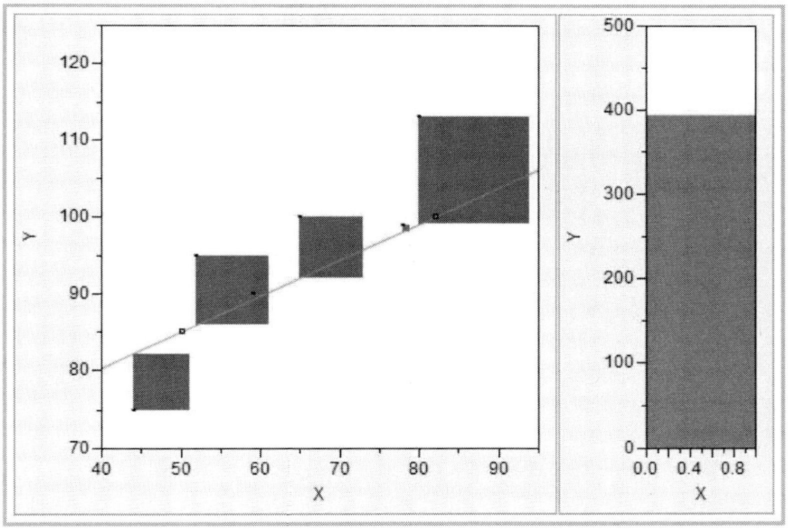

이때 왼쪽 그래프에서 정사각형은 각 점에서 직선에 대한 오차의 제곱에 해당하고, 오른쪽 그래프는 그 정사각형들의 크기를 계산하여 합친 양이다. 사용자가 그은 갈색 직선에 대한 오차제곱량(파란 사각형의 합)은 395 정도의 높이를 가진다고 생각할 수 있다.

5. [LS Line(최소제곱법)] → [LS Squares]를 선택한다.

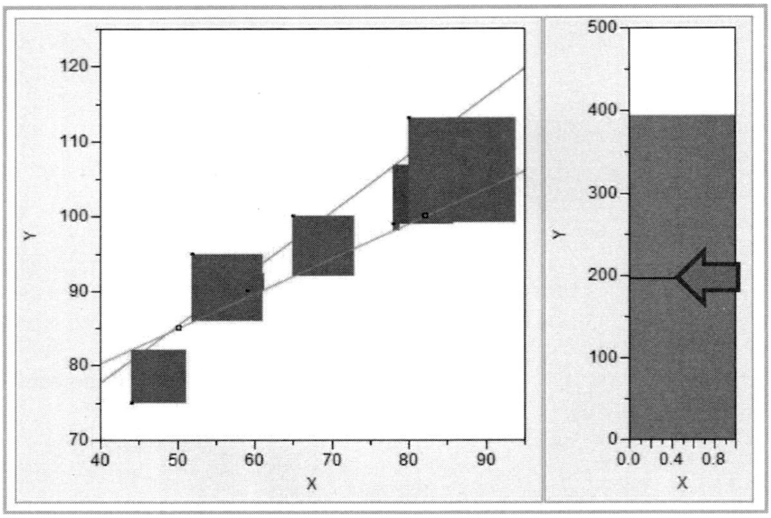

최소제곱법으로 구해진 파란 직선이 그래프 상에 나타나고, 우측 그래프에는 최소제곱법으로 구해진 오차의 양이 검은색 선으로 표시된다.

아까 395 근처에 있던 것에 비해 파란색 직선의 오차 제곱합은 200 근처에 그어진 것을 확인할 수 있다. 이것은 파란색 직선이 갈색 직선보다 오차가 적은 직선이라는 것이며, 달리 이야기하면 파란 직선이 이 데이터에 대하여 더 좋은 설명력을 가지고 있는 셈이다. 오차 제곱합이 가장 작은 직선을 어떻게 찾는가에 대한 것은 수학적인 설명이 필요하므로 생략하도록 하고 개념만 알아두어도 큰 도움이 될 것이다.

3.7.4 단순회귀분석(Simple Regression Analysis)의 실행

단순회귀분석은 가장 단순한 회귀분석의 형태로, 한 개의 종속(반응)변수와 한 개의 독립(설명)변수 간의 관계를 선형회귀모형(Linear Regression Model)을 사용한 통계분석이다. 쉽게 말하면, $y = ax + b$ 형태의 직선 중 데이터를 가장 잘 대표할 수 있는 기울기와 절편을 찾는 과정이다.

실습 4-23 **단순회귀분석 해보기**

[Fit Line]을 이용하여 회귀직선과 회귀식을 구하는 분석을 실시해 보자. 이 실습에서 사용할 데이터는 실습 4-20에서 사용한 Big Class로 실시한다.

1. [Sample Data]→[Example of Teaching]→[Big Class]를 불러온다.
2. [Analyze]→[Fit Y by X]를 실행한다.
3. 컬럼 리스트에서 체중(weight) 변수를 [Y, Response] 항목에 넣고, 신장(height) 변수를 [X, Factor]에 넣는다.
4. [OK]를 눌러 실행한다.
5. 팝업에서 [Fit Line]을 실행한다.
6. 실행창의 [Linear Fit]을 보면 직선의 식이 다음과 같이 적혀 있다.

weight = −127.1452 + 3.7113549*height - 회귀식1

즉, 신장이 0이면 체중은 −127.15파운드이며 신장이 1인치 늘어날 때마다 체중은 3.71파운드씩 증가하는 것을 의미한다. 여기서 신장이 0이고, 체중이 −127인 경우는 현실적으로 불가능한 일이므로 회귀분석을 해석할 때에는 분석에 사용한 데이터의 구간에서만 회귀식이 성립한다고 가정한다. 즉, 이 경우 데이터에 주어진 신장의 범위 51~70 사이에서만 회귀식으로 예측하는 것이 타당하다.

3.7.5 회귀분석의 가설검정

회귀분석도 수집한 표본자료를 통하서 모집단을 설명하는 직선을 추론하는 과정이다. 그러므로 추론 배경에는 Big Class 데이터보다 더 큰 모집단이 존재하며, 그 집단에 적합한 직선이 있다는 생각이 담겨 있다. 우리는 이 직선을 추정하는 데(직선의 기울기와 y절편을 알아내는 데) 있어 수집한 표본을 사용했고, 회귀식1이라는 직선식을 얻었다. 이때, 다음과 같은 귀무가설(H_0)과 대립가설(H_1)을 생각해 보자.

- H_0: 모집단에 적합한 직선의 기울기가 0이다.
- H_1: 모집단에 적합한 직선의 기울기가 0이 아니다.

H_0는 신장(Height)이 체중(Weight)에 영향을 미치지 않는다는 말과 같다. 왜냐하면 직선의 기울기가 0이면 직선의 식이 $y = 0*x + b = b$로, x 변수에 해당하는 신장(Height)과는 무관한 식이 되기 때문이다. 한편 우리는 신장이 체중에 영향을 준다는 주장을 하고 싶으므로, H_0를 참이라고 가정했을 때, H_1이 발생할 확률값을 계산하여야 하고 이 값은 Parameter Estimates에서 $Prob > |t|$에 나와 있다. 이 경우 유의확률이 0.05보다 작으면 H_1을 선택하여 '회귀식이 유의하다.'고 표현한다.

3.7.6 회귀선의 유의성 검정(R^2)

Summary of Fit에서 R^2을 보자. 아래 그림은 Fit Line을 사용하여 추정된 R^2 값을 나타낸 그림이다.

Summary of Fit	
RSquare	0.618056
RSquare Adj	0.604885
Root Mean Square Error	1866.153
Mean of Response	3562.755
Observations (or Sum Wgts)	31

R^2의 의미는 전체 자료 중 회귀식에 의하여 설명되는 자료의 비율이라고 생각하면 쉽다. 이는 단순회귀뿐만 아니라 중회귀분석에서도 적용된다. 회귀식 1의 R^2는 0.618로 바꿔서 말하면 자료들이 약 62% 정도 직선에 의하여 설명되고 있다고 판단할 수 있다. 하지만 R^2는 회귀분석에 사용되는 설명변수가 늘어날수록 증가하는 단점을 지니고 있다. 예를 들어 학생들의 체중과 별 상관이 없어 보이는 시력을 설명변수로 추가할 경우 R^2는 증가한다는 것이다. 이러한 오류를 방지하고자 adjusted R^2를 사용한다.

3.7.7 수정된 회귀선의 유의성 검정(adjusted R^2)

adjustedR^2인 R^2 Adj는 R^2와 비슷하지만 차이점을 이해하는 것에 의미가 있으므로 설명하도록 한다.

예를 들어 '짝'에서 남자 1호가 여자 2호와 밥을 같이 먹고 싶다고 하자. 일반적으로 여자의 호감을 사기 위해서는 '외모'도 훤칠하고 '재력'도 좋고 '성격'도 좋고 '유머'도 있어야 하며 여자들이 멋있어 할 만한 '장기'도 있어야 하는 등 많은 장점이 있을수록 좋다. 하지만 여자 2호가 남자를 고르는 기준은 '외모'와 '유머'가 큰 비중을 차지하고 다른 요인들은 영향이 미미하다고 가정해보자. 이럴 경우 남자 1호가 여자 2호를 유혹하는 데 성공할 가능성을 예측하기 위해 측정 가능한 모든 변수(외모, 재력, 성격, 유머, 장기 등)를 넣으면 예측력이 좋겠지만, 굳이 '재력'과 '성격', '장기'와 같은 변수를 넣는 것은 의미가 떨어질 수 있다.

마찬가지로 가장 적합한 회귀식은 조금이라도 종속변수와 관련이 있는 요인들을 모두 회귀식에 넣어주는 것이다. 즉, 요인들은 넣어줄 때마다 적합률이 높아지므로 R^2 값이 높아지게 된다. 하지만 변수가 필요 이상으로 많아질수록 계산이 복잡해지며 해석도 어려워지는 모순이 발생한다. 따라서 이러한 상황을 방지하기 위하여 Adjusted R^2를 사용한다. Adjusted R^2는 변수의 개수까지 고려한 통계량이라고 생각하면 쉽다. 정리해 보면 무조건 R^2의 값이 크다고 좋은 것이 아니고 Adjusted R^2 값이 큰 모형이 좋다고 할 수 있다.

3.7.8 이상치 제거

실습 4-24 **이상치 효과 파악하기**

최소제곱법으로 실행한 회귀분석은 이상치에 영향을 많이 받는다는 단점이 있다. 이상치의 효과를 파악하기 위하여 다음의 단계를 따라 한다. 이 실습은 실습 4-23의 과정을 마친 후로 이어서 진행하겠다.

1. 그래프의 우측 상단에 존재하는 이상치(Outlier)를 선택한다.
2. [Row]→[Exclude/Unexclude]를 실행한다.
3. 팝업메뉴에서 [Fit Line]을 다시 실행한다.

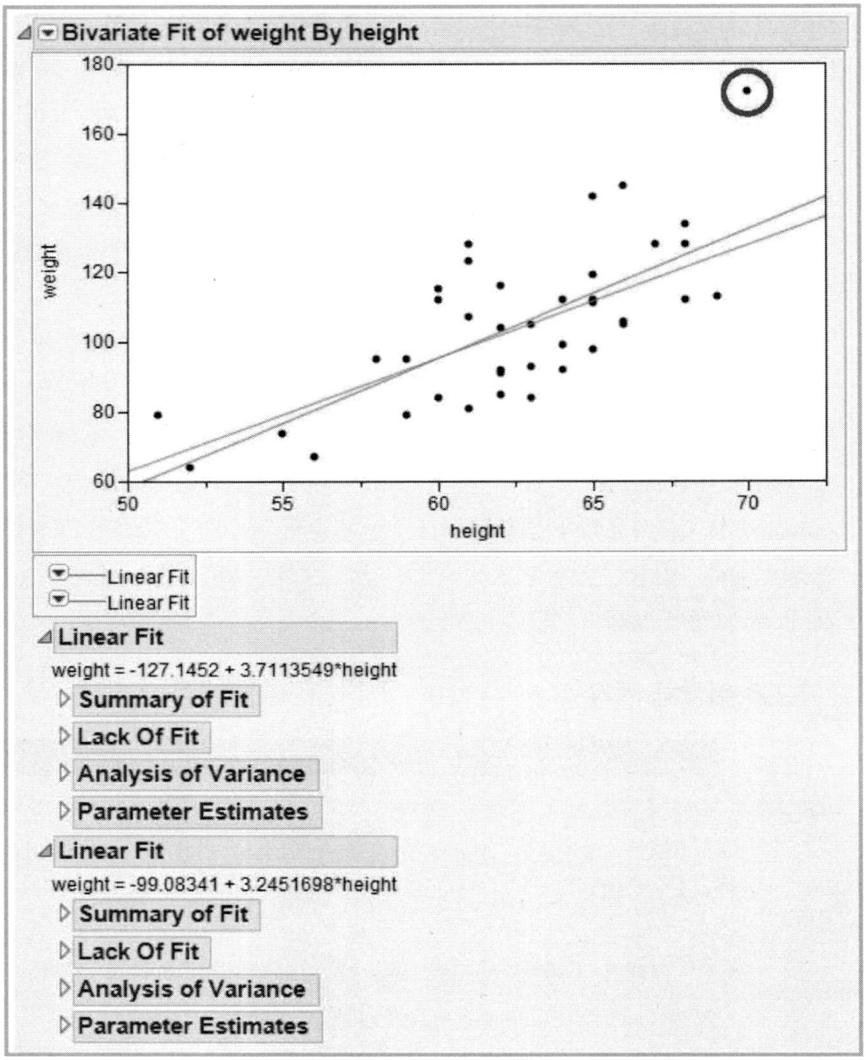

이상치를 제거한 회귀분석은 아래의 회귀식 2와 같으며, 회귀선의 기울기를 높이던 이상치를 제거하므로 회귀선의 기울기가 더 완만해진 것을 알 수 있다.

weight = −127.1452 + 3.7113549*height - 회귀식 1
weight = −99.08341 + 3.2451698*height - 회귀식 2

이상치는 이와 같이 추정에 큰 변화를 줄 수 있으니 주의하도록 해야 하며, 이상치로 생각되는 자료는 반드시 원인을 파악하여 분석에 포함할지를 판단해야 한다. 참고로 이상치를 찾는 원칙과 이론이 존재하지만 생략하기로 한다. 현재 수준에서는 그래프를 그려 다른 자료들과 동떨어져 있는 자료를 이상치로 보면 된다.

5장

더 많은 데이터와 친해지기

1강 여러 요소에 영향을 받는 결과 분석 - 회귀분석의 확장

목표변수와 설명변수의 관계를 이해하기 위해 분석하는 과정에서 설명변수나 목표변수가 여러 개 존재할 경우 어떻게 분석해야 하는가?

이 문제의 해결방안은 변수의 개수를 축소하거나 의미 있는 변수를 선택하여 분석하면 될 것이다. 상대적으로 우리에게 익숙한 회귀분석으로 이러한 과정을 적용해 보고 다변량 분석(여러 개의 변수를 이용한 분석)으로 확장해 보고자 한다.

1.1 다중회귀분석(Multiple Regression)

1.1.1 다중회귀분석이란?

단순회귀는 설명변수(x 인자)가 한 개인 반면, 다중회귀분석에서는 설명변수가 두 개 이상이다. 이때 다중회귀분석에서 사용되는 회귀식은 곡선이라고 착각하기 쉬우나 그렇지 않다. 예를 들어 Companies 데이터에서 매출액(Sales ($M))이 직원수(# Employ)와 자산규모(Asset)에 모두 영향을 받는다고 하자. 이 경우 회귀모형은 2차 곡선이 아니고 3차원의 평면이 된다. 사실 실생활에서 대부분의 경우는 다양한 인자가 종속(반응)변수에 영향을 주기 마련이다. 이처럼 하나의 종속변수에 2개 이상의 독립(설명)변수가 미치는 영향을 파악하는 것이 다중회귀분석(Multiple Regression)이다.

여기서 영향을 미치는 요인을 왜 독립변수(Independent Variable)라고 하는지 짚고 넘어가도록 하자. 예를 들어 한국전력에서 한여름 전력수요를 예측하기 위해 '기온'과 '냉방기 가동시간', '냉방기 설정온도'를 인자로 선택하여 분석을 해본다고 생각해 보자. 얼핏 생각하면 의미가 있는 회귀분석이 될 것 같지만, 기온은 냉방기 가동 시간과 설정온도에 영향을 미치게 되고, 냉방기의 실외기에서 나오는 더운 바람은 다시 기온에 영향을 미치게 될 것이다. 이렇게 서로 간에 영향을 주는 설명변수를 종속변수를 설명하는 요인으로 선정하면 신뢰할 수 없는 분석결과가 도출된다. 이것을 통계에서는 상관관계가 있다고 표현하고 '다중공선성(Multicollinearity)이 있다.'라고 한다. 이러한 문제를 해결하려면 '기온'만 설명변수로 사용하거나, '냉방기 가동시간'과 '냉방기 설정온도'만 사용하여 회귀분석을 실행해야 한다. 즉, 설명변수를 독립변수라고도 하는 것은 말 그대로 종속변스에 영향을 미치는 요인들이 '서로 간에 영향이 없다.'는 것을 가정하기 때문에 붙인 이름이다.

1.1.2 다중회귀분석의 실행

실습 5-1

Fit Model을 통해 회귀분석 해보기

이번에 실습할 데이터는 Candy Bars이다. 이 데이터를 통하여 우리가 잘 알고 있는 M&M's, Nestle, Hershey 등의 식품제조사에서 생산하는 사탕(Name)에 포함된 지방(Total fat g), 탄수화물(Carbohydrate g), 단백질(Protein g)의 양이 칼로리(Calories)에 미치는 영향을 회귀분석으로 파악해 보자.

1. [Sample Data]→[Fcod and Nutrition]→[Candy Bars]를 불러온다.
2. [Analyze]→[Fit Model]을 실행한다.

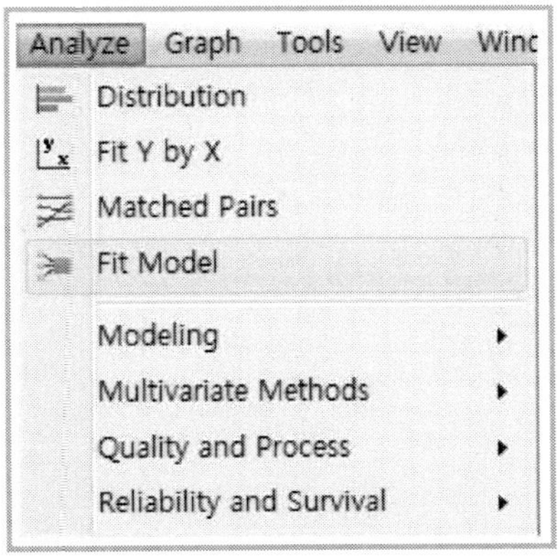

3. 칼로리(Calories) 변수를 Y 항목에 넣고, 전체 지방 양(Total fat g)과

탄수화물 양(Carbohydrate g), 단백질 양(Protein g) 변수를 선택한 후, [Add] 버튼을 누른다.

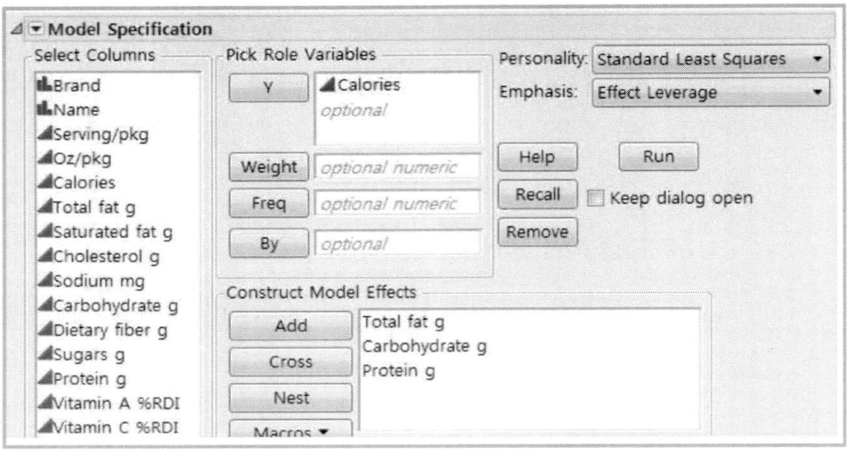

4. [Emphasis]→[Effect Screening]을 선택한다.

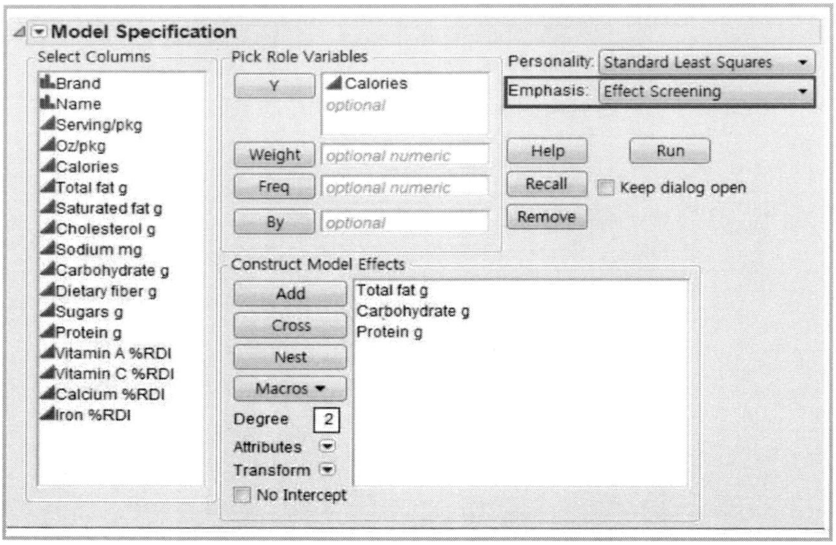

5. [Run]을 선택하면 다음과 같은 결과가 나온다.

Response Calories

Actual by Predicted Plot

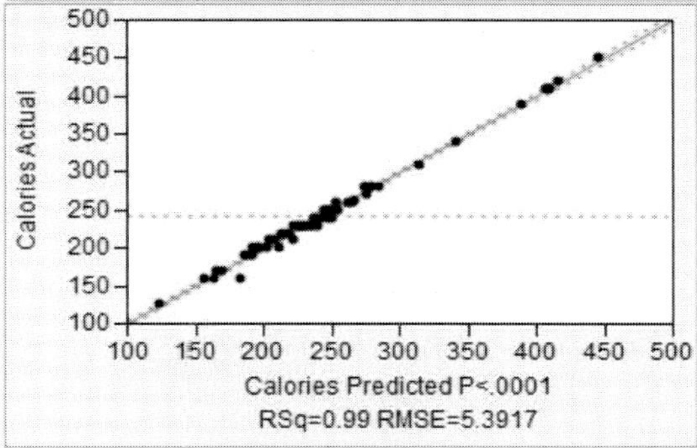

Summary of Fit

RSquare	0.992743
RSquare Adj	0.992436
Root Mean Square Error	5.391743
Mean of Response	243.0267
Observations (or Sum Wgts)	75

Analysis of Variance

Source	DF	Sum of Squares	Mean Square	F Ratio
Model	3	282357.91	94119.3	3237.579
Error	71	2064.03	29.1	**Prob > F**
C. Total	74	284421.95		<.0001*

Lack Of Fit

Parameter Estimates

Term	Estimate	Std Error	t Ratio	Prob>|t|
Intercept	-5.964301	2.899986	-2.06	0.0434*
Total fat g	8.9899516	0.144981	62.01	<.0001*
Carbohydrate g	4.097505	0.071025	57.69	<.0001*
Protein g	4.4013313	0.39785	11.06	<.0001*

NOTE

Fit Model 항목 및 옵션

- Y: 하나 또는 여러 개의 반응(종속)변수를 할당한다.
- Weight: 반응값을 위한 가중치를 공급할 컬럼을 인식한다.
- Freq: 분석을 위해 각각의 행에 할당된 빈도값을 가지는 하나의 컬럼을 찾는다.
- By: 각 변수를 각각의 레벨별로 나누어서 분석을 실행한다.
- Macros: 일반적으로 사용된 모델을 위해 자동적으로 전체에 효과를 적용한다.
- Keep Dialog Open: 분석을 실시한 후에도 창을 계속 열어둔다.
- Run: 선택한 변수와 옵션으로 분석을 실시해 모델을 생성한다.
- No Intercept: 절편이 없는 모델을 만든다.
- Nest: 지분 효과를 생성한다.
- Transform: 연속형 Y컬럼에 변환을 시켜준다.

1.1.3 다중회귀분석의 해석

다중회귀분석은 단순회귀분석의 연장선에 있다고 보면 간단하다. 설명변수를 설명하는 독립변수들이 늘어났다고 생각하면 되고 해석 방법도 비슷하다.

실습 5-1의 결과를 보자. 먼저 Summary of fit을 보면 R^2 (결정계수)가 약 0.9927로 종속변수의 총 변동이 독립변수들에 의하여 설명되는 비율이 높음을 알 수 있다.

Summary of Fit	
RSquare	0.992743
RSquare Adj	0.992436
Root Mean Square Error	5.391743
Mean of Response	243.0267
Observations (or Sum Wgts)	75

하지만 다중회귀모형에서는 독립변수의 수가 증가할수록 R^2값이 점점 증가하는 경향이 있다. 이러한 특성은 회귀모형에 종속변수와 전혀 관계가 없는 독립변수가 포함이 되어도 R^2 값이 증가하는 문제를 일으킨다. 예를 들면, 음식물의 칼로리를 예측하는데 있어서 음식의 온도, 음식물을 섭취한 시간 등 전혀 관계가 없는 변수들을 회귀모형에 추가하여도 수학적으로 R^2는 증가된다. 이러한 문제를 해결하기 위해서는

Summary of Fit의 R^2 Adj의 값을 보면 된다. 여기서 R^2 Adj 의 값이 약 0.9924이다.

이제 다중회귀분석의 결과를 사용하기 위하여 모형의 유의성을 살펴볼 필요성이 있다. 여기서 사용되는 가설은 다음과 같다.

- H_0: 모든 회귀계수들이 0이다.
- H_1: 적어도 하나의 회귀계수는 0이 아니다.

모형의 유의성을 알아보기 위하여 Analysis of Variance의 F Ratio를 보면 3237.579이며, 유의수준 0.05 하에 Prob > F의 값이 0.001이므로, 추정된 회귀모형이 통계적으로 유의함을 알 수 있다.

Analysis of Variance

Source	DF	Sum of Squares	Mean Square	F Ratio
Model	3	282357.91	94119.3	3237.579
Error	71	2064.03	29.1	Prob > F
C. Total	74	284421.95		<.0001*

마지막으로, Parameter Estimates의 각 요인들의 Prob> |t|을 보자. 세 요인의 전체 지방 양(Total fat g)과 탄수화물 양(Carbohydrate g), 단백질 양(Protein g)에 해당하는 Prob> |t| 값이 모두 0.001으로 0.05보다 작다. 따라서 모든 요인이 종속변수 Calories에 유의한 영향을 미치고 있음을 알 수 있다.

Parameter Estimates

Term	Estimate	Std Error	t Ratio	Prob>|t|
Intercept	-5.964301	2.899986	-2.06	0.0434*
Total fat g	8.9899516	0.144981	62.01	<.0001*
Carbohydrate g	4.097505	0.071025	57.69	<.0001*
Protein g	4.4013313	0.39785	11.06	<.0001*

TIP

회귀식 확인하기

만약 위 결과에서 회귀식을 보고 싶다면 [Response Calories]의 팝업메뉴에서 [Estimates]의 [Show Prediction Expression]을 실행시키면 다음과 같이 나타나는 [Prediction Expression(예측 회귀식)]을 볼 수 있다.

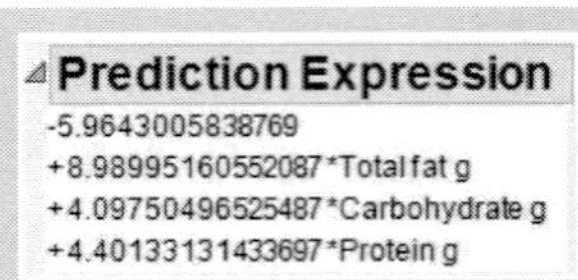

'5.1.1 다중회귀분석이란?'에서도 언급했듯이 각 요인에 대하여 2차식이 아닌 것에 주의하자.(각 요인에 대하여 회귀식은 1차식이다.)

실습 5-2

VIF(분산확대인자)를 확인해보자

다중회귀분석에서는 한 가지 더 고려할 사항이 있는데 독립변수간 강한 상관관계를 가질 경우 잘못된 분석결과를 가질 수 있게 된다. 예를 들면, 추정된 회귀모형이 통계적으로 유의하지만, 모형에 사용된 각 요인들이 모두 유의하지 않을 수도 있다. 또한 회귀계수의 부호가 양수로 나와야 하지만 음수로 나오게 되는 문제도 유발할 수 있다. 이러한 문제를 다중공선성이라 부르며 이러한 문제를 파악하기 위하여 VIF(분산확대인자)를 확인하면 된다.

1. 실습 5-1의 결과에서 [Parameter Estimates]에서 마우스 우측→[Columns]→[VIF(Variance Inflation Factor)]를 선택한다.

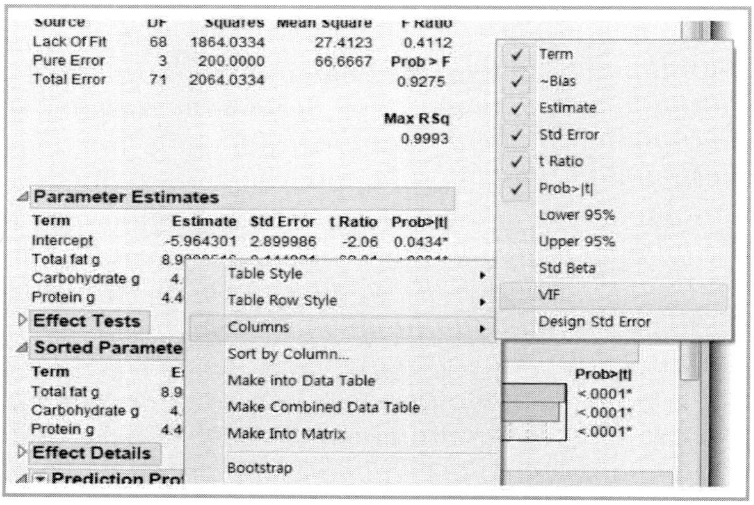

2. [Parameter Estimates] 창에 [VIF]라는 칸이 더 생기는 것을 확인할 수 있다.

Parameter Estimates

Term	Estimate	Std Error	t Ratio	Prob>|t|	VIF
Intercept	-5.964301	2.899986	-2.06	0.0434*	.
Total fat g	8.9899516	0.144981	62.01	<.0001*	1.7552193
Carbohydrate g	4.097505	0.071025	57.69	<.0001*	1.0609886
Protein g	4.4013313	0.39785	11.06	<.0001*	1.7781892

만약 VIF 값이 10 이상이라면 다중공선성을 심각하게 의심해 보아야 하며 VIF 값이 2 정도라면 주시해야 할 정도의 문제가 있음을 의미한다.

NOTE

변수 간의 관계 확인하기

Actual by Predicted Plot

Actual by Predicted Plot은 종속(반응)변수의 실제값(Actual)이 Y축에, 회귀식으로 계산된 예측값(Predicted)이 X축에 오도록 하는 산점도를 그린 것이다. 이때, $y=x$가 기준 축으로써, 점들이 이것에 가까이 있을수록 회귀 분석을 통해 얻은 예측값이 실제값과 근사하게 된다. 이것은 R^2를 시각화한 것으로 아래 그래프의 경우 실제값과 예측값을 나타내는 산점도로 거의 모든 점들이 $y=x$ 축에 붙어있으므로 회귀식이 우수하다는 증거를 제공해 준다.

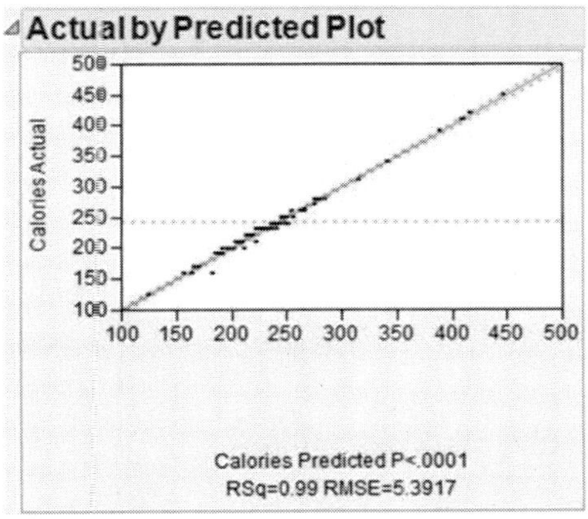

1.1.4 회귀식을 사용한 시뮬레이션 – Prediction Profiler

회귀분석을 통해 모형을 세우는 가장 주요한 목적은 예측에 있다. 위 예시에서 만약 총 지방량이 25g, 탄수화물이 40g, 단백질이 6g일 때의 칼로리를 알고 싶다고 하면, JMP에서는 회귀식을 추정한 상태에서 바로 [Prediction Profiler]를 이용하여 시뮬레이션이 가능하다.

[Response Calories]의 팝업메뉴의 [Factor Profiling]의 [Profiler]를 실행하면 아래 그림이 나온다. [Prediction Profiler]에서 각 요인 위에 적힌 숫자를 한 번 클릭하면 원하는 숫자를 입력하거나 그래프의 빨간 세로 점선을 마우스로 드래그하여 변경할 수 있다. 각각의 요인에 25, 40, 6을 입력해보자. 그러면 총 칼로리가 y축에 빨간 글씨로 409.0927(g)로 변경되는 것을 볼 수 있다. 이것은 총 지방, 탄수화물, 단백직을 각각 25g, 40g, 6g이 들어 있는 사탕의 칼로리를 예측한 값이 된다.

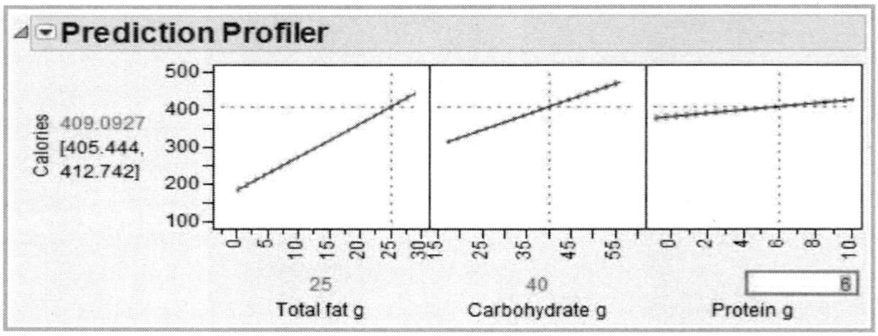

또한 각 요인이 칼로리에 어떻게 영향을 미치고 있는지 그래프로 나타내어 이해를 돕는다. 이 그래프를 보고 총 지방(Total fat g)과 탄수화물(Carbohydrate g), 단백질(Protein g)은 모두 칼로리와 양의 상관관계를 갖는 것을 알 수 있고, 각 요인의 값이 증가할 경우 칼로리도 증가하는 경향을 띤다는 것을 금방 알 수 있다.

1.2 단계적 회귀분석(Stepwise Regression)

1.2.1 단계적 회귀분석이란?

수많은 산업에서 최소 투자, 최대 효율은 모든 회사의 이상이다. 회귀분석에서도 이 논리가 똑같이 적용되는데, 단계적 회귀분석이 이러한 목적을 달성하게 해주는 방법이다.

예를 들어 팀에 소속된 직원 10명의 직원이 100%의 성과를 낸다고 생각해 보자. 직원 10명 중 2명이 업무의 80%를 처리하고, 나머지 8명은 남은 20%의 업무를 처리하여 매우 비효율적으로 업무를 수행하고 있다. 또한 비효율적으로 여겨지는 8명이 오히려 업무를 복잡하게 하는 등의 단점을 나타낸다고 할 때, 8명은 다른 업무에 배치하고 2명으로 팀을 이끌어나가는 것이 더 좋을 수도 있을 것이다.

이를 회귀분석에 적용하면 팀의 업무량은 종속변수(Y 인자), 직원의 업무량은 설명변수(X variable에 해당)에 대응된다. 바꿔서 보면, 10개의 변수를 모두 사용하면 회귀식이 자료를 100% 설명할 수 있지만, 그 중 특정 변수 2개가 회귀식이 80%의 자료를 설명할 수 있을 때, 나머지 8개 변수를 회귀식에 포함시키는 것은 일종의 낭비이다. 변수가 많아질수록 해석이 어려우며 고려할 사항이 기하급수적으로 증가하기 때문이다. 따라서 변수를 최소화하면서 회귀식의 설명력을 최대화하는 문제는 큰 관심의 대상이다.

이와 같이 회귀모형 중 최적의 모형(최소 변수, 최대 설명력)에 사용되는 이론이 단계적 회귀분석이다. 여기서 '설명력이 좋다, 크다.'는 마치 가설검정에서 '확률값이 작다.'와 같이 주관적인 말이다. 그러므로 회귀분석에서 '설명력'을 비교할 수 있게 수치화해 놓았다. 이러한 통계량에는 R^2, AIC, BIC 등이 있다. 이것들을 기준으로 몇 개의 어떤 변수를 회귀식에 넣을 것인지 결정하게 된다. R^2는 일반적으로 R^2가 더 높은 회귀식을 선택한다. AIC는 Akaike Information Criterion의 줄임말로 회귀식에 들어가는 인자의 개수와 회귀식이 자료에 얼마나 적합되는지를 고려한 통계량이다. BIC는 Bayesian Information Criterion의 준말로 AIC를 보완한 통계량이다. 두 통계량 모두 작을수록 회귀식의 설명력이 더 높다고 생각한다.

단계적 회귀분석은 '변수의 선택 방향'에 따라 다음과 같은 세 가지가 있다. y가 종속변수이고 x_1, x_2, x_3, x_4, x_5는 y를 '설명해 주는'(영향을 미치는) 독립변수라고 하자.

또한 단계적 회귀분석에서 독립변수들 사이에 다중공선성이 존재한다면 추정된 계수가 통계적으로 유의하지 않게 나타날 가능성이 있기 때문에 다중공선성의 발생을 방지해야 한다. 이를 방지하기 위하여 미리 변수들 간의 상관계수를 파악하여 상관관계가 높은 두 변수들 중 하나를 회귀분석모형에서 제거하거나 단계적 회귀방법을 이용하여 상관관계가 높은 변수들 중 가장 설명력이 있는 독립변수만을 모형에 포함시킨다.

1.2.2 전진선택법(Forward Selection)

전진선택법은 회귀식에 변수를 하나씩 추가하여 최적의 설명력을 갖는 설명 변수 조합을 찾는 것이다. 전진선택법의 첫 번째 단계는 변수 하나만을 사용했을 때 가장 좋은 모델 식을 찾아내는 것이다. 첫 단계에서 우리는 x_1만을 사용한 $y = ax_1 + b$와 같은 식을 생각하여 설명력을 계산해 보아야 한다. 그리고 나머지 4개 변수에 대하여 각각 $y = ax_2 + b$, $y = ax_3 + b$, $y = ax_4 + b$, $y = ax_5 + b$를 계산해 보아야 한다. 여기서 a값과 b값은 최소제곱법에 의해 구한 상수들이다. 이 중에 가장 설명력이 좋은 식에 사용된 변수 x를 찾아낸다. 가령 x_3가 가장 설명력이 좋은 변수라고 하자. 다음 단계는 변수를 두 개 사용했을 때, 설명력이 가장 많이 증가하는 추가 변수를 찾는 것이다.

(1) $y = ax_3 + bx_1 + c$
(2) $y = ax_3 + bx_2 + c$
(3) $y = ax_3 + bx_4 + c$
(4) $y = ax_3 + bx_5 + c$

즉, 4개의 회귀식을 계산하고 설명력을 비교하면 된다. 이 중 가장 설명력이 좋은 변수 조합을 찾아야 한다. 다음 그림은 전진 선택법에 사용되는 설명변수들을 그림으로 나타낸 것이며, 각 상자는 상자에 쓰인 설명변수를 이용한 회귀 모델이다.

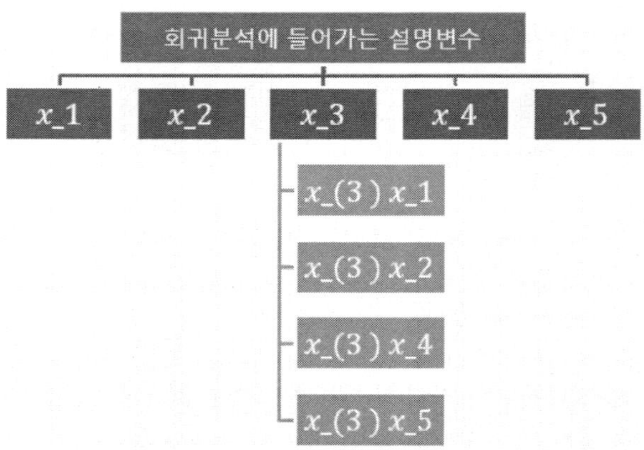

이 과정을 계속 반복하는 것이 전진선택법이다. 만약 모든 조합에 대해서 회귀식의 설명력이 좋아지지 않는다거나 개선 정도가 미미하면 더 이상 변수를 추가하지 않고 멈추면 된다. 예를 들어, (1), (2), (3), (4) 중 x_3만을 넣은 회귀식 $y = ax_3 + b$보다 좋은 설명력을 가진 변수가 없다면 최종 회귀모형은 $y = ax_3 + b$가 된다.

1.2.3 후진소거법(Backward Elimination)

전진선택법은 변수를 선택(Select)하는 과정인 반면 후진소거법은 가능한 변수를 모두 회귀식에 넣은 뒤 변수를 하나씩 제거(Eliminate)해가는 과정이다. 첫 번째 단계는 다음과 같은 5개의 회귀식의 설명 정도를 비교하게 된다. 상세하게 적으면, (x_1, x_2, x_3, x_4), (x_1, x_2, x_3, x_5), (x_1, x_2, x_4, x_5), (x_1, x_3, x_4, x_5), (x_2, x_3, x_4, x_5)를 사용한 회귀식 5개

(1) $y = ax_1 + bx_2 + cx_3 + dx_4 + e$,

(2) $y = ax_1 + bx_2 + cx_3 + dx_5 + e$,

(3) $y = ax_1 + bx_2 + cx_4 + dx_5 + e$,

(4) $y = ax_1 + bx_3 + cx_4 + dx_5 + e$,

(5) $y = ax_2 + bx_3 + cx_4 + dx_5 + e$

가 자료를 얼마나 설명하는지 계산한다. 가령 x_3를 제거한 (3)번 회귀식이 가장 설명력이 좋다고 하자. 다음 단계는 (3)번 식에 남아 있는 x_1, x_2, x_4, x_5 중 하나를 제거한 회귀식의 설명력을 계산해 보는 것이다. 그러므로 총 4개의 회귀식의 설명력을 비교하게 된다.

아래의 그림은 후진소거법에 사용되는 설명변수들을 그림으로 나타낸 것이다.

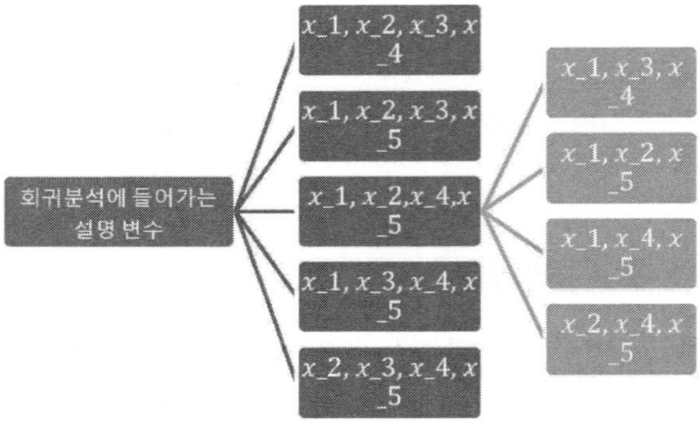

이와 같이 변수를 하나씩 제거하다가 모든 경우에 대해 모형의 설명력이 더 이상 증가하지 않거나 떨어지는 경우 변수를 제거하기 전의 식을 최종 회귀식으로 선택한다.

1.2.4 혼합회귀법(Mixed Regression)

'Mixed'라는 표현에서 알 수 있듯이 혼합회귀법은 위 1, 2번 방법을 혼합하여, 회귀식을 최적화하는 변수를 선택하는 기법이다. 예를 들어, 설명변수가 x_1, x_2, x_3, x_4, x_5일 때 $y = ax_1 + bx_2 + c$가 변수 두 개를 사용했을 때 가장 좋은 회귀식이라고 하자. 여기에 전진선택법을 한 번 더 적용하였더니 x_4가 모형을 최적화시켜주는 변수라고 나왔다. 전진선택법과는 다르게 혼합회귀법은 여기서 후진소거법을 적용한다. 즉, (x_1, x_2), (x_1, x_4), (x_2, x_4)를 각각 변수로 하는 회귀식을 비교하여 가장 좋은 모형을 택한다.

다음 그림은 단계별 선택법에 사용되는 설명변수들을 나타낸 것이다.

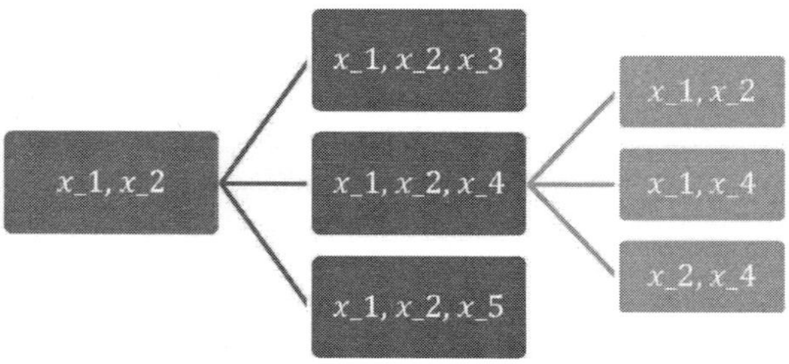

남은 변수를 각각 전진 또는 후진으로 계산했을 때, 모든 변수가 두 절차를 통과하지 못할 때 이 알고리즘을 멈추고 회귀식을 세우면 된다.

참고로 1, 2, 3번 방법이 같은 설명변수를 선택하지 않을 수 있다는 점에 주의해야 한다. 예를 들어 전진선택법에서는 x_1, x_2, x_3이 모델을 최적화하는 변수 조합인 반면, 후진소거법은 x_1, x_2, x_4가 최적 변수라고 말해줄 수 있다.

1.2.5 단계적 회귀분석의 실행

실습 5-3

전진선택법 회귀모형 만들기 1

위 세 가지 방법을 운동 중 산소 소비량(Oxy)에 대해 31명의 남녀에 대한 연령(Age), 체중(Weight), 운동시간(Runtime), 운동 중 맥박수(RunPulse), 휴식 중 맥박수(RstPulse), 최대 맥박수(MaxPulse)를 기록한 데이터인 [Fitness] 데이터로 단계적 회귀분석을 통한 회귀모형을 만들어 보도록 한다. 먼저 전진선택법을 살펴보도록 하자.

1. [Sample Data]→[Regression]→[Fitness]를 불러온다.
2. [Analyze]→[Fit Model]을 실행한다.
3. Oxy 변수를 Y 항목에 넣고, 체중(Weight), 운동시간(Runtime), 운동 중 맥박수(RunPulse), 휴식 중 맥박수(RstPulse), 최대 맥박수(MaxPulse)를 선택하고 [Add] 버튼을 누른다.
4. [Personality]→[Stepwise]로 선택한다.

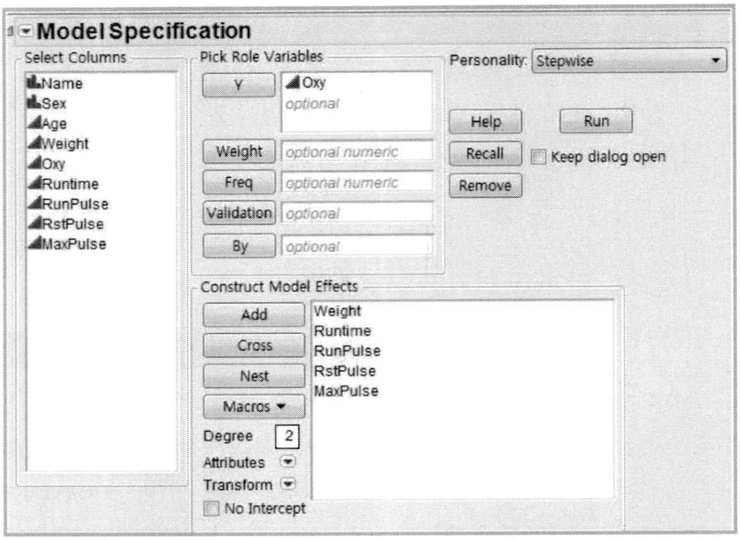

NOTE

Fit Model 항목 및 옵션

- Select Columns: 분석 대상 테이블의 컬럼 리스트를 나타냄
- Y: 분석 대상이 되는 목적변수를 선택
- Weight: 데이터에 가중치를 부여할 변수를 선택
- Freq: 데이터의 빈도를 포함한 변수를 선택
- By: 범주 단위로 분석을 실행할 범주변수를 선택
- Add: 목적변수의 원인이 되는 설명변수를 선택
- Cross: 컬럼 리스트에서 선택한 변수들로 교호작용을 생성해 모델에 반영
- No Intercept: 절편이 존재하지 않는 모형을 생성
- Personality: 모형의 적합 방법을 결정
- Emphasis: 분석 결과에 나타날 항목을 결정
- Distribution: 일반화 선형모형(GML) 생성 시 사용할 분포 선택
- Link Function: 일반화 선형모형(GML) 생성 시 사용할 연결함수 선택
- Recall: 이전에 실행한 Fit Model의 설정을 불러옴
- Remove: 선택한 변수를 제거
- Run: 모형 생성 실행
- Keep dialog open: 대화상자를 계속해서 열어 놓음

5. [Run]을 선택하면 다음과 같은 결과가 나온다.

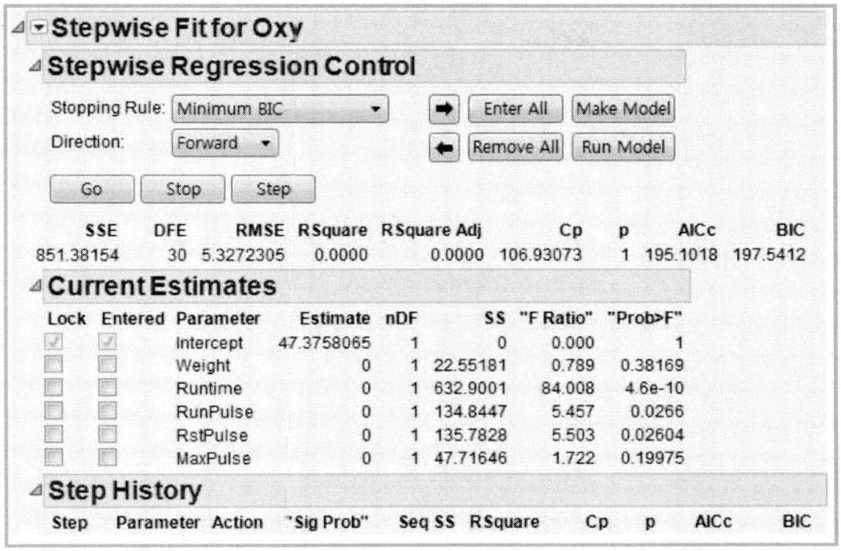

위 그림은 실습 5-3에서 5번까지의 과정을 실시하여 나타난 Stepwise 실행 대화상자이다. 위 그림에서 나오는 Stopping Rule은 '설명력'을 판단하는 기준을 선택하는 옵션이다. 위의 경우 'Minimum BIC'가 Stopping Rule로써, 회귀식의 BIC 값이 가장 작게 되는 변수를 추가적으로 선택하겠다는 의미이다. 다시 생각해 보면, 작은 BIC 값을 갖는 회귀식이 좋다는 것을 알 수 있다. Direction을 보면 Forward로 설정이 되어 있으므로 전진선택법 알고리즘을 통하여 변수를 선택하게 된다.

6. Step 버튼을 누르면 다음과 같은 결과가 나타난다.

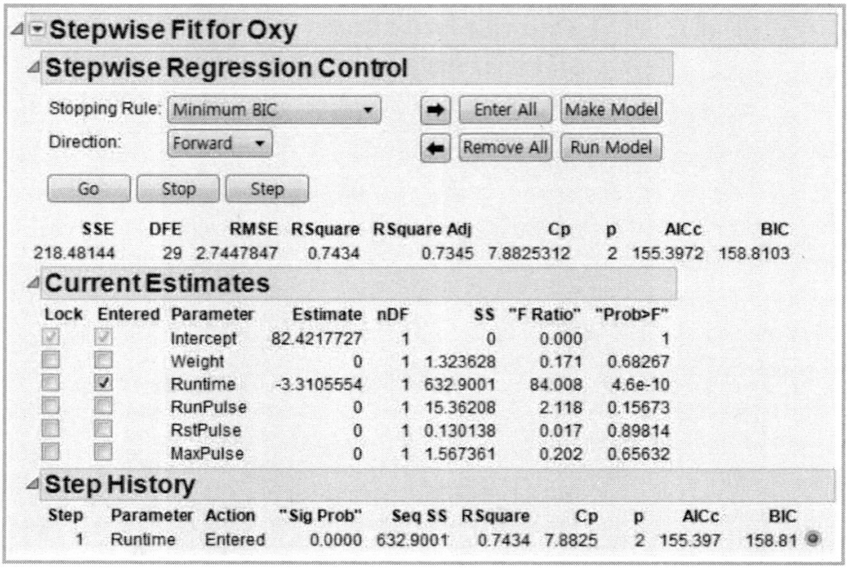

위 그림에서 보면 첫 번째 변수를 넣고 회귀분석을 실행했다는 것을 알 수 있다.

지금까지의 결과를 보면 운동시간(Runtime) 변수의 Entered 칸에 체크가 된 것을 확인할 수 있다. 운동시간(Runtime)이 전진선택법의 첫 번째 단계에서 회귀식의 BIC를 가장 작게 해 주는, 즉 '설명력이 좋은' 변수인 것이다.

7. [Go] 버튼을 누르면 자동으로 전진선택법이 실행되고 다음과 같은 결과가 나온다.

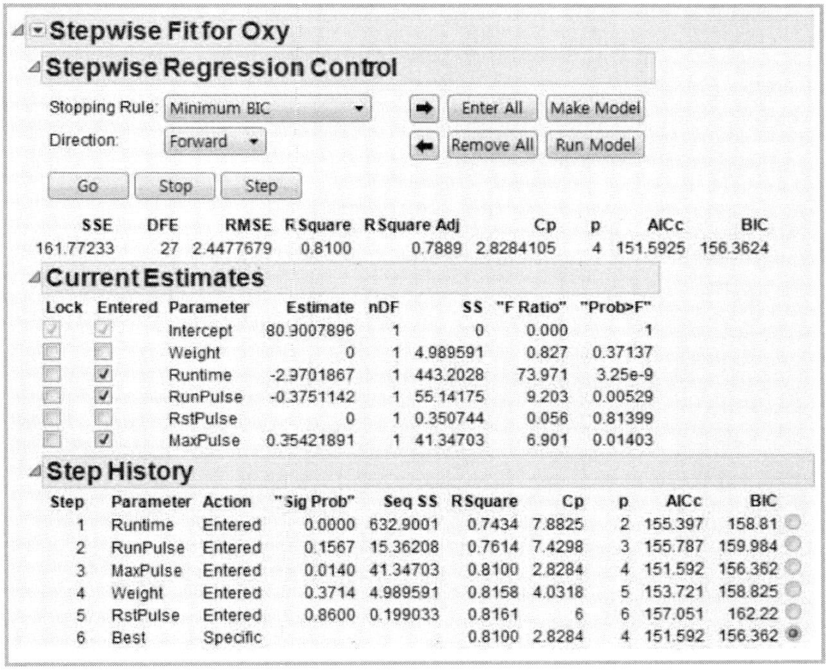

이는 Forward Regression이 자동으로 끝까지 실행된 화면이다.

3개의 변수 운동시간(Runtime), 운동 중 맥박수(RunPulse), 최대 맥박수(MaxPulse)가 최종적으로 선택이 되어 있는 것을 볼 수 있으며 변수가 선택되는 각 단계는 Step History에 나와 있다. Step History → Action에 Entered로 쓰여 있는 것은 변수가 회귀식에 추가되었다는 것을 의미한다. Step History를 분석하면, Runtime → RunPulse → MaxPulse → Weight → RstPulse 순서로 변수를 계속 추가하여 이 중 BIC값이 최소인 Step3의 모형을 선택했다는 사실을 알 수 있다.

실습 5-4	후진제거법 회귀모형 만들기 2

앞의 내용인 실습 5-3에서는 전진선택법으로 회귀모형을 만드는 실습을 해 보았다. 앞의 실습에 이어 이번에는 계속해서 후진제거법(Backward Elimination)을 실행해 보도록 하자.

1. [Stepwise Fit for Oxy]의 팝업메뉴에서 [Script]→[Redo Analysis]를 실행하도록 한다.
2. [Enter All] 버튼을 누른다.
3. [Direction]→[Backward]로 변경한다.

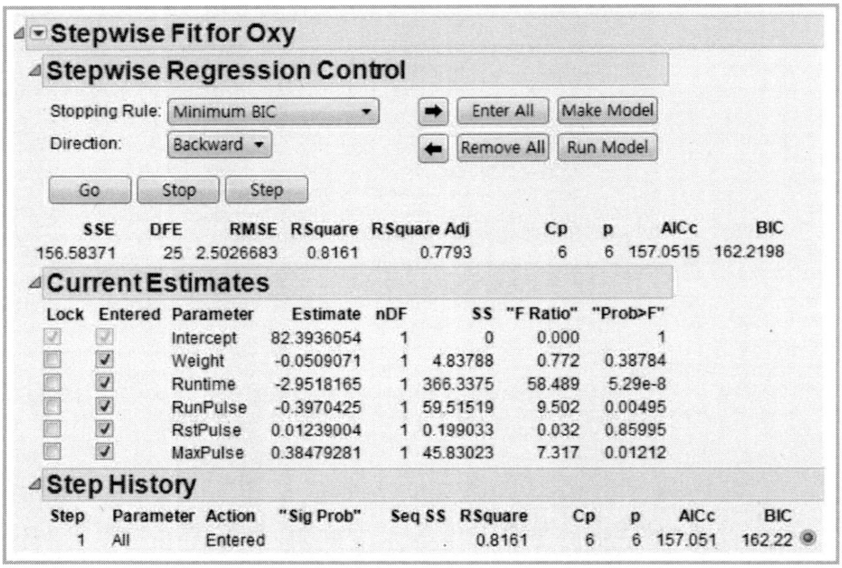

4. [Step]을 한 번, [Go]를 한 번 누른다.

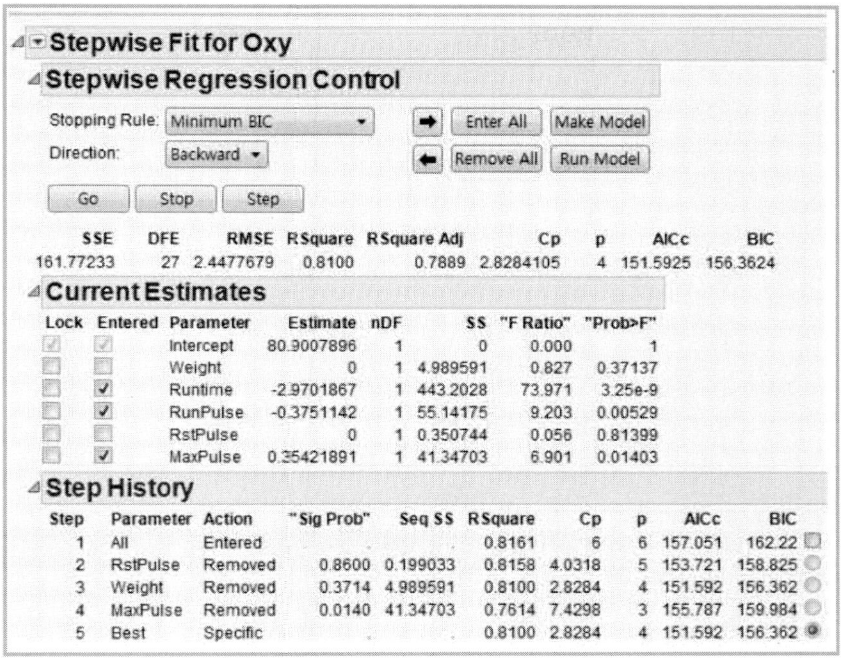

Step History를 보면 Action에 Removed가 표시되어 있는 것이 있다. Entered와는 반대로 기존 회귀식에서 변수가 빠진 것을 의미한다. 그림을 참고하면서 Step History를 해석해 보자. Step1~5를 보면 Step 4에서 최대 맥박수(MaxPulse) 변수를 제거했을 때 BIC값이 159.984로, 이전 Step 3에서의 BIC 값(156.362)보다 크게 나왔고, 결과적으로 선정된 모델은 Step 3의 모델이다. 이 결과를 통해, 최대 맥박수(MaxPulse)를 제거하여 변수가 운동시간(Runtime)과 운동 중 맥박수(RunPulse)만 남은 모형이 Step 4에서 선택할 수 있는 최선의 모형이지만 변수를 하나 더 제거하게 되면 R^2값이 약 0.81에서 약 0.75로 떨어졌으며, BIC값과 AIC값이 높아진 것으로 보아 두 개의 변수만으로는 회귀모형의 기능을 더 좋게 만들 수 없다는 것으로 볼 수 있다.

1.3 의미 있는 데이터 골라내기 - 스크리닝(Screening)

1.3.1 스크리닝이란?

'screen'의 사전적 의미는 '(적절한지) 확인하다, 거르다, 가려내다.'이다. 사전적 의미 그대로 스크리닝(Screening)은 효과가 큰 요인을 걸러 내는 '채'이다. 예를 들어, 위암 발병에 영향을 주는 요인들은 무수히 많을 것이다. 평소 식습관, 음주, 건강 검진의 주기 등 수백 가지의 요인들 중 무엇이 특히 위암에 주요한 효과를 미치는지 알면 위암을 조기에 예방할 수 있게 된다. 게다가 불필요한 검사를 하지 않게 되므로 시간과 돈도 절약하는 효과도 가져온다.

스크리닝(Screening)을 쉽게 설명하면 종속변수와 독립변수 간에 1:1로 회귀분석을 실행하여 유의한 변수를 추려내는 방법이다.

1.3.2 스크리닝의 실행

실습 5-5 **스크리닝 실행하기**

스크리닝에서 실습할 데이터는 화학 실험 시 촉매의 양(Catalyst), 휘젓는 속도(Stir Rate), 온도(Temperature) 등의 조건에 의한 반응량이 어느 정도인지를 수집한 자료이다. 반응량에 영향을 미치는 것으로 판단되는 변수를 선택하도록 한다.

1. [Sample Data]→[See an Alphabetical Listing of all Sample Data Files]→[Reactor Half Fraction]을 불러온다.
2. [Analyze]→[Modeling]→[Screening]의 순서로 선택한다.
3. 반응양(Percent Reacted)은 [Y] 컬럼으로 설정하고 나머지 연속형 변수 5개는 [X] 컬럼으로 설정한다.

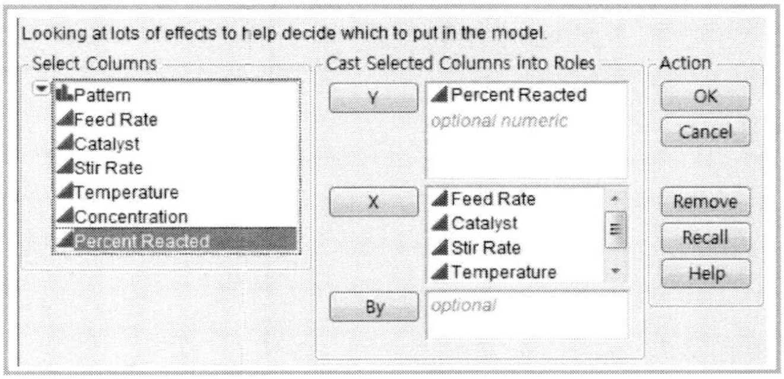

NOTE

Screening 항목 및 옵션

- Y: 분석대상이 되는 목적변수를 선택
- X: 목적변수에 영향을 주는 것으로 생각되는 설명변수를 선택
- By: 범주별로 분석이 실행되도록 데이터를 범주로 나누는 변수를 선택함

4. [OK]를 선택하면 다음과 같은 결과가 나온다.

Screening for Percent Reacted

Contrasts

Term	Contrast	Lenth t-Ratio	Individual p-Value	Simultaneous p-Value
Catalyst	10.2500	10.93	<.0001*	0.0008*
Temperature	6.1250	6.53	0.0011*	0.0099*
Concentration	-3.1250	-3.33	0.0130*	0.1212
Feed Rate	-1.0000	-1.07	0.2568	0.9856
Stir Rate	0.0000	0.00	1.0000	1.0000
Catalyst*Temperature	5.3750	5.73	0.0016*	0.0170*
Catalyst*Concentration	0.6250	0.67	0.5315	1.0000
Temperature*Concentration	-4.7500	-5.07	0.0024*	0.0262*
Catalyst*Feed Rate	0.7500	0.80	0.3913	1.0000
Temperature*Feed Rate	-0.3750	-0.40	0.7213	1.0000
Concentration*Feed Rate	0.6250	0.67	0.5315	1.0000
Catalyst*Stir Rate	0.7500	0.80	0.3913	1.0000
Temperature*Stir Rate	0.1250	0.13	0.9025	1.0000
Concentration*Stir Rate	1.1250	1.20	0.2097	0.9551
Feed Rate*Stir Rate	0.2500	0.27	0.8130	1.0000

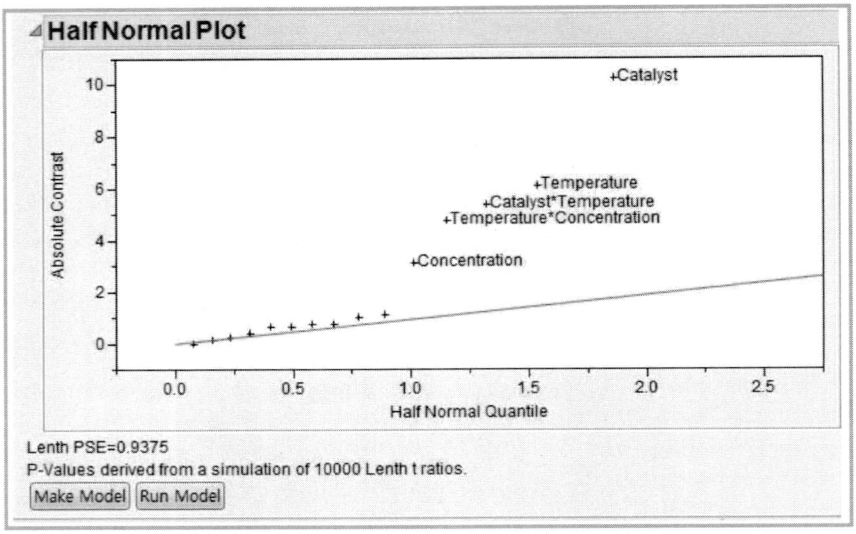

스크리닝 실행결과를 보면 처음부터 파란색으로 선택된 요인들이 있다. 이렇게 선택된 것들은 P-value가 0.1 미만인 요인으로 스크리닝을 통해 종속요인(Percent Reacted)에 주요한 영향을 미치고 있다고 판단할 수 있다. 다음 그림은 스크리닝의 실행결과에서 다른 요인을 선택한 화면이다. 만약 다른 요인을 선택하려면 결과화면에서 다른 요인을 클릭하면 된다.

한 가지 주의할 것은 종속변수에 영향을 미치는 요인은 단일변수가 아닌 두 가지 이상의 변수가 결합된 요인(예: Catalyst*Temperature)도 영향을 미칠 수 있는 것이다.

TIP

요인, 변수, 인자

통계학에서는 같은 의미의 단어가 여러 개 나온다. 이처럼 본 서적에서 사용하는 요인과 변수와 인자도 서로 유사한 의미로 쓰인다는 것을 알아두자.

Contrasts

Term	Contrast	Lenth t-Ratio	Individual p-Value	Simultaneous p-Value
Catalyst	10.2500	10.93	0.0002*	0.0008*
Temperature	6.1250	6.53	0.0007*	0.0074*
Concentration	-3.1250	-3.33	0.0141*	0.1155
Feed Rate	-1.0000	-1.07	0.2605	0.9844
Stir Rate	0.0000	0.00	1.0000	1.0000
Catalyst*Temperature	5.3750	5.73	0.0014*	0.0126*
Catalyst*Concentration	0.6250	0.67	0.5002	1.0000
Temperature*Concentration	-4.7500	-5.07	0.0022*	0.0231*
Catalyst*Feed Rate	0.7500	0.80	0.3867	1.0000
Temperature*Feed Rate	-0.3750	-0.40	0.7037	1.0000
Concentration*Feed Rate	0.6250	0.67	0.5002	1.0000
Catalyst*Stir Rate	0.7500	0.80	0.3867	1.0000
Temperature*Stir Rate	0.1250	0.13	0.8989	1.0000
Concentration*Stir Rate	1.1250	1.20	0.2118	0.9529
Feed Rate*Stir Rate	0.2500	0.27	0.8047	1.0000

1.3.3 스크리닝의 결과 해석

1) Contrast(기울기)

실습 5-5의 결과 중 Contrast는 선형회귀식, $y = ax + b$에서 기울기(a)에 해당하는 것이다. 즉, 각 요인 효과의 크기와 방향을 알려주는 숫자이다. 결과에서 촉매제(Catalyst)의 Contrast 값(기울기)은 10.25인 것을 확인할 수 있으며 이는 요인의 효과가 '양의 방향'으로 작용하고 x값이 1만큼 변화할 때마다 10.25만큼 반응량(Percent Reacted)에 영향을 미친다는 뜻이다. 양의 방향이란 촉매제(Catalyst)가 증가하면 반응량(Percent Reacted)도 증가한다는 뜻이다.

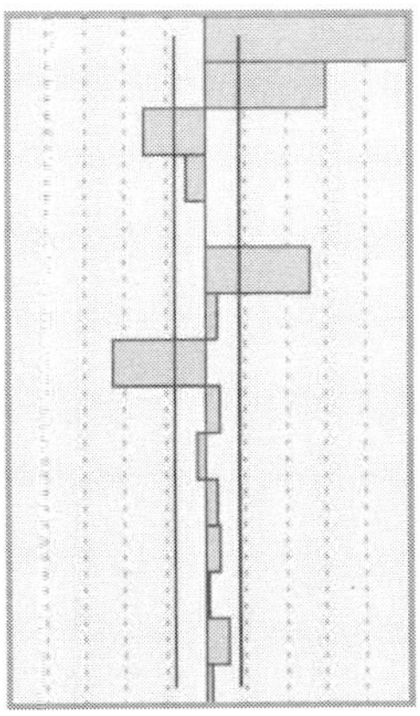

앞 그림의 Contrasts 지표 옆의 막대 그래프에서 주목할 것은 두 줄의 파란 선이다. 이 선보다 분홍색 막대가 더 왼쪽 혹은 오른쪽으로 나와 있다면 해당하는 요인은 유의한 것으로 판단할 수 있다. 또한 막대 그래프의 길이는 유의성의 강도를 나타내는 것으로 막대의 길이가 길면 길수록 종속변수에 유의한 요인임을 의미한다. 통계량으로 유의한 요인을 찾아내는 방법도 존재하지만 그래프를 통하여 직관적으로 유의한 요인을 찾아낼 수 있다.

2) 각 인자별 P-value(Individual P-Value)

선형회귀분석에서 x에 대응하는 인자의 효과가 존재하는지 알고 싶다면 x의 계수가 0인지 아닌지를 판단하면 된다. $y = ax + b$가 선형식이기 때문에 만약 a가 0이면 y는 x에 무관한 식이므로 x의 효과는 없다고 볼 수 있다. 이와 비슷한 논리로 Contrasts의 첫 번째 Term인 촉매제(Catalyst)가 반응량(Percent Reacted)에 영향을 미치고 있는지를 알고 싶다면 다음과 같은 귀무가설과 대립가설을 생각해야 한다.

H_0: Catalyst와 Percent Reacted의 관계식에서 Catalyst의 계수가 0이다.
H_1: Catalyst와 Percent Reacted의 관계식에서 Catalyst의 계수가 0이 아니다.

H_0를 가정하고 H_1이 참일 확률을 계산한 결과가 Individual P-Value이다. Catalyst의 P-value는 0.0002로 (유의수준 0.05보다) 작은 값을 가진다. 따라서 H_0이 참이면 불가능한 일이 발생한 것이므로 모순이며, 결국 H_1 가설이 참이 된다.

이처럼 다른 요인들의 효과도 판단해봤을 때, 1, 2, 3, 6, 8번째 요인의 P-value 값이 0.1보다 작아 종속변수에 괄목할 만한 영향을 미치고 있다.

3) Screening을 활용한 모형 만들기(Make Model)

Screening의 또 다른 장점은 스크리닝을 통해서 고른 유의한 인자만을 모델에 바로 넣어 분석을 할 수 있다는 것이다. 효과가 큰 1, 2, 3, 6, 8번째 인자를 선택하여 스크리닝 실행창 맨 아래에 있는 [Make Model]을 누르면 할당된 Fit Model 대화상자가 나타난다.

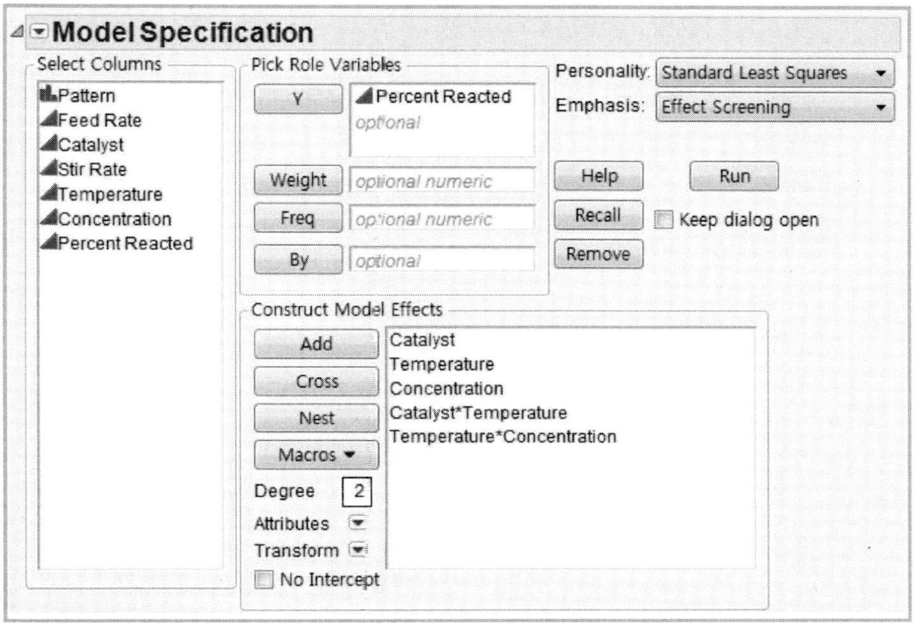

[Run]을 클릭하여 분석을 실행하면 앞에서 학습한 회귀분석이 실행되어 변수가 많은 데이터로부터 의미 있는 변수만 선택하여 회귀식을 생성할 수 있다.

1.4 변수 간의 상관성 분석 – 다변량 상관분석(Multivariate)

1.4.1 다변량 상관분석이란?

이변량(Bivariate)의 Bi-(둘, 二)가 Multi-(여럿, 多)로 바뀐 것이 다변량(Multivariate)이다. 즉, 여러 개의 변수에 대한 분석법이다. 다수의 변수에 대한 상호의존 관계나 종속 관계의 해석을 목적으로 하며 20세기 초기부터 생물학 분야와 계량심리학 등의 분야에서 도입되어 왔다. 현재는 컴퓨터 이용의 급속한 발전으로 공정품질, 시장분석, 재무분석, 사회조사 등에서 많이 이용되고 있다.

1.4.2 다변량 상관분석의 실행

실습 5-6 다변량 상관분석 실행하기

다변량 상관분석을 실행하는 이번 실습에서 사용할 데이터는 용해도(Solubility)이며, 이것은 에테르, 클로로폼 등 몇 가지 용매의 종류에 따라 용질을 얼마나 용해할 수 있는지 실험한 자료이다. 그럼 다음 과정을 따라 분석을 실시해 보자.

1. [Sample Data]→[Multivariate Analysis]→[Solubility]를 불러온다.
2. [Analyze]→[Multivariate Methods]→[Multivariate]
3. [Labels]를 제외한 모든 열을 [Y, Columns]으로 이동

> **NOTE**
>
> **Multivariate 항목 및 옵션**
>
> – Y, Columns: 하나 이상의 반응변수를 할당한다.
> – Weight: 분석에서 각각에 가중치를 할당하는 숫자형 변수를 확인한다.
> – Freq: 분석에서 각각에 빈도를 할당하는 숫자형 변수를 확인한다.
> – By: 변수의 각 수준별로 대등하게 나누어서 분석을 실행한다.

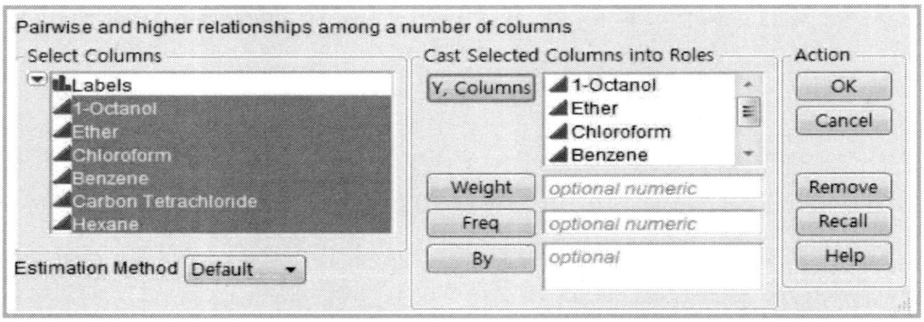

4. [OK]를 선택하면 다음과 같은 결과가 나온다.

Multivariate

Correlations

	1-Octanol	Ether	Chloroform	Benzene	Carbon Tetrachloride	Hexane
1-Octanol	1.0000	0.9343	0.5976	0.7197	0.6151	0.6046
Ether	0.9343	1.0000	0.5146	0.6489	0.5376	0.5494
Chloroform	0.5976	0.5146	1.0000	0.9411	0.9210	0.8719
Benzene	0.7197	0.6489	0.9411	1.0000	0.9573	0.9091
Carbon Tetrachloride	0.6151	0.5376	0.9210	0.9573	1.0000	0.9498
Hexane	0.6046	0.5494	0.8719	0.9091	0.9498	1.0000

Scatterplot Matrix

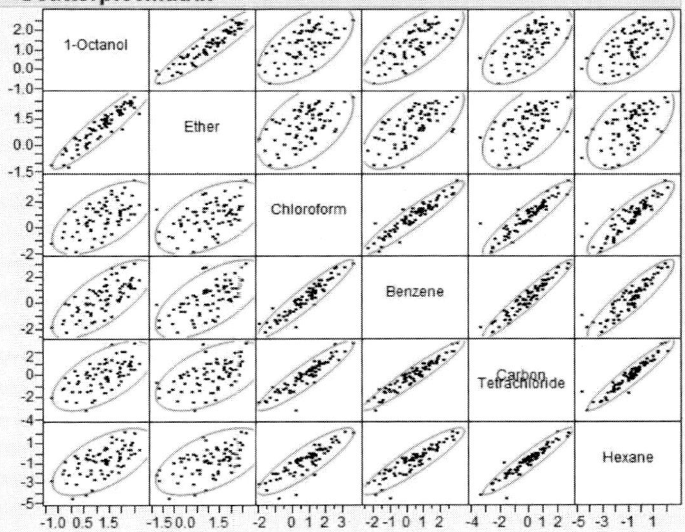

분석결과의 상단에 있는 Correlations를 보면 변수들을 행과 열에 변수명을 쓴 뒤 교차하는 곳에는 행과 열에 해당하는 변수들 사이의 상관계수를 써 놓았다. 예를 들면 행에서 1-옥탄올(1-Octanol)과 열에서 클로로폼(Chloroform)이 만나는 곳은 두 변수의 상관 계수이다. 같은 변수들은 완벽한 직선 관계를 이루기 때문에 행렬의 대각 성분의 값은 1이며 이 대각선을 중심으로 행렬의 원소가 대칭임을 알 수 있다. 즉, (1, 2) 성분의 값과 (2, 1)의 값이 같다. 이는 상관계수의 대칭적 성질로 설명되는 부분이다. 여기서 상관계수의 대칭성이란, 'X와 Y의 상관계수 = Y와 X의 상관계수'를 말한다.

Correlation 아래에 있는 Scatter plot Matrix는 두 인자 사이의 산점도(Scatter plot)를 행렬의 형태로 늘어놓은 것이다. 다음 그림에서 보듯이 각 인자는 행렬의 대각선에 쓰여져 있고 두 인자끼리 만나는 곳에 있는 그래프는 두 인자의 산점도에 해당한다. 각 산점도 내에 빨간 타원은 Density Ellipse에 해당한다. 산점도에 대한 자세한 해석은 Bivariate를 참고하기 바란다.

1.4.3 주성분 분석(Principal Components) 맛보기

주성분 분석(Principal Component Analysis)은 뒤에서 다룰 내용이지만 Multivariate의 옵션에서도 바로 실행할 수 있다.

실습 5-7 **주성분 분석 맛보기**

간단히 말해서 주성분 분석은 많은 변수들이 있을 때 변수를 축약하기 위한 방법이다. 이는 단순히 변수를 제거하는 것과는 다른 방법인 것임에 주의해야 한다.

1. [Multivariate]의 팝업메뉴에서 [Principal Components]→[On Correlations]을 실행한다.

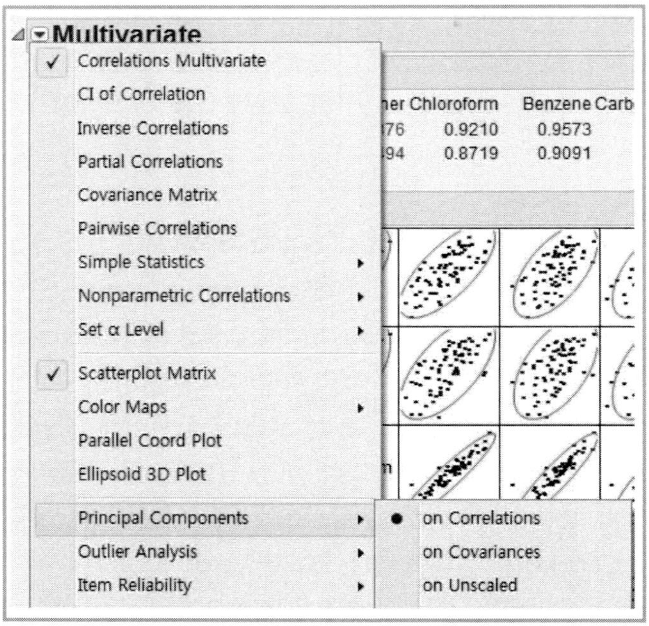

2. 다음과 같은 주성분 분석결과가 나온다. 자세한 설명이나 해석은 '1.5.3 주성분 분석의 실행'에서 보도록 하자.

Principal Components / Factor Analysis

Principal Components: on Correlations

Number	Eigenvalue	Percent	20 40 60 80	Cum Percent	ChiSquare	DF	Prob>ChiSq
1	4.7850	79.750		79.750	701.245	11.243	<.0001*
2	0.9452	15.754		95.504	317.186	13.125	<.0001*
3	0.1399	2.331		97.835	58.444	9.270	<.0001*
4	0.0611	1.018		98.853	17.589	5.280	0.0044*
5	0.0471	0.785		99.638	9.723	1.899	0.0069*
6	0.0217	0.362		100.000	0.000	.	.

NOTE

Outlier Analysis

회귀분석에서 다루었듯이 이상점(Outlier)은 분석의 정확도를 떨어뜨리고 일반화된 결론에 방해를 주는 요인이다. 회귀분석에서 이상점은 단순히 산점도에서 동떨어져 보이는 것이라고 했지만 다차원 분석에서는 이러한 분석법이 적용될 수 없다. 따라서 수학적인 기준을 정해놓은 뒤 이상점을 판별하는 방법을 사용하여 이상점을 찾는다. 이 중 하나가 마하라노비스(Mahalanobis)의 거리이며, [Multivariate]의 팝업메뉴에서 [Outlier Analysis]→[Mahalanobis Distances]를 실행하면 볼 수 있다.

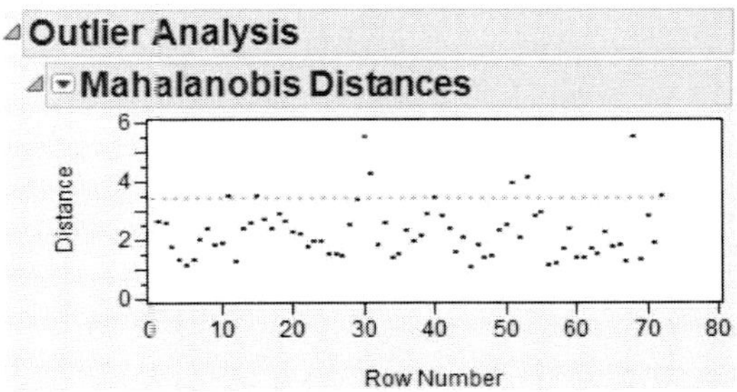

위의 그림은 마하라노비스의 거리를 나타내는 그래프로, 가로축은 행의 번호이며 세로축은 마하라노비스의 거리에 해당한다. 이상점은 파란색 점선 위 영역에 있는 것으로 큰 마하라노비스의 거리값을 갖는다. 이상점은 분석에 있어 방해가 되드로 그 개수가 적을 경우에는 제거하여 기존의 분석과 결과를 비교해 보아야 하며, 이상점이 실제로 어떤 의미를 갖는지 살펴보아야 한다.

1.5 많은 변수를 축약하기 – 주성분 분석(Principal Component Analysis)

1.5.1 주성분 분석이란?

주성분(Principal Component)이란 내가 가지고 있는 자료를 가장 잘 설명해 주는 요소라고 할 수 있다. 주성분 분석은 많은 요인(변수)들을 두세 개의 주성분으로 축약하여 정보를 압축하고 설명력은 유지하는 분석법이다. 이때 우리가 찾을 주성분은 자료 전체의 변동을 잘 설명하는 식이다. 예를 들어 여러 회사들의 이직률과 연봉 상승률에 대한 자료가 있을 때, 다음과 같은 식을 찾았다고 하자.

$$\text{prin} = 0.707 * (\text{이직률}) - 0.707 * (\text{연봉 상승률})$$

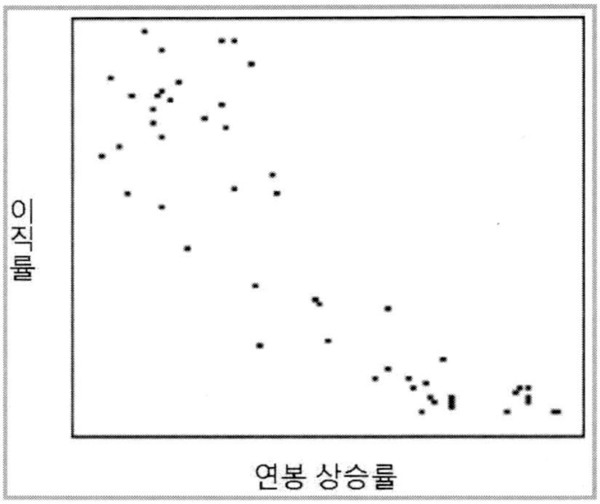

여기서 위의 그림은 이직률과 연봉 상승률의 산점도이다. 이때, 반응변수 prin의 의미는 무엇일까? 즉, 이직률과는 양의 상관관계를 가지며, 연봉 상승률과는 음의 상관관계를 갖는 것은 무엇일까? prin를 구직자들에 대한 회사의 선호도를 나타내는 지표로 간주할 수 있다. 위 식은 연봉 상승률과 이직률에 관한 자료의 변동을 잘 설명하면서 동시에 새로운 의미를 갖게 된다. 다음 그림은 이직률과 연봉 상승률의 주성분 결과인 직선이 주성분 식에 해당한다.

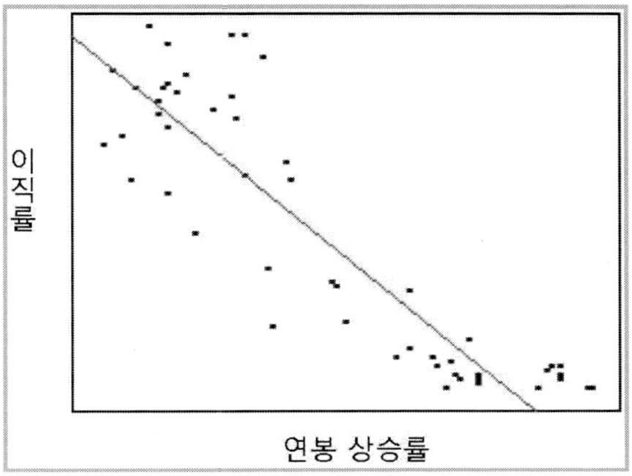

주성분의 의미는 설명변수(예: 이직률, 연봉 상승률)의 의미를 고려하여 분석자가 해석해야 한다. 이러한 점이 회귀분석과의 차이를 나타낸다. 회귀분석은 x, y의 관계를 알아내고 싶은 것인 반면 주성분 분석은 변수들 사이의 숨겨진 관계를 찾아 의미를 부여하는 분석법이다.

1.5.2 주성분 분석의 실행

실습 5-8 **주성분 분석 실행하기**

실습 5-6에서도 사용한 용해도(Solubility)를 사용하여 주성분을 도출하도록 한다.

1. [Sample Data]→[Multivariate Analysis]→[Solubility]를 선택
2. [Analyze]→[Multivariate Methods]→[Principal Components]를 순서대로 선택한다.

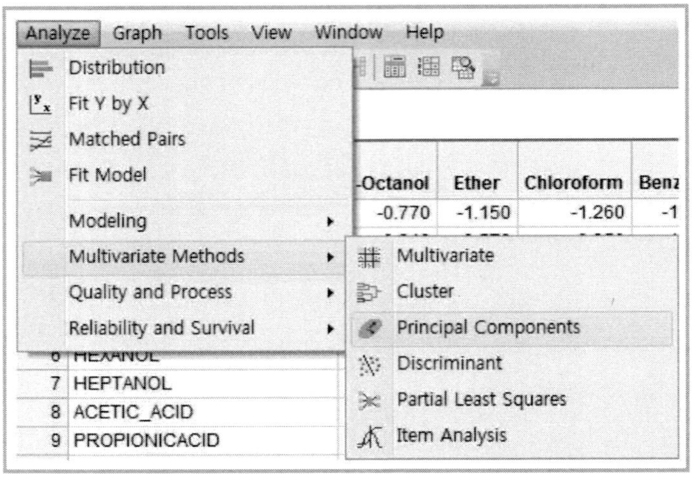

3. [Select Columns]에서 [Labels] 변수를 제외한 나머지 변수들을 선택한다.

4. [Y, Columns]에 선택한 변수를 넣는다.

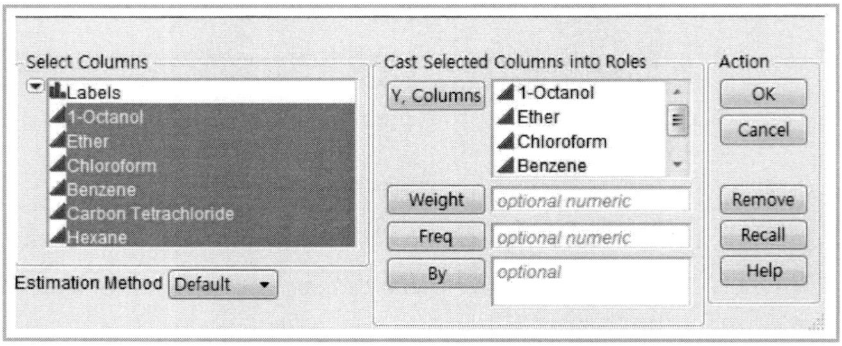

NOTE

Principal Components 항목 및 옵션

- Y, Columns: 분석대상이 되는 변수를 선택
- Weight: 데이터가 요약되어 있는 경우 변수에 가중치를 부여할 변수를 선택
- Freq: 데이터가 요약되어 있는 경우 변수에 빈도를 부여할 변수를 선택
- By: 범주별로 분석이 실행되도록 데이터를 범주로 나누는 변수를 선택

5. [OK]를 선택하면 다음과 같은 결과가 나온다.

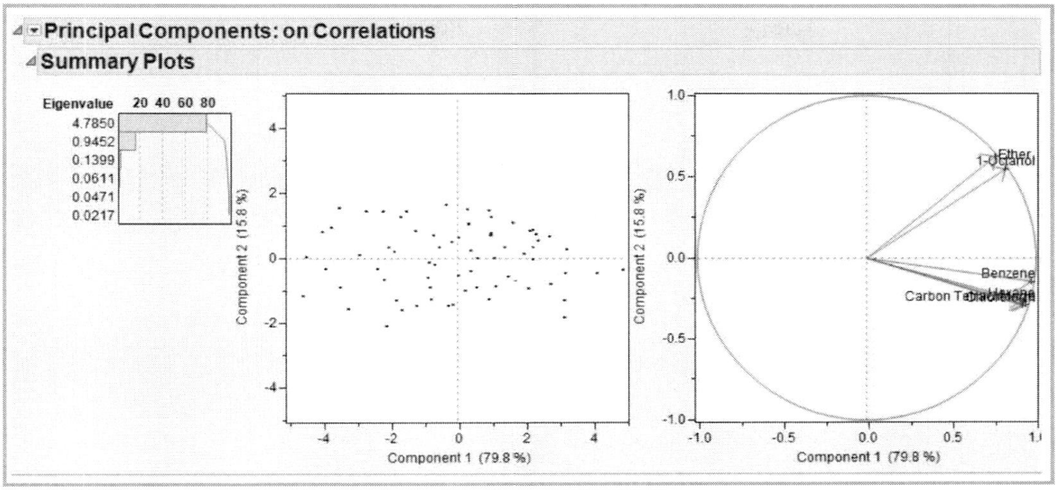

주성분 분석의 결과인 Summary Plot을 보면 왼쪽에서부터 [Eigenvalues], [Score Plot], [Loading Plot]이 기본으로 나타나며 각각의 의미는 다음과 같다.

1) Eigenvalue

고유값(Eigenvalue)이란 고등학교 때 배웠던 행렬의 행렬식(Determinant)과 같이 행렬의 특성 중 하나이다. 주성분 분석를 이해하는 데 있어 고유값에 대한 완벽한 이해는 필요하지 않으므로 구하는 방법을 포함한 자세한 설명은 생략한다. 고유값에 대하여 알아두어야 할 것은 고유값은 고유 벡터(Eigenvector)라고 불리는 친구와 함께 다닌다는 사실이다. 또한 이 고유 벡터를 통해 주성분을 찾을 수 있다. 이때, 고유값이 큰 순서대로 주성분의 순서가 정해진다는 것이 핵심이다. 고유값이 크다는 것은 전체적인 자료의 분산(흩어진 정도)을 주성분이 많이 설명할 수 있으므로 가장 먼저 주성분의 자리를 차지한다. 정리하면 고유값 1개에 고유 벡터 1개, 주성분 1개, 이렇게 하나씩 대응되며 고유값의 크기 순서로 대응되는 주성분이 제1주성분, 제2주성분 … 으로 불린다.

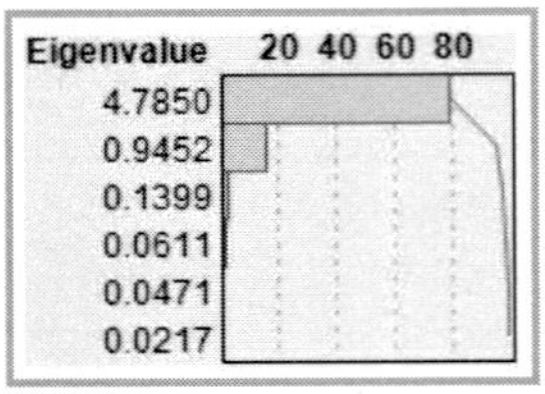

위 그림은 고유값을 나타내는 그래프이다. 고유값의 개수는 요인의 개수와 같으므로 6개가 구해진다. 위로부터 내림차순으로 적혀 있으며 오른쪽에 보이는 막대 그래프는 각 고유값이 전체에서 차지하는 비율을 묘사한 것이다. 첫 번째 고유값의 비율을 계산하면 다음과 같다.

$$\frac{4.785}{(4.785+0.9452+0.1399+0.0611+0.0471+0.0217)}\times 100 = 79.75(\%)$$

4.7850에 대응되는 제1주성분은 자료의 전체 변동을 약 80% 정도 설명하는 것을 알 수 있다. 막대 그래프 오른쪽의 꺾인 그래프는 누적 설명력을 도시한 것이다.

2) Score Plot

Score Plot은 제1주성분을 x축으로, 제2주성분을 y축으로 한 산점도이다. 위 내용에서 보았듯이 제1, 제2주성분을 구하면

$$\text{Prin1} = a_0 + a_1 x_{1+} \cdots + a_n x_n$$
$$\text{Prin2} = b_0 + b_1 x_1 + \cdots + b_n x_n$$

이러한 두 개의 식이 얻어진다. Prin1, 2를 각각 x, y 좌표로 하여 만든 산점도가 Score Plot이다. Prin1, 2와 같이 주성분의 값을 주성분 점수(Principal Component Score)라고 하는데, Score Plot이라는 이름도 이것과 연관지으면 이해하기 쉽다.

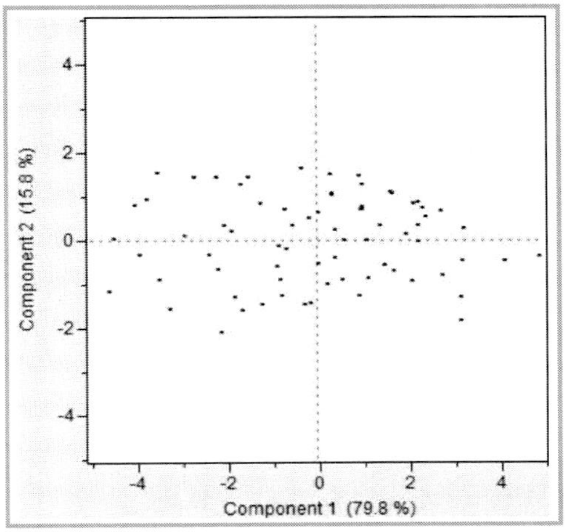

분석가는 주관적으로 Component 1, 2에 의미를 부여하여 각각을 특징지어 해석을 해야 한다. 앞에서 설명한 구직자들에 대한 회사의 선호도가 Component 1의 숨겨진 뜻일 때, 오른쪽으로 갈수록 각 점에 해당하는 회사의 선호도가 높다고 해석하면 된다.

3) Loading Plot

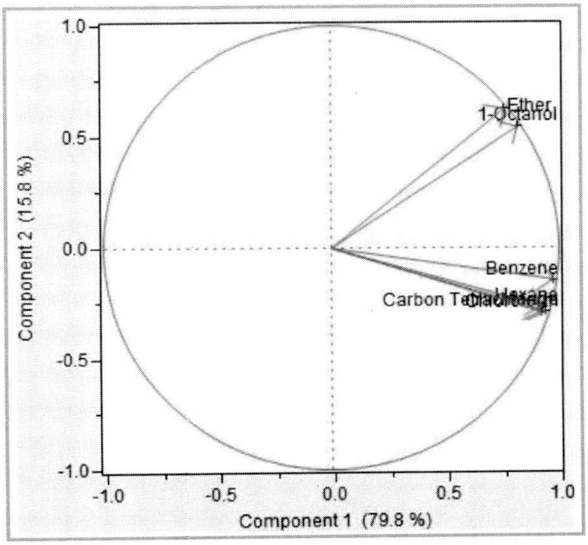

Loading Plot은 각 요인과 주성분의 상관관계를 도식한 그래프이다. 예를 들어 Ether와 Prin1의 수치들을 통해 표본상관계수(표본을 이용하여 계산한 상관계수)를 구할 수 있다. 이는 Fit Y by X에서 이용할 수도 있고 변수가 여러 개인 경우, Multivariate에서도 구할 수 있음을 배웠다. 마찬가지로 Ether와 Prin2의 상관계수를 구할 수 있다. 이렇게 각 요인과 Prin1, 2의 상관계수를 구한 뒤, 각각 x, y좌표로 점을 찍는다. 이때 만들어지는 그림이 Loading Plot이다. Loading Matrix는 모든 요인 각각에 대하여 주성분과의 상관관계를 적어놓은 행렬이다. 팝업메뉴 창에 Loading Matrix가 있으니 실행시켜 보자.

Loading Matrix

	Prin1	Prin2	Prin3	Prin4	Prin5	Prin6
1-Octanol	0.81902	0.54432	-0.04140	-0.16274	0.06871	0.00276
Ether	0.76198	0.62528	0.04477	0.15513	-0.04534	0.01688
Chloroform	0.91742	-0.29035	-0.24252	0.07563	0.09345	0.02770
Benzene	0.97476	-0.14346	-0.08191	-0.02337	-0.10819	-0.10149
Carbon Tetrachloride	0.94285	-0.28910	0.06913	-0.05965	-0.09976	0.09575
Hexane	0.92348	-0.26364	0.25657	0.02677	0.09967	-0.03452

Loading Matrix를 실행시켰을 때 결과는 위 그림과 같다. 그림을 살펴보면 행에는 6개의 요인들이 쓰여 있고, 주성분의 개수는 요인의 개수와 같기 때문에 열에는 6개의 Prin1~6이 나와 있다. 행렬의 성분은, 주성분(열)과 요인(행)의 표본상관계수에 해당한다. 위 그림을 보면 어떤 성분은 진하게 쓰여 있고 어떤 것은 연하게 나와 있다. 주성분 분석의 목적을 다시 상기하며 이를 해석해 보자. 여러 개의 요인들에 대한 정보가 다차원적이므로 이를 축약한 선형결합식을 구하는 것이 주성분 분석의 목표이다. Loading Matrix에서 진하게 나온 성분은 해당하는 주성분이 그 성분이 해당하는 요인의 변동을 잘 설명한다는 것이다. 예를 들어, Prin2의 1-Octanol 또는 Ether는 진하게 표시가 되어 있으므로 제2주성분이 두 요소의 변동을 충분히 설명할 수 있는 뜻이다. 사실 Prin1의 모든 요소가 진한 글씨를 포함하고 있으므로, 역으로 생각해 보면 Prin1에 해당하는 주성분을 보고 모든 요인의 변동을 파악할 수 있는 셈이다. 성분의 진한 정도는 숫자의 절댓값이 1에 가까울수록 높아진다. 또한 상관관계 자체의 의미를 생각 해보면 절댓값이 1에 가까울수록 주성분을 통하여 얻은 값들과 요인의 값 사이에 특정한 관계가 깊다는 것을 의미하므로 그 요인이 주성분에서 큰 비중

을 차지한다고 결론지을 수 있다.

또한 주성분 분석결과 내에서 요인분석과 요인회전, 군집분석 등을 함께 실행하여 결과를 비교할 수 있도록 Principal Components 팝업메뉴 하단에 포함되어 있다.

1.5.3 주성분의 개수 및 저장하기

주성분의 개수는 적으면 기존 자료의 정보를 손실하게 되기 때문에 적절하게 선택을 해주어야 한다. 일반적으로 2개의 주성분을 구하며 정확한 방법을 알아보자. 첫째는 누적 설명력을 고려하는 것이다. 70~90%의 누적 설명력을 갖는 순서까지 주성분을 구한다. 실습 5-8에서는 2개까지 누적 설명력이 약 85%이므로 주성분을 2개 구하면 적절하다.

두 번째는 위에서 언급한 고유값(Eigenvalue)이 1 이상인 주성분을 사용하는 것으로, 위의 예는 4.7850의 값을 가진 제1주성분만을 의미 있는 주성분으로 사용하는 것이다.

세 번째는 Scree Plot을 이용하여 주성분의 개수를 정할 수 있다.

[Principal Components: on Correlations]의 팝업메뉴에서 [Scree Plot]을 실행한다.

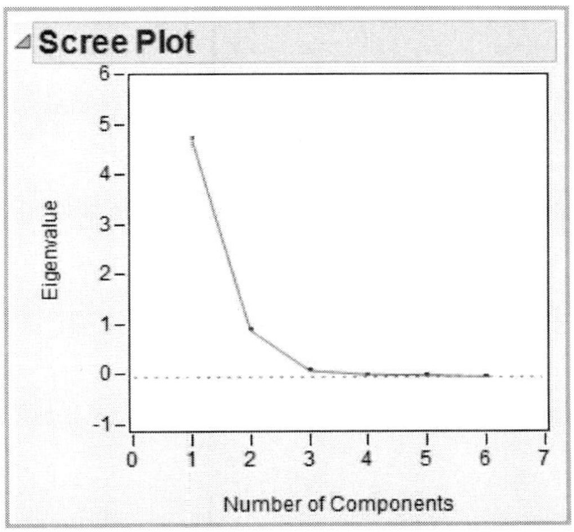

Scree 그래프의 x축은 주성분의 수를 나타내었고 y축은 고유값(Eigenvalue)을 말한다. Scree는 자갈 따위로 만들어진 비탈을 의미하는 영어 단어로 비탈이 형성되는 곳은 고유값의 변화가 큰 것으로, 그 때의 주성분의 설명력이 강하다고 할 수 있다. 따라서 비탈이 끝나는 곳을 보고 주성분의 개수를 구한다. 즉, 위 그래프에서는 1~2, 2~3번째 사이의 고유값의 변화가 크고 다른 구간에서의 고유값 차이는 작으므로 처음 두 주성분의 비중이 크다고 할 수 있다. 하지만 주성분의 개수는 분석가의 성향에 따라 달리 적용할 수 있다.

추출된 주성분을 구하기 위해서 팝업메뉴의 [Save Principal Components] 옵션을 실행하면 다음과 같은 화면이 나타난다.

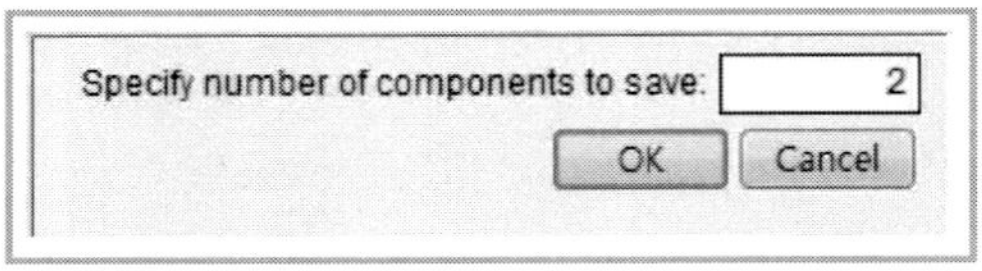

위 그림에서 주성분을 2개까지 구하기로 결정했으므로 입력란에 2가 되어 있음을 확인하고 [OK]를 누른다. 이제 자료가 입력된 창에 가면 Prin1, Prin2라는 새로운 열이 만들어져 있으며 각각의 값들은 Prin1과 Prin2로 추출된 주성분의 값이다.

	Labels	1-Octanol	Ether	Chloroform	Benzene	Carbon Tetrachlorid	Hexane	Prin1	Prin2
1	METHANOL	-0.770	-1.150	-1.260	-1.890	-2.100	-2.800	-4.582259585	-1.161890327
2	ETHANOL	-0.310	-0.570	-0.850	-1.620	-1.400	-2.100	-3.475873838	-0.913545117
3	PROPANOL	0.250	-0.020	-0.400	-0.700	-0.820	-1.520	-2.161497068	-0.653201644
4	BUTANOL	0.880	0.890	0.450	-0.120	-0.400	-0.700	-0.65044967	-0.185091014
5	PENTANOL	1.560	1.200	1.050	0.620	0.400	-0.400	0.614050822	-0.011301862
6	HEXANOL	2.030	1.800	1.690	1.300	0.990	0.460	1.9745362542	0.1430830944
7	HEPTANOL	2.410	2.400	2.410	1.910	1.670	1.010	3.2343735195	0.2631187577
8	ACETIC_ACID	-0.170	-0.340	-1.600	-2.260	-2.450	-3.060	-4.481242977	0.0314249438
9	PROPIONICACID	0.330	0.270	-0.960	-1.350	-1.600	-2.140	-2.913922935	0.1125562223
10	BUTYRICACID	0.790	0.610	-0.270	-0.960	-0.970	-1.760	-1.866994818	0.1988691818
11	HEXANOICACID	1.920	1.950	1.150	0.300	0.570	-0.460	0.9987681285	0.7002810633
12	PENTANOICACID	1.390	1.000	0.280	-0.100	-0.420	-1.000	-0.531462646	0.3372259785
13	TRICHLOROACETICACID	1.330	1.210	-0.690	-1.300	-1.660	-2.630	-2.184208326	1.4314314822

Prin1 열의 Column Info를 보면 다음 그림과 같이 Formula가 저장된 것을 볼 수 있다.

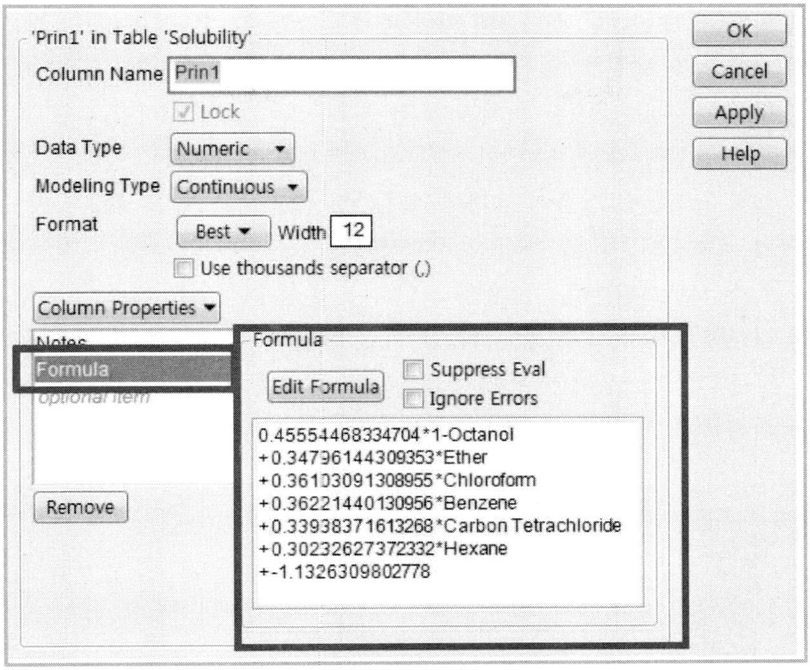

이 Formula는 제1주성분에 관한 식이다. 0.455544, 0.34796 등의 숫자는 각 요인들의 계수이고 주성분이 요인들의 선형결합 형태임을 확인할 수 있다. 선형결합의 형태란 예를 들어 $z = 2x + 3y$일 때, z는 x, y의 선형결합 형태이다.

위와 같이 Prin1 열에 있는 자료들은 주성분에 각 요인들의 측정치를 대입하여 계산한 결과이다.

1.5.4 주성분 회귀분석(Principal component Regression Analysis)

중회귀분석(Multiple Regression)은 설명변수(x 인자)의 개수가 여러 개인 회귀분석을 의미한다. 이때, 설명변수가 여러 개이므로 그 중에는 설명변수끼리 서로 관련이 깊을 수 있다. 관계가 깊은 변수들을 회귀식에 모두 넣는 것은 '다중공선성(Multicorrlinearlity)'이라는 문제를 일으킬 수 있다. 다중공선성을 미팅에 비유하여 이해해 보자. 4:4 미팅을 나가면 남자들의 역할 분담이 중요하다. 남자 4명의 역할이 각각 얼굴 마담, 자금 담당, 분위기 메이커, 폭탄 제거로 분담될 때가 바람직하다. 그런데 만약 분위기 메이

커가 두 명이라면 뱃사공이 많아 배가 산으로 갈 수도 있다. 즉, 같은 역할을 담당한 사람이 두 명일 경우 한 사람은 할 일이 없어 미팅의 '완성도'가 떨어지게 된다. 이처럼 다중공선성이란 관계가 깊은 변수들끼리 설명 대상이 겹쳐 회귀식의 설명력을 저하시키는 문제를 말한다. 이 문제를 주성분 회귀분석을 통해 해결할 수 있다. 상관성이 높은 변수들을 이용하여 제거하지 않고 주성분 분석을 통해 차원을 축소하여 적은 차원의 변수로 만들어 상관성을 낮춰, 다중공선성의 문제를 해결하는 것이다.

주성분 회귀분석의 방법은 간단하다. 주성분 점수(Principal Component Score, 예를 들어 Prin1, Prin2)를 독립변수(x 변수)로 보고 종속변수(y 변수)와 회귀분석을 하는 것이다. 생각해 보면 주성분은 기존 x 변수들의 선형결합 형태이므로 주성분 회귀식 또한 기존 변수들에 대한 회귀식이 된다.

2강 데이터에서 패턴 찾기

이제는 데이터가 너무 많은 경우에는 어떻게 분석해야 할지를 고민해 보자. 앞에서 목표변수와 설명변수가 여러 개 있을 경우 분석을 해 보았다. 문제는 앞에서 언급한 기법은 통계적 모형을 기반으로 하고 있어 결과에 대한 의미 부여를 위해서 필요한 가정이 있다. 예를 들어 정규성(정규분포를 따름.), 독립성(변수간 상관관계가 없어야 함.) 등이다. 이러한 가정을 극복하고 분석할 수 있는 방법을 소개하고자 한다. 데이터마이닝을 이용한 분석은 이러한 문제를 쉽게 해결할 수 있다.

2.1 데이터마이닝(Data Mining) 개요

2.1.1 데이터마이닝이란?

데이터마이닝이란, 데이터(Data)와 캐다(Mining)의 합성어로써 데이터를 캐낸다는 의미를 갖고 있다. 단순히 데이터 속에서 원하는 정보를 캐낸다는 의미를 가지던 데이터마이닝은 KDD(Knowledge Discovery and Data Mining)의 개념 아래 한마디로 요약하면, '대량의 데이터 집합으로부터 유용한 정보를 추출하는 것'으로 정의되며 (Hand et al., 2001), 이를 좀 더 상세히 정의하면, '의미 있는 패턴과 규칙을 발견하기 위해서 자동화되거나 반자동화된 도구를 이용하여 대량의 데이터를 탐색하고 분석하는 과정이다(Berry and Linoff, 1997, 2000).' 또한, 가트너그룹은 '통계 및 수학적 기술뿐만 아니라 패턴인식 기술들을 이용하여 데이터 저장소에 저장된 대용량의 데이터를 조사함으로써 의미 있는 새로운 상관관계, 패턴, 추세 등을 발견하는 과정' 이라고 설명하고 있다. 이처럼 데이터마이닝이란 데이터 속에서 지금까지 발견하지 못했던 의미 있는 패턴이나 규칙들을 찾아내는 일련의 과정을 의미한다.

오늘날 데이터마이닝은 여러 사람들에 의해 다양한 분야에서 활용되고 있다. 군사

분야에서는 미사일의 정확도에 영향을 주는 요인들을 찾아내고 어떠한 영향을 미치는지 알아내기 위하여 데이터마이닝을 활용하고 있고, 의학 분야에서는 어떤 요인들이 환자의 치료에 큰 영향을 미치는지 찾기 위해 쓰여지고 있다. 또한 금융권에서는 카드 및 보험 사기 적발, 마케팅에서는 수많은 고객들 중 기업에서 보내는 마케팅 메일에 가장 잘 반응할 것 같은 고객들의 확률을 예측하는 데 쓰여진다.

이러한 데이터마이닝은 통계학과 기계학습(Machine Learning)으로 알려진 두 학문 분야의 교차점에서 시작한다. 통계학에는 기술통계와 추론통계로 크게 두 가지로 분류되는데, 여기서 사용되는 의미는 추론통계이다. 데이터마이닝에서 사용하는 통계분석은 회귀분석, 군집분석, 주성분 분석 등을 사용하며, 기계학습에서는 의사결정나무, 신경망, SVM(Support Vector Machine) 등이 사용된다. 이처럼 데이터마이닝은 통계기법과 기계학습기법이 어우러져 하나의 방법론을 구성한 것이다. 또한, 데이터마이닝은 대량의 데이터를 이용하여 하나의 표본으로 모델을 적합시킨 후 다른 표본으로 모델의 성과를 평가하기 때문에 전통적인 통계학과는 달리 이론적 구조를 이해하기 쉽다는 장점이 있다.

2.1.2 데이터마이닝의 분석절차

데이터를 정제하고 모형의 생성 및 평가까지의 분석절차를 SAS에서는 SEMMA라는 방법론으로 표현하고 있으며, 이 책에서는 JMP를 개발하고 있는 SAS의 SEMMA 방법론을 예를 들어 설명하였다.

SEMMA는 표본추출(Sample), 탐색(Explore), 변형(Modify), 모형화(Model), 평가(Assess)의 영문 머리글자를 따서 만든 것으로 각각의 설명은 다음과 같다.

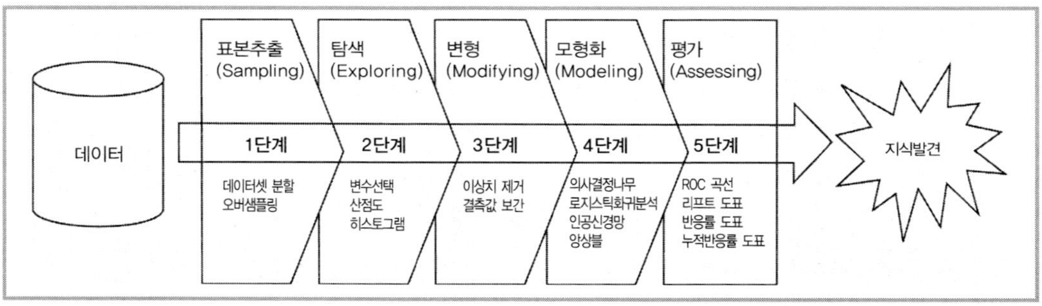

표본추출(Sampling)은 데이터마이닝 분석절차 중 가장 선행되는 절차로 모형 구축을 위하여 데이터를 분석용과 검증용으로 분리하는 단계이다. 모형의 성능은 분석용/검증용 데이터의 분할 비율에 따라 달라질 수 있다.

두 번째 단계인 데이터 탐색(Exploring)은 분석의 가장 기초적이면서 중요한 단계로 주로 변수에 대한 분포를 그려보고 모형 구축에 영향을 주는 이상치 존재 유무를 확인하며 변수들 간의 다중공선성 및 연관성을 파악하는 데 주안점을 두고 있다.

그 다음으로 데이터 변형(Modifying)은 데이터의 가공 및 조작하는 모든 일련의 절차를 말하며 효과적인 데이터 탐색을 하기 위하여 변수의 구간화를 하기도 하며, 기존의 변수를 활용하여 모형의 예측 및 분류의 성능을 높이는 파생변수를 생성하기도 한다. 그리고 일반적으로 분석 및 모형 구축 전까지 지금까지의 과정을 데이터 전처리 단계로 부른다.

데이터 전처리가 끝나면 여러 가지 모형을 사용하여 모형을 구축하는데, 데이터마이닝에서 주로 사용되는 알고리즘은 회귀분석, 의사결정나무, 신경망 등이 있다. 이러한 단계를 SEMMA에서는 모형화(Modeling)라 부른다.

마지막으로 평가(Assessing)는 모형화 단계에서 구축한 여러 가지 모형을 검증용 데이터로 평가하고 최적의 모형을 가려내는 단계이다. 여기서 모형의 평가에 사용되는 지표는 오분류율(Error Categorization, Ratio), ROC 곡선, 리프트 곡선 등 다양하게 있는데, 하나의 평가지표를 가지고 모형을 평가하기보다는 다양한 평가지표를 사용하여 최적의 모형을 찾는 것이 더 바람직하다.

2.2 조건문(If …… then ……) 형태의 패턴 생성 – 의사결정나무(Decision Tree)

데이터마이닝의 개요에서 살펴보았듯이, 누적된 데이터에서 패턴을 찾아내는 분석은 매우 중요하다. 데이터마이닝을 광산에서 자원을 캐내는 것으로 비유를 했듯이 우리의 데이터에서 다이아몬드가 나올 것인지, 금 혹은 은이 나올지는 아무도 모르기 때문이다.

데이터에서 패턴을 찾아내는 방법 중 대표적인 방법이 의사결정나무(Decision Tree)이다. 패턴분석에서 의사결정나무가 대표적으로 쓰이는 이유는 분석조건이 까다롭지 않고, 무엇보다 해석이 용이하다는 것이다. 해석이 용이하다는 것은 의사결정나무가 분류 규칙을 '만약에 ~하면 ~이다.'라는 형태로 만들어 주기 때문이다. 조금 더 자세히 알아보기에 앞서 이해를 돕기 위해 한 가지 간단한 예제를 살펴보겠다.

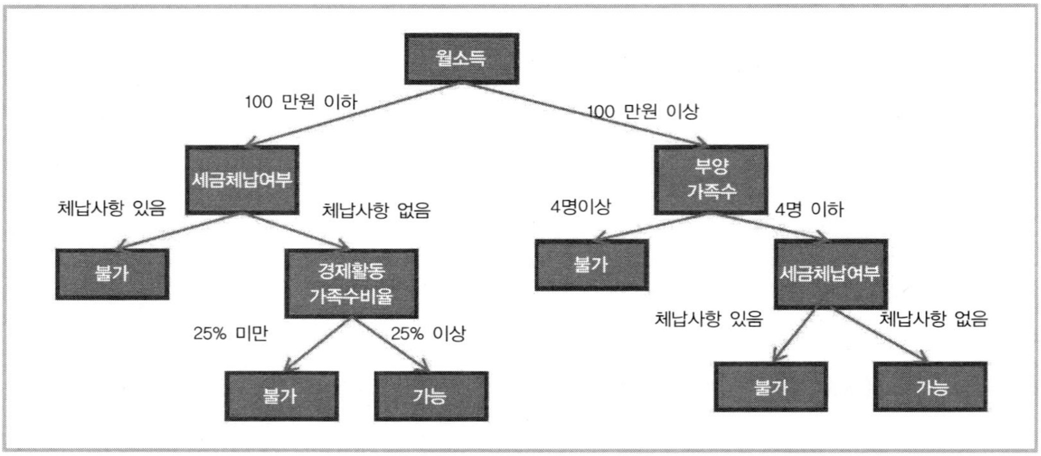

위 그림은 주택전세자금을 위한 대출심사 기준을 나타낸 것이다. 위 그림은 실제의 상황은 아니며, 자세한 설명에 앞서 간단하게 의사결정나무의 개념을 알아보기 위한 예제이다. 예제는 한 금융회사에서 주택전세자금 대출심사를 위한 심사 기준을 나눈 것으로, 과거의 대출 심사기록을 바탕으로 월 소득, 부양 가족 수, 체납사항이 대출 상환에 영향을 준다는 것을 알았다. 이를 해석해 보면 월 소득이 100만원 이상이며, 부양 가족수가 4명 이하이고, 세금 체납 사항이 없는 고객은 대출 이후에도 정상적인 상환을 했다는 결과를 바탕으로 의사결정나무의 분류 규칙이 생성되었고, 월 소득 100만원 이하이며, 세금 체납 사항이 있는 고객의 경우에는 정상적인 대출금 상환이 되지 않았다는 분류 규칙을 찾아 내었다. 이처럼 의사결정나무를 통한 패턴 분류는 누구나 이해하기 쉬운 형태로 이루어지고 결과의 해석이 간편하여 실무에서 많이 활용되고 있다.

2.2.1 의사결정나무의 분류 기준

의사결정나무를 통하여 패턴을 생성할 때 사용되는 몇 가지 규칙과 분류 로직이 존재한다.

1) **분리기준**: 분리기준이라는 것은 위 그림에서처럼 월 소득, 세금 체납 여부 및 부양 가족수와 같이, 우리가 목표로 하는 대출가능 여부를 분류하기 위하여 분류의 기준이 되는 것을 말한다.
2) **정지기준**: 더 이상 분리가 일어나지 않고 현재의 마디가 끝마디가 되도록 지정하는 규칙을 말한다.
3) **가지치기**: 의사결정나무의 가지가 많을수록, 즉 분리기준이 많으면 많을수록, 현재의 자료에는 정확한 분류를 해내겠지만, 새로운 데이터에 적용될 때에는 분류의 오차가 일어날 확률이 커지게 된다. 이 때문에 적절하지 않은 마디를 가지치기 해 주어 적당한 크기의 의사결정나무를 생성하는 것이 중요하다.

의사결정나무 분석에 있어서 가지를 생성하고 쳐내는 방법으로는 대표적으로 [C 5.0], [CHAID], [CART], [QUEST] 등의 로직이 존재한다. 이 로직들은 의사결정나무의 가지를 생성하면서 가지를 쳐 낼 것인지, 정지기준에 다다를 때까지 가지를 생성한 후 가지를 쳐 낼 것인지, 또는 어떤 방법으로 가지를 쳐 낼 것인지에 따라 의사결정나무를 생성한다. JMP는 CART를 사용하고 있으며, 의사결정나무를 생성하는데 가장 일반적으로 사용하고 있는 로직이다. CART는 응답변수를 가장 잘 분리하는 설명변수와 그 분리 지점을 찾는 곳에서 분류 로직이 시작된다. 이때 CART가 다른 분류 로직과 구분되는 특징은 응답변수를 분리하는 설명변수를 이진화하여(2개의 가지) 분류한다는 것이다. 첫 번째 분리 이후에 그 기준을 바탕으로 계속해서 가지를 확장하게 되고, 정지기준에 도달하였을 때 분리는 끝나게 되며, 이때부터 반복적으로 가지를 치는 학습과정을 거쳐 최적의 의사결정나무를 생성하게 된다.

2.2.2 의사결정나무의 실행과 해석

실습 5-9 **의사결정나무 실행해보기**

그러면, 주택가격에 영향을 미치는 요인을 찾고, 주택가격을 분류 및 예측하기 위한 모델을 생성하는 과정을 실습해 보자. 실습에 사용하는 데이터는 Boston Housing으로 데이터에 속한 변수와 그에 대한 설명은 표 5-1과 같다.

표 5-1 Boston Housing 데이터 설명

변수명	유형	설명
crim	연속형	범죄율
zn	연속형	25,000평방피트 기준 거주지 비율
indus	연속형	비 소매업종 점유 구역 비율
chas	명목형	찰스강 인접 여부(1=인접함, 0=인접하지 않음)
nox	연속형	Nitric oxide(산화질소) 농도
rooms	연속형	거주지의 평균 방 개수
age	연속형	1940년 이전에 건설된 주택에 사는 비율
distance	연속형	보스턴대표 5개 회사와 거리에 따른 가중 평균
radial	연속형	고속도로 접근성 지표
tax	연속형	재산세율($10,000당)
pt	연속형	학생/선생 비율
b	연속형	유색인종 비율
lstat	연속형	저소득층 비율
mvalue	연속형	주택가격의 중앙값($1,000단위)

1. [Sample Data]→[Examples for Teaching]→[Boston Housing]를 불러온다.
2. [Analyze]→[Modeling]→[Partition]을 순서대로 선택한다.

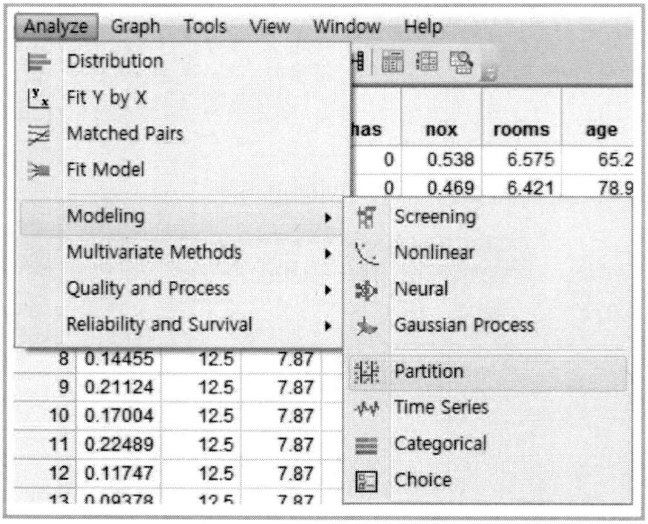

3. mvalue는 [Y, Response]에 끌어놓고, mvalue 이외의 모든 열은 [X, Factor]에 끌어다 놓는다.

4. [Validation Proportion] → 0.2 입력

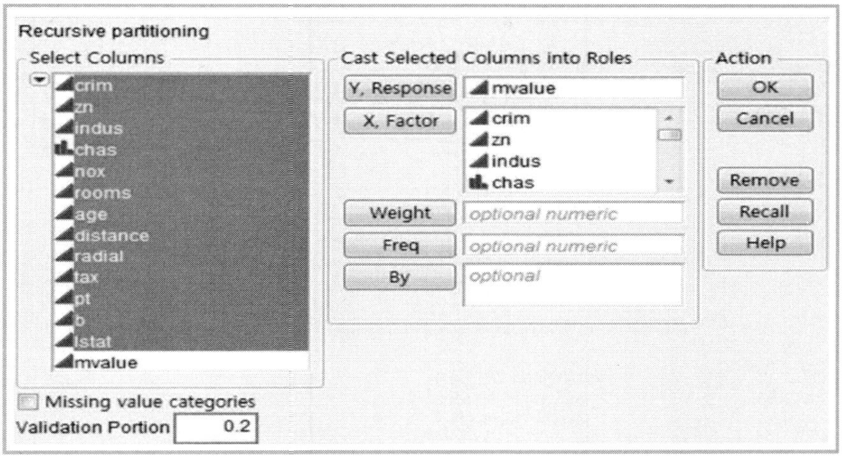

NOTE

Partition 항목 및 옵션

- Y, Respond: 반응변수를 할당한다.
- X, Factor: 예측변수를 할당한다.
- Validation: 평가용 컬럼(Validation Colunmn)을 할당한다.
- Missing value categories: 명목형/순서형의 예측값을 위해 결측값을 범주화 해준다. 이 기능은 연속형에서는 영향을 주지 않는다.
- Method: Partition의 방법을 설정한다.

1) 의사결정나무
2) Bootstrap Forest
3) Boosted Tree

Validation Portion: 데이터에서 평가용 셋으로 사용하고자 하는 비율을 입력한다.

5. [OK]를 선택하면 다음과 같은 결과가 나온다.

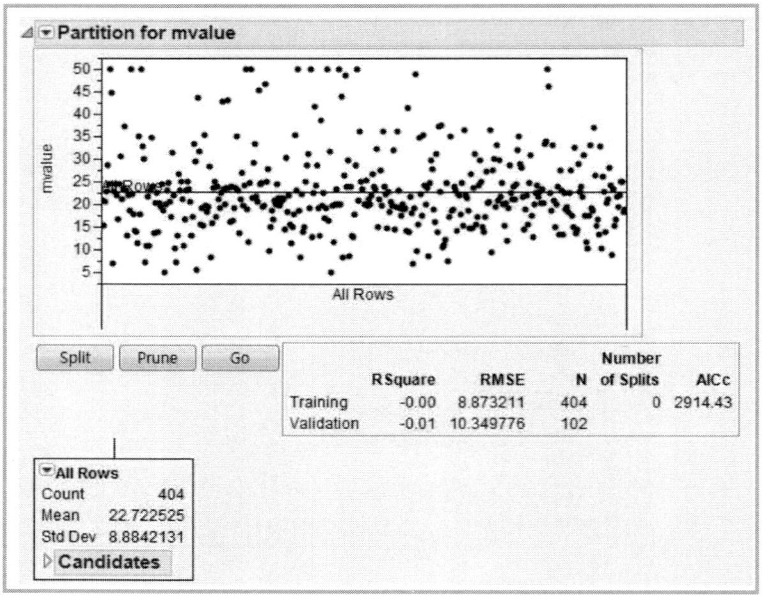

[Y, Response]에는 우리가 목표로 하는 주택가격(mvalue)을 넣었으며, [X, Factor]에는 집값을 분리하기 위한 분리기준으로 사용할 변수들을 할당하였다. [Validation Portion]은 의사결정나무를 통하여 분류한 패턴을 검증하기 위한 데이터의 비율을 20%(0.2)로 설정한 것이다. 이것은 데이터 중에서 무작위로 선택된 80%는 패턴을 생성하기 위한 분석용 데이터(Training Data)로 사용하고, 남은 20%는 생성된 패턴(모형)이 적절하게 작동하는 것을 검증하기 위한 검증용 데이터(Validation Data)로 사용되는 것을 말한다. 또한, 무작위로 분석용 데이터와 검증용 데이터가 구분되므로 본 서적에 기술된 결과와 실습결과 간에 차이가 있을 수 있음을 인지하기 바란다.

TIP

Partition 항목 및 옵션

Validation Portion: 사용될 평가 데이터 셋의 비율을 말한다.
Validation: 평가 컬럼을 설정한다.
Missing Value Categories: 범주형 자료의 결측값에 대하여 그 결측값들을 하나의 범주로 취급하여 처리한다.

2.2.3 자동분류결과 해석

아래의 그림은 집값을 분류하기 위한 자동분석실행 결과이다. 결과를 보면, 결과화면에 보이는 그래프는 반응변수로 선택한 주택가격을 표현한 것이며, 중앙의 가로선은 주택가격의 평균을 보여 준다. JMP를 활용한 의사결정나무 생성의 가장 간단한 방법은 화면의 가운데에 있는 Go 버튼을 눌러 자동으로 분류규칙을 생성하는 것이다.

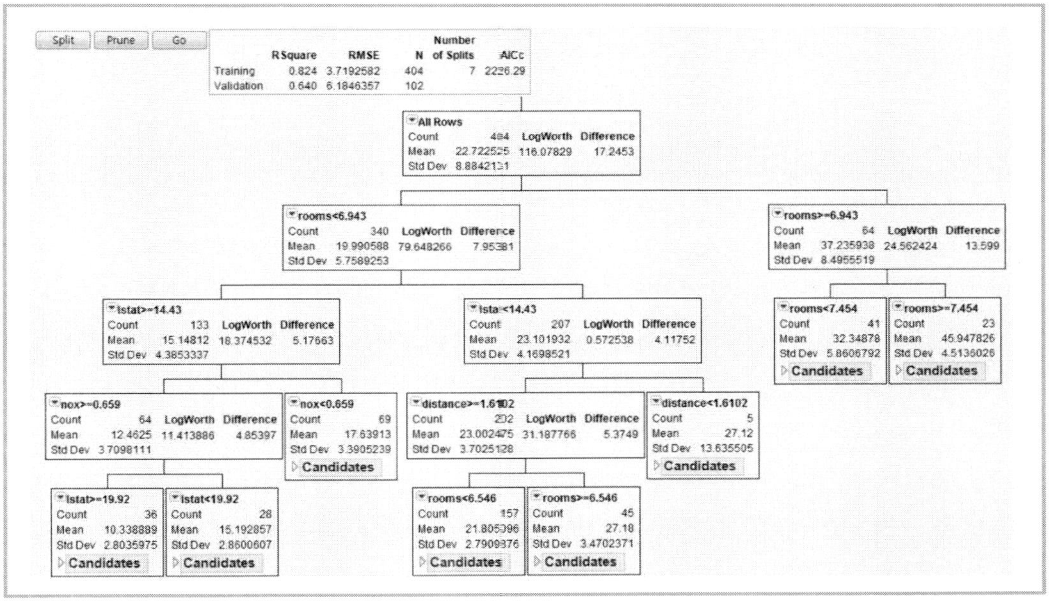

자동분석결과의 R^2를 보면 의사결정나무의 분류 설명력이 분석용 데이터(Training)는 0.824(약 82%), 검증용 데이터(Validation)는 0.640(약 64%)인 것을 확인할 수 있다.

첫 번째 분류 기준은 방의 개수(rooms)로, rooms의 변수값이 6.943 미만인 구간의 주택가격 평균이 22.722에서 19.99로, rooms의 변수값이 6,943 이상인 구간에서 37.236으로 분류되었다. 이러한 방식으로 마지막 기준까지 분류한 결과 주택가격 평균이 최저 10.34인 집단부터 최대 45.95인 집단으로 10개의 집단으로 분류할 수 있는 분류기준이 생성되었다. 여기서 주택가격이 최대인 45.95인 집단을 조건문(IF …… then……)형태로 나타내면 다음과 같다.

- IF rooms > = 6.943 and rooms > = 7.454 then mvalue = 45.95

분류규칙을 조건문으로 뽑아내기 위해서는 팝업메뉴의 [Leaf Report]를 실행하면 된다.

Leaf Report

Leaf Label	Mean	Count
rooms<6.943&lstat>=14.43&nox>=0.659&lstat>=19.92	10.3388889	36
rooms<6.943&lstat>=14.43&nox>=0.659&lstat<19.92	15.1928571	28
rooms<6.943&lstat>=14.43&nox<0.659	17.6391304	69
rooms<6.943&lstat<14.43&distance>=1.6102&rooms<6.546	21.8050955	157
rooms<6.943&lstat<14.43&distance>=1.6102&rooms>=6.546	27.18	45
rooms<6.943&lstat<14.43&distance<1.6102	27.12	5
rooms>=6.943&rooms<7.454	32.3487805	41
rooms>=6.943&rooms>=7.454	45.9478261	23

자동분류방법은 CART 로직을 사용하여 자동으로 의사결정나무가 분류되는 방식으로, Split History를 통하여 정지기준을 알 수 있다. Split History의 X축은 의사결정나무의 가지 개수를 표현하고 있으며, Y축은 모형의 설명력(R^2)을 나타내고 있으며, 파란 선은 분류한 분석결과를 나타내고 빨간 선은 20%의 검증용 데이터로 검증한 결과(빨간색)를 나타낸다. 그래프 중앙에 표시된 세로선은 가지가 더 증가되어도 모형의 설명력(R^2)이 거의 증가하지 않는 위치로 의사결정나무를 통한 분류에 적합한 가지의 개수를 표현해 준다.

다음 그림의 경우는 총 24개의 가지를 생성할 수 있지만, 17개의 가지를 가지는 모델이 가장 효율적이라는 것을 나타내며 실제로도 그렇게 의사결정나무가 생성된다. 다음 그림은 주택가격을 분류하기 위한 자동분류의 결과이다.

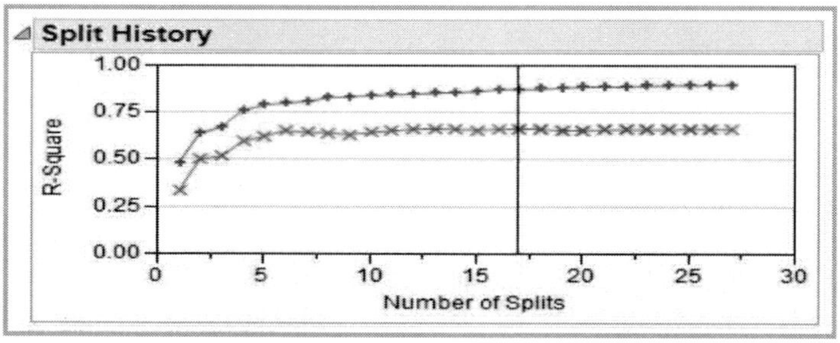

또한, 검증 집합을 통하여 얼마나 잘 분류된 나무인가를 보기 위해서는 팝업메뉴의 [Plot Actual by Predicted]를 실행하면, 아래와 같은 그래프를 확인할 수 있다.

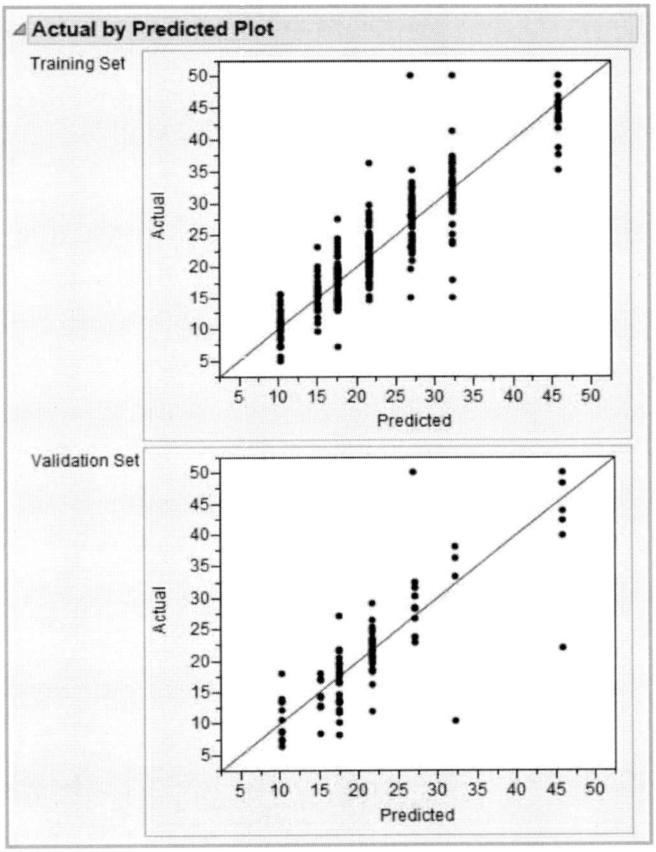

Actual by Predicted Plot는 세로축에 Actual(실제값)과 가로축에 Predicted(예측값)을 놓고 대각선을 기준으로 점(point)들이 얼마나 가깝게 위치하는가로 모형의 적합성을 판단할 수 있다. 대각선을 중심으로 가깝게 점들이 분포되어 있다면 의사결정나무의 분류규칙이 그만큼 정확하다는 의미이며, 대각선을 중심으로 많이 흩어져 있다면 그만큼 정확하지 않은 분류규칙이라고 해석할 수 있다. 또한, 검증용 데이터로 생성된 그래프를 보고 분석용 데이터(Training Data)로 생성한 분류규칙이 새로 추가되는 데이터를 얼마나 적절하게 분류할 수 있는지를 가늠해 볼 수 있다.

2.2.4 대화식 분류결과 생성

앞에서는 자동으로 분류규칙을 생성하는 것을 설명하였다. 의사결정나무는 분석가의 판단에 따라 더 자세하게 분류규칙을 생성할 수 있다.

실습 5-10 자세한 분류규칙 만들기

이 실습에 사용하는 데이터는 실습 5-9에서 사용한 데이터인 Boston Housing 데이터를 사용한다.

1. [Sample Data] → [Example for Teaching] → [Boston Housing]을 불러온다.
2. [Analyze] → [Modeling] → [Partition]을 순서대로 선택한다.
3. mvalue는 [Y, Response]에 끌어놓고, mvalue 이외의 모든 열은 [X, Factor]에 끌어다 놓는다.
4. [OK]를 선택하면 다음과 같은 결과가 나온다.
   이번에는 앞의 예제와 다르게 검증용 데이터의 비율을 설정하지 않았다.

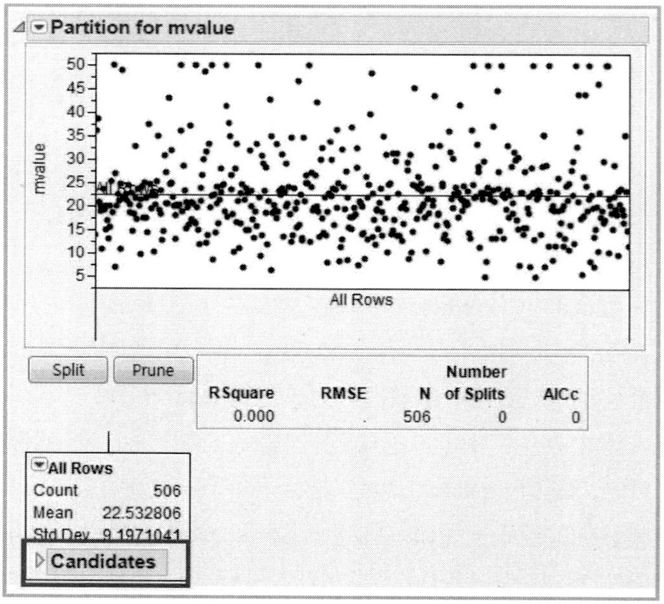

대화식 의사결정나무의 실행화면인 위 그림에서 적색 사각형으로 표시된 Candidates의 좌측 삼각형을 클릭하면, 몇 가지 통계량이 나타나게 된다. 이 중에서 다음 그림의 적색 사각형이 표시하는 분류통계량(LogWorth)이 높을수록 목표변수를 가장 잘 분리해 주는 변수라 해석한다. 결과를 살펴보면 rooms 변수는 LogWorth값이 118.7473으로 가장 높고, 주택가격에 가장 많은 영향을 준다.

All Rows

Count	506
Mean	22.532806
Std Dev	9.1971041

Candidates

Term	Candidate SS		LogWorth
crim	8266.17273		32.6638216
zn	6669.06251		24.9773486
indus	11083.22547		48.7519537
chas	1312.07927		4.1110954
nox	9536.22405		39.5670978
rooms	19339.55503	*	118.7473483
age	5573.64765		19.6751451
distance	4994.54054		17.1453361
radial	6708.64333		24.6205659
tax	8618.08428		34.5266980
pt	10438.69478		44.8775094
b	5259.31980		18.2910466
lstat	18896.19401		113.7427626

이후의 분석방법은 크게 2가지가 있다. 첫 번째는 JMP가 제공하는 최적 분리, 두 번째는 분석가가 의미 있다고 생각하는 변수로 수동 분리하는 방법이다.

첫 번째 방법은 Split 버튼을 누르거나 Candidates 팝업메뉴의 Split Best를 실행하는 것이다. 이 기능은 자동으로 LogWorth값이 가장 높은 분류기준으로 가지를 나누어 준다.

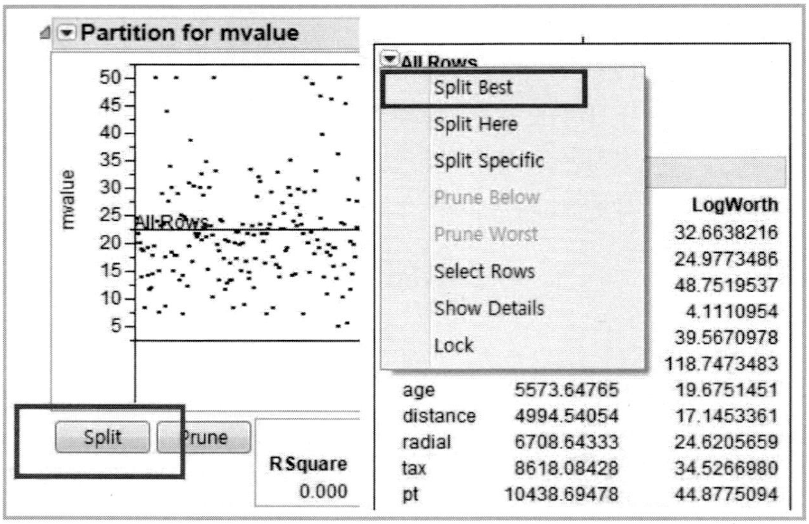

만약에 LogWorth값이 업무적으로 의미 없는 변수가 높게 나타나거나 분석가의 판단으로 더 중요하다고 생각하는 변수가 있다면, Candidates의 팝업메뉴 중 Split Specific을 실행해서 분류기준이 되는 변수를 선택한다. 이때는 자동분류가 아닌 수동분류가 된다.

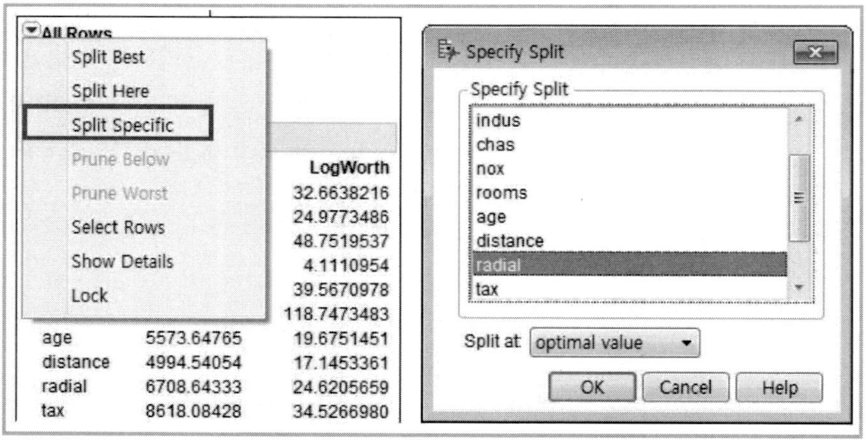

만약 나누어 놓은 가지를 쳐내야 한다면 [Prune] 버튼을 눌러서 이미 분리되어 있는 가지를 줄이면 된다.

이처럼 대화식으로 가지생성과 가지치기의 과정을 통하여 자동분류에 비해 더 세밀한 분류 규칙을 찾아낼 수 있다.

본 예제에서의 분석은 주택가격이라는 연속형 변수를 반응변수로 하여 이 같은 결과를 얻을 수 있었고, 목표변수가 범주형 변수인 경우에는 해당 범주를 분류해 주는 규칙을 얻을 수 있게 된다.

TIP

Specify Split 항목 및 옵션

Optimal value: 선택된 변수 중 가장 좋은 값으로 분류 기준을 잡는다.
Specified value: 분류를 시킬 때 정확한 값을 기준으로 한다.
Output Split Table: 분류 값과 관련된 모든 가능한 split을 데이터 테이블로 보여준다.

NOTE

의사결정나무로 생성된 모형 저장

의사결정나무의 또 다른 활용 방법은 조건문 형태의 분류규칙을 통하여 반응변수의 값을 예측하는 것이다. 팝업메뉴에서 [Save Columns]의 [Save Prediction Formula]를 실행하면, 조건문으로 계산된 예측값과 조건문이 데이터 테이블에 컬럼으로 추가된다. 다음은 Save prediction Formula의 결과를 나타낸 그림이다.

mvalue	mvalue Predictor
24	27.8625
21.6	20.97238806
34.7	32.0425
33.4	32.0425
36.2	32.0425
28.7	24.140540541
22.9	20.97238806

2.3 인공지능을 분석에 활용하면? – 인공 신경망(Artificial Neural Net)

2.3.1 인공 신경망이란?

신경세포(뉴런)들을 기본 단위로 하는 인간의 신경망을 컴퓨터로 구현한 모형이 인공 신경망이다. 인간의 신경세포는 태어날 때부터 학습을 통해 추후에 들어오는 정보를 여과하기도 하고 저장하기도 한다. 기본적으로 신경세포는 입력된 정보가 임계치를 넘기면 전위를 발생시켜 주변 세포에 전기 충격을 전달하여 정보를 보낸다. 이때, 신경세포끼리 연결된 강도가 다르기 때문에 전달되는 정보의 양도 세포마다 달라진다. 이러한 신경세포의 가중 연결은 모두 신경망 학습에서 비롯된 것이다. 쉽게 말하면 학습을 통해 세포가 받아들이고 싶은 정보만 받아들이는 셈이다.

인공신경망의 구현은 위와 같은 사실을 수치화하여 가능하게 되었다. 인공신경망에 필요한 세 가지 요소는 인공신경세포, 연결구조 그리고 학습구조이다. 인공신경세포는 정보를 처리하는 곳이고 이들은 수없이 입력되는 정보를 통해 학습을 한다. 그리고 정보들을 다른 신경세포와 공유하는 연결 구조를 가지고 있다. 따라서 인공신경망에서 "인공신경세포가 입력된 정보를 어떤 형태로 다른 인공신경세포에 전해 줄 것인가?" 그리고 이러한 인공신경세포들의 사이를 연결해 주는 가중치는 어떻게 학습이 되는지를 자세히 알아보도록 하자.

인공 신경망의 기본적인 정보의 전달 형태는 연결 강도를 입력한 값과 곱한 형태가 된다. 아래 그림은 철수가 살아가면서 돈, 학업, 배우자, 친구, 노후라는 다섯 가지 항목에 대하여 연령대 별로 중요하게 생각하는 항목의 변화를 나타낸 것이다. 10대의 철수는 친구와 함께하는 시간이 많기 때문에 친구에 대한 중요도가 높다. 또한 학업에 대한 비중도 크게 둘 것이다. 반면에 아직 돈, 배우자, 노후에 대한 걱정 혹은 관심은 적어 중요도가 낮은 편이다.

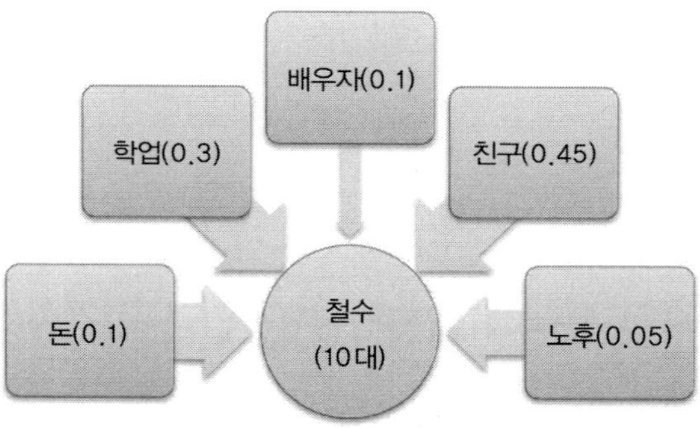

하지만 30대가 되면서 철수는 자립을 하기 시작하고 결혼을 생각하게 된다. 따라서 삶에 있어 돈의 중요성도 깨닫고 점차 돈에 대한 생각이 많아지게 된다. 또한 더 이상 학업의 의미가 적어지고, 친구 관계도 정리가 되면서, 인생에서 학업과 친구가 차지하는 중요도가 낮아졌다.

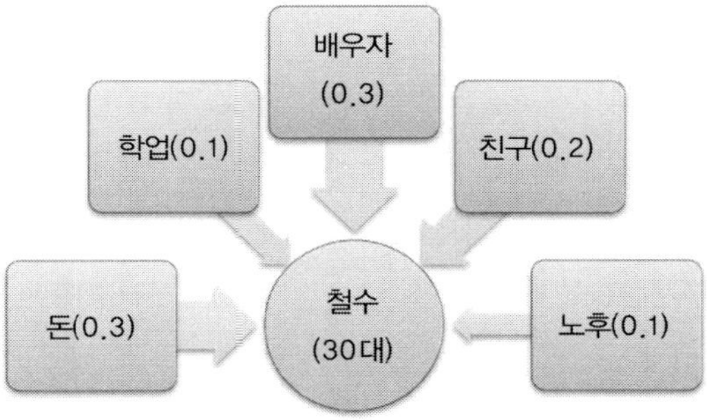

철수는 50대가 되면 더 이상 학업에 관심이 없으며, 노후에 대한 관심이 증가하게 된다.

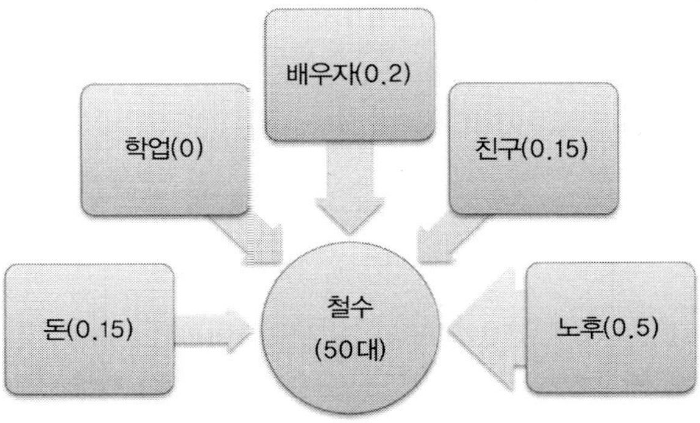

이와 같이 살면서 철수는 많은 것을 경험하고 배우면서 각 연령별로 중요한 것의 정도를 달리하고 있다.

철수의 경우와 같이 인공신경세포도 새로운 입력에 대해 학습된 가중치를 부과하여 결과를 내놓는다. 예를 들어, 철수가 어학연수를 갈 기회를 얻었다고 했을 때, 각 연령별로 얻어지는 중요도를 계산해보자. 어학연수는 돈이 −50, 학업이 50, 배우자

10, 친구 30, 노후 5의 경험을 가져다 준다고 하자.

10대 철수에게 어학연수의 중요도는 다음과 같으며,

$$0.1 * (-50) + 0.3 * 50 + 0.1 * 10 + 0.45 * 30 + 0.05 * 5 = 24.75$$

30대는 다음과 같다.

$$0.3 * (-50) + 0.1 * 50 + 0.3 * 10 + 0.2 * 30 + 0.1 * 5 = -0.5$$

따라서 철수는 10대일 때 어학연수를 적극적으로 가려고 하겠지만, 30대에 주어진 어학연수 기회는 다른 일보다 중요하지 않기 때문에 미뤄지게 된다.

위 예시에서 0.1, 0.3 같은 중요도가 인공 신경망에서의 가중치에 해당한다. 인공 세포는 여러 자료를 통해 어떤 것이 더 중요하게 취급해야 할 정보인지 학습하여 가중치를 바꿔나간다. 그리고 가중치들의 합인 24.75나 −0.5는 정보에 대한 가중합이 된다. 인공 신경망은 이 가중합을 '자신의 언어'로 풀어내어 결과값을 준다. '자신의 언어'는 인공 신경망에서 사용되는 몇 가지 함수라고 보면 된다.

2.3.2 인공 신경망의 실행

실습 5-11 인공 신경망 실행하기

실습 5-9의 의사결정나무에서 사용한 Boston Housing 데이터를 사용하여 주택가격을 예측하는 모형과 인공 신경망으로 모형을 생성하는 실습을 수행해 보자.

1. [Sample Data]→[Example for Teaching]→[Boston Housing]을 불러온다.
2. [Analyze]→[Modeling]→[Neural]를 순서대로 선택한다.
3. mvalue는 [Y, Response]에 끌어다 놓고, 나머지 모두는 [X, Factor]에 끌어다 놓는다.

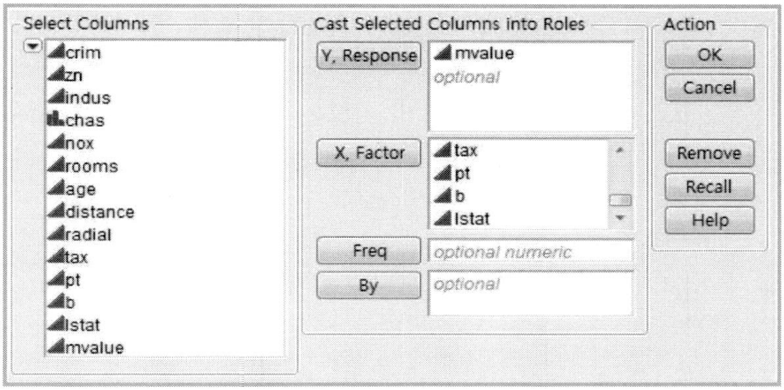

NOTE

Neural 항목 및 옵션

- Y, Respond: 반응변수를 할당한다. 반응변수를 여러 개를 지정했을 경우 반응변수에 대한 모형들은 은닉 층의 매개변수들을 공유한다.
- X, Factor: 입력변수를 할당한다.
- Freq: 빈도변수를 할당한다.
- Validation: 평가용 컬럼을 할당한다.
- By: 변수의 각 수준별로 모형을 나누어 생성하기 위한 변수를 할당한다.

4. [OK]를 선택하면 다음과 같은 결과가 나온다.

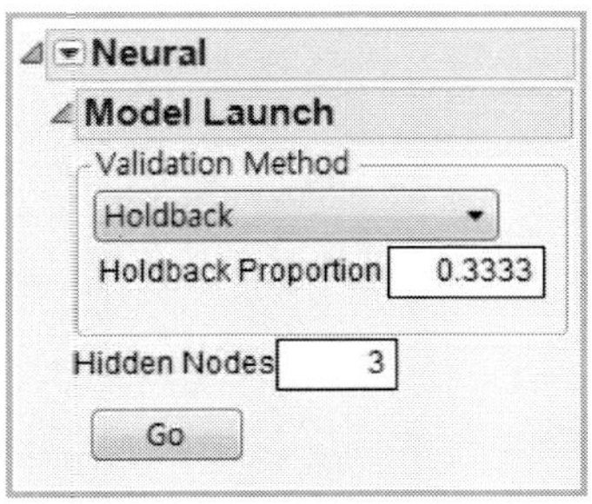

5. [Holdback Proportior]에 0.2를 입력한다.

[Holdback Proportion]은 전체 자료 중 검증용 데이터(Validation Data)로 사용할 비율을 말한다. 0.2를 입력하였으므로 인공 신경망으로 모델을 생성할 때 80%의 자료를 이용하고 20%의 자료는 검증 작

업을 하기 위하여 남겨 놓는다. 이 20%의 자료가 검증 집합이 잘 설명이 되는지 확인을 한 뒤 세부 조정을 하여 모델을 완성하게 된다. 이때, 20%의 자료는 임의로 선택되어(Random Sampling) 본 서적의 실습화면과 독자의 실습화면이 다를 수 있다.

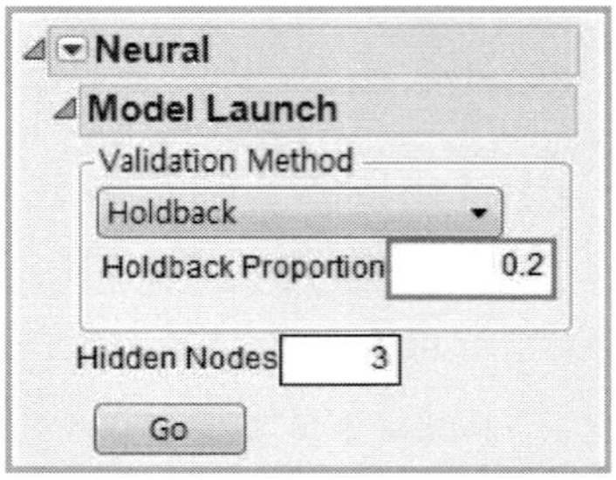

6. [Hidden Nodes]에 3을 유지한다.
7. [Go] 버튼을 눌러 실행한다.
   실행화면의 팝업메뉴에서 [Diagram]을 실행하면 인공 신경망으로 생성한 모델을 시각적으로 확인할 수 있다.

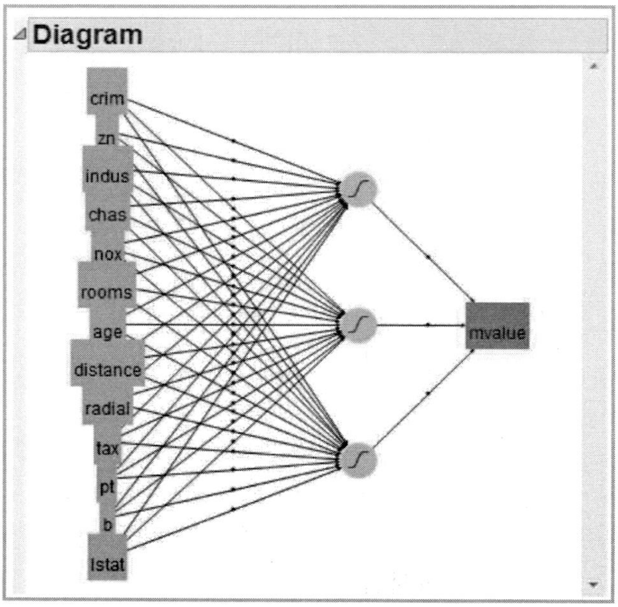

위 그림이 인공 신경망의 대표적인 형태로 왼쪽의 변수들은 입력층(Input Layer)이고, 가운데 연두색 원 세 개는 은닉층(Hidden Layer)이며, 마지막 주택가격(mvalue)이 있는 상자는 출력층(Output Layer)이다.

입력층, 은닉층, 출력층을 이해하기 위하여 자판기로 인공 신경망의 구조를 비유해 보자. 700원짜리 콜라를 뽑으려면, 자판기 동전 투입구에 500원짜리 동전 1개와 100원짜리 동전 2개를 넣어야 한다. 이 동전 투입구가 입력층에 해당하는 것으로써, 동전을 받은 투입구는 특정 과정을 통해 700원을 전기 신호로 변환하여 자판기에 보낸다. 700원만큼의 신호가 들어오면 700원짜리의 음료에 해당하는 불이 켜지는 시스템이 작동한다. 이 시스템이 은닉층의 역할이고 특정 과정이 활성함수이다. 마지막으로 콜라 버튼을 누르면 콜라가 나오게 되는데, 이는 자판기의 출력층에서 콜라를 '출력'한 것이다.

자판기의 예시를 바탕으로 인공 신경망 내부의 흐름을 살펴보자. 처음으로 각 변수의 입력값이 들어오면 활성함수가 입력 받은 값에 학습된 가중치를 주고, 하나의 값으로 결합(일반적으로 가중합을 이용한다.)한다. 이 결합치를 이용하여 결과값을 계산하고 출력하는 것으로 인공 신경망의 한 주기가 끝난다.

은닉층에서 신경단위가 세 개 쓰이게 된 것은 은닉 노드(Hidden Node)에 3을 입력했기 때문으로, 인공 신경망에 쓰이는 은닉 노드의 개수에는 제한이 없지만 은닉 노드가 많을수록 분석용 데이터(Training Data)의 패턴에 과하게 적합하여 일반화에 문제가 생기므로 적절한 개수로 조절해 주어야 한다.

2.3.3 인공 신경망 결과 해석

JMP에서 인공 신경망이 생성한 모델에 대한 예측력을 확인하는 통계량은 R^2이다. 다음 그림은 인공 신경망을 통한 모델 생성 결과이다. 주택가격을 예측하는 모델에 대한 분석용 데이터와 검증용 데이터의 R^2는 각각 89%와 83%로 꽤 높은 예측력을 보여 주고 있다.

Neural

Validation: Random Holdback

Model Launch

Model NTanH(3)

Training		**Validation**	
mvalue	**Measures**	**mvalue**	**Measures**
RSquare	0.8933956	RSquare	0.8366273
RMSE	2.9906385	RMSE	3.7404887
Mean Abs Dev	2.2459282	Mean Abs Dev	2.6963478
-LogLikelihood	1015.8279	-LogLikelihood	279.29179
SSE	3613.3431	SSE	1427.1081
Sum Freq	404	Sum Freq	102

또한, 인공 신경망도 의사결정나무와 같이 [Actual by Predicted Plot]을 통하여 모델의 적합도를 판단할 수 있다. [Model N TanH(3)] 좌측에 있는 팝업메뉴에서 [Plot Actual by Predicted]를 실행하면 되는데, 가운데 대각선에 점들이 많이 모여 있을수록 생성된 모형의 예측력이 높다고 할 수 있다.

2.3.4 Prediction Profiler

일반적으로 인공 신경망의 내부구조는 사용자가 인식하기 어려운 복잡한 결합함수와 활성함수에 의해 모델이 생성하기 때문에 결과에 대한 해석이 어렵다. 따라서 결과의 해석보다는 복잡한 구조를 가진 자료에서 모델의 높은 예측력이 필요할 때 많이 사용되어진다.

JMP는 인공 신경망으로 생성한 모델을 시각화해서 표현하기 위한 기능을 제공하고 있어, 복잡한 함수가 연결되어 있는 인공 신경망 모델을 이해할 수 있도록 하고 있다.

[Model N TanH(3)] 왼쪽의 팝업메뉴에서 [Profiler]를 실행한다. Profiler는 각 요인이 구체적으로 어떤 함수(곡선)로 주택가격에 영향을 주고 있는지 시각적으로 확인할 수 있게 도와준다.

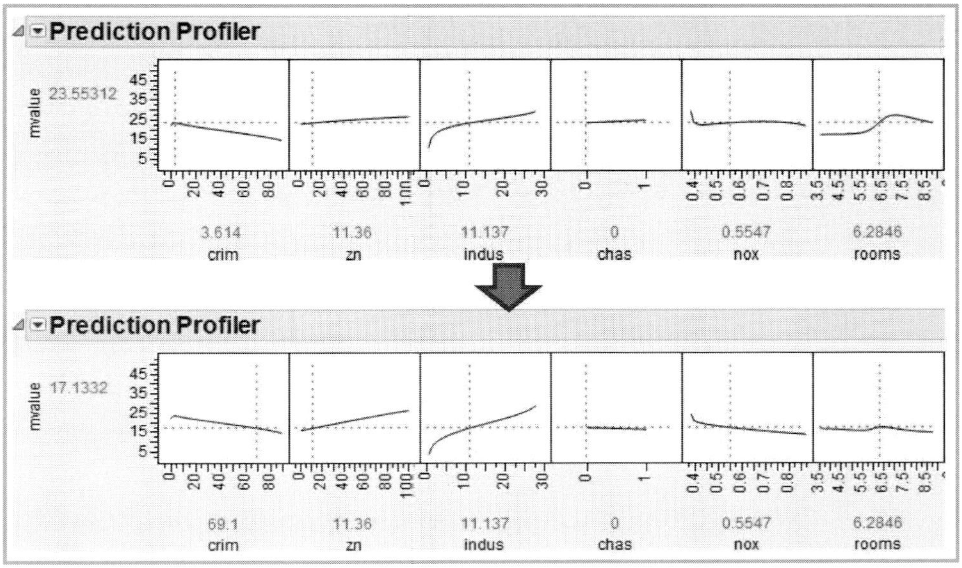

[Prediction Profiler]를 보면 각 요인이 주택가격에 미치는 영향이 직선이나 복잡한 곡선인 것을 알 수 있다. 여기서 첫 번째 요인인 범죄율(crim)에서 빨간 세로 점선을 마우스로 드래그하여 곡선을 따라 움직여보자. 범죄율이 변화함에 따라 다른 요인과 주택가격 간의 함수(곡선)가 변화하는 것을 볼 수 있을 것이다. 이렇게 인공 신경망은 각 요인마다 고정된 형태의 모델이 아닌 요인 간의 영향이 고려된 모델이 생성되어 매우 높은 예측력을 보여 준다.

2.3.5 예측 모델의 활용

또한, 팝업메뉴에서 [Save Profile Formula]를 실행하면, 데이터 테이블에 다음 그림과 같이 주택가격 예측(Predicted mvalue) 컬럼이 추가된다. 이것은 인공 신경망으로 생성된 모델이 주택가격을 설명하는 여러 요인들로부터 계산된 값이다.

distance	radial	tax	pt	b	lstat	mvalue	Predicted mvalue
4.09	1	296	15.3	396.9	4.98	24	25.469092013
4.9671	2	242	17.8	396.9	9.14	21.6	22.735748675
4.9671	2	242	17.8	392.83	4.03	34.7	32.077905518
6.0622	3	222	18.7	394.63	2.94	33.4	32.650524657
6.0622	3	222	18.7	396.9	5.33	36.2	28.363481569
6.0622	3	222	18.7	394.12	5.21	28.7	23.879599437
5.5605	5	311	15.2	395.6	12.43	22.9	20.897927472

또한, 주택가격 예측 모델이 Formula로 테이블에 저장되어 데이터 테이블에 주택가격이 제외된 데이터를 입력하면 계속해서 예측값을 얻을 수 있다. 데이터 테이블에 아래와 같이 입력된다.

crim	zn	indus	chas	nox	rooms	age	distance	radial	tax	pt	b	lstat
0.05	18	4	0	0.5	6	60	3	2	250	17	350	5

Predicted mvalue 컬럼에 모델이 계산한 주택가격이 나타날 것이다. 이런 방법을 통하여 추가된 여러 개 자료의 예측 주택가격이 필요한 경우, 데이터 테이블에서 한 번에 계산이 가능하다.

2.4 유사한 데이터를 묶어내기 – 군집화(Clustering)

2.4.1 군집화(Clustering)란?

군집화는 의사결정나무나 인공 신경망과 같이 축적된 데이터에서 패턴을 찾아내는 분석 방법 중의 하나이다. 다만 차이가 있다면, 의사결정나무나 인공 신경망의 경우에는 우리가 목표로 하는 반응변수가 있어서, 이를 분류하거나 예측하는 패턴을 찾는 것이 목표였다. 하지만 군집분석의 경우에는 특정 반응변수의 패턴을 분석하는 것이 아닌, 데이터 자체의 특성을 이용하여 유사한 특성을 지닌 데이터의 군집을 만드는 것에 목표가 있다.

2.4.2 군집화 방법

군집분석을 실행하는 것에는 크게 두 가지 방법이 존재한다. 계층적 군집화 방법과 비계층적 군집화 방법이다.

계층적 군집화 방법이란, 전체의 관측치를 개별 군집으로 하여 개별 관측치와 다른 관측치의 거리(통계적 거리)를 이용하여 가까운 관측치끼리 군집화하여 최종적으로는 하나의 큰 군집으로 묶는 방법을 말한다. 이때, 적절한 군집의 수를 JMP에서 제공을 해주고 있다. 이 부분은 이후의 예제를 통하여 자세히 알아보도록 한다.

계층적 군집분석에 사용되는 관측치 간의 연결 방법은 크게 5가지가 있으며, 이중에 워드의 방법을 가장 선호하고 있다.

- **최단 연결법**(Single Linkage Method): 관측치 또는 군집 사이의 거리가 가장 작은 값을 기준으로 연결
- **최장 연결법**(Complete Linkage Method): 관측치 또는 군집 사이의 거리가 가장 큰 값을 기준으로 연결
- **중심 연결법**(Centroid Linkage Method): 군집 내의 거리를 군집의 중심점을 기준으로 연결해 가는 방법
- **평균 연결법**(Average Linkage Method): 두 군집의 관측치 간 모든 거리의 평균을 군집 간의 거리로 측정하여 연결하는 방법
- **워드의 방법**(Ward's Method): 연결 가능한 군집조합 중 연결된 후의 군집 내 제곱합을 계산하여 최소제곱합을 가지는 군집끼리 연결하는 방법

계층적 분석방법은 관측치들 사이의 유사행렬로써 거리를 계산하여 군집을 나누는 방법으로 관측치의 수가 많은 경우에는 관측치들 사이의 행렬을 구하기 힘들고 방대하게 된다. 이러한 경우에는 비계층적 군집방법을 많이 사용한다.

계층적 분석방법과 비계층적 분석방법의 가장 큰 차이점은 계층적 분석방법은 최적 군집수에 대한 통계량은 제공해 주지만, 실제적으로 군집의 수를 정해주지는 않는다. 흔히 군집분석이라고 하면 비계층적 분석방법을 사용하며 대표적인 기법으로는 K-평균 군집화 방법으로, 사전에 군집의 개수인 K의 수를 정해주어야 한다. 분석기

법은 주로 주성분 분석방법이 사용되며 원리는 K개의 군집의 중심에서 관측치들 간의 거리를 계산하여 군집의 중심을 이동해 가는 방법이다. 간단히 설명을 하자면 다음 과정을 통해 군집을 만든다.

1. 입력 받은 K만큼 임의의 기준점을 찾는다.
2. 첫 번째 데이터와 각 기준점과 거리를 계산한다. K개의 거리값을 비교하여 가장 작은 값이 산출된 기준점이 속한 그룹에 임시로 첫 번째 데이터를 넣는다. 나머지 데이터에 대해서도 이 과정을 반복해서 실행한다.
3. 각 그룹에 속한 데이터들의 평균에 기반한 새로운 기준점을 찾는다. 이때, 인자가 n개일 경우 n차원 벡터의 평균이 된다.
4. 2~3을 반복한다. 반복을 멈추는 기준은 새로운 기준점과 기존의 기준점의 차이가 미미할 때 또는 정해진 반복 회수에 도달할 경우 중 하나로 한다.

K-평균 군집화 방법은 데이터를 몇 개의 그룹으로 나눌 것인지 판단하는 것, 즉 K값을 정하는 것은 신중하게 생각해야 한다. 하지만 이것에 대한 객관적인 판단 기준이 없으므로 문제를 보고 선택하거나 시행착오를 통해 몇 가지 K값의 결과를 비교해 보는 수밖에 없다.

2.4.3 계층적 군집화(Hierarchical Clustering)의 실행

실습 5-12 **계층적 군집화 실행하기**

이번 실습에서 사용할 데이터는 Birth Death 데이터로 총 33개 국가의 1976년도의 10만 명당 출생/사망률을 사용하여 유사한 국가를 군집으로 묶는 방법이다. 이 데이터에 포함된 변수는 각 국가(country), 출생률(birth), 사망률(death)이 있다.

1. [Sample Data] → [Multivariate Analysis] → [Birth Death Subset]을 불러온다.

2. [Analyze] → [Multivariate Methods] → [Cluster]를 순서대로 선택한다.

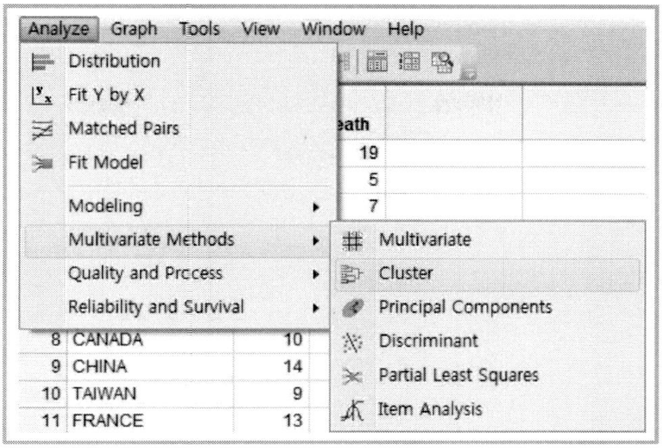

3. birth, death를 [Y, Columns]에 끌어다 놓는다.
4. [Options]에서 [Hierarchical]를 선택한다.
5. [Method]에서 [Ward]를 선택한다.

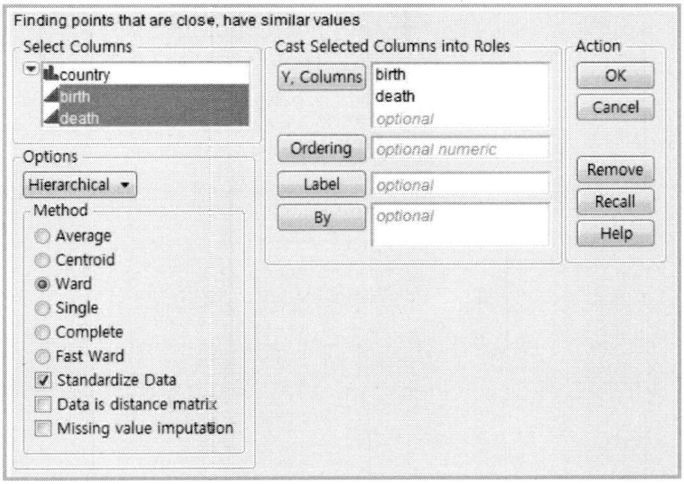

NOTE

Cluster(Hierarchical) 항목 및 옵션

- Y, Columns: 분석대상이 되는 변수를 선택
- By: 범주별로 분석이 실행되도록 데이터를 범주로 나누는 변수를 선택

6. [OK]를 선택하면 다음과 같은 결과가 나온다.

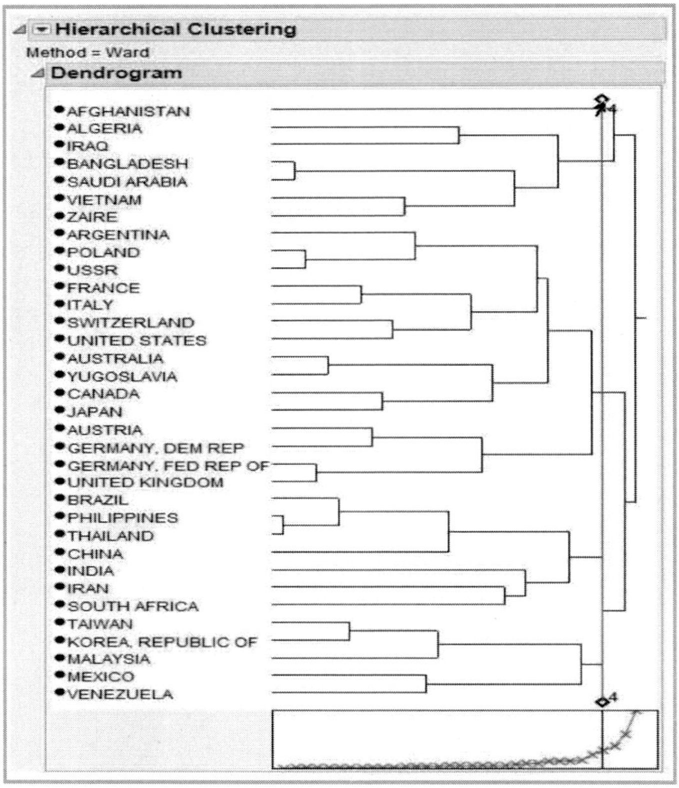

계층적 군집화는 자료 하나하나를 군집으로 보고 가까운 군집끼리 묶어 최종적으로 군집이 한 개만 남을 때까지 반복하는 것이다. 이런 선택 단계를 묘사한 그림이 덴드로그램(Dendrogram)으로 마치 의사결정나무처럼 뿌리와 가지로 이루어진 그림이다.

덴드로그램의 마름모 표시(◆)가 된 곳이 최적의 군집의 수를 나타내는 곳이다. 마우스로 마름모를 클릭하면 나타나는 숫자는 군집의 수를 뜻하며 4개의 군집으로 묶이는 것을 알 수 있다. 하단의 그래프는 각 단계마다 합쳐지는 군집 간의 거리를 세로축에, 합쳐지는 순서를 가로축으로 놓고 그린 것으로 군집의 수가 5개 이상은 그래프의 값이 완만하므로 군집 간의 거리가 가까운 것을 알 수 있다.

2.4.4 계층적 군집분석의 추가 옵션

실습 5-13 군집을 더 시각화하기

팝업메뉴에서 덴드로그램에 몇 가지 옵션을 추가하여 군집을 더욱 시각화하도록 한다.

1. [Color Clusters, Mark Clusters]를 실행한다.
2. [Dendrogram Scale] → [Distance Scale]를 실행한다.
3. [Color Map] → [Green to Black to Red] → [Legend]를 순서대로 실행한다.

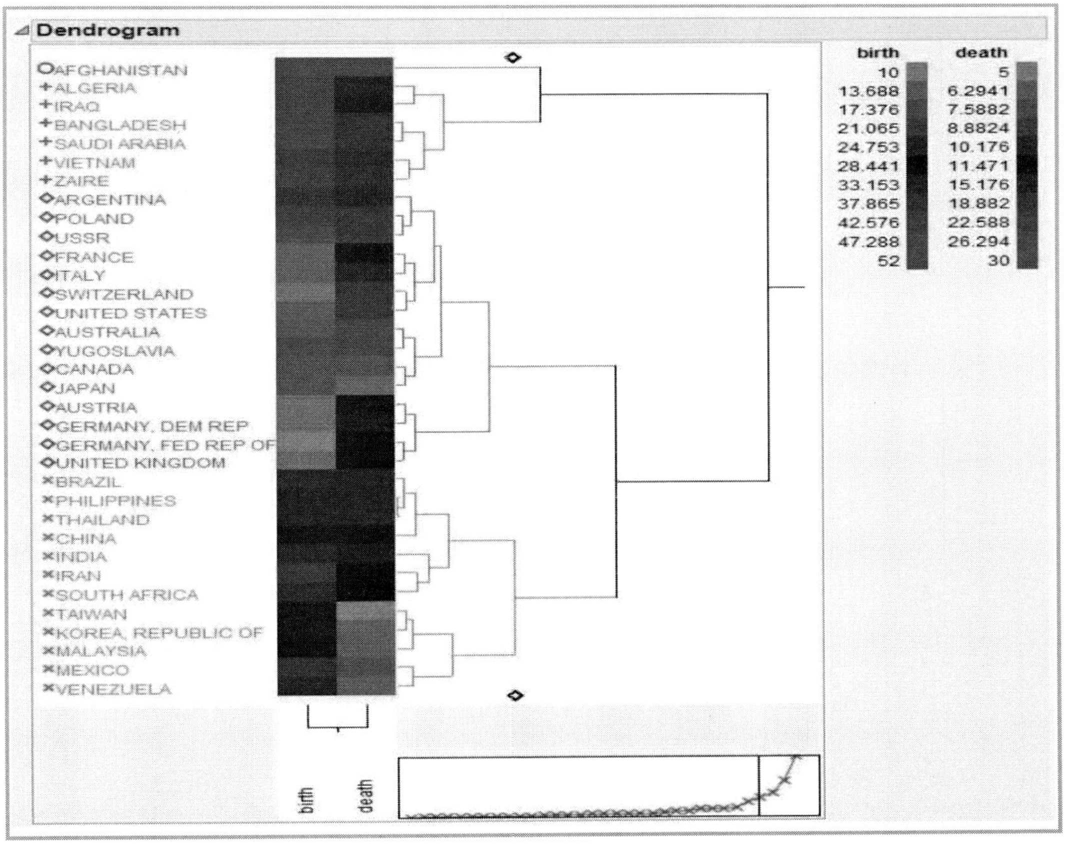

옵션을 추가한 덴드로그램은 같은 군집의 국가들은 색과 기호로 표시하고 있으며, 군집 간의 거리가 멀수록 가지가 길게 표시되었다. 또 한 가지 유의하게 볼 것은 덴드로그램 중앙에 표시된 Color Map이다. 이것은 같은 군집의 국가들은 출생/사망률이 유사한 색을 나타내는 것을 알 수 있다. 덴드로그램 아래에 있는 Clustering History 창을 펼쳐보면 어떤 국가부터 군집이 만들어졌는지를 순서대로 파악할 수 있다.

Clustering History

Number of Clusters	Distance	Leader	Joiner
33	0.000000000	PHILIPPINES	THAILAND
32	0.104271097	BANGLADESH	SAUDI ARABIA
31	0.104271097	POLAND	USSR
30	0.104271097	GERMANY, FED REP OF	UNITED KINGDOM
29	0.104271097	AUSTRALIA	YUGOSLAVIA
28	0.120401892	BRAZIL	PHILIPPINES
27	0.140113736	TAIWAN	KOREA, REPUBLIC OF
26	0.140113736	FRANCE	ITALY
25	0.140113736	AUSTRIA	GERMANY, DEM REP
24	0.140113736	CANADA	JAPAN
23	0.156406646	SWITZERLAND	UNITED STATES
22	0.209987852	VIETNAM	ZAIRE
21	0.242473085	ARGENTINA	POLAND
20	0.251240335	MEXICO	VENEZUELA
19	0.254028376	TAIWAN	MALAYSIA
18	0.290281099	BRAZIL	CHINA
17	0.298998156	ALGERIA	IRAQ
16	0.299503627	FRANCE	SWITZERLAND
15	0.306234544	AUSTRIA	GERMANY, FED REP OF
14	0.306234544	AUSTRALIA	CANADA
13	0.312813292	IRAN	SOUTH AFRICA
12	0.445451502	BANGLADESH	VIETNAM
11	0.517879998	INDIA	IRAN
10	0.612959173	ARGENTINA	FRANCE
9	0.733942725	ARGENTINA	AUSTRALIA
8	0.793425660	ALGERIA	BANGLADESH
7	0.823015833	BRAZIL	INDIA
6	0.880310450	TAIWAN	MEXICO
5	1.501738614	ARGENTINA	AUSTRIA
4	1.903914282	BRAZIL	TAIWAN
3	2.380570164	AFGHANISTAN	ALGERIA
2	3.590473842	ARGENTINA	BRAZIL
1	6.095747490	AFGHANISTAN	ARGENTINA

2.4.5 비계층적 군집화(Hierarchical Clustering) – K-means

실습 5-14 **비계층적 방법으로 군집화 실행하기**

실습 5-14에서는 비계층적 방법으로 동일하게 국가별 출생/사망률 데이터를 군집화해보도록 하겠다. 서두에 얘기했듯이, 비계층적 방법에 주로 사용되는 방법은 k-평균방법으로 군집의 수인 k를 설정해야 한다. 이를 위해서 계층적 분석 방법에서 나온 4개의 적정 군집개수를 k-평균 방법에 적용해 보도록 하겠다. 이때 사용하는 데이터는 앞서 사용한 Birth Death subset 데이터이다.

1. [Sample Data]→[Multivariate Analysis]→[Birth Death Subset]을 불러온다.
2. [Analyze]→[Multivariate Methods]→[Cluster]를 순서대로 선택한다.
3. birth, death를 [Y, Columns]에 끌어다 놓는다.
4. [Options]에서 [Kmeans]를 선택한다.

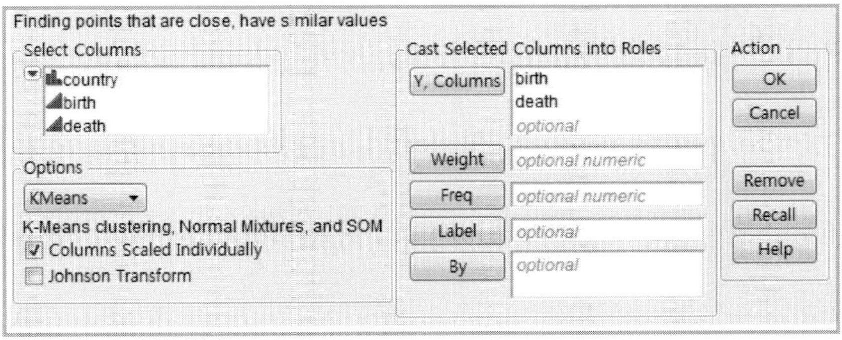

NOTE

Principal Components 항목 및 옵션

- Y, Columns: 분석대상이 되는 변수를 선택
- Weight: 데이터가 요약되어 있는 경우 변수에 가중치를 부여할 변수를 선택
- Freq: 데이터가 요약되어 있는 경우 변수에 빈도를 부여할 변수를 선택
- By: 범주별로 분석이 실행되도록 데이터를 범주로 나누는 변수를 선택

5. [OK]를 선택한다.

6. [Number of cluster]에 4를 설정한다.

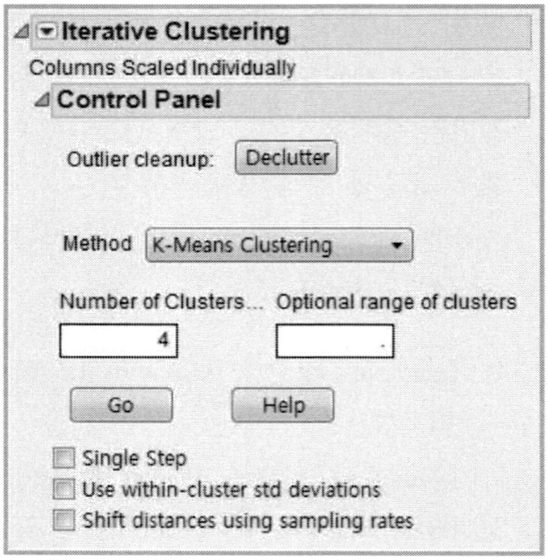

7. [Go] 버튼을 선택하여 분석 실행한다.

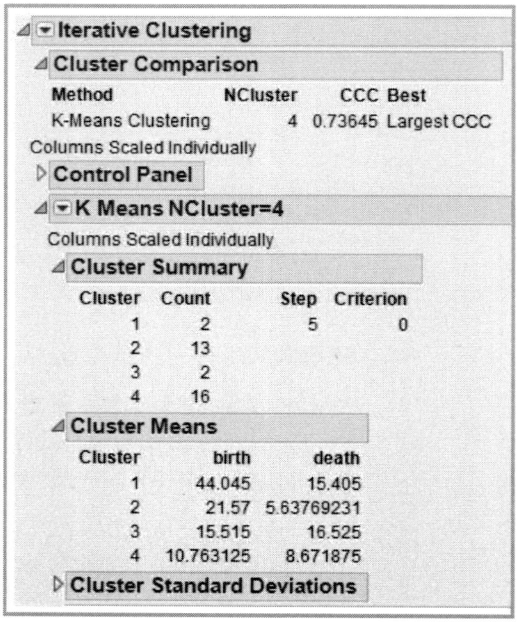

분석결과를 보면 Cluster Summary에 군집(Cluster) 1~4번에 해당되는 관측치의 개수(Count)가 표현되며, Cluster Means에 각 군집마다 사용된 birth와 death 변수의 평균값이 Cluster Means에 계산되어 있다.

어떻게 군집이 형성되었는지를 파악하기 위하여, K Means NCluste=4의 팝업메뉴에서 Biplot을 실행한다. Biplot을 통해 4개의 군집이 어떻게 묶여 있는지 확인할 수 있다. 아래의 그림은 K가 4인 k-평균 군집분석을 실행한 결과를 시각화한 그림이다.

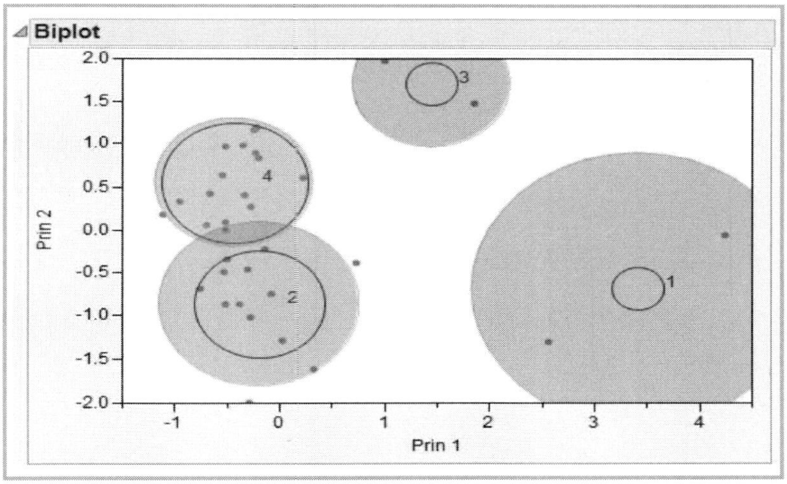

2.4.6 K-means 군집화의 추가 옵션

팝업메뉴에서 [Parallel Coordinate Flots]를 실행하여 각 군집의 프로파일과 전체 데이터의 프로파일을 비교해 볼 수 있다. 다음의 그림이 그 결과이다. [Parallel Coordinate Plot]의 마지막에 보이는 [Cluster Means]은 각 군집의 평균값 각 군집의 특징을 빠르게 파악할 수 있다.

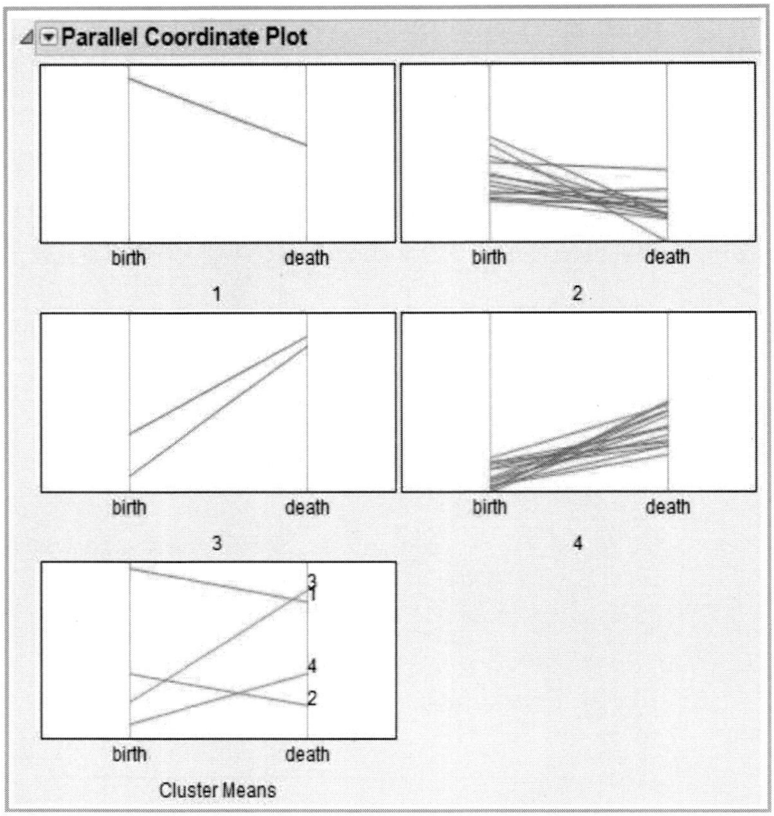

팝업메뉴에서 [Save Cluster Formula]를 실행하여 군집분석에서 만들어진 군집과 분류규칙을 데이터 테이블에 저장하여 활용할 수 있다.

	country	birth	death	Cluster Formula
1	AFGHANISTAN	45	19	1
2	ALGERIA	17	5	2
3	ARGENTINA	18	7	2
4	AUSTRALIA	12	7	4
5	AUSTRIA	9	10	4
6	BANGLADESH	25	9	2
7	BRAZIL	18	6	2
8	CANADA	10	8	4

2.4.7 군집의 수 결정하기

k-평균 군집화 방법은 적절한 k의 개수를 찾는 것이 중요한데, K를 빠르게 찾기 위해 반복적으로 k-평균 방법을 재실행할 수 있다. k-평균 군집화 실행화면의 [Control Panel]을 펼쳐 보면 군집의 수(k)를 입력하고 실행할 수 있도록 되어 있다. [Number of Cluster]를 3에서 7까지 변경하며 k-평균 군집분석을 실행해 본다.

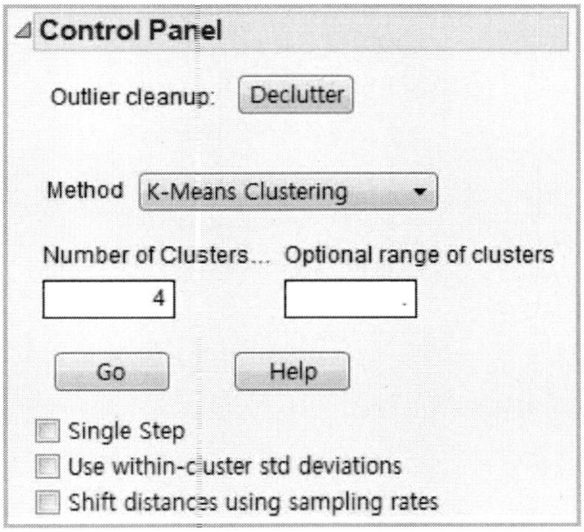

k-평균 군집화의 결과는 실행 순서대로 화면의 아래에 추가된다. 통계적으로 의미 있는 군집의 수를 판단하는 방법은 여러 가지가 있으나 정확히 정해진 방법은 없다. 이는 분석가의 주관적인 판단으로 결정된다. 이 예제에서는 [Control Panel] 위에 표시된 [Cluster Comparison]에서 [CCC(Cubic Clustering Criterion)]라는 통계량을 사용한다. CCC는 가장 적합한 군집의 개수를 찾아주는 통계량으로 관측치가 균일한 분포를 따른다는 가정하에 관측치와 기대치를 비교하여 산출하는 값을 의미한다. 보통 CCC값이 양수일 때, 군집을 나눌 수 있다고 판단하는데 이 값이 급격하게 증가하는 경우를 적절한 군집의 개수로 판단한다.

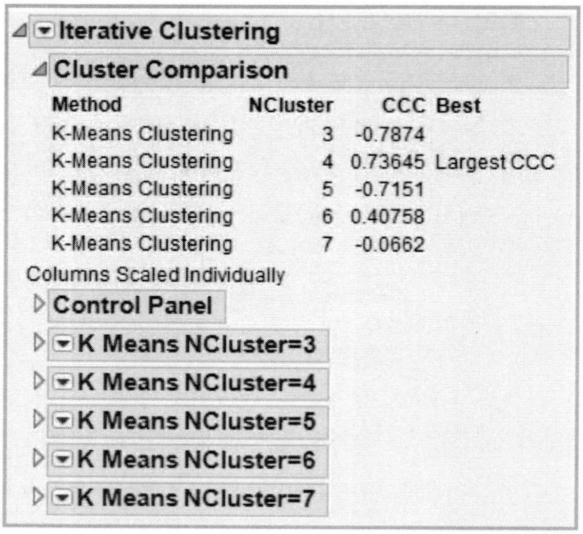

Iterative Clustering

Cluster Comparison

Method	NCluster	CCC	Best
K-Means Clustering	3	-0.7874	
K-Means Clustering	4	0.73645	Largest CCC
K-Means Clustering	5	-0.7151	
K-Means Clustering	6	0.40758	
K-Means Clustering	7	-0.0662	

Columns Scaled Individually

Control Panel

K Means NCluster=3

K Means NCluster=4

K Means NCluster=5

K Means NCluster=6

K Means NCluster=7

위 그림은 K를 3~7까지 k-평균 군집분석의 실행결과이다. 이 데이터의 경우 4개의 군집을 생성하는 것이 가장 적절하다는 판단을 할 수 있고, Biplot에서 각 군집이 적당하게 나누어진 것을 확인할 수 있다.

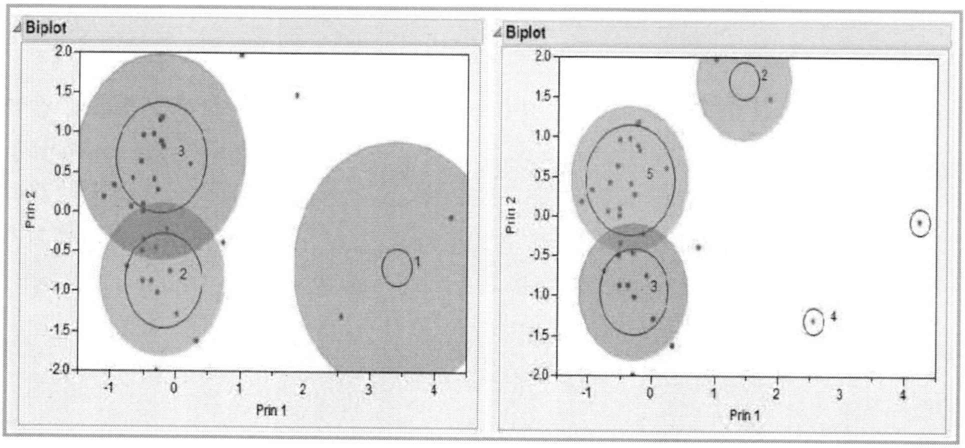

위 그림은 각각 군집의 수가 3개와 5개인 k-평균 군집분석 결과이다. 왼쪽에 있는 그림은 군집을 3개로 나눈 그림인데, 군집이 3개밖에 없기 때문에 위에 두 개의 점으

로 보여지는 데이터가 충분히 군집 안에 포함되어 있지 않기 때문에 적당한 군집의 수로 나누었다고 볼 수 없다. 또한 오른쪽 그림은 군집을 5개로 나눈 그림인데 군집의 수가 너무 많기 때문에 두 군집은 그 수가 하나씩 너무 적은 데이터를 포함하고 있으므로 적당한 군집이라고 볼 수 없다.

심화학습. 판별분석

공장에서 제품의 상태에 따라 양품 또는 불량으로 판정하거나 불량이라면 그 원인이 무엇인지를 분석해야 하는 경우가 생긴다. 또는, 심리테스트에서의 경우처럼, 특정 정보를 받아서 그 정보를 가진 사람이 어떤 유형의 심리를 가진 사람인지를 판별해 내야 하는 경우도 있을 것이다. 이럴 경우에 반응변수를 판별하는 판별식을 만들고 이를 통하여 반응변수의 종류를 판별해내는 것이 판별분석이다.

실습 5-15 대상이 되는 반응변수 판별하기

분석의 목적 자체는 의사결정나무, 로지스틱 회귀분석과 같이 반응변수의 패턴 혹은 분류를 한다는 점에서 같은 의미를 지니는 분석이지만, 의사결정나무처럼 if..then의 형식과는 다르게 판별식을 통하여 대상을 판별한다는 차이점이 있으며, 로지스틱 회귀분석의 경우 대체적으로 반응변수가 0과 1의 이진 분류로 되어 있지만, 판별분석에서는 반응변수가 이진 분류 이상의 것들을 많이 사용한다는 점에서 차이점이 있다.

실제로 실습을 통하여 어떻게 대상이 되는 반응변수를 판별해 내는지 확인해 보도록 하자. 이 실습에 사용되는 데이터는 Owl Diet로 두개골 길이(skull length), 치열(teeth row), 입 천장 구멍(palatine foramen), 턱 길이(jaw length), 종류(species)의 변수를 가지고 있는 데이터이다. 데이터의 총 레코드 수는 294개이다.

1. [Sample Data]→[Open the Sample Data Directory]→[Owl Diet]을 불러온다.
2. [Analyze]→[Multivariate Methods]→[Discriminant]를 순서대로 선택한다.

3. [species]→[X, Categories], 그 외의 변수들을 [Y, Covariates]에 입력한다.

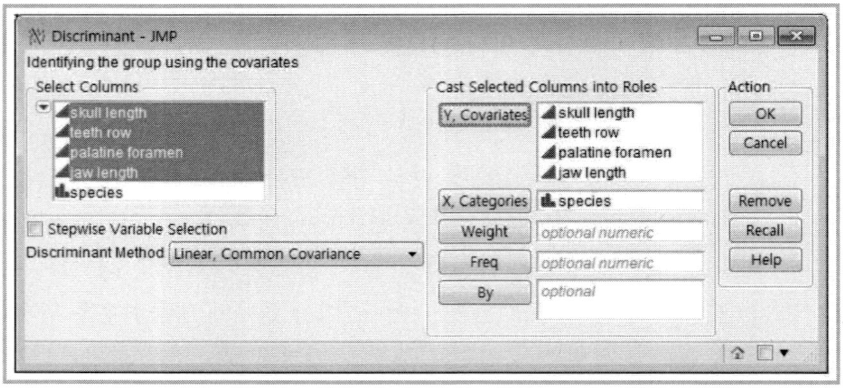

4. 결과를 보기에 앞서 데이터를 먼저 살펴보자.

174	438.704559	60.04375	65.1824	170.777	surifer
175	476.230537	61.44975	68.64332	173.0602	surifer
176	443.687805	57.99162	59.12189	162.311	surifer
177	407.098908	59.68948	64.87204	140.7892	surifer
178	406.158573	57.38162	64.95963	163.0166	surifer
179	414.002747	63.29863	66.99093	169.579	surifer
180	379.068165	66.5936	64.55123	157.9155	
181	364.869398	62.65304	68.33859	157.1397	
182	376.541886	62.59457	68.67944	176.3601	
183	370.462284	63.72329	73.78676	138.5984	

다른 데이터와 다르게 색다른 점은, species 컬럼을 보면 180 행부터는 값이 입력되지 않았다는 점이다. 이 부분은 판별분석에서의 판별식을 통하여 어떤 종으로 분류가 될지 살펴보고자 한다.

5. [OK]를 선택하면 다음과 같은 결과가 나온다.

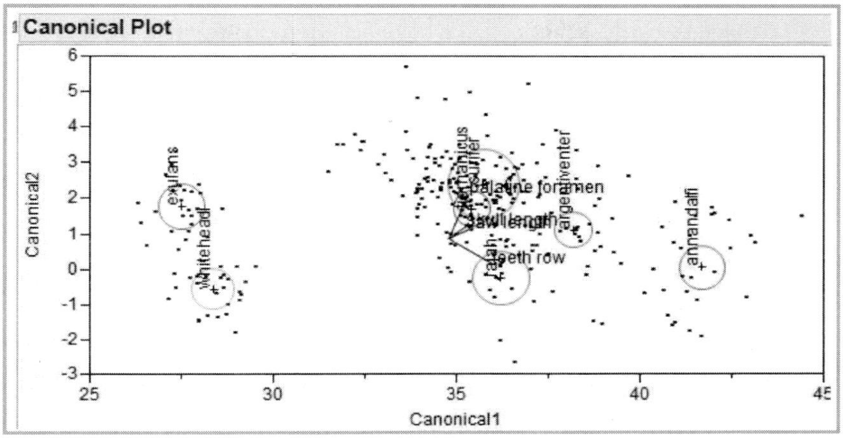

판별분석은 기본적으로 정준 상관계수를 사용하게 되는데 이의 결과가 [Canonical Plot]을 통하여 확인할 수 있다. 각각의 원은 해당하는 종(Species)의 중심점을 표시하고 있으며, 각각의 관측치들은 종의 중심점에 가까운 확률을 근거로 종이 분류되게 된다. 중앙에 여러 개의 라인으로 표시된 부분은 3가지 종 중에 3개의 종 모두와 근접할 확률이 높은 경우로써, 판별식의 오분류율에 영향을 미치게 된다. 다음 그림은 Discriminant Scores값을 나타낸 그림이다.

Discriminant Scores

	Training
Number Misclassified	25
Percent Misclassified	13.97
-2LogLikelihood	152.3

Discriminant Scores 항목은 판별식의 점수에 해당하는 결과로써, Training에 사용된 179개의 관측치 중, 잘못 분류된 관측치의 수가 25개, 즉 오분류율 13.97%를 의미하는 것을 통계량으로 출력해 준다.

Row	Actual	SqDist(Actual)	Prob(Actual)	-Log(Prob)	Predicted	Prob(Pred)	Others
1	exulans	2.41643	0.7471	0.292	exulans	0.7471	whiteheadi 0.25
2	exulans	1.44981	0.9911	0.009	exulans	0.9911	
3	exulans	0.56127	0.9728	0.028	exulans	0.9728	

위 그림은 Discriminat Scores의 하단 부분의 내용이다. 하단의 경우, ROW Actual 항목은 실제 종을 의미하며, Prob(Actual)은 실제값, 즉 exulans로 예측할 확률을 의미하며, Predicted는 예측된 값, Prob(Pred)는 예측값으로 예측할 확률을 나타낸다.

Others는 이것과 유사하게 예측할 수 있는 결과를 출력해 준다. 정리하자면, 1 Row의 경우에는 실제 종의 종류는 exulans이며 이를 예측할 확률은 0.7471이다. 실제로 예측한 종도 exulans이며 이를 예측할 확률은 0.7471이다. 다만 0.25의 확률로 whiteheadi로 예측될 수도 있다.

177	surifer	3.00703	0.5944	0.520		surifer	0.5944	tiomanicus 0.39
178	surifer	3.85479	0.6237	0.472		surifer	0.6237	tiomanicus 0.37
179	surifer	3.61361	0.4013	0.913	*	tiomanicus	0.4258	argentiventer 0.12
180		.	.	.	-	argentiventer	0.5054	rajah 0.36 tiomanicus 0.13
181		.	.	.	-	tiomanicus	0.8937	
182		.	.	.	-	tiomanicus	0.8698	

180 row 하단을 살펴보게 되면, 분석 초기에 살펴본 데이터에서처럼 검증용으로 활용할 데이터에 대한 결과가 있다. 180번의 결과를 예를 들면, 180 row의 종은 argentiventer로써 이를 예측할 확률은 0.5054이며, 유사하게 rajah로 예측할 확률 0.36과 tiomanicus로 예측할 확률 0.13이 있다.

	annandalfi	argentiventer	exulans	rajah	surifer	tiomanicus	whiteheadi
annandalfi	25	0	0	0	0	0	0
argentiventer	3	25	0	5	1	3	0
exulans	0	0	24	0	0	0	0
rajah	0	1	0	13	1	1	0
surifer	0	0	0	1	8	1	0
tiomanicus	0	1	0	3	3	32	0
whiteheadi	0	0	1	0	0	0	27

마지막으로 제일 하단의 결과는 실제값과 예측값에 대한 결과를 나타낸다. annandalfi 종의 경우에는 25개 모두 정확하게 분류되었지만, argentienter 종의 경우에는 몇 개가 잘못 분류된 것을 알 수 있다.

이러한 과정을 거쳐 주어진 데이터를 활용하여 반응변수에 대하여 종을 판별하는 판별식을 생성하였고 판별식을 통하여 새로운 데이터가 유입되었을 때 종을 판별하는 예제를 살펴보았다.

TIP

Discriminant 옵션

Linear, Common Covariance: 모든 그룹의 공분산 martix를 사용한다.
Quadratic, Different Ccvariances: 각각의 그룹마다 공분산 matrix를 나눈 후 사용한다.
Regularized, Comprom se Method: 위의 두 방식을 비교분석 한다.

2.5 데이터마이닝 활용 시 고려사항

이제 본격적으로 데이터마이닝을 활용하여 분석을 할 때 고려할 사항, 즉 주의할 점에 대해서 소개를 하고 해결방안에 대해서 설명을 하려고 한다. 여기서 다루는 주의사항은 오직 데이터마이닝을 위한 것이 아니라 일반적으로 다른 통계분석에서도 통용될 수 있기 때문에 독자들은 다른 통계분석을 사용할 때도 같은 주의를 기울이는 것이 좋을 것이다.

2.5.1 다양한 데이터마이닝 기법을 사용해야 하는 이유

많은 데이터마이닝 분석 툴에서는 예측 및 분류를 위한 다양한 데이터마이닝 기법들이 존재한다. 그럼 왜 데이터마이닝에 이처럼 많은 알고리즘이 존재하는지 그리고 어느 데이터마이닝 알고리즘이 좋은지 의문이 생긴다. 이러한 의문에 대한 해답은 데이터마이닝 기법들이 나름대로의 장단점을 갖는다는 것에 기인한다. 데이터마이닝은 분야를 막론하고 어디에서나 사용되어지기 때문에 데이터의 다양성은 끝이 없다. 그렇기 때문에 데이터에 존재하는 패턴의 유형, 반응변수의 수준에 대한 비율, 또한 해당 기법이 요구하는 몇 가지 기본 가정들을 데이터가 충족시키는지의 여부, 데이터의 잡음 등은 해당 데이터마이닝 기법에 대한 유용성을 나타내는 척도가 될 수 있다. 따라서 데이터에 대한 특성에 따라 데이터마이닝 기법들의 유용성이 차이가 많이 날 수밖에 없다. 따라서 이러한 문제를 해결하기 위해 일반적으로 사용하는 방법은 여러 가지 데이터마이닝 기법들을 적용해보고, 그 중에서 데이터의 목적에 맞는 가장 유용한 한 가지 데이터마이닝 기법을 선택하는 것이다.

2.5.2 과적합화(overfitting)

과적합화는 데이터마이닝에서 가장 흔히 발생하는 문제로 하나의 모형이 모형의 구축과정에서 사용된 표본데이터에 너무 가깝게 적합화되면 이 모형은 데이터가 갖는 구조적 특성뿐만 아니라 우연적 특수성을 모두 반영하게 되어 과적합화 현상이 발생하게 된다. 데이터마이닝은 전통적인 통계학에서처럼 엄격한 제약을 두지 않기 때문에 과적합화의 위험성에 쉽게 노출된다. 따라서 분석가는 항상 이를 염두에 두고 분석해야 한다.

표 5-2 학교성적 데이터

교육비	학교성적
24	58
38	69
50	61
62	84
70	87
75	93
90	82

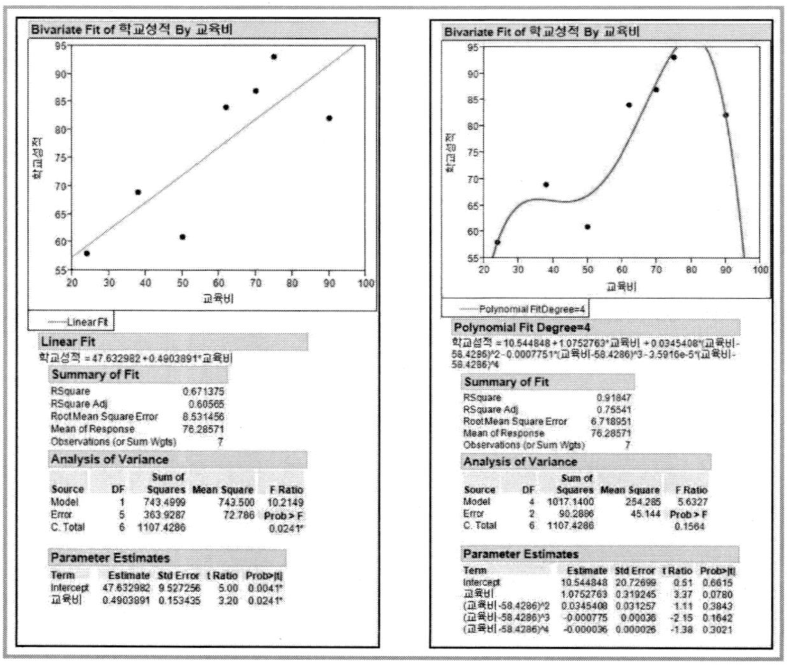

위와 같이 표 5-2 학생성적 데이터가 있다. 그리고 위의 단순회귀모형과 다중회귀모형을 비교한 그림에서 좌측에 보이는 회귀분석 결과는 학교성적을 예측하는 데 교육비가 설명변수로 한 개가 사용되었고 우측은 교육비에 대한 2차, 3차, 4차항을 사용하였다. 두 회귀분석 결과의 결정계수(R^2)의 값을 비교해 보면 각각 약 0.67과 0.92로 단순회귀모형보다 다항회귀모형이 더 높다. 따라서 사용자는 다항회귀모형이 더 좋다고 판단할 수 있으나 다항회귀모형은 교육비 지출액을 이용하여 미래의 학교성적을 예측하는 데 정확하거나 유용하지 않을 가능성이 높다. 예를 들어, 교육비가 40만원에서 50만원으로 증가하면 실제 학교성적은 감소하고 있는데, 이러한 사실은 일반적으로 받아들이기가 어렵다. 모형을 구축하는 기본적인 목적은 변수들 간의 관계를 규명하는 것이지 데이터를 잘 설명해 주는 모형을 원하는 것이 아니다. 따라서 실제 예측에 대한 문제에 있어서 교육비를 이용하여 학교성적을 예측하기 위해서는 단순회귀모형이 복잡한 다항회귀모형보다도 훨씬 좋은 예측력을 보여줄 수 있다.

2.5.3 과대 표본추출(oversampling)

데이터마이닝에서 사용되어지는 목표변수(target)가 두 가지 수준을 가지고 있고 사례 집단이 표본에서 차지하는 비율이 아주 미미하게 추출되었을 때 예측 모형을 만드는 데 어려움이 있으며, 신뢰성이 없는 결과를 도출하게 된다. 이는 사례집단이 다른 집단에 비해서 상대적으로 더 적기 때문에(예를 들면, 불량이 양품보다 더 적기 때문에) 목표변수를 판별해주는 모형 구축이 제대로 되어지지 않기 때문이다. 이러한 목표변수의 비대칭 문제를 해결하기 위한 방법은 목표변수의 비율을 비슷하거나 적당하게 맞추어 주어야 하는데 이러한 방법을 일반적으로 과대표본추출 또는 오버샘플링이라고 부른다. 다음 그림은 오버샘플링에 대한 예시이다.

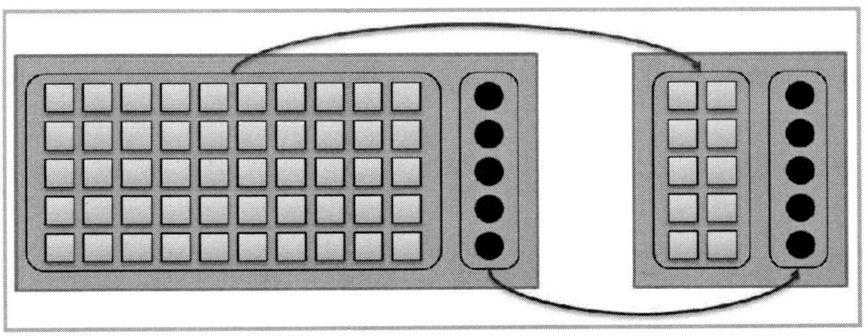

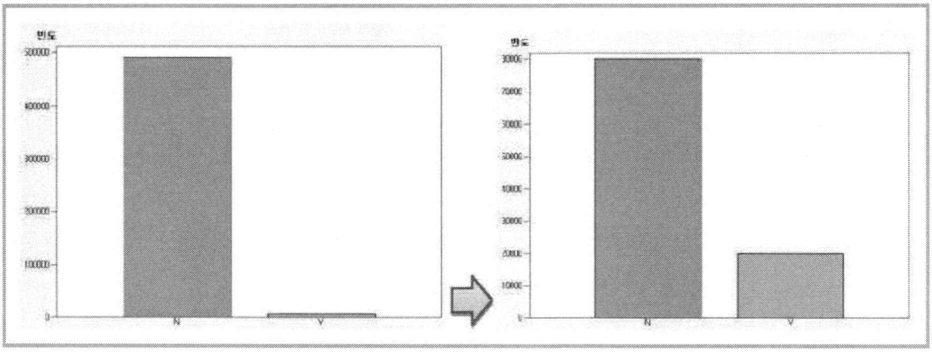

과대표본추출 방법에는 데이터의 양에 따라 크게 down-sampling과 up-sampling으로 나뉘어지는데, 위 그림은 down-sampling의 한 예로 데이터의 양이 많을 때 사례가 되는 검정색 동그라미의 비율을 맞추기 위해 하얀색의 정사각형 집단에서 무작위표본추출을 한 것이다. Up-sampling은 그 반대로 생각하면 된다. 그렇다면 이러한 '목표변수의 비율이 어느 정도일 때 모형의 성능이 좋아질 것인가?'라는 궁금증이 생기게 된다. 이에 대한 해답으로는 많은 논문과 선행연구를 통해서 사례가 되는 집단과 대조 집단의 비율이 대략적으로 1:4 정도로 구성될 때 분류 및 예측의 성능이 좋아진다고 한다.

단, 과대 표본추출된 데이터로 모형을 생성한 경우에는 원본 데이터의 확률로 이루어진 샘플을 사용하여 모형의 신뢰성을 평가해야 한다.

2.5.4 모형에 사용되는 변수 선정

모형의 변수 선정에 대해서 결론부터 말하면, 변수가 많을수록 모형이 꼭 더 좋은 것은 아니라는 것이다. 모형을 구축할 때 사용되는 변수의 수가 늘면 어떤 식으로든 모형의 설명력이 증가하게 된다. 만약 1개의 설명변수를 사용한 모형과 10개의 설명변수를 사용한 모형의 예측결과가 동일하다면 어떤 모형을 사용하는 것이 더 현명할 것인지는 독자들이 더 잘 알 것이다. 여기서 모형이 단순하면서 좋은 성능을 가져야 한다는 것을 통계적 용어로 모형의 간명성(Parsimoy)의 원칙이라 한다. 이러한 간명성의 원칙이 잘 지켜졌을 때 좋은 모형이라고 할 수 있다. 그렇다면 간명성이 잘 지켜지기 위해서 어떤 변수를 선택하는 것이 좋을까? 데이터마이닝에서는 변수들의 중요도에 따라 변수가 선택되어지는 여러가지 방법을 가지고 있다. 예를 들어, 회귀분석에서 사용되어지는 변수선택법과 의사결정나무에서 사용되어지는 logworth 값을 보고 중요한 변수를 판단할 수 있다.

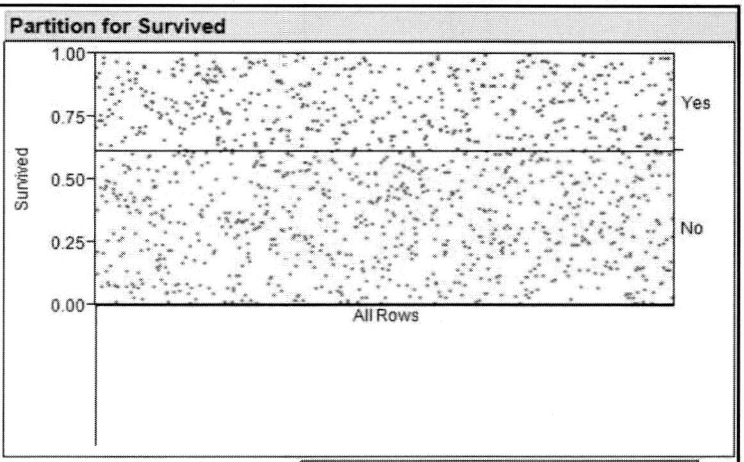

RSquare	N	Number of Splits	Imputes	AICc
0.000	1309	0	0	4092.13

All Rows

Count	G^2
1309	1741.0244

Candidates

Term	Candidate G^2		LogWorth
Sex	372.9213323	*	82.36386383
Fare	106.3240949		39.59776149
Port	42.8690630		9.96822172
Parents and Children	38.5405827		9.59215928
Siblings and Spouses	18.0852558		4.18266789
Age	16.7010186		3.16957624
Midpoint age	14.6558852		3.11663953

위 그림은 JMP의 Partition 기능을 사용하여 타이타닉 호의 구조된 승객에 대하여 분석한 의사결정나무의 결과이다. 승객 구조에 있어서 어떤 인자가 가장 큰 영향을 미쳤는지 알아보기 위하여 [Candidates]의 [Logworth] 값을 확인할 수 있는데 이는 -log10(P-value)로 값이 클수록 목표변수 분류에 있어서 영향력이 크다고 할 수 있다. 따라서 타이타닉 호의 구조된 승객에 가장 큰 영향을 미친 것은 logworth 값이 약 82.364인 성별이라 할 수 있으며, 그 다음으로 logworth 값이 약 39.58인 요금 변수가 영향력이 큰 것을 알 수 있었다. 여기서 요금과 port의 logworth 값이 각각, 약

39.58과 9.97로 차이가 많이 나기 때문에 이 모형은 성별과 요금만 가지고 충분히 잘 설명되고 있는 것을 알 수 있다.

2.5.5 데이터에 대한 정확한 이해

아래 그림은 Y축(주 단위로 평균을 낸 SAT 점수)과 X축의 선형관계를 나타낸 단순 회귀분석결과이다. 그림을 보면 교육비가 증가할수록 SAT비가 증가하고 있다. 따라서 추정된 회귀직선도 우측 상단으로 증가하는 대각선의 형태를 띠고 있다. 하지만 여기서 주의할 점은 빨간색으로 색칠된 영역을 보면 알 수 있다. 그림을 잘 살펴보면 해당 영역의 학생들은 교육비용이 낮지만 SAT 점수가 높은 것을 알 수 있다. 왜 그럴까? 데이터를 좀 더 자세히 알아보니 빨간색으로 색칠되어 있는 영역의 학생들은 미국 중서부에 살고 있었으며, 보통 중서부 지역은 대학에 가기 위해서는 다른 주와 달리 ACT를 시험 보며, 이 지역의 학생 중 다른 주에 있는 명문대에 가고 싶은 학생들만 SAT를 본 것이다. 따라서 중서부 지역의 학생들에게 이 모형을 적용하면 잘못된 예측결과를 낳을 것이다. 이처럼 제대로 된 분석을 하기 위해서는 데이터의 의미를 정확하게 이해하고 있어야 할 것이다.

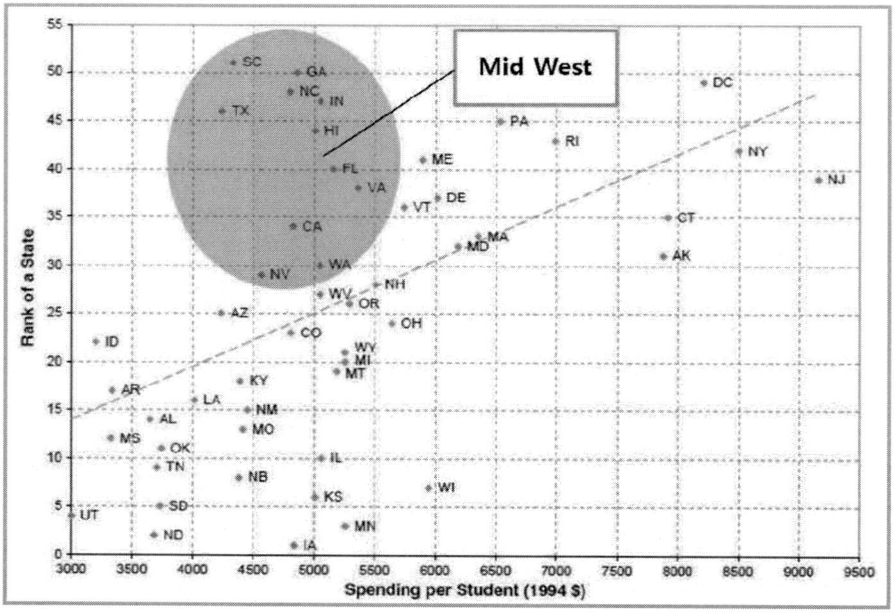

2.5.6 이상치 처리 시 유의할 점

데이터마이닝에서 사용하는 모든 연속형 변수들은 분포를 가지고 있으며 분포가 존재하는 모든 변수에 대해서는 이상치가 존재한다. 이상치는 대부분의 데이터로부터 멀리 떨어진 값으로 표현되는데 통계적 관점에서는 표준편차의 3배보다 더 멀리 떨어져 있는 값들을 의미한다. 이러한 이상치들은 데이터를 크게 왜곡시켜 잘못된 분석결과를 초래하게 된다. 이러한 이상치들의 제거방법으로는 두 가지가 있다. 첫 번째 방법은 분포를 이용하여 통계적으로 제거하는 방법이고, 두 번째 방법은 분석자의 판단하에 제거하는 방법이다. 통계적으로 이상치를 제거할 시에는 모든 변수에 일괄처리할 수 있어 분석 프로세스가 단축이 되어 빠른 분석을 할 수 있는 장점이 있지만, 단지 값이 크다는 것 하나만으로 의미 있는 행까지 제거할 수 있기 때문에 항상 통계적인 관점만 옳다고는 할 수 없다. 가장 이상적인 이상치 처리방법은 분석가의 경험적인 판단하에 이상치를 제거하는 것이다. 하지만 이렇게 변수 하나하나 이상치를 처리하게 되면 시간이 오래 걸리는 단점이 있기 때문에 통계적 이상치 제거 방법과 적절히 혼합하여 사용하는 것이 현실적이다. 이상치를 파악하기 위한 방법으로는 아래와 같이 변수의 수에 따라 다양한 이상치 판단 척도가 존재한다.

- **일변량**: 변수를 표준화하였을 때 그 값이 약 3 이상인 표본.
- **이변량**: 설명변수와 반응변수 간의 상관관계를 알아보고 특정 신뢰구간이 포함되지 않은 표본.
- **다변량**: 마할라노비스(mahalanobis)의 거리의 값을 이용, D^2/자유도가 약 3 이상인 표본.

2.5.7 결측값 처리

일반적으로 데이터마이닝에 사용되는 데이터들은 결측값을 포함하고 있다. 이러한 결측값들은 회귀분석이나 신경망분석과 같은 분석방법의 특성상 하나 이상의 설명변수에 결측값이 존재하면 해당 행은 분석에서 아예 제외된다. 다음 그림은 결측값의 유형을 알기 쉽게 표현한 것이다. 만약 다음 그림의 가장 좌측에 있는 첫 번째 그림처럼 결측값을 가지고 있는 행들이 적다면 해당 행들을 제거하고 분석해도 큰 문제가 없을 것이다.

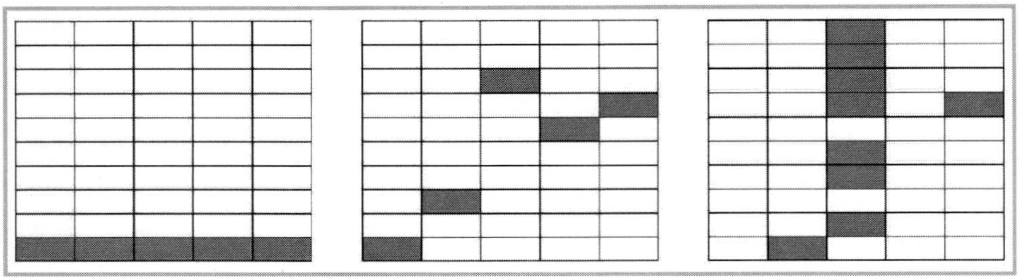

하지만 분석에 사용되는 변수가 많다면, 결측값 비율이 적다 하더라도 많은 행들이 분석에 사용되지 않는 문제를 초래하게 된다. 이렇게 되면 우리가 얻은 분석결과는 신뢰할 수가 없다. 위 그림 중 가운데 그림은 그러한 예를 잘 나타내어 주고 있는데, 변수에 결측 비율이 단지 10%이지만, 결측값들이 무작위로 섞여 있기 때문에 분석에 사용할 수 있는 행의 수는 겨우 5개로 줄어들게 된다. 이런 경우 해결하는 단 한 가지 방법은 변수의 결측값을 다른 행의 값들을 토대로 계산하여 대체하는 방법이다. 이러한 방법을 결측값의 보간(Imputation)이라 한다. 결측값을 보간하는 방법으로는 여러 가지가 있는데, 일반적으로 변수의 평균값이 사용된다. 여기서 주의할 사항으로는 해당변수의 왜도가 크다면, 즉 분포가 다른 한쪽으로 많이 기울어져 있다면, 이상치의 영향을 적게 받는 중위수를 사용하여 보간하는 것이 모형구축에서 더 나은 결과를 가져온다. 마지막으로 가장 우측에 있는 그림처럼 한 변수에 매우 많은 결측값을 포함하는 경우는 그 변수를 아예 제거하고 분석을 진행하는 것이 좋다. 일반적으로 한 변수에 결측값이 50% 이상일 경우 그 변수를 제거한다.

Appendix JMP FORMULA

01 JMP FORMULA의 개요

JMP에서는 데이터 분석기능뿐만 아니라 데이터를 가공하기 위한 다양한 함수를 제공하는데, Formula Editor 기능을 사용하면 사용자가 원하는 대로 데이터에 대한 가공 및 편집이 자유자재로 가능하다. JMP의 Formula에서 사용하는 함수는 기초적인 사칙연산부터 컬럼들의 값을 비교할 수 있는 비교연산자와 날짜 포맷기능까지 다양하게 제공되고 있다. JMP에서는 Formula 기능을 사용하기 위하여 기본적으로 대화창을 이용해서 사용할 수 있으며 보다 고급적인 Formula 기능을 사용하기 위해 JMP 스크립팅 언어(JSL)를 사용할 수 있다. 본 서에서는 사용자들이 다루기가 편하고 이해하기가 쉬운 대화창을 사용한 Formula 기능을 자세히 설명하겠다.

02 JMP에서 Formula를 사용하기 위한 기본적인 2단계

1. 마우스 포인터를 Formula 기능을 사용하고 싶은 컬럼명 위에 올려 놓고 마우스 오른쪽 버튼을 클릭하여 Formula를 선택한다. (또는 컬럼명을 더블 클릭하여 컬럼 속성 창을 열고 Formula를 선택한 후 Edit Formula 클릭)

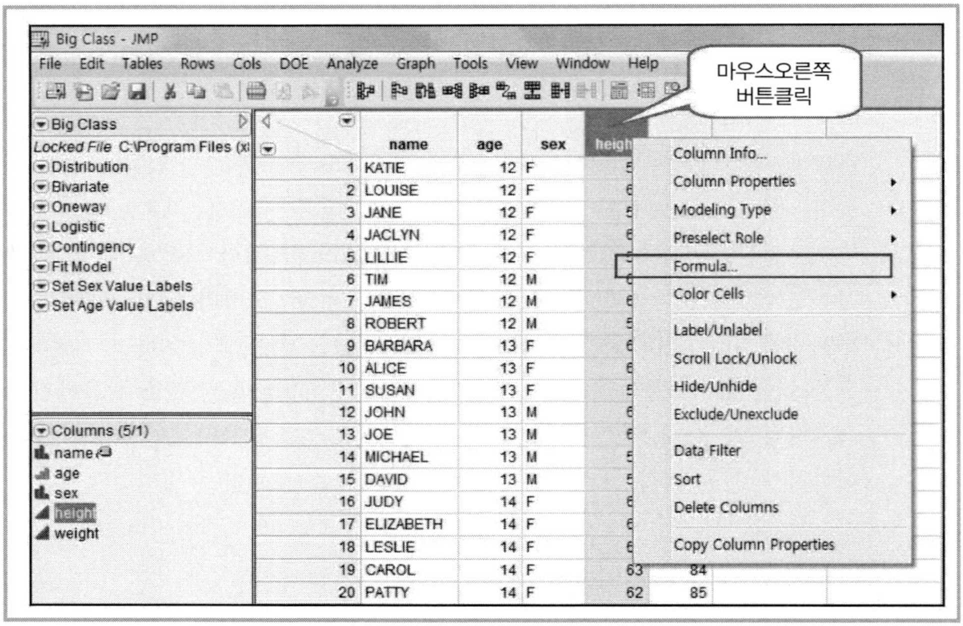

2. JMP Formula 대화창의 구성요소

1) Formula work panel

사용자가 Formula 작성 시 사용할 컬럼을 선택하고 다양한 표현식을 사용하여 계산된 컬럼을 만드는 작업공간.

2) Column List

Formula에 사용되는 컬럼들이 리스트 형식으로 정렬되어 있음.

3) Key Pad

Formula에 자주 사용되는 기본 연산자들이 버튼 형식으로 구성.

4) Function List

Formula에 사용되는 함수들이 리스트 형식으로 카테고리별로 정렬되어 있으며, 조건연산자, 비교연산자, 통계량, 분포함수 등 다양한 함수들이 제공됨.

5) Formula editing area

사용자가 Formula 기능을 사용하여 작업한 결과들이 표현되는 공간.

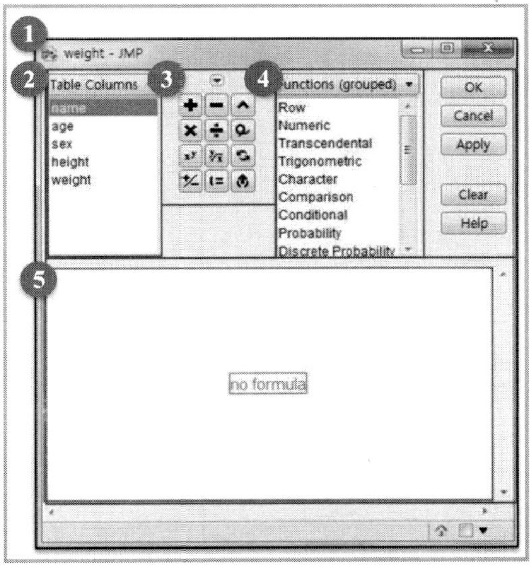

〈JMP의 Formula 대화 창〉

03 Key Pad의 기능

Key	Name	Description
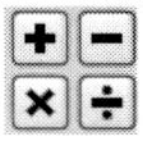	사칙연산	일반적으로 포켓계산기에서 사용되는 더하기, 빼기, 곱하기, 나누기 연산자를 제공
	삽입	새로운 항목이나 함수의 인자를 삽입하는 기능 Ex) If 문에서 삽입 버튼을 사용하여 조건을 계속적으로 추가하는 기능
	삭제	기존의 항목과 인자값을 삭제함, 키보드의 Delete와 같은 기능
	지수	지정된 컬럼의 지수값을 계산, Default는 2를 사용
	루트	지정된 컬럼의 루트값을 계산, Default는 2를 사용
	조건변환	선택한 수식을 기준으로 양쪽의 수식값을 서로 바꾸는 기능 Ex) 3/4 -> 4/3
	부호변환	현재의 부호를 다른 부호로 바꾸는 기능 Ex) -2 -> 2
	변수할당	사용자가 Formula 기능을 사용하여 만든 수식을 지역변수로 할당하는 기능, Default 변수명은 t0를 사용
	표현식 삭제	가장 바깥쪽에 있는 수식을 버튼을 클릭할 때마다 차례로 삭제

04 Function List의 기능

1. Row, Numeric Function

특정 행이나 Cell의 값을 참조하여 값을 계산하거나 생성하는 데 사용한다.

Function	기능	입력 예
Sequence	데이터 테이블 열의 각 행에 연속적인 숫자를 생성함	Sequence(시작숫자, 종료숫자, 증가단위, 각 숫자의 반복 횟수)
Lag	지정한 열을 n행씩 아래로 이동	Lag(특정 열, 이동할 행 수)
Dif	지정한 열의 각 행에서 n번째 떨어진 행과의 차이를 계산	Dif(특정 열, 각 행에 대한 n번째 행)
Row	각 행이 데이터 테이블에서 몇 번째 행인지를 반환	Row()
N Row	현재 데이터 테이블의 총 행이 얼마나 되는지를 반환	N Row()
Abs	지정한 열의 절대값을 반환	Abs(특정 열)

Function	기능	입력 예
Modulo	지정한 열을 지정한 값으로 나눈 나머지를 반환	Modulo(특정 열, 나눌 값)
Ceiling	지정한 열의 값을 올림한 값으로 반환	Ceiling(특정 열)
Floor	지정한 열의 값을 내림한 값으로 반환	Floor(특정 열)
Round	지정한 열의 값을 반올림한 값으로 반환	Round (특정 열, 반올림 할 소수점 뒷자리 수)

05 Character Function

문자 혹은 문자열을 가공하거나 변환할 때 사용한다.

Function	기능	입력 예
Char	숫자를 문자로 변환	Char(특정 열)
Concat	지정한 열을 n행씩 아래로 이동시킴	특정 열||특정 열2||특정 열3||…
Contains	지정한 열의 값에 지정한 값이 있으면 1을 반환	Contains(특정 열, 값) ※문자열을 찾을 시 반드시 문자열의 좌우에 ", "을 붙일 것
Lowercase Uppercase	열의 값을 소문자(대문자)로 변경	Lowercase(특정 열) Uppercase(특정 열)
Length	지정한 열의 값의 길이를 반환	Length(특정 열)
Num	지정한 열의 값을 숫자로 변환	Num(특정 열)
Substr Left Right	지정한 열의 지정한 위치부터 지정한 길이만큼 잘라서 반환하거나, 왼쪽(오른쪽)부터 지정한 길이만큼 잘라서 반환	Substr(특정 열, 시작 위치, 문자 수) Left(특정열, 문자 수) Right(특정열, 문자 수)
Trim	문자열의 좌우에 있는 공백을 제거	Trim(특정 열)
Word	문자열을 공백으로 나누어 n번째 값을 반환	Word(반환할 문자의 순서, 특정 열, 문자열을 나누는 기준) ※ 문자열을 나누는 기준이 문자열임
Item	문자열을 공백으로 나누어 n번째 값을 반환	Item(반환할 문자의 순서, 특정 열, 문자열을 나누는 기준) ※ 문자열을 나누는 기준이 단위 문자임
Repeat	문자열을 n회 반복하여 생성	Repeat(특정 열, 반복 횟수)

06 Statistical Function

분포(범위)를 가지는 데이터의 통계량을 계산하여 반환한다.

Function	기능	입력 예
Col Mean	지정한 열의 평균을 반환	Col Mean(특정 열)
Col Std Dev	지정한 열의 표준편차를 반환	Col Std Dev(특정 열)
Col Number	지정한 열의 Missing데이터를 제외한 데이터 개수를 반환	Col Number(특정 열)
Col N Missing	지정한 열의 Missing 데이터 개수를 반환	Col N Missing(특정 열)
Col Sum	지정한 열의 합계를 반환	Col Sum(특정 열)
Col Minimum	지정한 열의 최솟값을 반환	Col Minimum(특정 열)
Col Maximum	지정한 열의 최댓값을 반환	Col Maximum(특정 열)
Col Quantile	지정한 열의 지정한 분위수의 값을 반환	Col Quantile(특정 열, 1) 열의 최댓값 Col Quantile(특정 열, 0.75) 열의 75분위수
Col Standardize	지정한 열의 표준화된 값을 계산하여 반환	Col Standardize(특정 열)
Col Rank	지정한 열의 최솟값을 1로 시작하여 계산한 순위를 반환	Col Rank(특정 열)

07 Date-Time Function

Date-time 데이터를 생성하거나 필요한 정보를 추출, 가공하는 기능을 제공한다.

Function	기능	입력 예
In Minutes In Hours In Days In Weeks In Years	입력한 값을 함수의 기간에 따라 초로 바꾸어 반환	In Minutes(2) 120 In Years(1) 31,557,600 (60 seconds * 60 minutes * 24 hours * 365.25 days)
Date DMY Date MDY	일, 월, 년(월, 일, 년)을 입력 시 Date-time 값으로 반환	Date DMY(11, 8, 2011) 2011-08-11 (JMP Date)
Today	시스템에서 제공하는 현재 일자를 반환	Today()3429722800
Day, Month, Quarter Year, Hour, Minute, Second	입력한 Date-time 값에서 필요한 시간 정보(값)를 추출하여 반환	Day(2011-08-11) 11 Second(2011-08-11 23:34:59) 59
Day of Week Day of Year Week of Year Time of Day	입력한 Date-time 값에서 필요한 시간 정보(n번째)를 추출하여 반환	Day of Week(2011-08-14) 1 (1은 Sunday을 의미) Week of Year(2011-08-15 23:34:59) 34 (34번째 주를 의미)

Function	기능	입력 예
Informat Format	날짜를 표시하는 문자열을 JMP Date로, JMP Date는 날짜를 표시하는 문자르 변경	Informat("20-03-2011) 2011-03-20(JMP Date), format(2011-03-20) "20-03-2011"
MDYHMS	JMP Date를 날짜를 표시하는 문자열로 변경	MDYHMS(2011-03-20 20:23:15) "2011-03-20 20:23:15"

08 Comparison Function

2개(혹은 3개)의 값을 비교하는 연산을 하여 True(1), False(0)를 반환한다.

Function	기능	입력 예
〈	A가 B 미만이라면 True, 아니면 False를 반환	a〈b Less(a,b)...
〉	A가 B 초과라면 True, 아니면 False를 반환	a〉b Greater(a,b)
〈=	A가 B 이하라면 True, 아니면 False를 반환	a〈=b Less or Equal(a,b)
〉=	A가 B 이상이라면 True, 아니면 False를 반환	a〉=b Greater or Equal(a,b)
==	A가 B 같다면 True, 아니면 False를 반환	a==b Equal(a,b)...
!=	A가 B 다르다면 True, 아니면 False를 반환	a!=b Not Equal(a,b)...
〈, 〈=	B가 A 초과이고, C 이하라면 True, 아니면 False를 반환	a〈b〈=c Less Less Equal(a,b,c)
〈=, 〈	B가 A 초과이고, C 이하라면 True, 아니면 False를 반환	a〈=b〈c Less Equal Less(a,b,c)
Is Missing	입력값이 Missing이라면 True, 아니면 False를 반환	Is Missing(특정 값)

09 Condition, Probability Function

조건이 True, False에 따라 지정된 문장을 실행한다.

Function	기능	입력 예
If	조건식이 True일 때 입력1, False일 때 입력2 실행	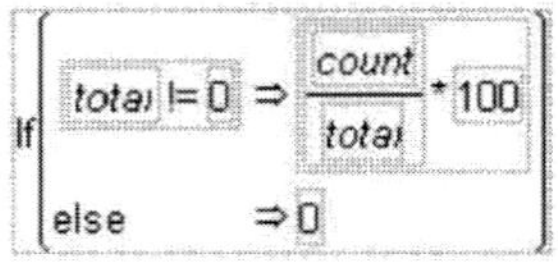
Match	여러 조건 중 Match되는 조건 실행	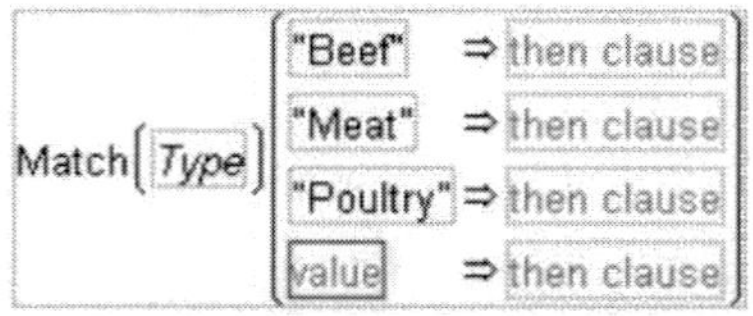
Choose	Match와 비슷하며, 기본적으로 첫 번째 조건이 1임	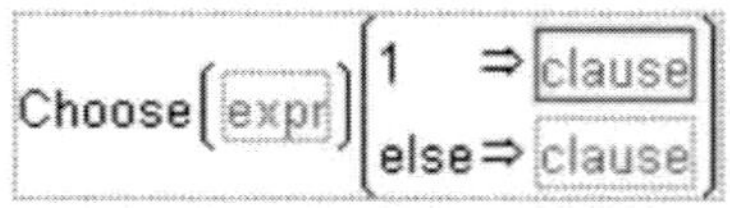
&	A와 B가 모두 포함된 데이터의 집합	a&b And(a,b)
|	A와 B 중 하나가 포함된 데이터의 집합	a|b Or(a,b)
!	A와 B가 같지 않은 데이터의 집합	!a Not(a)
Normal Density	입력값으로 분위수를 입력하면 해당 분위수의 확률밀도함수를 반환	NormalDensity(x, 〈mean〉, 〈stddev〉) Normal Density(3) 0.0044318484
Normal Distribution	입력값으로 분위수를 입력하면 해당 분위수의 누적분포함수의 값을 반환	Normal Distribution(x, 〈mean〉, 〈stddev〉) Normal Distribution(3) 0.9986501019
Normal Quantile	0 ~ 1 사이의 확률값을 입력하면 해당하는 분위수값을 반환	Normal Quantile(p, 〈mean〉, 〈stddev〉) Normal Quantile(0.8) 0.8416212335
Binomial Distribution	이벤트가 일어날 확률과 시행횟수, 이벤트 발생 횟수에 대한 누적분포함수의 값을 반환	Binomial Distribution(p, n, k) Binomial Distribution(0.7, 10, 3) 0.0105920784
Binomial Probability	이벤트가 일어날 확률과 시행횟수, 이벤트 발생 횟수에 대한 확률값을 반환	Binomial Probability(p, n, k) Binomial Probability(0.7, 10, 3) 0.009001692
Binomial Quantile	해당 입력값에 대한 이항분포의 분위수를 반환	Binomial Quantile(p, n, cumprob) Binomial Quantile(0.7, 10, 0.3)6

10 Formula 사용 작성법

앞서 JMP의 Formula 기능을 사용하면 사용자가 원하는 대로 새로운 컬럼을 만들 수 있다고 하였다. 아래 그림을 보면 Height이라는 컬럼이 있는데 Formula 기능을 통해 아래 보이는 표준화식을 이용하여 표준화된 컬럼을 새롭게 만들려고 한다. Formula를 이용한 새로운 컬럼을 만들기 위해서 다음과 같은 3단계를 거친다.

1. 새로운 컬럼을 생성한다.
2. Formula 대화창을 열어 참조되는 컬럼을 선택한다.
3. 사용자가 원하는 함수 및 연산자를 활용하여 수식을 작성한다.

〈신체검사 데이터〉

다음의 Formula 대화창의 편집 영역에서는 사용자가 Formula에서 현재 작성하고 있는 부분이 빨간색 박스로 테두리 쳐져 있는 것을 볼 수 있는다. 여기서 주의할 점은 사용자가 함수나 여러 연산자를 이용해 수식을 작성할 때 빨간색 박스로 테두리가 쳐져 있는 부분만 적용이 된다. 이를 더 자세히 설명을 하면, 1번 Formula 대화창에서 Height 부분이 빨간색으로 하이라이트 된 것을 볼 수 있다. 여기서 Key Pad의 나누기 버튼을 누르면 2번 그림처럼 Col Mean이라는 함수 안에서 나누기가 적용된 것을 볼 수 있다. 반면에 3번 그림처럼 전체가 빨간색으로 하이라이트 된 상태에서 나누기 버튼을 누르면 수식 전체에 적용되어 그림 4번처럼 (height – Col Mean(height))를 제대로 나눈 것을 볼 수 있다.

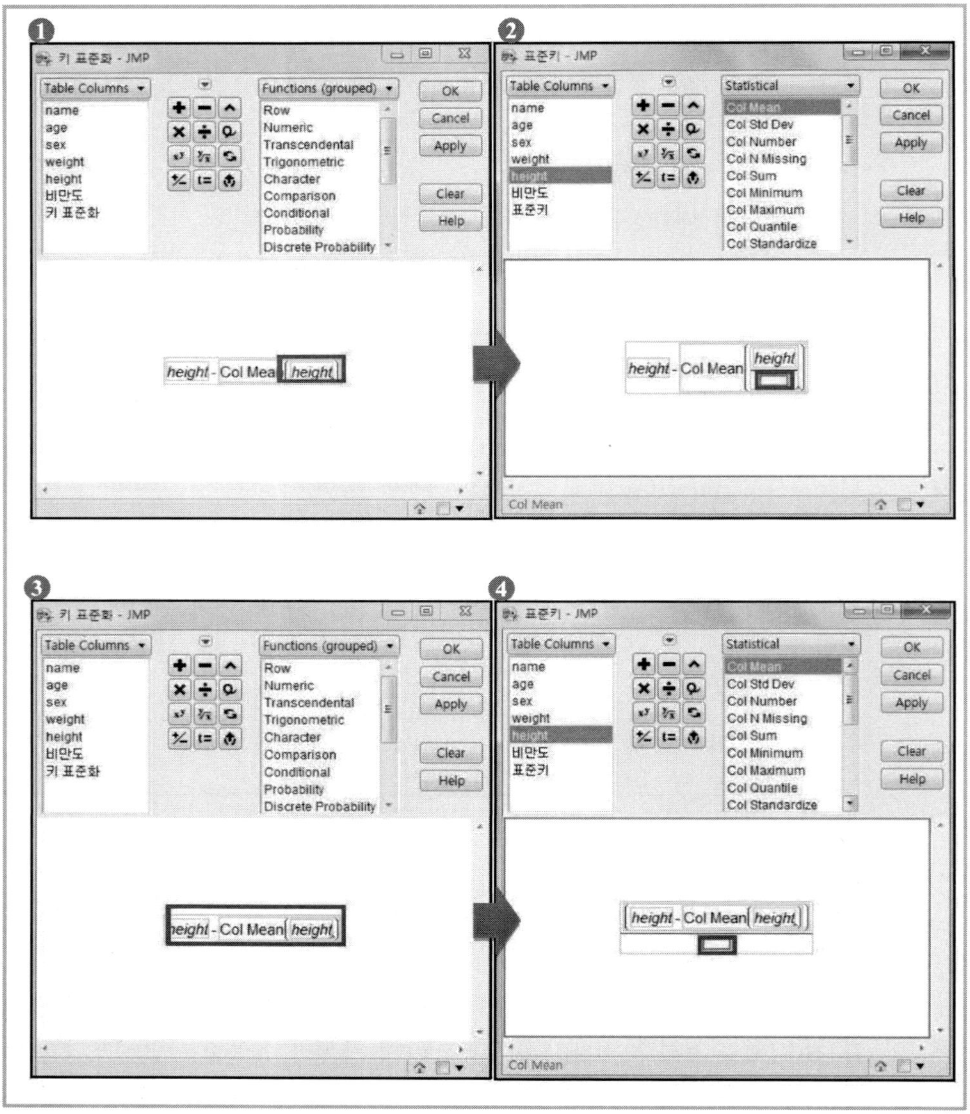

이처럼 표준화 식을 이용하여 올바르게 수식을 만들면 다음과 같이 작성된다.

$$\frac{height - \text{Col Mean}(height)}{\text{Col Std Dev}(height)}$$

11 컬럼 참조기능

Formula 기능을 사용할 때 다른 컬럼의 값을 참조할 수 있는데 아래 그림의 1번을 보면 비만도를 나타내는 새로운 컬럼을 생성하기 위하여 기존의 height, weight와 sex 컬럼을 참조하였다. 이처럼 Formula를 이용하여 생성된 비만도라는 컬럼은 다른 컬럼에 종속적이기 때문에 height, weight, sex의 컬럼 값이 바뀌면 자동적으로 비만도 컬럼의 값들 또한 바뀌게 된다. 만약 다음 그림에서 2번과 같이 참조된 값을 지운다면 비만도의 참조값은 결측값으로 나타난다. 또한 참조된 컬럼들을 지우면 이를 참조한 비만도 컬럼의 값은 그대로 남아있지만 내부적으로 Formula는 같이 지워지게 된다.

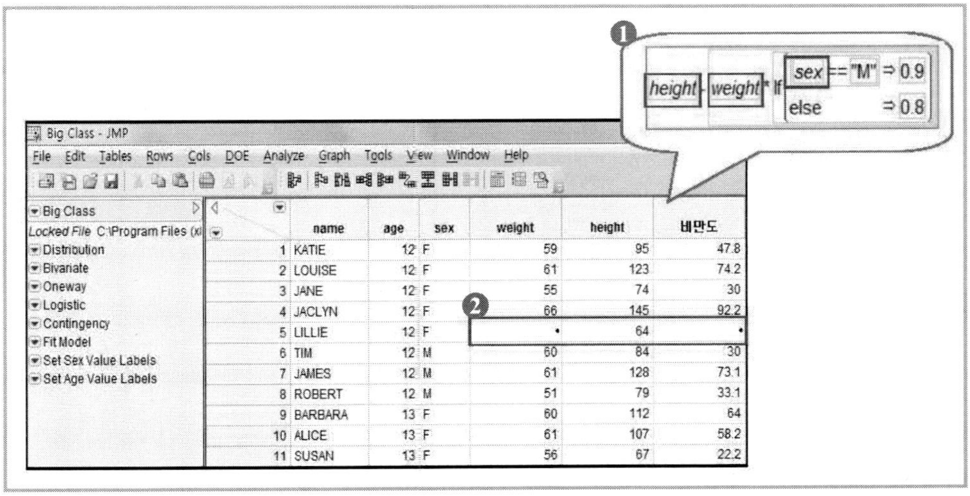

〈참조 된 변수의 특성〉

12 Date-Time 변수의 개념

JMP에서는 Date-Time 변수를 기본적으로 숫자형으로 나타내는데 1904년 1월 1일 00시 00분 00초를 기준으로 매킨토시 표준 초 단위를 사용하여 1초씩 증가한 값을 저장한다. 또한 데이터 테이블에서는 문자형과 숫자형으로 표기될 수 있으며 문자 형으로 표기되어 있을 경우 직접적으로 날짜함수를 사용할 수가 없다. 따라서 Date-Time형으로 변환하거나 문자를 잘라내어 변환해야 한다. 반면에 숫자형으로 표기되었을 경우 JMP에서 제공하는 Date나 Time 함수를 사용하여 사용자가 원하는 날짜포맷을 지정할 수 있다. 숫자형 Date-Time 변수와 문자형 Date-Time 변수를 구분하는 방법은 아래 그림에서처럼 변수가 우측정렬이 되어 있는 경우 숫자형으로, 반대로 좌측정렬이 되어 있는 경우는 문자형으로 판단한다.

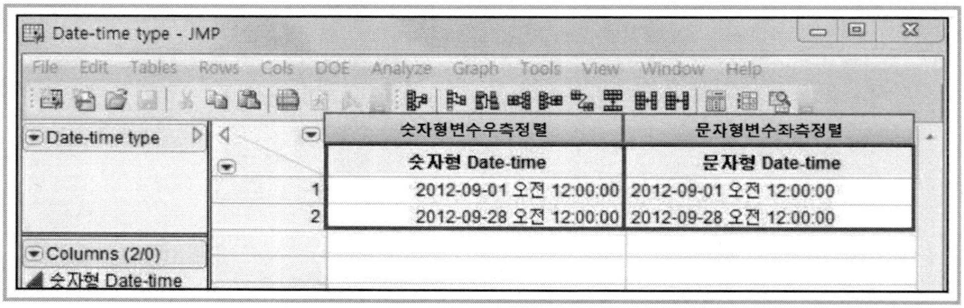

〈Date-time변수의 Type〉

문자형 Date-time 변수의 가공

Date-time 변수가 문자형인 경우 날짜함수를 사용할 수가 없는데 다음과 같은 변환작업을 통하여 문자형 Date-time 변수를 숫자형으로 변환할 수 있으며, JMP에서는 사용자가 원하는 대로 변수를 가공할 수 있는 다양한 함수 및 기능을 제공한다.

1. 문자형 Date-time을 숫자형 Date-time으로 변환하는 절차

   1) **Text로부터 년, 월, 일 추출(문자)**: Substr(문자형 Date-time, 시작 자리 수, 추출 문자 수)

2) **추출된 년, 월, 일을 숫자로 변환:** Num(문자형 숫자)

3) **변환된 숫자를 함수를 사용하여 숫자형 날짜로 전환:** Date DMY(일, 월, 년)

4) **숫자형 날짜를 Column Info에서 날짜 형식으로 표현:** Format yyyy-mm-dd

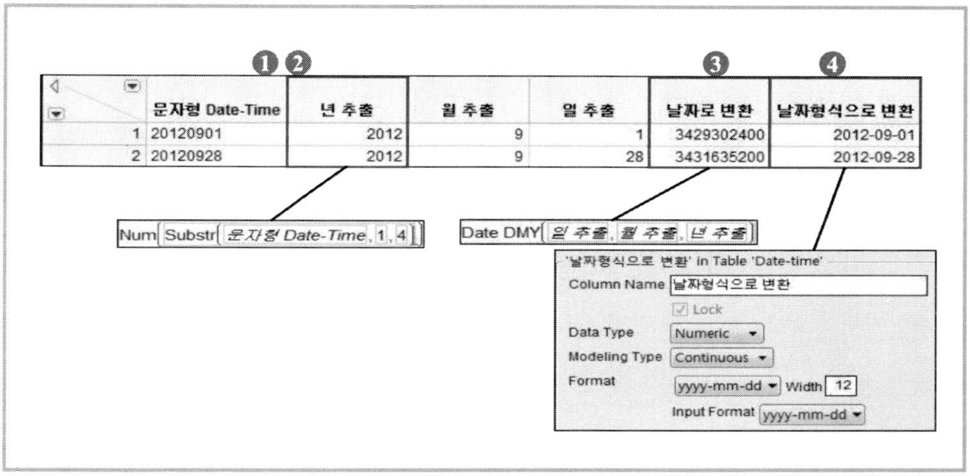

2. 숫자형 Date-time을 문자형 Date-time으로 변환

Formula에서 MDYHMS를 사용하여 간단하게 숫자형 Date-time 변수를 문자형으로 변환할 수 있다.

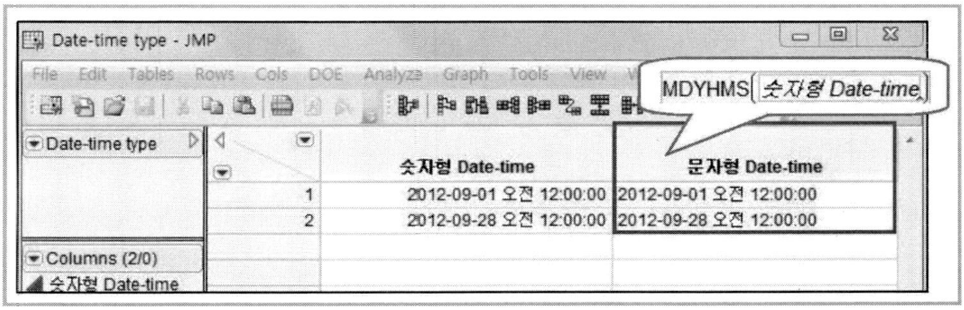

3. 초, 분 단위 데이터를 시간단위로 절사

JMP의 Modulo 함수를 사용하면 Time 변수를 시간단위로 나타낼 수 있으며 계산 방법은 다음과 같다.

1) **실제 값:** 1904년 1월 1일 0시 15분 0초 = 900
2) **목표 값:** 1904년 1월 1일 0시 0분 0초 = 0
3) **계산식:** 900 − Modulo(900, 3600) = 0

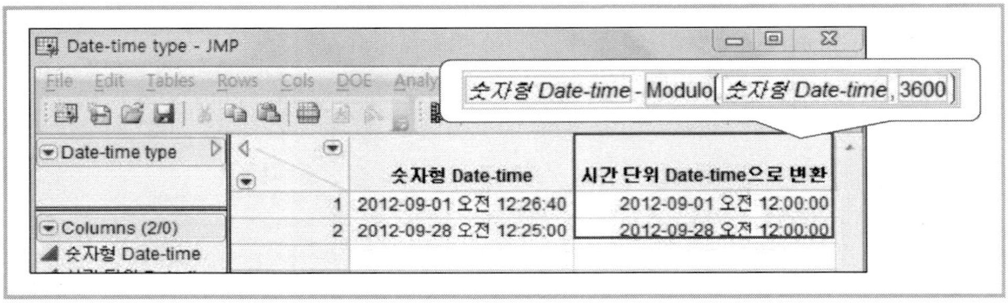

1. 초, 분 단위의 데이터를 시간단위로 반올림

숫자형 Date-time을 시간단위로 반올림하기 위해서 먼저, Modulo 함수를 이용하여 숫자형 Date-time의 값이 1800초(30분) 이상이면 3600초를 더해서 조건에 따라 1시간이 증가하는 컬럼을 생성한다. 그리고 여기서 앞의 초, 분 단위의 값을 절사하는 방법을 응용하면 숫자형 Date-time을 시간단위로 반올림하여 표현할 수 있다.

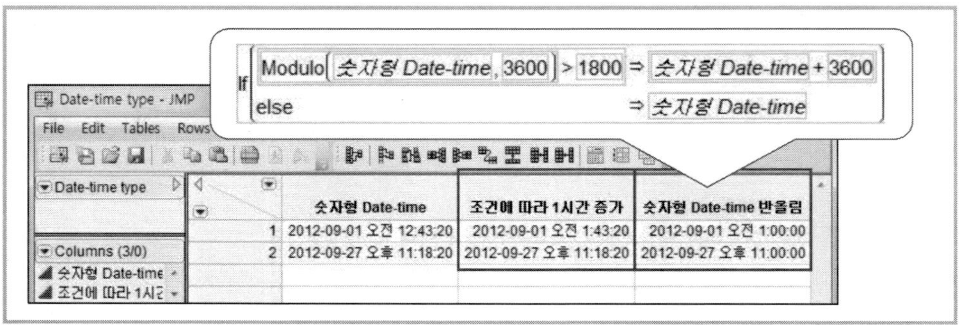

찾아보기

■ 한글 ■

■ 영문 ■